信息服务设计与管理

（第2版）

李桂华　编著

清华大学出版社

北京交通大学出版社

·北京·

内 容 简 介

信息服务是信息管理中研究最为活跃的领域，也是信息管理类专业的主干课程。本书专门针对信息管理类专业教学需要，从"以用户为中心"思想出发，全面、系统地介绍信息服务的基本理论、方法、过程，并对信息服务研究和实践领域的最新进展进行了充分展现。本书主要内容包括信息服务产业环境概述、信息服务及其服务产品、信息服务的设计视角、信息用户与信息用户研究、信息需求、信息行为、用户画像、信息内容设计、信息服务传递设计、用户体验设计、信息服务运营、信息服务品牌建设。各章节均辅以丰富案例，使读者在学习过程中深化理解。

本书可作为信息资源管理、信息管理与信息系统、图书馆学、电子商务等相关专业的教材，也可供从事产品管理、产品运营、交互设计、数据分析等信息服务相关职业者学习参考。

图书在版编目（CIP）数据

信息服务设计与管理 / 李桂华编著. —2 版. —北京：北京交通大学出版社：清华大学出版社，2022.1

ISBN 978-7-5121-4591-7

Ⅰ．①信…　Ⅱ．①李…　Ⅲ．①情报服务②信息管理　Ⅳ．①G252.8②G203

中国版本图书馆 CIP 数据核字（2021）第 230396 号

信息服务设计与管理
XINXI FUWU SHEJI YU GUANLI

责任编辑：韩素华

出版发行：清 华 大 学 出 版 社　　邮编：100084　　电话：010-62776969
　　　　　北京交通大学出版社　　邮编：100044　　电话：010-51686414

印　刷　者：北京时代华都印刷有限公司

经　　销：全国新华书店

开　　本：185 mm×260 mm　　印张：19.5　　字数：499 千字

版 印 次：2009 年 1 月第 1 版　　2022 年 1 月第 2 版　　2022 年 1 月第 1 次印刷

印　　数：1～2 000 册　　定价：68.00 元

本书如有质量问题，请向北京交通大学出版社质监组反映。对您的意见和批评，我们表示欢迎和感谢。

投诉电话：010-51686043, 51686008；传真：010-62225406；E-mail：press@bjtu.edu.cn。

作者简介

　　李桂华，新疆塔城人，管理学博士，四川大学公共管理学院教授、博士生导师，四川省学术与技术带头人。主要研究领域：信息行为、阅读行为、公共部门信息资源管理、公共文化服务、互联网治理等。主持国家级项目五项，发表学术论文八十余篇。

第 2 版前言

《信息服务设计与管理》于 2009 年出版后收到来自读者的较多赞誉，并被学术论文反复引用。10 多年来，随着移动互联网、大数据、云服务等的全面普及，信息服务领域从管理思想到技术方法都在发生快速演进，学术研究领域成果也密集出现。信息服务的知识体系和思想体系也需要及时更新，与实践发展同步。于是启动了第 2 版教材的编写工作。

《信息服务设计与管理》第 2 版比之第 1 版主要有几点不同：首先，对内容进行了新的组织，将信息服务的设计视角、用户体验设计、信息服务运营等当前支撑信息服务的基础思维和实践环节从节提升到章，在扩充知识点的同时系统化了相关内容。其次，增加了 3 章新内容，包括用户画像、信息行为、信息服务品牌建设。这 3 章内容在第 1 版中均有所提及，但并没有充分展开。最后，各章节的内容均根据实践和学术前沿发展情况进行了更新，并增加了大量最新实践案例。从篇幅总量上来看，更新幅度占比超过了三分之一。从内容构成上来看，在理论层面、实践层面都进行了较大程度的深化和拓展。

信息服务实践领域的变化日新月异，希望这次内容更新能让读者了解这种变化的脉络，更系统全面地理解当前信息服务行业发展对从业者知识和能力的需求结构，并建立更科学的学习和研究路径。

为了帮助读者掌握信息服务实践知识，本书把信息服务设计与管理问题进行整合，希望读者能够由此认识信息服务设计的流程、来自用户的认知规律及实现设计目标的管理操作。如下图所示，本书分成四大部分：第一部分对应第 1 章，为信息服务产业环境概述，阐述当前信息服务宏观环境和产业构成；第二部分为信息服务思想和理论部分，包括 5 章，分别是：第 2 章信息服务及其服务产品、第 3 章信息服务的设计视角、第 4 章信息用户与信息用户研究、第 5 章信息需求、第 6 章信息行为；第三部分为信息服务设计流程部分，包括 4 章，分别是第 7 章用户画像、第 8 章信息内容设计、第 9 章信息服务传递设计、第 10 章用户体验设计，从四个环节阐述信息服务设计策略和方法问题；第四部分涉及信息服务管理实施问题，包括 2 章，分别是第 11 章信息服务运营、第 12 章信息服务品牌建设。

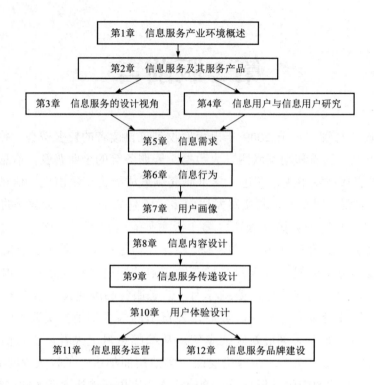

第1章　信息服务产业环境概述

第2章　信息服务及其服务产品

第3章　信息服务的设计视角

第4章　信息用户与信息用户研究

第5章　信息需求

第6章　信息行为

第7章　用户画像

第8章　信息内容设计

第9章　信息服务传递设计

第10章　用户体验设计

第11章　信息服务运营

第12章　信息服务品牌建设

本书另有线上课程可供配套学习，课程名为"信息服务设计与运营"（见"中国大学MOOC""智慧树"等课程平台）。

四川大学　李桂华

2021 年 12 月

第1版前言

信息服务领域正发生着如万花筒般的变化，它也是研究、开发和应用最为活跃的信息管理领域之一。尤其是计算机技术、网络技术的快速全面发展更为信息服务的优化提供了无数选择，这些选择需要在新思想、新方法的指导下转化为行动方案。

信息服务正在经历从"系统观"到"认知观"的转变。在这一转变过程中，信息服务将日益成为一个"以用户为中心"的设计和管理过程，而新信息环境中应运而生的大量信息服务理论、方法和思路，将成为这一过程的巨大推动力量。

本书以建立信息服务的思维框架和学习框架为目标，对信息服务设计流程进行了描述，并对信息服务经营管理过程中的诸多细节问题进行了理论框架下的梳理。由于信息服务这一快速发展领域还具有多学科特点，这些任务非常具有挑战性。基于此，本书对信息管理学、认知心理学、营销学、经济学、设计科学等相关学科知识进行了整合和运用，希望有助于具有不同背景和经验的人交换关于信息服务的见解，为进一步促进这个令人激动的、不断发展的领域做出贡献。

目前，对于信息服务的系统研究还非常匮乏，本书为读者呈现了一个较为完整的框架和较为具体的操作指南，其目的不是想建立一种所谓操作标准，而是试图告诉大家应该如何来思考信息服务问题，以期对更为底层的信息服务实践提供指导。

写给教师

本书旨在为信息服务领域提供一个广博而深入的概览。这种概览应该有助于高年级本科生或研究生的信息服务课程讲授。

为了帮助读者更好地掌握信息服务方面的知识和能力，本书提供了几种学习的方法。例如，本书设置了案例以待讨论；每章前，都说明了"学习目的"和"学习要点"，方便教学安排；每章后，都设有"本章小结"，方便学习者对全章知识的整体把握；并提取了"本章基本概念"，帮助学习者判断对知识要点的掌握程度；同时，提供了"练习与作业"，方便学习者和教师开展基于实践的讨论。如果读者有意对某一专题进行深入的研究，还可以参考每一章结尾的"本章参考文献"。

写给学生

希望本书能够激发学生对蓬勃发展的信息服务领域的兴趣。本书并非一个操作性的技术手册，而是从设计和管理思想角度展开的一个引导，有不少理论的介绍。大家都知道，理论对于思维创新更有价值，所蕴含的科学思维方法，是各种具体问题解决方法的本源。虽然技术、环境在变，但思维规律不会变。

写给实践者

目前，信息服务已走出了图书馆的殿堂，甚至渴望扩展交流范围的每一个个体都需要面对信息服务设计。为服务于信息服务组织的管理者及其他有着信息服务任务的实践者，本书以具体设计和管理任务为线索，涵盖了信息服务实践领域的广泛命题；相关阐述分析了任务目标和备选路径，并结合市场运用列举案例，希望能够为读者提供一些实用化的帮助。

编　　者

2009 年 1 月

目　　录

第1章

信息服务产业环境概述

学习目的

本章介绍网络对信息服务经营、用户对象的深刻影响，概括信息服务业的构成情况，以及当前信息服务业的主要业态形式。

学习要点

- 理解信息服务适应网络经济规律的主要取向；
- 深刻把握信息服务存在的社会价值；
- 熟悉信息服务业基本构成；
- 了解各类信息服务业的市场差异。

1.1 引言

信息服务产业的兴起是社会分工进一步细化和信息环境革命性改变的必然结果。

社会分工从劳动分工开始，已经历了行业分工、管理分工并到达知识分工（the division of knowledge）时代[1]。第一，知识分工使知识总量极大化，并成为一个制造专家的时代。从而催生出大量新知识或知识的次生形式，并分散于社会之中。第二，知识专业化导致人们对其他专业领域更加无知，只有通过发现知识、共享知识来创造知识、利用知识。基于知识分工的互动分享日益泛化，社会演变为一个传递信息的巨大系统。第三，知识分工使产业链条越拉越长，组织之间的中间需求增长，组织与组织之间、组织与个体之间的关系进一步复杂化，信息交流对这种关系的作用层次和力度也越来越强。这一切，都使信息服务的效率越来越直接和强烈地制约着社会的效率，以至于信息服务不再仅是信息机构的任务，而成为社会的全局性战略任务。

同时，信息服务的繁荣不仅与知识意义上的信息需求急剧增长有关，也与信息技术环境下的"人"的改变有关。伴随着从计算机到互联网再到移动互联网的信息技术发展，人们的信息认知、信息消费观念、信息行为方式也在快速改变。从最初通过物质载体认识信息，到将大数据作为生产要素、生活娱乐全数字化，人们日渐接收有偿信息消费，包括对信息内容的付费和信息交互性能的付费。信息消费环境的改变使得信息服务日益独立化，并快速成长为一个庞大的市场板块，甚至渗透到广泛的传统产业领域，成为创新的驱动力。

尤其是，随着互联网、移动互联网、大数据技术、人工智能等的信息交流技术基础的快速演进，信息服务更获得了强大的推动力。信息技术向信息服务商提供了服务消费者的众多方式，从而催生了新的信息服务功能，甚至滋生了新的信息服务业态。尤其是移动互联网作为信息服务的主要平台，其所营造的新型信息环境已成为信息服务业成长不可或缺的空气与土壤。

1.2　网络时代的新经济规律

信息技术曾经是 20 世纪社会变革的主要驱动性力量之一，在 21 世纪，信息技术依然要在推动社会进步中扮演重要角色。互联网影响着一些经济理论的形成，这些经济理论对信息服务经营理念和经营方式都有深刻的影响，实现了对现有信息服务经营管理规律、产业结构、社会生活的重大变革。在此背景下，信息服务行业必须将网络时代的经济规律与自身目标、与客户的需求和预期结合起来。

网络时代主要出现了以下新经济规律。

1.2.1　基于节点的扩散规律

基于节点的扩散规律主要有以下 3 个方面的表现。

第一，按照梅特卡夫法则（Metcalfe law），网络的沟通价值取决于网络的规模。而网络指的是一系列互不关联的、分开的节点（如人、计算机）的联结。网络中的个体越多，网络的价值就越大。其原因在于，在网络上每一个人都可以成为一个扩散信息的点，网络的总产出会以与网络节点的平方成正比的速度增加。或者说，网络节点呈算术级数增长，网络的价值呈几何级数增长。

第二，网络还呈现一种外部性或网络效应。所谓网络效应，是指当一种产品对一名用户的价值取决于该产品其他用户的数量时，这种产品显示出网络外部性（network externality），即网络效应[2]。通信技术就是一个重要的例子，电话、电子邮件、互联网等都显示出网络效应。但是网络外部性并不仅限于通信网络，在"虚拟网络"中也具有很强的威力。因而，在网络环境下，最稳妥地实现大众化联结的策略就是削弱各种不利于集中的因素，把每个分散的末端联结起来，使之成为网络节点。

第三，由于路径依赖，首先被人们链接的服务，很可能将成为最受欢迎的服务。美国经济学家道格拉斯·诺斯提出的"路径依赖"理论指出，路径依赖类似于物理学中的"惯性"，意指今天的选择受到历史因素的影响，人们过去做出的选择决定了其现在可能的选择。由于诺斯成功地阐释了经济制度的演进规律，获得了 1993 年的诺贝尔经济学奖。由该理论还衍生出了"锁定"（lock-in）效应，即事物的发展过程对初始道路和规则的选择有依赖性，一旦选择了某种道路就很难改弦易张，以致在演进过程中进入一种类似于"锁定"的状态。

相关规律在网络信息服务实践中已有大量表现，如网站启动伊始，吸引到的种子用户（节点），往往决定了网站其他新产品的命运。豆瓣网启动伊始吸引到的种子用户是写影评、写书评的书写类型用户，这批高质量用户具有很强的交互性，逐渐积聚人气，并导致今天的豆瓣网成了著名的评论性网站。类似的例子不胜枚举。图 1-1 显示了路径依赖在信息产业市场结构形成过程中所起的作用。占先者进入市场后，路径依赖带来网络效应驱动收益递增机制，并通过确立标准占有更大市场份额，形成垄断后，一方面追求自我淘汰，另一方面不断更新潜在竞争对手，在技术创新下获得新的机遇，进一步放大市场。周而复始，信息产业市场结构在不断更新中也不断固化。

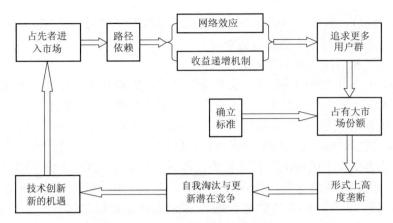

图 1-1　信息产业市场结构的形成

资料来源：徐综玲，尉会丽. 信息产业竞争理论研究：微软案例［M］. 汕头：汕头大学出版社，2002.

1.2.2　基于丰富的增长规律

基于丰富的增长规律是一种"物以多为贵"的规律[3]，其对应着范围经济和规模经济，但在网络环境下，这一规律有更加突出的表现。

当同时生产两种产品的费用低于分别生产每种产品时所存在的状况，称为范围经济。在范围经济下，多项活动共享一种核心专长，从而导致各项活动费用的降低和经济效益的提高，因而使企业因产品或经营的劳务种类的增多而收益增加。其产生的主要原因包括知识与经验的共享、投入要素具有多重使用价值、品牌资源共享等[4]。在网络环境下，由于信息服务通常具有知识互补性、市场互补性和网络效应，而用户需求多样化。这样，同一信息服务供应者对多种信息服务产品进行整合供应不仅是一种扩大市场和利润的重要途径，而且是适应用户需求的必需，如 Google 就是范围经济的典型产物。

规模经济是指在一特定时期内，当企业产品绝对量增加时，其单位成本下降，即扩大经营规模可以降低平均成本，从而提高利润水平。传统的大规模生产是生产方规模经济，而网络经济的特点在于需求方规模经济。其原因在于，网络经济边际成本随着用户规模的扩大呈递减趋势，网络信息价值具有累积增值和传递效应。并且，网络产品的价值不仅取决于所开发的用户数量，而且很大程度上受将来预期的用户发展数量的影响，被预期成为标准的产品往往会成为标准。

因为基于丰富的增长规律，共享程度越高的产品越有价值，因而签署各种"开放"的约定（标准），将争夺市场的竞争转变为市场内部的竞争，非常有助于帮助一个产品达到爆发性增长的临界值（critical mass）；而且在获得临界容量的过程中，被预期成为标准的产品将会成为标准，这使得预期管理成为重要工作[2]，因而信息服务领域竞争的目标是扩大用户群，通过范围经济和规模经济获取最大利益，力图成为行业或产品类的标准确立者，并取得最大市场份额。

1.2.3　基于免费的增值规律

在网络环境下，免费服务往往不是成本的损失，而是服务成长为巨大利润系统的基础。

根据用户方规模经济，服务越有价值，越应当让更多的用户使用，因而最有价值的服务一定要免费送出去。这就是基于免费的增值规律。

免费的利益可能来自以下两个方面。

一方面，在注意力稀缺的条件下，免费提供产品可以积累更多注意力，或者说占据人们的思想份额，所以当一个产品被免费，通常与其相关的其他服务可能会变得更有价值，从而带来更大的市场份额；同时，免费的信息产品往往会成为事实上的标准，从而从大规模的用户基础中获利。例如，Sun 的 JAVA 一直执行开放的市场政策，而其目前已被手机等信息载体广为运用，成为事实上的标准，而其相关技术服务也能够获得连锁性利益。

另一方面，免费往往意味着一种开放性思维，即从基本的市场思维（两方——买方和卖方之间的博弈）转向更宽广的多方生态系统[5]。最常见的免费模式建立在三方系统的基础上。买方和卖方通过免费交换创造市场，第三方付费参与。其实，这几乎是一切媒体的基础逻辑：在传统的媒体模式下，出版商免费为消费者提供产品，广告客户为此买单。其实，出版商并非向读者卖报纸或杂志，而是将读者卖给广告客户，这便是三方市场模式。

在网络环境下免费更加盛行，因为网络经济的主要要素（如存储、处理能力和带宽）正变得一天比一天便宜，即传统经济学的两大稀缺函数（生产与分配的边际成本）飞速下滑，而与此同时，注意力的稀缺和用户价值却在飞速攀升，免费则会带来更多注意力和用户。因此，免费将导致信息服务的成本越来越低，而价值越来越高。因此，当前主流信息服务产品大多采用免费策略占有市场，甚至其主体服务一直保持免费状态。

1.2.4 以信息为中心的置换规律

经济学资源理论认为，资源是可供双方交流的任何东西。而可用来交换的除了货币和商品外，还有服务、信息、名望及情爱[6]。目前，网络已经替代某些社会交往活动成为交流和交换的渠道，大大促进了资源置换的深度和广度。

按照资源理论，各类资源具有不同的可感知性和专一性，而各类资源在以实在性和专一性为维度的空间里其交换的可能性与彼此之间的距离有关。例如，商品与货币、商品与服务、货币与信息（见图 1-2）置换容易实现，但情爱与货币置换困难。在网络环境下，这 6 种

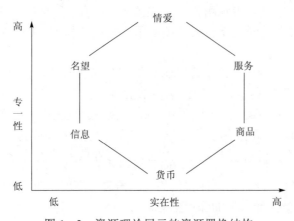

图 1-2　资源理论展示的资源置换结构

资料来源：库佩. 数字时代的商务活动 [M]. 时启亮，杨立钒，译. 上海：上海人民出版社，2006.

资源在网络上也有其表现形式，并能够在网络上加以置换，相关的置换规律同样也可以参照实在性和专一性维度。但是，更准确地说，由于网络上的各类资源都已经是信息的置换后形式，相关的交换都是不同内容的信息与信息间交换，这使得各类资源的可交换性与现实世界非常不同。如粉丝经济就是这样，粉丝与其偶像之间的情感具有了巨大的货币价值。

因为网络通过信息转化实现对资源的自由配对，网络市场就呈现出一种"双边市场效应"。譬如滴滴等打车平台，打车的用户越多，司机预期收入就越高，那么司机就越多，反之，司机和车辆越多，打车越方便，也会吸引更多消费者使用这个平台。司机－乘客双方相互促进，而且，网络条件下这种"双方市场效应"往往带来的是一种指数状态的增长曲线。如果信息服务产品不但提供海量的资源信息，而且其覆盖更多种类的资源，"双边市场"就变成"多边市场"，其价值强度更会倍增。

因而，在网络上，更多信息的提供不仅是为了提供内容，还是用作达到某种目的的手段。例如，企业可以通过建立商业网站来提高知名度，人们则可以通过发布个人信息资料来获得情感上的满足。特别是，信息价值向金钱的转换，往往以置换的方式实现。美国学者 John Perry Barlow 提出，"当我们为购买信息花的钱越来越多时，我们开始看到这样一种现象：用其他信息来购买信息实在是简单的经济交易"。因而，"信息自有信息的报酬方式。这是一种经济，一种几乎全部由信息所组成的经济"。[3]

1.3　网络时代的信息服务市场

1.3.1　网络时代的个体、组织和国家

1. 个体：价值、参与、创新

信息是人及其活动中不可缺少的要素，人是在创造与使用信息中显现和完成自己的。网络时代，个人对信息活动价值认同度越来越高，而且将信息活动视为"以我为中心"的参与过程及个人价值创新过程。

经济生活方面，网络利用经历使人们加强了对信息价值回报的预期。随着网络所带来的市场改变，个人消费者对价值回报的期望直线上升，对于他们在交换中所付出的 4 种成本——货币、时间、精力和空间，消费者要求并希望得到更多的价值回报：如果某一服务能帮助他们节约时间，他们乐意为之支付更高费用；由于生产在许多方面变得复杂，消费者在一切可能的地方寻找方便和简单；关于供给品的知识和信息，消费者希望了解更多，以减少现实生活中的货币支出。甚至，个体的身份也逐渐从网民转向网商。从网民到网商，网络经济给许多人带来了实际的价值，进而进一步强化其信息活动的主动性。

社会生活方面，网络生活所带来的自由感、平等感，使人们自信心大增，并热衷于参与社会生活。网络使普通个体拥有了一个"意见的自由市场"，大大挖掘了社会个体的潜在能量。在网络中，人们不但可以参与讨论，而且可以重构议题，其结果是个体不再一味追求单纯的硬信息，而是把目光投放到一种软化的"泛信息"高度，即不但满足于了解"是什么"，而且希望获得能回答"为什么"的深度信息。

同时，网络环境也影响着每个个体的生长路径。个体学习正走向持续学习和终身学习，其在工作中的生存和竞争能力、效率与质量越来越依赖其不断更新知识的能力，越来越依赖

信息技术进行信息交流与信息利用。而网络的多元、互动、开放性激发了信息利用过程中的创造欲，越来越多的信息获取开始以创新为目的。这些趋势正在改变着个体进行信息交流的基础方式和信息需要的性质和内容。信息条件下的现代学习范式与传统学习范式的比较见表1-1。

表1-1 现代学习范式与传统学习范式的比较

传统学习范式	现代学习范式
掌握"应该知道"的知识	通过学习发现"不知道"的东西
通过正规教育和培训学习	随时学习、持续学习、终身学习
学习已成熟和被接受的知识	学习向成熟知识挑战
系统化学习	基于问题和任务的学习
可事先确定的有限知识学习	无法确定范围的动态探索和学习
灌输吸收性学习	研究性学习（提问、分析、评价）
依赖权威知识源的学习	交流协作性学习
当前学习可明确"完成"	当前学习促进新的学习
按照掌握的知识评价学习	按照比别人多掌握的知识评价学习

资料来源：张晓林. 走向知识服务 [M]. 成都：四川大学出版社，2001.

2. 组织：转型与重组

随着互联网渗透入社会程度的深化，经济社会中的基本单元——企业也已经开始转型。甚至有学者认为，当前每一家企业都已是信息企业[7]。根据图1-3，在信息经济为主的经济环境下，企业以产品线索为主的工业逻辑变为以信息线索为基础；经理由任务处理器变为信息处理器；企业经营从依赖个人智慧转变到依赖信息系统；组织从从事技术生产转变为以顾客需求信息为中心的信息设计；企业家从智者、关系运营者变为善于信息分析的信息企业家；价值链既是实物的又是虚拟的。

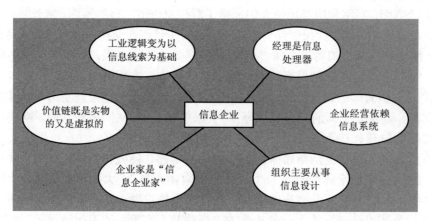

图1-3 每一家企业都是信息企业

资料来源：厄尔. 每一家企业都是信息企业//信息管理：信息管理领域最全面的 MBA 指南 [M]. 北京：中国社会科学出版社，2002.

信息技术发展不仅改变着企业，也在改变着其他组织，甚至还改造着各类组织与社会的关系格局。由于信息服务产品将具有互补性和依存关系的、分散于不同领域的、由不同主题掌握和保存的知识与信息联结起来，并产生累积效应和互补效应，创造出更有价值的产品。因而，传统业务范围和垄断被不断打破，各种机构通过开发或集结产品、服务和系统来不断重组市场、竞争和关系。甚至，网络化与全球化的相互推动，"有利于网络化的组织结构和形式，削弱了等级制度，分散了权力，并无视国界的存在"。

例如，开放存取就是新信息环境下的各类组织联结的新生物。开放存取（open access）是一种学术信息共享的自由理念和出版机制，在这种出版模式下，学术成果可以无障碍地进行传播，任何研究人员可以在任何地点和任何时间不受经济状况的影响平等免费地获取和使用学术成果。之所以会产生开放存取这种新生事物，一方面，出版日益商业化和兼并行为使学术期刊的出版集中于少数商业出版者，导致学术期刊价格持续上升；另一方面，互联网作为一种开放的信息交流平台正在给传统的学术交流体系带来深刻的变革，电子预印和网络期刊开始成为学术交流的重要媒介。为此，国际学术界、出版界与信息传播界共同发起了"开放获取运动"。开放获取运动所倡导的开放存取出版模式是对传统的基于订阅出版模式的挑战，它可以使作者的研究成果在更大程度上得以传播，使研究人员能方便地获取他人的研究成果，从而提供一个真正服务于科研的信息发布平台和信息交流系统。但也必然会给一些商业出版者带来巨大压力。

网络的迅速发展已经影响到社会生活的各个领域，开放存取只是其中之一。社会结构仍然处于深度改变之中。

3. 国家：走向治理现代化

国家治理现代化是指国家作为治理的整体性单元，促使政府、经济、社会等多元主体通过协商和对话等制度性形式，实现公共目标和推进公共利益的整体性活动。国家治理现代化被认为是工业现代化、农业现代化、国防现代化、科学技术现代化之后的第五个现代化。

国家治理现代化需要国家、社会、公民的更多互动，使得政府治理出现了从电子政府、网络政府到数字政府的持续演进，而信息服务可以缓解国家－社会交互需求的过载难题。因此，美国达雷尔·韦斯特曾将电子政府的发展分为四个阶段：公告板阶段、部分服务传递阶段、门户网站阶段和互动式民主阶段。公告板阶段是指政府采用静态方式公布信息，把政府网站视为信息发布的单向交流工具；部分服务传递阶段是指公民在网站中可以获得、拣选和搜索信息，并能完成部分事务性服务；政府门户网站是指政府提供一站式服务网站，公民具有了一定的信息与服务传递的控制力；互动式民主阶段则是指通过信息技术的运用赋予公民参与的机会，公民可以通过相关信息渠道调查政府绩效、参与部门决策和促进民主政治体制的运行。[8]

随着数据的巨量化，数据已成为重要的战略资源和生产要素，开发数据价值也成为数字政府建设的任务之一，这项任务包括及时回应社会的需求、向社会开放数据、推动社会对数据的利用、推动数据价值的转化。因此，开放数据已成为各国政府政务服务中的必要构成。国际经济合作组织建立的政府数据开放分析框架认为，为确保政府数据开放实现创造价值，政府面临的最重要任务是：① 识别高价值、高影响的数据；② 改进和保障数据质量；③ 培育数据需求及促进数据使用。

同时，信息服务系统成为国家治理的重要基础设施。今天的政府正在通过信息服务系统实现在线服务传递、提升信息的可获得性、实现对特殊人群的服务，并通过互动功能增加公民、社会与政府的关系。随着政府信息服务体系建设的推进，国家将以信息为中介实现公共服务均等化、多样化和个性化。

1.3.2 网络没有改变什么

尽管网络时代带来了很多改变，然而在网络经济中，资源配置方式同样也是以"市场"为导向，以"效率"为核心，并且"分工"和规模经济是提高效率的主要途径。因而，对以下服务需要的满足在网络环境下仍在继续[9]。

1. 过滤与控制

数据采集成本在持续降低，导致大规模数据的出现。而甄选信息和优化决策的能力增长远落后于数据增长，导致这些能力更加珍贵。EMC（易安信）2011 年的一项研究曾预言，"世界上的信息每两年就翻一番。到 2020 年，全世界产生的信息量将是 2010 年的 50 倍"，这个预言肯定已经被推翻了，因为目前的社会已逐渐进入万物互联时代，而且人们的每次数据使用，又都是一次创造，这种"用户生成数据"进一步加速了数据增长。所以，数据量的年增长肯定远超过翻一番。经济学家西蒙曾说过："信息的过剩造成了注意力的匮乏，在这种环境下，高效分配注意力就显得尤为迫切。"

随着数据的大量产生，人们愈加重视对数据的处理和解读，对数据控制能力也更加依赖。这种数据控制能力包括数据过滤、数据分析、数据解读等。数据过剩使我们失去发现高价值信息的机会，因此需要通过算法从数据中挖掘有价值信息，即数据过滤。信息过滤是信息噪声的影响越来越大的结果。而当前，信息噪声又出现了新规律：信息垃圾膨胀的速度远比精品快；精品的社会自然筛选机制大大弱化；不必要的细节资料无节制地增加；感性资料的过度膨胀占据理性思考的时间。利用推荐等过滤性信息服务形式从大量的动态信息流中选取相关的信息或剔除不相关信息，这对解决信息噪声问题几乎是唯一途径。同时，数据过剩也使得我们不可避免地失去一些洞察的机会，需要通过一定的数据分析来实现数据应用过程的可控。从搜索引擎到数据可视化、数据压缩，都是实现数据可控的数据分析过程，这些过程使得数据使用者能及时发现数据的意义。不管是数据过滤机制还是数据分析、数据解读，其背后是对用户信息需求的深入分析和专业知识运用，以及标准性、工具性算法的生产。依赖信息服务系统的这些服务手段，个体和组织能够专注于收益最大化的具体数据，节约成本。

基于过滤和控制的需要，对信息完整性的追求已经在发生改变，这种变化与传统的专家控制有异曲同工之妙。例如，比起用馆藏资产的数量来衡量博物馆和图书馆的价值，更有意义的方法是根据某一主题的馆藏资产的集中程度或完整性，来衡量其馆藏资料的重要性。所以说，专家控制是从劳动分工时代就开始的一种需要，在大数据时代，这种需求仍然存在，只是专家既包括实现中的专业人士，更包括被专业能力加持的信息服务系统，而且与传统环境里的专家不同的是，网络可以通过众包在全球范围内集结专家，从而每一个专家可以变得更加专业化而不至于损失规模经济效益。

2. 纵向整合

Chandler 认为，为提高对不确定环境的反应速度应采用纵向一体化的大企业科层组织，逐渐将优势领域打造成平台。这种纵向一体化的需要在互联网时代更显必要，因为即使是能力极其强大的门户网站，其搜索到的网站或对网站的"覆盖率"，也仅为 30%左右，而人们即使面对如此低比例的网站及其信息，也仍是犹如面对汪洋大海。因而，信息资源的纵向整合将成为获得信息价值的手段。

对于未经纵向整合的知识链条而言,让客户自己站到知识链条的各个环节里去学会使用深层专业化的知识,就等于强迫每一个使用者成为各个环节的专家,因而总是产生更高的"总体占用成本";而经过纵向整合的知识链条,对使用者来说相当于一个整体商品,只要其售价低于核定的使用价值,使用者就不必担心将来会支付额外的知识链条的维修费用。

但是从最深层的知识到大众需求层次,原则上可以有无数条纵向整合的道路。通过何种路径建构知识价值链,是信息服务者应当承担的工作。信息服务者需要敏锐地觉察到潜在的大众需求,以及满足这一需求的各种可能的知识整合中潜在利益最高的那些知识链条。事实上,很多信息服务供应者已发现这一点,并利用其获得了极大价值,如人大经济论坛(见图1-4)、知乎等知识社区。而淘宝、美团等更多的平台型企业的兴起也是这种纵向整合需求推动的结果。

图 1-4　人大经济论坛首页

3. 大规模定制

1970 年美国未来学家阿尔文·托夫勒(Alvin Toffler)在《未来的冲击》(*Future Shock*)一书中提出了一种全新的生产方式的设想:以类似于标准化和大规模生产的成本和时间,提供客户特定需求的产品和服务,这种生产方式即大规模定制(mass customization)。

在传统经济中,为特定客户"量身定制"是很昂贵的,通常意味着特权价格和超额利润。但网络彻底改变了这一局面,任何特定款式都面对全球范围的潜在市场,而且集结这一全球市场所需要的费用相对而言并不高。对网络经济而言是特殊的款式,对全球客户而言,则是批量的。从而使常规的商品一旦可以批量生产,就具备了按照规模经济效益降低成本和竞争性价格的技术经济条件,于是就成了"大规模定制"。

事实上,对于网络下的信息环境,美国学者 M. Goldstein 也形象地阐述了"网络没有改变什么"：用户在查找对解决其切实问题真正有价值的方案、答案；用户会为在较短的时间内提供了较高质量答案或解决方案的信息服务付费；输送信息的管道越是粗大，越需要更多的阀门或过滤器的控制以使信息对用户有价值；信息服务所提供的方案、答案中凝聚着信息提供者和专业人员大量的增值劳动，这种劳动是非常昂贵的[10]。

总之，用户需求并没有结构性改变。其变化主要反映在用户需求数量的增长和信息需求复杂性的提高等方面。而同时，信息技术使得信息交换速度增加、单位时间内存储和处理信息量增加，从而使信息更容易获得也更有价值，但这种价值却更加难以鉴别。而正因为"信息环境的改变"与"用户需求结构没有改变"间的不匹配，越来越促使信息服务成为一种社会分工，并形成产业。

1.4 信息服务业构成

信息服务古已有之，而现代信息服务业是伴随着全球范围内的信息革命而发展起来的新兴行业，是信息产业的重要组成部分。信息对国民经济增长具有倍增作用，这种作用必须通过信息服务才能实现。发展信息服务业的过程，就是开发、利用信息资源的过程。

1. 信息服务业的定义

信息服务是指服务者以独特的策略和内容帮助信息用户解决问题的社会经济行为。广义的信息服务，是指以提供有用的显性信息为内容的信息传播过程，包括对信息的传播、加工、处理和管理。而信息服务业，一般是指直接从事信息的收集、存储、加工、传递、交流，向社会提供各种信息产品或服务的行业；现代信息服务业则是指充分利用计算机、通信和网络等现代信息技术对信息进行生成、收集、处理加工、存储、检索和利用，为社会提供信息产品和服务的专门行业的集合体。

现代信息服务业是信息产业的构成部分。信息产业是指依靠新的信息技术和信息处理的创新手段，制造和提供信息产品、信息服务的生产活动的组合。信息产业可分为信息工业（硬件制造）、信息服务业（软硬件应用）和信息开发业（软件开发和信息内容开发）3 种类型。[11]信息产业中的信息服务业即现代信息服务业。

信息服务的生产过程不等于信息的生产过程，也不等于信息产品的生产过程，而是信息服务产品和特定服务的生产过程。这样的过程是在一定的生产关系下，以信息和信息产品为劳动对象，借助信息技术等劳动资料，经过调查研究、增值处理等环节，形成信息服务产品，并通过提供、咨询或经纪等特定的行为方式，确保信息服务产品和服务用于用户的问题解决活动的过程。而现代信息服务业作为横跨信息技术与服务内容所衍生出来的现代新兴服务业，更是集信息产品开发、信息服务提供、技术标准制定等协同互动的产业价值链融合体。[11]

2. 信息服务业的分类

国际上关于信息服务业的分类标准至今尚未达成一致，在美国、西欧、日本等发达国家和地区，由于已广泛地实现了计算机化的信息服务，因此信息服务业主要是指直接或间接与计算机有关的电子信息服务业。

美国的信息服务业包括以下 7 类：信息处理服务、网络服务、系统软件产品、应用软件产品、交钥匙系统和系统集成、专业服务（咨询、教育、培训）、作业外包（承包信息管理业务、提供先进的信息技术服务）。

　　欧洲各国对信息服务业分类不尽相同。其中，西欧的法、德、英三国由于文化背景和发展水平相近，对信息服务业范围划分也基本一致。通常分为 6 类，即信息处理服务、网络服务、系统软件产品、系统集成、专业服务（咨询、教育、培训、软件开发等）、交钥匙系统。

　　日本的信息服务产业分为 5 类，即信息处理服务、软件业、设施管理服务、数据库服务、其他服务（咨询、培训、市场研究与调查）。

　　我国统计部门尚未形成一套针对信息服务业的详细分类标准。而根据国家标准《国民经济行业分类》（GB/T 4754—2017），涉及信息服务的行业主要分布在五大行业门类：信息传输、软件和信息服务业，金融，租赁和商务服务业，科学研究和技术服务业，文化、体育和娱乐业（见表 1-2）。

　　根据国民经济行业分类标准，现代信息服务业主要集中在"信息传输、软件和信息服务业"中的"互联网和相关服务"板块。当前，互联网和相关服务（又称网络信息服务业）已成为一个新型的超级产业，创造了一个巨大的劳动力就业市场。随着技术的发展，电信、广播电视和卫星传输、互联网呈现出很强的相互渗入和融合的势头，即所谓"三网融合"。而依托新技术和新的服务方式的新兴信息服务业态也在不断涌现，出现了云计算、物联网、数字出版、移动互联网等新兴业态。图 1-5 是信息产业的分类。

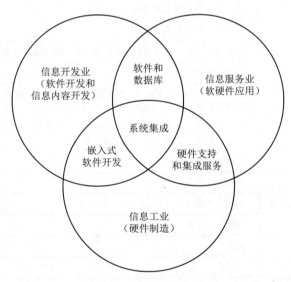

图 1-5　信息产业的分类

资料来源：黄宁燕. 信息服务与我国信息服务业发展趋势分析 [J]. 情报学报，2001（3）：344-348.

　　传统信息服务业主要包括传统的新闻出版、广播影视、信息咨询、市场调查、图书馆等行业领域。同时，因为网络信息具有高度的产业渗透性和参与性，网络信息服务业往往具有全民性、跨域性和共享性，无处不在的网络信息极具渗透性地嵌入到社会之中，将社会各个角落中的人都"黏合"起来，这使得传统的书籍、报纸、杂志等纸介质手段也正快速与互联网、广播电视、卫星、移动或有线通信工具等先进的电子媒介传播相连接，即传统信息服务业与现代信息服务业呈融合并进之势。

表 1-2　2017 年国民经济行业分类

大类	二级类	三级类
信息传输、软件和信息服务业	电信、广播电视和卫星传输服务	电信
		广播电视传输服务
		卫星传输服务
	互联网和相关服务	互联网接入及相关服务
		互联网信息服务（互联网搜索服务、互联网游戏服务、互联网其他信息服务）
		互联网平台（互联网生产服务平台、互联网生活服务平台、互联网科技创新平台、互联网公共服务平台、其他互联网平台）
		互联网安全服务
		互联网数据服务
		其他互联网服务
	软件和信息技术服务业	软件开发
		集成电路设计
		信息系统集成和物联网技术服务
		运行维护服务
		信息处理和存储支持服务
		信息技术咨询服务
		数字内容服务（地理遥感信息服务、动漫游戏数字内容服务、其他数字内容服务）
		其他信息技术服务业
金融	其他金融服务	金融信息服务（金融交易实时行情和历史数据、财经类资讯服务、金融分析报告、金融数据库服务、发布金融评级信息产品、其他金融信息服务）
租赁和商务服务业	商务服务业	咨询与调查（会计、审计及税务服务；市场调查；社会经济咨询；健康咨询；环保咨询；体育咨询；其他专业咨询与调查）
	广告业	互联网广告服务
科学研究和技术服务业	科技推广和应用服务业	知识产权服务
		科技中介服务
		创业空间服务
文化、体育和娱乐业	新闻和出版业	新闻业
		出版业
	广播、电视、电影和音乐制作业	广播
		电视
		影视节目制作
		广播电视集成播控
		电影和广播电视节目发行
	文化艺术业	图书馆
		档案馆
		文物及非物质文化遗产保护
		博物馆

3. 信息服务业的全面理解

对信息服务业的具体外延则需要全面理解。美国经济学家波拉特（Porat）在 1977 年发表的名著《信息经济论》中，一方面把信息产业看作一个独立的产业，提出了农业、工业、服务业和信息业 4 个产业结构的新分法及计量方法，另一方面又将信息产业分为第一信息部门和第二信息部门。认为第一信息部门是为市场提供信息产品和信息服务的所有组织与活动，在政府部门中以提供信息为主的部门也属于第一信息部门；而第二信息部门包括大部分政府机构和其他企事业单位内的管理部门，这些管理部门从事的信息活动，并不直接向市场提供信息产品和信息服务，而是构成行使政府管理职能或各企事业单位的市场活动必须付出的信息成本。从这个意义上说，信息资源服务业无处不在。

除了专门的信息服务行业外，张晓林提出，还有一些其他行业对信息资源服务深度利用，即信息资源服务专业知识与技能对其也有巨大促进作用。这些行业主要包括以下几类[12]。

（1）以知识产品的生产流通为核心流程的领域，如出版业、软件业、征信业。

（2）以信息交流为核心操作方式的领域，如传媒业、教育业、专业服务与咨询业（如医疗、律师）、证券业、社会中介与代理。

（3）高度依赖知识来保障运营质量和效率的领域，如物流业、金融业等。

1.5　信息服务业主要业态

尽管以上信息服务业构成中的各类信息服务都处于快速发展态势，但是，从发展规模和社会影响力上来看，有几类信息服务业业态更加突出，主要包括网络信息服务业、公益性信息服务机构、数据库产业、信息咨询业。当然，这种对当前信息服务业态的市场认识并非一种完整分类，而存在一定的概念交叉。本节将对这 4 种业态基本状况作介绍。

1.5.1　网络信息服务业

互联网创造了巨大的价值，这种价值体现在其无边界的市场、信息化的服务及对成本的节约上，而这些价值的产生离不开以信息资源服务为主业的各种网络信息服务企业。网络信息服务企业中社会影响力最大的有信息平台、搜索引擎、虚拟社区等。

1. 信息平台

网络上的信息和技术都是海量的，而且时时在发生变化，这样的环境对组织和用户都是一种挑战。而信息平台帮助人们筛选并且组织信息，已成为用户以主体身份适应信息环境的环境型工具。

信息平台是一种中介服务提供者。Jean-Charles Rochet 等将其定义为市场上相互不同程度需要的双边进行交易和互动的媒介或载体。在互联网发展的早期，信息平台网站往往具有一定综合性，并被认为是引导互联网用户探索互联网世界的网站，是用户迈向网络社会信息、资源及服务的大门。但随着移动互联网的发展，信息平台越来越成为专门信息的集散地，出现了新闻平台、音乐平台、多视频平台等各类信息平台。信息平台主要以信息的足够丰富度、信息更新的及时等优势吸引用户的注意力，它既能降低用户的信息搜寻成本，也能为信息发送者带来足够多的匹配用户，导致信息用户和信息发送者都能从中获益。

信息平台可以分为内容型平台和功能型平台。内容型平台是主要用于内容汇集和交换的信息平台，而比之内容型平台，功能型平台则可提供较多工具性作用。不管是内容型信息平台还是功能型信息平台，信息平台具有强大的注意力、吸引力，影响用户进入网络中其他信息源，因此，成为网络流量的重要集散地，也对传统市场有着深刻的影响。研究显示，商业零售、交通出行等领域的信息平台不但提供信息服务，而且对传统市场的渗透正在快速演进（见表1-3）。

表1-3 互联网平台及其对传统市场的渗透[①]

行业	典型互联网企业	提供的服务	对传统市场的渗透率	衡量指标解释
商业零售	淘宝（2003）、天猫（2012）、京东（2004）、苏宁易购（2011）、亚马逊（2004）	商业信息聚集与撮合；产品提供	10.6%，2015年 12.6%，2016年 15.7%，2017年	网络零售额/社会消费品零售总额
交通出行	滴滴出行（2014）；易道用车（2010）、ofo小黄车（2015）	用车与供车信息的聚集、撮合；车辆提供	3.6%，2015年 10.3%，2016年 20.4%，2017年	滴滴出行服务人次/出租车服务人次
金融借贷	人人贷（2010）、陆金所（2011）、拍拍贷（2007）、翼龙贷（2007）	借贷信息聚集与撮合	8.5%，2015年 13.8%，2016年 12.5%，2017年	P2P贷款余额/个人消费信贷余额
差旅、酒店	去哪儿（2005）、携程（1999）、艺龙网（1999）、途牛（2006）	酒店、交通、景点信息的聚集与撮合	12.9%，2015年 14.9%，2016年 16.8%，2017年	在线旅游市场规模/国内旅游市场规模
餐饮	美团（2010）、饿了么（2008）、百度外卖（2014）、回家吃饭（2014）	餐饮、订餐信息聚集与撮合	6.4%，2015年 7.4%，2016年 8.6%，2017年	餐饮外卖/餐饮市场规模

2. 搜索引擎

搜索引擎通常是一个为用户提供信息"检索"服务的网站，它通过特定程序，抓取互联网上的信息，并将这些信息序化形成索引（包含来源地址和出现次数等内容），再根据用户输入的关键字或其他搜索参数搜索相应索引，向用户提供其所需要的信息。因而，搜索引擎服务一般包括信息抓取、信息索引和信息提供3部分。按照信息收集方式和技术原理的不同，搜索引擎系统可以分为全文搜索引擎、目录索引式搜索引擎和元搜索引擎3类。

全文搜索引擎由Robot程序以某种策略自动地从互联网上搜集和提取各个网站的信息（主要是网页文字），检索出与用户查询条件匹配的相关信息，将查询结果按一定的顺序排列后传送给用户，如Google、百度。目录索引式搜索引擎以人工方式或半自动方式搜集信息，人工形成信息摘要，并将信息进行分类，形成按目录分类的网站链接列表，如雅虎、新浪等。元搜索引擎没有自己的数据，接受用户的查询请求后，将搜索请求按照不同搜索引擎的语法加工成不同格式，提交给多个搜索引擎进行检索，并可将返回的结果进行重新排序等格式处理，将处理后的结果作为自己的结果返回给用户。著名元搜索引擎有InfoSpace、Dogpile等。

搜索引擎已形成一个产业链，其产业链结构有五大主体：搜索引擎技术提供商、搜索服务提供商、企业用户、个人用户、搜索引擎渠道代理商。而其盈利模式主要有技术支持、关键字广告、登录排名、固定排名、竞价排名、地址搜索广告等。

---

① 黄浩. 互联网驱动的产业融合：基于分工与纵向整合的解释 [J]. 中国软科学，2020（3）：19-31.

目前，搜索巨头开始不断将触角延伸至更专业、更细化的领域，如 Google 推出了大学、图书等搜索引擎技术；而一些细分市场网站和应用软件也纷纷强化自己的搜索功能，形成了内容多样的垂直搜索引擎，对搜索引擎垄断局面形成挑战。在移动端，用户常用的搜索系统包括搜索引擎和各类 App（见表 1-4），移动端搜索系统的丰富性及切换的便捷性，使跨系统、跨 App 的搜索行为更为常见。

表 1-4　移动端搜索系统分类

编号	名称	特点	案例
A	搜索引擎	以网站条目为内容单位，返回搜索引擎结果页面（search engine results page，SERP），内容丰富	百度、搜狗、夸克
B	百科网站	以词条为内容单位，结构化程度高，由大众创建并维护	百度百科、夸克百科
C	社会化问答平台	以提问、主题为内容单位，个性化程度高，具有社交性的特点	知乎、百度知道
D	社交媒体	更新速度快，多以时间序列展示信息，内容具有随意性	微博、贴吧
E	数字图书馆	内容经过审核规范，信息体量大，结构性强	百度文库、知网
F	垂直搜索系统	内容的专业性、领域性特征明显	专业论坛、各垂直网站
G	信息流平台	多具有个性化推荐系统，内容覆盖面广，更新时效快	今日头条、微信公众号、门户网站

资料来源：赵一鸣，李倩. 用户移动搜索系统使用路径的提取与评价研究 [J]. 图书情报工作，2021，65（11）：89-99.

3. 虚拟社区

虚拟社区即存在于网络上的社区。随着移动互联网的快速发展，互联网开始跨入虚拟社区时代，虚拟社区已经成为具有共同兴趣和爱好的网民之间的一个互动沟通的重要交流平台。与一般的社区相比，虚拟社区没有地域界限，也没有严格意义上的组织和管理机构，但汇聚了兴趣、爱好相同，从而具有意识和文化共性的人群，这些人通过计算机网络进行交流、沟通，共享知识、经验。虚拟社区成员能分享其他成员、社区服务供应商、其他社会机构在社区中发布的信息、知识、经验，能得到社交及角色扮演的满足。

虚拟社区基于"合作"和"用户贡献内容"，因为网络用户并不是在独自消费信息，而是基于相同的兴趣或共同的朋友随机地相互联系。他们可以一起评论电影、推荐图书、出版杂志、共享文档、给喜爱的站点作标签、标注地理方位。在虚拟社区中生活的同时满足各自的信息需求。例如，"豆瓣网"即利用图书这个媒介将那些爱好读书的人聚集在一起。

阿姆斯特朗和哈格尔根据社区形成的原因将虚拟社区划分为 4 类，即交易社区、兴趣社区、关系社区、假象社区等[13]。虚拟社区拥有社区成员的大量数据和信息，包括成员注册的私人信息和社区中公开交流的信息。透过这些数据和信息分析，有助于准确了解社区成员的消费心理、行为和价值取向，识别消费者的需求。同时，虚拟社区是一个社会和商业信息传播平台，成员可以来自世界各地，一个信息几乎可以无成本地即时传遍互联网所能触及的世界每个角落，大大减少了信息的搜索成本。

组织可以利用虚拟社区收集大量客户信息，并在信息共享过程中提升信息价值。例如，亚马逊在网站中建立了专门供读者进行交流的虚拟社区，基于虚拟社区的书评成为亚马逊的重要信息资产。亚马逊的书评主要有两种，一是专家书评，包括与亚马逊有战略联盟关系的平面媒体提供的专家书评及亚马逊网站的编辑书评，撰稿者多为知名教授或专业人士；二是读者书评，由网上购书者撰写。大部分的读者、书评家表示喜欢读者书评，因为它虽然可能缺乏深度，但却是读者真实的阅读反映。亚马逊设立"书评家排行榜"，运用公众力量，赋予读者书评一个价值等级，既激发读者的书评热情，又能防范恶意书评。为了充分体现网络社区的及时性和互动性特点，亚马逊还经常邀请一些知名作家与读者聊天，这些活动使亚马逊不仅是一个卖书的网站，而且还是顾客消费、思考、交友的平台。

1.5.2　公益性信息服务机构

信息服务除了商业化运营外，还有公益性质的信息服务供应。公益性信息服务主要包括以下几类。

（1）政府信息服务。由于政府自身公信力所赋予的权威性、可信性等优势，政府信息服务也成为公众在网络上获取信息的重要来源。政府信息服务主要包括三类形态，第一类是一体化政府信息服务平台，这种平台提供了能够访问跨部门信息和服务的中心点，如美国、加拿大等国都有统一的政府信息门户；第二类是同行业信息服务产品，汇集了特定业务领域信息，是一种具有行业性的垂直平台，多由同系统的多级政府部门共同建立，如中国商务部的"投资项目信息库"；第三类是专门信息服务产品，通常是为解决特定问题进行实时信息收集和利用的信息服务产品，如新冠疫情暴发后产生的"健康码"系统等。

政务信息资源在数量上的丰富程度直接影响到政府信息服务的广度和深度。因此，政府信息服务需要以政府内部数据收集为基础，特别是政府内部数据共享程度往往决定了政府信息服务质量，也影响政府信息服务促进保障社会信息流动的作用发挥。

（2）由政府支持的科、教、文、卫公益性信息资源服务。这类信息服务机构通常被称为图书馆、文献情报中心、档案馆等，一般实行普遍服务原则，对相应服务对象提供平等的、免费的服务。这种信息服务机构主要分为两大类，一类是公共信息服务机构，如公共图书馆、各级政府所设档案馆等；另一类是特定机构所属的信息服务机构，如高等学校的图书馆、研究机构的文献情报中心等。不管是公共机构还是特定机构的公益信息服务机构均由国家投入为主，都肩负着服务社会的使命，并不同程度向社会开放。

其中，图书馆是社会覆盖面最广、公众接触率最高的一类公益性信息服务机构，并已形成了从中央到地方的信息服务网络。在网络环境下，图书馆不仅仅是指馆舍所构成的服务空间，而且还包括了一个以互联网服务等多形式远程服务为标志建立的数字图书馆。不管是传统的图书馆还是数字图书馆，都是有序化信息相对集中的空间，也都是知识密集型信息服务机构。

（3）社团组织等民间机构或公民个人所提供的公益性信息资源服务。其中，行业协会是比较典型的一类信息服务提供机构，一般依靠成员所交会费来支持，如一些行业协会通过建立企业信息库，免费为会员提供服务。对于这类信息资源服务，政府一般给予政策上的支持，通常允许收取会费，但不能商业化运作。

1.5.3　数据库产业

数据库产业是按照特定的信息需求对信息进行收集、加工和组织成为计算机可读介质并提供服务的信息服务行业。从 20 世纪 60 年代至今，信息产业逐渐发展壮大，其重要的推动力量之一便是数据库的产生与发展，数据库种类多种多样，特征千差万别，包括学术数据库、产业数据库、产品数据库、法律数据库、循证医学数据库等。数据库产业作为信息产业的重要组成部分，成为衡量一个国家信息技术、信息产业发展水平的重要依据。近年来，随着大数据技术的兴起，大数据产业成为数据库产业中更受瞩目的构成部分。

1. 传统数据库产业

传统数据库产业由数据库、数据库生产者和数据库提供商三大要素构成。数据库的内容组织与生产是一个庞大的系统工程，包括产品设计与开发、知识体系建构、知识资源生产等一系列环节，数据库质量评价通常从收录信息的完备性、数据加工的精细度、数据更新的及时性、适用版权的合法性、服务内容的丰富性、检索过程的便利性等多角度展开。因此对行业信息资源整合有较高要求，具有进入门槛高的特点，但同时，也具有规模效应显著的优势，较早进入者较易获得市场垄断地位。

美国是世界上数据库业起步最早的国家。从目前而言，在世界范围内，无论是数据库的数量、质量、品种、类型，还是数据库生产者、数据库提供商的数量，抑或是联机数据库的使用频率和产值方面，其他国家还都无法与之抗衡。而且，数据库生产者则包括政府机构、商业/企业、非营利组织（包括学会）等多种类型。

日本早在 20 世纪 60 年代就引入了数据库。70 年代中期，公用数据库网的建立和汉字终端的普及为日本数据库产业提供了良好的技术环境。1976 年，日本科学技术情报中心便开始向公众提供数据库服务。日本数据库产业的真正发展是从 20 世纪 80 年代初开始的。日本的数据库未来至少有三大发展趋势，即围绕社会的需求建立数据库，与国外共建共享数据库和大力发展公益性的数据库。例如，其建立的失败学数据库、知识产权数据库、产学官支持数据库均颇具特色。

我国数据库产业发展滞后，虽然近年学术数据库产业得到了较大发展，但高质量数据库供给仍然非常有限，自给率低，还待发展。

2. 大数据产业

近年来，由于进入互联网时代大数据大量生产，数据库与互联网的结合成为引人注目的发展方向。所谓大数据产业，是对大数据进行采集、存储和关联分析，从中发现新知识、创造新价值、提升新能力的新一代信息技术和服务业态。2016 年 12 月工业和信息化部专门发布了《大数据产业发展规划（2016—2020 年》。

对大数据产业的构成有多种理解。广义上看，可以将其分为数据源、大数据产品、大数据服务应用 3 个构成。数据源是指包括政府、电子商务平台等在内的数据采集与供应者；大数据产品是指大数据采集、存储、传输、加工等软硬件产品；大数据服务指应用服务、分析服务、基础设施服务等供应者。狭义上，从信息服务业角度看，大数据产业则主要包括数据存储、数据处理、数据传输及数据价值挖掘等服务。

1.5.4 信息咨询业

20 世纪 90 年代初期出现的商情服务及专业的商情服务公司，是我国信息咨询业的前身。信息咨询业最初的运行方式为"最低报价"，即在报刊上公开披露市场上同一品牌、同一规格型号商品的最低售价，以吸引消费者与经销商、抑制市场价格的散乱分布为契机。时值今日，信息咨询业已日益多样化，在我国，新型智库成为近年来信息咨询业的重要类型。

1. 传统信息咨询业

信息咨询业在纵向可以划分为 3 个层次,即狭义信息咨询业、管理咨询业和战略咨询业。狭义信息咨询业是咨询产业的基础,管理咨询业是咨询产业的核心层,战略咨询业是咨询产业的最高层次,表 1-5 为咨询业各个层次的信息咨询业务描述和特点分析表。

表 1-5 咨询业各个层次的信息咨询业务描述和特点分析

层次	业务描述	特点
狭义信息咨询业	主要从事市场信息调查、收集、整理和分析业务,为企业决策提供准确、完善的辅助信息	企业对信息咨询业服务的需要一般以年为周期,如每年年底请专业咨询公司组织市场调查和分析,了解企业产品所占市场份额、客户对产品的满意度等,通常按项目定价收费
管理咨询业	主要按照企业管理的各个层面划分专业业务领域,这些领域一般包括投融资咨询、财务会计咨询、税收咨询、市场营销咨询、人力资源咨询、生产管理咨询、工程技术咨询、业务重组与管理信息化咨询等	咨询业务的开展一般要求咨询顾问与企业相应的业务人员共同组成项目组,对企业管理的某些层面进行管理改造,或者对企业管理进行全面改造。由于企业健康发展 3 年会上一个台阶,企业一般以 3 年左右的时间为周期,请专业咨询公司对其进行一次管理改造。一般是按人·天工作时间收费
战略咨询业	为企业提供战略设计、竞争策略、业务领域分析与规划设计等服务,同时也有一些咨询公司主要面向政府提供政策决策咨询	企业发展一般以 5 年左右的时间为周期进入新的战略发展期,因此,企业一般 5 年聘请一次战略咨询公司为其战略调整提供咨询和辅助决策。战略咨询服务收费一般按人·天为单位,一般为 2 000 美元/天

资料来源:杨益军. 我国信息咨询行业发展的现状和生存环境分析 [EB/OL] (2012-03-24) [2021-09-10]. http://www.docin.com/p-369366527.html.

管理咨询服务实际上是咨询机构向客户提供知识转移的过程,即咨询顾问通过把自身所掌握的知识和理念转移给企业,向企业提供一套咨询方案和管理制度,同时为企业员工带来一系列新观念和解决问题的方法。目前,管理咨询业也利用网络实现服务延伸,而在线服务正预示着咨询业的革命即将到来。

2. 智库

智库(Think Tank)的说法由来已久,主要指非营利性的公共政策研究组织,提供政策制定过程所需的专业知识、信息及政策分析和建议。智库在国家治理体系中的重要作用已经受到各国政府的重视。

智库是对数据高依赖的行业。国外一流智库的数据资源建设主要有两种方式[15]。① 以自建、自藏、自用为主。是指根据自身条件、需求和能力对数据资源进行自主建设,主要通过面向自主项目、特定项目或用户委托;自建机构知识库、图书馆、档案馆等存储设施;自建资源中心、数据平台、数据库等数据管理设施为特色进行数据资源的建设、典藏、积累、流通和管理。② 以整合外部资源为主。是指在占有一定数据的基础上,充分整合和应用外部有效数据,主要以通过收集、整合公开数据,购买各类大型数据集,与其他组织机构合作共建共享等为特点获取、集成和积累数据资源等。

随着国家对中国特色新型智库建设的推动,智库建设的方式越来越灵活,一方面,互联网平台建设和智库建设呈现相互融合、相互交叉的趋势;另一方面,一些传统智库开始利用互联网平台聚集更多的智库资源并提升自身影响力。智库服务对象更加广泛,开始面向除政府外的更多社会主体。智库的研究方法和研究资源也得到拓展,尤其是数据支撑能力得到较大程度的强化。

◇┗ **本章小结**

　　信息服务业的兴起是社会分工进一步细化的必然结果。今天信息服务不仅是信息机构的任务，而且成为社会的全局性战略任务。互联网作为信息工具的出现和普及运用，使信息服务不但获得了强大的发展推动力，而且面临着网络经济的新规律：基于节点的扩散规律、基于丰富的增长规律、基于免费的增值规律、以信息为中心的置换规律。

　　在网络经济作用下，每一家企业都成为信息企业；个体对信息价值回报的期望提高，并热衷于参与社会生活，学习范式也已发生改变，需求状况与信息环境复杂化和无序化之间产生越来越大的反差；同时，网络重新架构组织关系，组织机构通过开发或集结产品、服务和系统来不断重组市场和竞争。但是，网络并没有改变专家控制、纵向整合、大规模定制等信息服务发展趋势。

　　信息服务是指服务者以独特的策略和内容帮助信息用户解决问题的社会经济行为，信息服务业是指直接从事信息的收集、存储、加工、传递、交流，向社会提供各种信息产品或服务的行业。目前国内外对信息服务业的分类尚未达成一致意见。全面理解信息服务业需要认识到，除了专门的信息服务业中存在信息服务活动外，还有一些其他行业对信息服务深度利用；除了第一信息部门外，还有大量的第二信息部门。而本书所指信息服务业主要是信息资源服务业，即基于数字化、多媒体和网络技术，利用信息资源和其他相关资源，开发、创作、分发、包装和销售信息产品及服务的产业。

　　目前，信息服务业主要业态形式有网络信息服务业、公益性信息服务机构、数据库产业、信息咨询业等。网络信息服务业中社会影响力最大的有信息平台、搜索引擎、虚拟社区等。公益性信息服务机构则包括政府信息资源服务，由政府支持的科、教、文、卫公益性信息资源服务，社会上的社团组织提供的信息资源服务；数据库产业包括由数据库、数据库生产者、数据库提供商等构成的传统数据库行业，也包括新兴的大数据库产业；信息咨询业包括狭义信息咨询业、管理咨询业、战略咨询业等构成的传统信息咨询业，以及智库。

◇┗ **本章基本概念**

　　梅特卡夫定律　网络效应　路径依赖　范围经济　正反馈　需求方规模经济　开放存取　大规模定制　信息服务业　信息资源服务业　第二信息部门　信息平台　虚拟社区　数据库产业　大数据产业　智库

◇┗ **练习与作业**

　　1. 基于用户学习范式的改变，思考一个优秀的学习网站应当具有怎样的特征。

　　2. 结合你利用搜索引擎的经验思考搜索引擎间的竞争主要有哪些竞争要素。

　　3. 虚拟社区服务提供者的服务内容体现在哪些方面？

　　4. 各类信息服务机构存在于市场的理由是什么？对从业人员知识结构和能力有何要求？

◇ **本章参考文献**

[1] 哈耶克. 个人主义与经济秩序 [M]. 邓正来, 译. 北京: 生活·读书·新知三联书店, 2003.

[2] 夏皮罗, 瓦里安. 信息规则: 网络经济的策略指导 [M]. 张帆, 译. 北京: 中国人民大学出版社, 2000.

[3] 谢斯, 艾希吉, 克里士南. 网络营销 [M]. 喻建良, 等译. 北京: 中国人民大学出版社, 2005.

[4] 张辉锋. 传媒业中的规模经济与范围经济 [J]. 国际新闻界, 2004 (6): 57-61.

[5] 安德森. 免费商业的未来. 商界 (评论) [J], 2008 (5): 54-56.

[6] 库佩. 数字时代的商务活动 [M]. 2 版. 上海: 上海人民出版社, 2006.

[7] 马灿德, 达文波特, 迪克森. 信息管理: 信息管理领域最全面的 MBA 指南 [M]. 吕传俊, 周光尚, 魏颖, 译. 北京: 中国社会科学出版社, 2002.

[8] 韦斯特. 数字政府: 技术与公共领域绩效 [M]. 郑钟扬, 译. 北京: 科学出版社, 2011.

[9] 周朝民. 网络经济学 [M]. 上海: 上海人民出版社, 2003.

[10] 符绍宏. 网络环境下的信息服务 [J]. 情报学报, 1999 (5): 456-463.

[11] 黄宁燕. 信息服务与我国信息服务业发展趋势分析 [J]. 情报学报, 2001 (3): 344-348.

[12] 张晓林. 走向知识服务: 21 世纪中国学术信息服务的挑战与发展 [M]. 成都: 四川大学出版社, 2002.

[13] 哈格尔三世, 阿姆斯特朗. 网络利益: 通过虚拟社会扩大市场 [M]. 王国瑞, 译. 北京: 新华出版社, 1998.

[14] 泽丝曼尔, 比特纳, 格兰姆勒. 服务营销 [M]. 张金成, 白长虹, 等译. 北京: 机械工业出版社, 2001.

[15] 吴雅威, 张向先, 卢恒. 国外一流智库的数据管理模式解析及其启示 [J]. 情报杂志, 2020, 39 (11): 126-133.

第 2 章

信息服务及其服务产品

学习目的

　　本章概括信息服务的特点、类型及组成，以及信息服务作为一种产品其具体的市场形态。

学习要点

- 理解信息的价值表现及经济特性；
- 了解信息服务特性在不同类型信息服务产品中的表现；
- 掌握信息服务产品构成要素；
- 熟悉各类信息服务产品的内容和形式。

2.1　理解信息资源

2.1.1　信息资源：内涵与外延

　　信息服务本质上是将信息作为一种资源加以开发的过程。Ackoff（1989）提出了"数据－信息－知识－智慧"（data-information-knowledge-wisdom，DIKW）的金字塔模型，认为数据是处于最基础层次的、不相关的数字或符号，信息是对数据进行筛选、系统化整理分析得到的资料，知识是对沉淀信息结构化后形成的产物，智慧是依据相关知识进行决策或准确评估采取最佳行动的能力。也就是说，信息是指经过组织了的或被赋予一定结构（按照相互关系组织起来）的数据。

　　信息资源作为术语最早由罗尔科在《加拿大的信息资源》一文中提出[1]。资源原本是指那些能够创造物质财富的自然存在物，而信息之所以也是一种社会资源，因为各种不同存在形态的信息经过传递与积累，通过作用于经济活动过程，能更好地利用和开发各种自然资源，为人类创造出更多的财富。美国学者霍顿从政府文书管理的角度认为信息资源具有两层意思：当资源为单数时，信息资源是指某种内容的来源，即包含在文件和公文中的信息内容；当资源为复数时，信息资源是指支持工具，包括供给、设备、环境、人员、资金等[2]。我国学者霍国庆在《信息资源管理的三个层次》一文中提出"信息资源也就是可以利用的信息的集合……换言之，信息资源是经过人类开发与组织的信息的集合"。各定义均有其合理性，而本书基于霍国庆对信息资源的定义展开对信息服务管理问题的探讨。

　　要开发利用信息资源，就必须明确信息资源的外延。通常人们将信息资源按照其载体分为人载信息资源、实物信息资源、文献信息资源和互联网信息资源。这些形式的信息资源可以相互转化，而转化的依据是社会需要。除此外，学者俞立平认为，从信息资源的内容角度，人类可控制的信息资源主要有以下 3 类：① 知识型信息，其特点是提供知识获得方法的信息，由于历史的原因，主要有科技文献信息和图书情报信息；② 经济信息，指对经济增长有直接作用的信息，如市场信息、产品信息等；③ 社会信息，指对社会进步、居民福利起作用的信息[2]。

事实上，信息资源内容不仅有主题范畴之分，而且有思维层次区别。有学者提出，信息结构可以从事实到智慧分为以下等级[3]。

① 事实（facts）：在一种真理价值观下得到的观察资料。

② 关联（context）：关于事实的事实。

③ 信息（information）：关联中的事实。

④ 推理（inference）：运用思考、理解能力的过程。

⑤ 智力（intelligence）：对信息进行的推理。

⑥ 确证（certitude）：既建立在主观基础上，也建立在客观基础上。

⑦ 知识（knowledge）：对智力的确证。

⑧ 综合（synthesis）：各种不同类型知识的合成。

⑨ 智慧（wisdom）：综合了的知识。

这种从事实到智慧的等级划分更加微观地描述了信息资源的形式和内容特点，与当前面向信息单元的信息资源服务发展趋势更加吻合。同时，对信息资源的具体认识将更加有利于对信息服务细分市场的认识，如新闻报道服务为市场供应"事实"，市场调查供应"信息"，股评供应"推理"，而战略咨询则往往是供应"智慧"。因而，对信息资源更加微观的认识将指向信息服务的创新与开发。

2.1.2　信息的价值

1949 年，克劳德·香农等将信息的价值定义为减少事物的不确定性，或者改变一个人对世界认识的程度。该定义使信息的使用价值带有一种主观成分。一些研究者指出，这一定义忽视了信息的内容，没有考虑信息对相关者的不同意义，因而其应用十分有限[4]。事实上，由于信息不是一种独占性的商品，其价值往往随着人们对信息的共享而增加。这导致了对信息价值测量手段的缺乏。而按照管理实践的基本原则——"如果你无法测量它，那么你就无法管理它"，信息价值测量手段的缺乏使之很少被组织内部作为一种资源来管理。对信息的价值应该做以下理解。

（1）信息价值由需求决定。信息价值的存在是因为信息被市场交易者、决策者、个人所需要，因而具有使用价值。马尔萨克指出，信息量并不完全等于信息价值，而且在一般情况下信息量是供给价格而非需求价格的衡量标准。阿罗也认为应从需求的意义上定义信息价值，也就是说，信息的价值应当是获取信道之前与之后的最大效用之差[5]。实际上，在绝大多数情况下，用户会根据信息的内涵来决定其价值。基于这些认识可以推理出，将信息转化为商品的过程中，对信息内容的理解是关键。

（2）信息强调时间价值。用户在离信息表达时刻更近的时刻利用信息产品，该信息产品对于用户往往具有更高的价值。事实上，很多信息都会随着时间的迁移或复制数量的增加而迅速贬值，因为随着信息映射领域发生变化，关联性减少，信息中噪声可能增多。在现实世界里，信息的价值对空间的拥有或空间的接近性依赖很大，一个人拥有的物质是限定在一定空间范围内的；比较而言，在虚拟世界里，时间上的接近比之空间上的接近更成为价值的决定因素之一。有关研究发现，网络上的时间速度是生活中时间速度的 7 倍。但是网络上的注意力持续时间不到生活中的注意力持续时间的 1/7。因而，信息产品的价值更加受到时间的制约。

（3）信息的决策相关性。信息价值在于其可以帮助用户处理某个特定问题的知识特定欠缺状态，从而帮助用户解决这个问题。信息的获得能有效排除个体或组织在决策时的各种不确定因素，决策过程中信息所能排除的不确定因素越多，信息的价值就越大。例如，在商业交易中，信息的经济价值可能体现在以下几个方面：① 有助于在未来交易中获得更高的收益；② 有助于在未来交易中进一步降低成本；③ 信息本身被销售。

2.1.3　信息的经济特性

信息是一种商品。所谓商品，一般是指能满足某一消费群体特定需求的利益集合体。作为一个典型经济意义上的商品应具有以下特征：可分割性、专用性、稀缺性、使用回报递减率。而信息作为商品，与典型有价商品不同，具体表现为：不易分割、不易专用；并非天然稀缺；有时可能使用回报不但不递减，而且随使用的增加而增值；信息本质上可自我再生。这使信息与普通商品截然不同。但是，信息仍然具有经济特性。其原因在于以下两个方面。

首先，尽管在信息爆炸时代，信息资源的数量极其巨大，但是相对于其使用者来讲，信息资源却仍然是稀缺的。信息资源的稀缺性有多层次的表现：第一是认识论层次上的信息资源稀缺，即现有信息资源在总体上不能满足人们对于未知世界认识的需求；第二是获取层次上的信息资源稀缺，是指在一定时间和空间范围内，由于存在交易成本和时滞，信息提供者供给的信息资源在数量上不能满足信息需求者的需求；第三是利用层次上的稀缺，由于信息数量过于庞大且鱼龙混杂，而人的处理能力和时间有限，从而导致人们在处理过程中无法满足对信息的需求。

其次，用信息生产商品可以节约物质和能源、人力资源及资本。由于大量信息的注入，新型产品不但更轻、更小、更坚固、更实用，而且大大节约了物质和能量的消耗；在制造业从业人数较少的同时，以信息服务业为代表的第三产业的工种却不断大量增加，显示信息化将使体力劳动减少到最小程度。信用信息更使现代社会经济活动由货币媒介交换方式演变成信息（信用）交换方式。

以上原因使信息能够成为商品，而且是一种特殊商品。这种特殊商品的经济特性具体体现在以下几个方面。

1. 信息是一种公共产品

单一的物质无法为人共享和同时占有，而信息则不同，一条信息可以同时被人们所获知，甚至可能获知同一信息的人越多越有价值。因而，生产一定信息的成本并不依赖于多少人在使用它，而且一个人的使用并不妨碍和影响他人使用。也就是说，信息是一种具有消费非排他性和非竞争性的公共产品。这一特点可以使其让许多人同时消费，还可以反复消费，甚至免费消费。

由于信息消费具有非排他性和非竞争性，信息资源无法像其他资源一样，完全通过市场机制达到资源的优化配置，需要更多的公共计划参与。例如，2004 年国家教育部正式启动了"中国高校人文社会科学文献中心"（China Academic Social Sciences and Humanities

Library，CASHL）项目，采取"资源分布收藏、服务集中开展"模式，很大程度上促进了信息资源的价值实现。

2. 信息是一种经验产品

如果消费者必须尝试一种产品才能对其进行评价，经济学家就将其称为"经验产品"。多数新产品都是经验产品，不同的是，信息在每次被消费的时候都是经验产品，人们必须尝试才能了解信息的价值，并且才能对价值进行评价。但对信息而言，尝试过程就是消费过程，这使得让用户相信信息价值成为一项难题，目前一些信息提供者正在通过建立品牌和信誉来克服这一难题。

3. 信息产品具有特殊的成本结构

信息产品的需求成本公式为

$$C = P_0 + \Delta P + C_S + C_P \tag{2-1}$$

式中：P_0——商品的出厂价格；

ΔP——流通加价；

C_S——消费者寻找成本；

C_P——消费者购买成本[6]。

其中，信息产品的 P_0 由两个要素决定：一是单位产品的知识产权成本，即首次创造成本；二是单位产品的物化成本。而消费者的需求成本（C_S，C_P）包括商品价格及消费者非价格成本两大类。非价格成本主要包括信息成本和时间、空间成本。

对信息产品而言，不仅 ΔP、C_S、C_P 的大小直接受流通方式影响，而且 P_0 也受流通方式影响。因为首次创造成本是一次性投入的沉没成本，而信息产品（尤其是数字产品）通常具有无限复制性，其复制的次数越高，单位首次创造成本越低。例如，耗资亿元的好莱坞大片只需几美分就可以刻录到光盘中销售，而且销售越多，大片的相对成本越低。而物化成本是由信息产品的流通方式所决定的，如果采取非物化（数字化）方式流通，则可以使物化成本降低为趋近于零的水平，使单位产品的 P_0 得以大幅降低，从而降低消费的需求成本。因而，信息产品的需求成本与流通体系的效率具有更高的相关性。

由于以上原因，与一般产品不同，信息产品的生产成本往往具有一定弹性（其中，首次创造成本具有相对刚性），而消费者信息成本、时间、空间成本具有相对刚性。也正因为如此，在网络经济中，数字化产品供给曲线会沿纵轴向上移动，并且供给曲线的斜率变小。这使得供求曲线的交点发生了实质性的变化，原来高价低量的均衡点变成了低价高量的均衡点（见图2-1）。

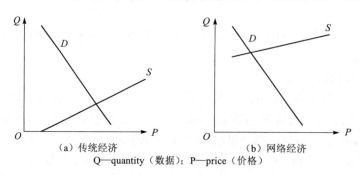

Q—quantity（数据）；P—price（价格）

图2-1　网络经济与传统经济供求均衡点比较

资料来源：崔勇．网络股价值评估［M］．北京：中国时代经济出版社，2002．

信息生产的特殊成本结构是其巨大的规模经济产生的基础原因，生产得越多，生产的平均成本就越低。而且，由于信息又是一种经验产品，两个特点共同作用，产生了大量的营销机会，尤其是以"免费"供应为主的体验营销方式。同时，首次创作成本与传播成本比较相对重要，但技术进步通常只能降低传播成本（如发行成本），对首次创作成本影响较小。这使得首次创作成本对信息资源供应机构的重要性更加凸显。

4. 信息具有累积增值

一方面，信息越多，其所蕴藏的规律越多，对规律的反映越准确。因此，如果将零散、片面、无序的大量资料、数据和消息按照使用者的要求进行加工、处理、分析和综合，将形成有序的高质量信息资源，这种经过累积和处理的信息将价值倍增。

另一方面，对信息的连接投资，不仅可以获得一般的投资报酬，还可以获得信息累积的增值报酬。如长尾（long tail）理论（见图2-2）所描述的，只要存储和流通的渠道足够大，需求不旺或销量不佳的产品共同占据的市场份额就可以与那些数量不多的热卖品所占据的市场份额相匹敌甚至更大[7]。而且，如果将信息按照某种市场需要加以创造性连接，信息将以更高效率累积增值。由于互联网、云计算、大数据等技术的发展，信息存储和流通能力飞速发展，使得信息的累积增值效应也日益突出。信息累积增值效应正是各类信息平台发展壮大的根本原因所在。

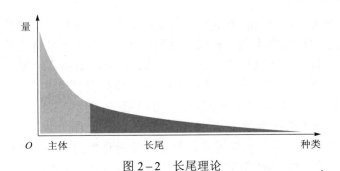

图2-2　长尾理论

资料来源：安德森. 长尾理论［M］. 乔江涛，译. 北京：中信出版社，2006.

2.2　信息服务

2.2.1　服务的特性

服务营销学家 Christian Gronroos 认为，服务一般是以无形的方式，在顾客与服务职员、有形资源商品或服务系统之间发生的，可以解决顾客问题的一种或一系列行为[8]。另一个著名的关于服务的生动定义是"有些东西你可以买卖，但却无法归入囊中"[9]。然而，没有任何评价标准可以明确地分开服务和一般产品。一些学者甚至认为，其实并没有所谓的服务业，只是有些产业服务成分较其他产业较多或较少而已。譬如一个数据库仍然是一种有形的、可以保存的产品，可是一旦加入了用户要求的设计，就成为一项服务。

尽管没有纯粹的产品或纯粹的服务，但是无形的服务和有形的产品相比有着质的区别，具体如下。

（1）无形性。服务是无形的，消费者在购买服务之前，往往无法肯定能得到什么样的服务。同时，消费者无法在购买之前先试用一下某种服务。可见，消费者在购买服务之前所面临的购买风险，要比他们在购买产品时所面临的购买风险大得多。

（2）不可存储性。消费者消费服务之后，服务就立即消失，购买劣质服务的消费者通常无货可退，服务机构也难以协调成本与质量之间的关系，经营服务的风险性也因而更高。

（3）差异性。服务业提供的服务不可能完全相同，同一位服务员提供的服务也不可能始终如一；顾客对同样的服务感受也是千差万别。因而，服务机构往往难以制定和执行服务质量标准，难以保证服务质量。

（4）生产和消费的同时性。服务的生产与消费不可分离，在服务过程中，顾客往往会参与服务，或者通过与服务人员合作积极地参与服务过程，享受服务的实用价值。因而服务不但强调在正确的地点为顾客提供正确的产品，还必须强调用正确的方式为顾客提供正确的服务。

以上特点使服务管理成为一个复杂的过程。在这一过程中，服务不但应当具备搜寻特性，使顾客易于发现，更重要的是要有经验特性和信任特性，进而使服务易于被感知，降低服务质量风险。

2.2.2 信息服务的特性

作为服务的一种类型，信息服务是发生在信息用户与服务职员、信息资源、信息服务系统之间的可以满足用户信息需求的一种或一系列行为。由于信息是信息服务为信息用户提供的主要服务结果，因而在信息服务过程中，信息源、信息活动和信息用户成为3个最基本的构成因素。信息服务不仅要经营信息资源，而且要经营信息活动和信息用户。

1985年，迈克尔·波特在《竞争优势》一书中提出了用价值链模型来帮助企业制定战略，获取竞争优势。在价值链系统中，不同的经济活动单元通过协作共同创造价值。信息服务企业也存在一个价值链，这一价值链是以信息服务为对象的价值增值链。信息服务始终是最主要的工作对象，价值链上的增值主体通过信息描述概括、信息分类组织、信息标引检索、信息加工传递等一系列活动，提供客户信息服务，实现信息的价值增值（见图2-3）。

图2-3 信息价值链模型

而相比其他服务类型，信息服务也具有自身特性，表现在以下几个方面。

（1）用户参与度极高。用户的信息需求更不易被感知，因而，只有在与用户进行更多交互的基础上才可能了解其需要并进行信息服务供应。这使得信息服务成为一种用户参与度极高的交互性服务，甚至一些服务（如虚拟社区）就是由用户自发驱动产生内容而创造的一个平台。因此，信息服务组织往往通过会员制与用户建立正式、持久的联系，进而更方便地了解客户群体的状况，了解客户消费服务的方式，以更好地细分市场，增加用户对信息服务机构的忠诚感。

（2）与用户接触层面深。信息服务过程中要求基于对信息需求的判断来确定服务方法和服务特点。因此，信息服务系统最重要的工作是先确定信息问题，之后才是解决问题的方法。信息服务需要将服务过程划分为诊断问题和解决问题两个部分。这就要求其知识结构与用户能够达成匹配，而且具备与用户交流的知识能力，甚至比用户有更多的知识储备和问题分析的能力。使得服务系统在与用户接触的过程中，并不只是做出消极的反应，而是经常需要积极地引导用户。

（3）动态变化性。信息服务往往是针对用户心智的服务。一方面，信息服务过程为用户提供了新信息、新知识，会导致用户的知识结构发生一定程度的改变，如"搜索即学习"观点就是强调信息搜索就是用户自我学习的认知过程，会进而导致其知识结构的变化和对信息内容需求的改变。另一方面，用户对同一信息服务系统的需求也会随着其使用经历而发生改变，如新用户更需要导航等帮助性服务，而熟悉系统之后，则希望探索更多新功能。因而，信息服务提供者需要不断地去尝试、检验和摸索，基于科学的方法和思维优化产品，这种优化过程称为产品迭代。而由于支撑信息服务产品的主要基础设施是网页、应用程序及小程序，使得对服务提供者和用户两端的产品迭代成本都大幅度降低，信息服务产品的快速迭代成为可能。

2.3 信息服务类型

目前，对信息服务的具体分类还未定型，以下是较具代表性的几种分类方式。

2.3.1 从信息中介参与交流角度的分类

有学者按照信息中介参与交流程度这一思路，对网络环境下的信息交流及其服务类型进行分析，如图 2-4 所示。

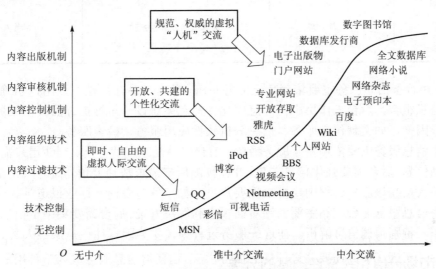

图 2-4 基于中介机构的数字信息交流模式

资料来源：胡振华，吴志荣. 论数字信息的交流模式 [J]. 图书情报工作，2008（5）：48-50.

　　该研究将信息中介组织分为纯技术型、内容选择控制型、内容完全控制型 3 种。纯技术型中介机构仅提供数字信息交流的技术支持系统，不参与对内容的控制。内容选择控制型中介机构是指对数字内容进行过滤，仅作删除或屏蔽的中介机构。内容完全控制型中介机构指对数字内容进行采集、控制、组织、存储、发布和管理的中介机构，其作用是：对信息内容的采集、筛选、整理和保存；审核并控制数字信息资源，优化数字信息资源质量；根据数字信息资源的不同类型或不同对象采取不同的审核和控制方式，提高数字信息交流的有效性。

　　该研究认为，由于不同中介组织不同程度的介入，数字信息交流的效果不同。可以据此将数字信息交流分为无中介交流、准中介交流和中介交流 3 种交流模式。其中，无中介交流是指在交流过程中，仅有纯技术型中介的参与；准中介交流是指在数字信息交流过程中，有内容选择控制型中介机构介入，对信息交流内容进行适当的删除和屏蔽，但不参与数字信息内容的组织和质量审核；中介交流是指在交流过程中，内容中介机构对数字信息交流内容进行组织、管理、审核并发布的交流形式[10]。

2.3.2　从发展所依赖资源角度的分类

　　对信息服务而言，其后台的推动力是技术和信息，而前台关键是需求获知能力和知识解析能力，因此，信息服务的发展还需要依赖人力资源和技术资源。从信息服务的不同资源依赖模式看，信息服务可以分为执行型、经验型、专家型（见表 2-1）。

表 2-1　基于发展所依赖资源的信息服务分类

信息服务类型	前台产品	后台工作	主导因素
执行型（依靠系统）	信息或信息组合	信息序化、信息系统设计与维护	用户
经验型（依靠经验）	定制信息	信息采集、信息整合	用户和服务人员
专家型（依靠智慧）	报告与方案	信息采集、信息解析	服务人员

　　其中，执行型信息服务主要依赖特定服务系统，前台产品往往是按照用户明确要求供应的信息或信息组合。后台工作集中在信息序化、信息系统设计与维护方面；在服务过程中，用户是主导因素，如文献传递服务、信息分析软件应用服务、检索服务。

　　经验型信息服务主要依赖特定服务经验，前台产品是在现状分析、判断用户需求基础上供应的定制信息。后台需要强化信息采集，并在预测用户需求基础上预先进行一定信息整合，用户和服务人员在该服务过程中均扮演重要角色，如事务型咨询、行业报道等。

　　专家型信息服务前台产品主要为针对性报告和解决方案。后台需要集中于信息采集和信息解析工作，特别强调信息解析。在这一服务过程中，主导因素往往是服务人员。

2.3.3　从市场价值和共享性角度的分类

　　如果以市场价值和共享性为维度，可以将信息服务分入 4 个区域（见图 2-5）。

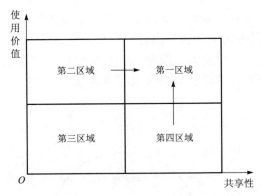

图 2-5　4 个区域的信息服务

资料来源：韩刚，覃正. 信息生态链：一个理论框架 [J]. 情报理论与实践，2007（1）：18-20.

第一区域：高使用价值，高共享性。该类信息服务固定成本高，边际成本低，具有显在的经济效益。主要是一些执行型信息服务，如金融市场信息服务，FAQ（frequently asked questions，高频问题库），搜索引擎等。其商业价值较大，在经营过程中应强调经济性和排他性。该类服务信息收集及资源管理非常重要。

第二区域：高使用价值，低共享性。该类信息资源服务高差异化，因而具有独特性。一旦建立，将具不可替代性。主要是经验型、专家型信息服务，如咨询。该类服务与用户的交互过程管理非常重要，可以发展针对性、甚至个性化定制的服务模式。该象限服务借助信息技术和标准化管理，可能实现向第一象限的转化。

第三区域：低使用价值，低共享性。此类服务没有市场价值，基本上不可取。

第四区域：低使用价值，高共享性。该类信息服务每次使用带来的用户增值不一定高，但更加公共化，社会效益大。主要是执行型信息服务。这种服务固定成本相对较低，服务系统维护成本高。如图书馆常规借阅服务、行业信息服务、数据库服务等。该类服务的可替代性强，且具有潜在的经济效益，一般应采取开放式的服务模式。对该类服务而言，服务场景管理特别重要。

2.4　信息服务产品

2.4.1　服务产品理论

服务管理理论认为，服务应被视为一种产品来运营，要对其进行系统的设计和包装，才能使服务的作用得以充分发展。服务作为一种产品，其构成包括以下 4 个方面。

（1）顾客利益。是指在购买服务过程中，顾客追求的并非服务本身，而是这种服务所带来的利益和好处，所以服务产品的本质只有顾客才能感知到。因此，服务机构提供的服务必须基于使用者所追求的需要和利益。

（2）服务观念。服务观念是服务企业基于顾客追求而提供的普遍化利益，是对服务的诠释，而且这种服务诠释应当具有自身特点，并导致服务企业对满足用户需要和利益的路径选择。

（3）基本服务组合。是指服务出售物，又称服务包。由一系列无形和有形的服务要素组成，一般包括核心服务、便利性服务、支持服务等几个组成部分。

（4）服务递送体系。服务的生产和传递过程及顾客对这些过程的感知也是服务产品的重要组成部分。服务过程包括 3 个要素，即服务的易接近性（可用性）、顾客与服务企业的交互过程、顾客参与。这些要素构成了服务的递送体系（见图 2-6）。

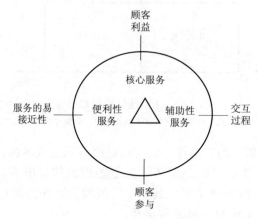

图 2-6　服务的递送体系

资料来源：格鲁诺斯. 服务市场营销管理［M］. 吴晓云，冯伟雄，译. 上海：复旦大学出版社，1998.

将服务视为一项产品，使服务机构更加明确管理内容和管理对象，并更加深入地理解服务价值。服务产品理论不但将产品概念用于服务管理，而且跳出了传统局限在服务特定的形态和具体用途上的服务解析，把服务产品理解为人们通过交换而获得的需求的满足，归结为消费者和用户期求的实际利益。使服务机构真正站在顾客角度上来全方位地看待服务价值，并科学地将顾客认同的价值标准落实在机构的策略之中。

2.4.2　信息服务的产品思维

"服务产品理论"本质上就是"以用户为中心"的观念，这一观念在信息服务行业已经获得较大程度的认同，并在服务内容和服务传递设计中得到比较深度的贯彻。信息服务行业又称该观念为"产品思维"，并将其具体化为研究用户，创造价值，以及迭代优化等重要环节。

为了迅速响应用户的信息需求，一些富有创新精神的信息服务企业开始尝试为用户提供更广泛的公开、可靠及全面的信息，并为其创造最合适的服务产品，即使这些产品可能来自竞争对手。简而言之，信息服务企业希望自己能够因为代表了用户的最佳利益，成为用户利益的"代言人"而得到更好的市场反馈。这种策略的基础逻辑是"客户让渡价值理论"（见图 2-7）。

所谓客户让渡价值，是指总客户价值与总客户成本之差。总客户价值是客户从特定产品（或服务）中获得的一组利益，可能是产品价值、服务价值、人员价值或形象价值等；总客户成本则包括货币成本、时间成本、精神成本和体力成本。客户在选购产品时，总会从总价值与总成本两个方面进行比较分析，从而选出客户让渡价值最大的产品作为优先购买的动向。客户让渡价值理论的核心思想是，客户购买产品或服务不仅要考虑其成本，还要考虑所购买产品或服务所带来的总价值。而价值不仅包括产品价值，它是一个综合的构成，服务本身也可以增加总价值。

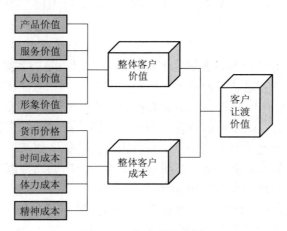

图 2 - 7　客户让渡价值

根据该逻辑，如果企业为顾客谋利益，顾客会用信任、忠诚和消费来回馈企业。而且一旦许多顾客都愿意为额外的价值支付额外的金钱，企业就可以提高产品和服务的价格。同时，当顾客对某家公司产生信任感后，会与他人分享，也会降低公司获取新顾客的成本。根据这种逻辑，"以用户为中心"的观念能兼顾用户和企业的利益。

2.4.3　信息服务包

一个行业提供的服务往往是多方面的，只是在各方面所起作用不同。各类服务互相支撑，形成一个服务包。购买越是复杂的产品，消费者往往需要越复杂的服务，因而信息服务组织需要精心设计自己的服务包。

1. 核心服务

在服务包中，核心服务是服务组织为顾客提供的主要服务。对信息服务机构而言，信息咨询、数据库生产、文献提供等往往是其核心服务。核心服务的选择关系到信息服务机构的市场定位问题，必须建立在对市场充分考察，对自身资源能力进行客观评价的基础上。对于市场成熟的信息服务内容，必须在服务质量、服务深度上进行充分挖掘，适当的时候可以进行重新定位，找到自身发展的新的增长点。例如，传统信息服务长期是基于资源提供服务，但是面向用户决策过程的信息服务将更多地帮助用户确定信息需要，帮助用户选择和分析信息内容，这种基于知识的帮助具有更强的竞争力，因而一些学者提出传统信息服务机构应当走向知识服务的观点。这种思维方式就是对信息服务的核心服务进行的一种新的设计和选择。

2. 便利性服务

除了核心服务外，服务组织经常需要提供一些额外服务，方便顾客消费核心服务，这些服务称为便利性服务。信息服务机构中的检索系统、预约服务、设备服务、导航服务都属于便利性服务的范畴。便利性服务是必要的，但这并不意味着服务在设计时不能与竞争对手的便利性服务有所不同。例如，不少网络信息服务网站与其他网站开展链接合作，其合作对象的选择和链接的具体表现都体现了自身不同的取向。便利性服务能够而且应该创新，并一样可以成为竞争手段。例如，亚马逊书店通过评论、推荐列表、其他用户购买历史及各种作者、出版社等的内在联系，提供了一个丰富的推荐图书列表，在为用户提供便利的同时，还有力地推动了核心服务。

3. 辅助性服务

辅助性服务也是服务组织为顾客提供的额外服务，但不是顾客必须消费的服务。例如，有些服务特征不在用户期望之内，但从用户角度看是有益的，这往往就是辅助性服务。也就是说，辅助性服务的主要作用是提高基本组合的总价值，使组织的服务与竞争对手服务区别开来，提高组织的竞争力，如报业的信息咨询服务、通信业的信息查询服务等。目前，更多的信息服务机构通过对一些常规服务免费，来推销自己的核心服务，这些免费服务实际上就是一种辅助性服务。例如，讲座本是公共图书馆推出的一项辅助性服务，但对很多图书馆而言，已成为图书馆建立市场形象的重要渠道。

其实，便利性信息服务和辅助性信息服务之间的界限并不总是那么分明，但对两者加以区别还是必要的，因为便利性信息服务往往是不可或缺的。

信息服务包提供的服务通常是一个连续的、多样化的、具有丰富内涵的过程。其中，信息资源供应往往是其核心工作，信息服务为用户提供的核心服务是信息资源供应服务。除此之外，信息服务还围绕着信息资源服务这一核心提供一系列其他相关服务，如管理服务、教育服务、环境服务等。根据服务产品概念，对这些服务要素的分析和管理也是信息服务工作非常重要的组成部分。

2.4.4 信息服务包价值定位

信息服务包是信息服务项目的集合，决定了用户从信息服务组织中可以获得什么，即其会给市场带来怎样的价值。因而，对信息服务包设计的核心是对服务进行价值定位。事实上，明确的价值定位能够创造适应信息管理机构的组织文化，并在管理中避免目标分散而带来的不确定性和复杂性，因而是信息服务机构服务战略管理的基础步骤。

关于组织价值的概念有多种，按照科里斯和蒙哥马利的研究，组织资源（包括有形资源、无形资源和组织能力）的价值体现在组织与其赖以竞争的环境在顾客需求、资源稀缺性和可获得性3个方面交互作用的结果，这3个方面的交叉区域形成价值，即资源为顾客所需，又不可能为竞争对手所复制，且其创造的利润能够为组织所获得[11]（见图2-8）。

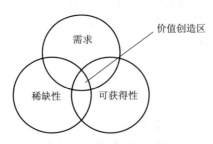

图2-8 组织价值创造区

资料来源：科利斯，蒙哥马利. 公司战略：企业的资源与范围 [M]. 王永贵，杨永恒，译. 大连：东北财经大学出版社，2005.

　　信息服务机构能够在明确价值的前提下，通过以其为中心的服务产品设计、一系列内外部营销活动及服务管理贯彻来建立一种基于价值的服务形象。

　　这一过程要经过以下阶段，通过分析用户、服务人员、竞争对手各自的价值追求及其价值互换关系展开市场定位工作，建立服务概念，形成服务产品。然后，采取一定的经营策略挖掘服务产品的利益，并发挥杠杆作用。最后，以经营策略为指针，建立服务操作体系，在服务过程中展开各方利益的协调。从服务概念的建立到服务操作体系的建立，每一个过程中都不断反思最初的服务概念，并将相关观念、策略、操作整体性输入给内部人员，建立一种以服务概念为中心的组织文化（见图 2-9）。

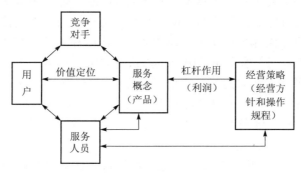

图 2-9　价值定位过程

　　需要特别提出的是，价值定位作为杠杆，既是组织生产与组织文化间的杠杆，更是组织需求与社会需求的杠杆、组织长期利益与短期利益间的杠杆。因此，价值定位是产品战略的核心内容，而且，在后续的品牌建设等环节也需要一以贯之。第 12 章"信息服务品牌建设"部分也将对此做一定的讨论。

2.5　典型信息服务产品

　　本节介绍当前信息服务业所供应的几类比较成熟的信息服务产品，这些服务产品被不同的信息服务组织选择作为自己的核心产品。

2.5.1　信息检索和传递服务

　　信息检索和传递服务产品利用本机构信息资源体系，同时整合其他信息资源系统，根据用户具体需要，在需要的时间和需要的地点为用户查找或提供所需要的信息。具体形式包括信息搜索服务、查新服务、馆际互借与文献传递等。信息搜索服务是应用最为普遍的信息检索和传递服务，其核心产品搜索引擎前面已有介绍。

　　查新服务是一类传统信息查找服务。查新服务的应用目的是避免科研选题的盲目性、重复性和成果评审的主观失误等现象。该服务广泛应用于科研立项、成果鉴定、申报奖励、专利申请等。2001 年 1 月，科学技术部发布并实施的《科技查新规范》对查新作出的定义为：查新是科技查新的简称，是指查新机构根据查新委托人提供的需要查证其新颖性的科学技术内容，按照该规范操作，并作出结论[12]。目前对查新服务的认识有所深化，如有学者认为，查新是以信息搜索为起点，通过信息提炼、重组、分析比较、综合等需要高智力投入的环节，最后形成情报评价[13]。

馆际互借与文献传递目前已成为公益信息服务的主要工作形式之一，该项服务借助便捷的网络环境为用户建立畅通渠道，从而提供快速反应和高满足率的文献传递服务。知识产权保护是该服务的重要构成。例如，国家科技图书文献中心（NSTL）馆际互借服务系统为中国图书馆及其用户提供科学资源，包括期刊论文、会议论文、技术报告、专利与标准。它将下属的 9 个成员图书馆联合起来作为一个图书馆来为用户提供服务，采用一个集中式的 ILL 系统实现统一的服务与管理。而中国高校哲学社会科学文献保障服务体系（CASHL）是为中国社会科学与人文科学提供资源与服务，有计划、有系统地引进和收藏国外人文社会科学文献咨询，采用集中式门户平台与分布式服务结合的方式，为全国高校、哲学社会科学研究机构及社会科学工作者提供综合性文献信息服务。CALIS 中心引进的"Uncover Reveal"（最新信息跟踪和文献传递服务）服务中，用户按照系统要求填写若干关键词和期刊名称等，系统即按用户的需求将每周更新的匹配文献信息发送至用户指定的电子信箱中。

另外，信息检索服务还出现了更多的专指性服务，如专利侵权检索即为阐明发明保护范围提供必要的信息，以规避侵犯专利权风险，或者防范第三方侵权。瑞士知识产权联邦机构的 IP-Search 服务中包括侵权检索（infringement search）和有效性检索（validity search）。其对侵权检索服务的描述为"如果您想在产品生产和销售之前确定专利侵权风险从而避免昂贵的诉讼费用，我们可以告诉您它是否落入现有专利保护范围之内"；而对有效性检索服务的描述为"如果您对一项妨碍您商业战略的专利提出怀疑，我们可以检索挑战该专利新颖性或创造性的文献，从而为在争端中评估该专利的法律有效性提供依据"[14]。

2.5.2　问答服务

问答服务的前身是图书馆的参考服务。参考服务指图书馆利用各种参考工具书、馆藏文献和电子资源，为读者解决查阅文献资料中遇到的疑难问题，提供文献或参考答案、数据、线索的服务活动。其主要内容包括解答咨询、书目参考、情报检索等。进入网络时代，该服务更多地体现为线上社区性问答服务。该服务利用互联网将人们与那些能够回答咨询并支持发展这种技能的人联系起来，又称数字参考服务。按照美国著名数字参考研究专家 David Lankes 的说法，数字参考服务有两个发展源头：一是图书馆界在传统的图书馆参考服务基础上，应对网络环境的发展而开展起来的一种数字信息服务；二是以 AskA 服务和专家问答站点为代表的网络信息服务。这两个发展源头基于不同的服务理念和目的，形成了两种在构架和运行策略上有很大不同的服务模式。

问答服务有巨大的市场需求。问答网站 Wondir 创始人 Matthew Koll 认为，世上有成千上万的人渴望分享他们的知识、体验，渴望通过释疑解惑去帮助别人，问题的关键就是在恰当的时间把恰当的问题放在恰当的人面前。而 Wondir 等问答服务正是利用了网络平台来促进提问者和解答者更方便有效地接触，降低了开展数字信息服务的门槛。Koll 甚至指出，"Wondir 就是一个全球搜索引擎、全球信息公告板以及实时交流系统的混合体"。

2.5.3　信息供应服务

信息供应服务是指针对某类用户的某种信息需求，为其进行信息系统收集并采取某种方式方便其利用的服务。

该类服务重点集中于信息收集。而收集信息从时效性上可分为即时信息和历史信息。例如，市场调查服务以收集当前信息为主，而传统图书馆则以系统收集各类文献资料为主。在网络环境下，该类服务已进行了新的发展，各种新型信息供应服务不断涌现，预印本服务就是一例。

预印本是指科研工作者的研究成果还未在正式出版物上发表，而出于与同行交流的目的自愿在学术会议上或通过互联网发布的科研论文、科技报告等文章。预印本需要具备的条件包括：经过复审准予出版的手稿；以出版为目的已交由出版社送审的手稿，而是否予以出版尚未确定；打算出版，但在送审前，为征求意见而在同行专家间进行传播的手稿等。如 BioRixv 提供生命科学领域预印本在线存储和发布服务。作者在 BioRxiv 上发布预印本供所有人免费获取，并在投稿前收到来自各方的反馈意见。

传统传媒也将信息供应服务作为其重要服务内容，而且越来越倾向于提供即时信息，例如，提供金融新闻的《华尔街日报》、提供证券金融信息的"和讯网"等，其收入主要来源于广告或订户的订阅费用。

2.5.4　信息组织与控制服务

随着网络经济的繁荣，数字化资产数量激增，网络环境中的数字信息资源无序分散的状况已经越来越严重，如何组织、保存及利用这些数字化资产已成为组织和社会共同面临的问题。信息资源组织控制服务通过建立对各类信息资源的分析描述体系、链接与获取机制、权益管理机制、费用支付和服务审计体系等，从而建立广泛且经济的信息资源控制和利用体系。该类服务中目前关注的热点有机构存储、长期保存、信息过滤等。

机构存储（institutional repositories，IR），是对机构内成员智力产品进行收集、存储、管理并提供开放利用的知识传播与知识服务系统。例如，麻省理工学院（MIT）与惠普公司联合开发的 Dspace，不仅为 MIT 提供了重要的数字知识资产管理和学术交流的平台，而且也是目前机构建设仓储库的首选软件工具。机构知识库是当前机构仓储研究方面的热点，全球已有近 8 000 家机构提供公开登记与服务的机构知识库。

长期保存活动是一项复杂的系统工程，需要合理有效的管理来保障其正常、正确的实施。尤其构建保存网络的需要更增添了相关服务的复杂性，因此，荷兰的 e-Depot、德国的 Nestor、大英图书馆的 Planets 等项目都致力于展开针对长期保存系统中的资源层、系统实施层和应用层的有效管理。

信息过滤服务是根据用户的信息需求，运用一定的标准和工具，从大量的动态网络信息流中选取相关的信息或剔除不相关信息的过程。该服务能够节约用户获取信息的时间，从而极大地减轻用户的认知负担。目前的信息过滤服务主要面向不良信息控制，并依赖"多方标记和分级模式"。

2.5.5　信息交流平台

网络的发展，使网络用户能够基于相同的兴趣或共同的朋友而随机地相互联系，并且能够与陌生人进行"合作"，向他人贡献内容，这使得"交流文化""贡献文化"生长。而交流平台就是这些文化滋长的土壤。信息交流平台往往针对特定领域或专业需要，有机整合相关资源、服务和工具，尤其是支持信息交流、发布、工作协同的工具和服务，支持用户通过平台检索、汇集、组织、交流和发布信息，为有共同兴趣的用户提供一个共同的环境，如 W3C 网站等。一些服务提供者还允许用户定制虚拟社区，选择邮件群服务、讨论室功能、日程表功能等社区服务功能。相关服务的开发重点是共享管理、安全管理等两个方面。

目前，一些大学图书馆开始尝试 information commons（IC）这一新服务模式，该模式通过对图书馆空间、资源和服务的优化整合来达到为用户提供一站式服务的目的。information commons 又称为信息共享空间，是一个为学习、研究、教学服务的功能整合中心。在该空间中，计算机/数字技术、外围设备、软件和网络基础设施高度集中，主要由 5 项服务组成，即信息服务台、媒体服务、参考咨询服务、研究数据服务、用户培训服务。信息交流与协作正是 IC 建设的基础。

2.5.6 导航及导读服务

导航及导读服务是围绕信息资源利用的一类知识服务。

导航就是为上网用户提供相关网站的方向指引，使得人们更容易知道在什么地方可以找到所需的信息，导航网站收录所要导航的网站一般不需要得到该网站的许可，但前提是导航网站对该网站的分类是客观的，不存在任何歪曲、诋毁的情况。导航网站一般凭借其巨大的流量吸引广告商，从中营利。

导航服务的重点是学术资源导航，CALIS 在"九五"期间就开始了导航库建设，各高校也在大量建设导航库。更深入的导航服务将通过科技成果评价、科学竞争力评价等，来支持科学研究和创新。如图 2-10 即为图书情报领域学术资源的导航服务。

图 2-10 图书情报领域的学术资源导航

导读服务是一种传统服务，但却是更加深入的一类知识服务，在网络时代仍然广受欢迎。

其原因在于，阅读是人类获取知识的基本手段和重要途径。导读服务概括地讲是指在阅读过程中对阅读加以指点和引导，也就是指导阅读者读什么，怎么读。目前，其他信息服务项目（如信息报道、专题服务等）只揭示一个个独立的知识单元，服务缺乏系统性和内在联系，使用户有"只见树木不见森林"之感，找不到引发志趣和深入研究的途径。作为阅读指导服务，导读服务则通过对用户的阅读战略、目的、内容、方法等给予积极的指导，能够诱发用户潜在的阅读欲望，提高用户的阅读修养，进而从更深层次上满足用户需要[15]。

目前，对网络信息资源导读的市场需求旺盛。网络导读服务主要有意见领袖型指导、基于统计的阅读指导、把关人型网络指导、阅读社区的网络阅读指导 4 种形式。例如，各类排行榜、指标榜都因其所具备的导读服务功能而备受青睐。

2.5.7　信息结构设计与开发管理服务

每个信息服务机构所提供的信息机制（信息内容、信息系统和信息服务）都应有一定的体系结构，并具备良好的呈现机制。信息结构设计的目标是建立一个有利于用户理解和使用，有利于系统管理和发展的总体信息体系。信息结构设计与开发管理服务包括调查、分析、设计和实施过程，涉及组织、标识、导航和搜索系统的设计，以更好地展示和解释信息，帮助人们成功地发现和管理信息。具体内容详见 8.3 节。

2.5.8　情报研究服务

情报研究是在对高度离散的无序信息进行搜集、整理、有序化的基础上，经过分析、筛选与提炼，根据已掌握的客观事物过去与现在状况的信息，科学地预测其未来发展变化，提出解决拟研究问题的思路、方案与建议[16]。情报研究是智库行业的常见工作产出。其核心工作是基于对领域知识的深入掌握及对现实信息进行收集和增值处理，并对信息内容进行深度分析、挖掘和解释。情报研究服务往往面向具体应用和科研攻关，借助专家资源，利用专业信息分析研究方法与手段，开展技术发展预测、趋势分析、宏观决策咨询及基于专业技术层面的咨询研究等活动，并形成相关信息增值产品。

2.5.9　专题服务

专题服务是针对特定研发项目或任务，联合信息服务人员、信息分析人员、专业研究人员多方面的力量，以项目运作的方式，开展技术发展跟踪、信息资源专项搜索和信息咨询研究，开发多层次的专题信息产品，包括专题目录、咨询研究报告、专题数据库、专题知识库等，从而提供集资源搜集、加工组织、集成与应用于一体的全程服务。此类服务主要特点是服务内容针对性强、服务过程管理规范、服务目标效益化。

定题跟踪服务是一类较为典型的专题服务。定题跟踪服务由 IBM 公司的劳恩于 1958 年提出，是专职信息人员根据科研、管理人员课题（或项目）的实际需要，选择重点学科、重大项目、关键技术或创新目标，利用网络通信技术、数据库技术和信息检索技术，持续而及时地跟踪各种文献资料，对信息分析重组后连续或定期地为用户提供针对性信息产品的信息服务。新冠肺炎疫情暴发期间约翰斯·霍普金斯大学开发的新冠肺炎仪表盘即典型的定题跟踪服务。

资料

约翰斯·霍普金斯大学新冠肺炎仪表盘——突发公共事件下的数据集成平台

在新冠肺炎疫情中，约翰斯·霍普金斯大学发布的"新冠肺炎仪表盘"（见图 2-11）在众多疫情统计数据平台中脱颖而出，成为在美国一片混乱不堪的总体防疫表现中为数不多的亮点，为突发公共事件下的数据集成平台建设提供了一个示范案例。该网站在 2020 年 3 月份的高峰日访问量超过 20 亿次，成为全球最具权威性和影响力的数据源。

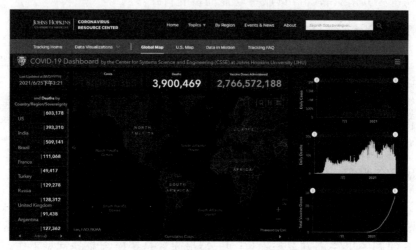

图 2-11 约翰斯·霍普金斯大学新冠肺炎仪表盘

新冠肺炎仪表盘项目隶属于约翰斯·霍普金斯大学怀汀工程学院的系统科学与工程中心（CSSE），该机构致力于采用多学科防范对当地、各国和全球重要系统进行建模和优化。仪表盘的核心研发成员是 CSSE 的 L. Gardner 教授及其博士研究生董恩盛、杜鸿儒。仪表盘于 2020 年 1 月 21 日发布，其成功的经验主要有 4 点：以最快的响应速度抢占全球数据集成和发布先机；以全球顶尖大学和世界一流专业院校为平台依托；以多元准确、实时更新、可视化交互、细粒度的数据为质量保证、以服务、开放的理念导向建设平台，并从用户反馈中持续完善改进。

新冠肺炎仪表盘主要提供基础数据、可视化图谱、筛选与查找、时间序列和知识发现五大数据服务模块。其仪表盘提供了多维度的时间序列，利用直方图描述全球每日新增确诊病例数和美国累计死亡病例数，利用折线图和对数折线图拟合美国的累计确诊病例数增长趋势。还支持筛选查找功能，且在可视化地图上直接提供检索框，方便用户快速了解目标区域的疫情状况。另外，该仪表盘还具备知识发现功能，基于收集的基础数据进一步挖掘新型冠状病毒在各国的传播趋势、全球传播模式等问题。

该仪表盘数据多源准确。仪表盘集成了多种来源的公开数据，并以各个国家官方网站数据为主，确保了数据的权威性和准确性。为进一步确保数据的准确性，项目组还采取了 4 项措施：保留数据原始记录，每次更新都有回溯记录可查；总结时间序列表格；列出所有修正记录；设偶遇数据合适团队进行人工核查。

该仪表盘数据实时更新。首先，在数据收集阶段就注重选择了时效性更高的数据来源渠道；其次，完成了数据收集、数据清理、图表更新的编程工作，于 2020 年 2 月开始采用半自动化的实时数据流策略，3 月之后，数据爬取频率达到每 20 分钟一次，仪表盘更新频率达到每小时一次，远超 WHO、CDC 等数据集成平台的更新速度。

数据采用可视化交互呈现模式。数据粒度划分更细，可以精确至美国的郡县级。而且采用 ESRI 开发研制的一套在线交互地图系统进行数据可视化展示，所呈现的可视化界面直观易懂、便于交互，并集成了不同维度的数据统计展示图，使用户能够快速定位并了解所关注区域的疫情态势。

资料来源：冯志刚，任晓亚，张雪，等. 突发公共事件下的数据集成平台建设：对约翰斯·霍普金斯大学新冠肺炎仪表盘的调研与启示[J]. 情报理论与实践，2020，43（11）：1－7.

◇ 本章小结

信息资源是经过人类开发与组织的信息的集合，信息资源内容不仅有主题范畴之分，而且有思维层次的区别。不同层次的信息资源对应不同的信息服务细分市场。信息价值是获取信道之前与之后的最大效用之差。将信息转化为商品的过程中，对信息内容的理解是关键；同时，也应强调其时间价值和决策价值。信息既是一种公共产品，也是一种经验产品，其具有特殊的成本结构，并具有累积增值性。

服务具有无形性、不可存储性、差异性、生产和消费同时性。信息服务是发生在信息用户与服务职员、信息资源、信息服务系统之间的可以满足用户信息需求的一种或一系列行为，除了具有服务的一般特性外，还具有用户参与度极高、与用户接触层面深、知识密集程度高等特征。基于所依赖资源信息服务可以分为执行型、经验型、专家型，而如果从市场价值和共享性角度，信息服务可以分入 4 个象限。

服务产品理论认为，服务作用于一种产品，其构成包括顾客利益、服务观念、基本服务组合、服务递送体系。信息服务组织往往需要精心设计自己的服务组合，即服务包。服务包包括核心服务、便利性服务和辅助性服务。信息服务包设计的核心是服务的价值定位。

目前，信息服务业所供应的各项核心服务中，信息检索和传递服务包括信息搜索服务、查新服务、馆际互借与文献传递以及其他专指性服务；问答服务包括图书馆界所提供的参考咨询服务和问答站点提供的相关网络服务；信息供应服务集中于信息收集，并衍生出预印本服务等新型信息服务；信息组织与控制服务典型有机构存储、长期保存、信息过滤等服务；信息交流平台则包括网络社区及现实环境中的信息共享服务；信息结构设计与开发管理服务主要面向信息构建；导航与导读服务主要围绕信息资源利用开展不同程度的知识服务；情报研究服务包括技术发展预测、趋势分析、宏观决策咨询及基于专业技术层面的咨询等服务；专题服务指以专题目录、咨询研究报告、专题数据库、专题知识库等为主要产出的服务。

◇ 本章基本概念

信息价值　公共产品　经验产品　长尾理论　信息价值链　执行型信息服务　经验型信息服务　专家型信息服务　服务产品理论　服务包　服务组织价值定位　查新服务　馆

际互借与文献传递　信息供应服务　预印本　机构存储　长期保存　信息过滤服务　信息共享空间　信息构建　导航服务　导读服务　定题跟踪服务

◇ **练习与作业**

1. 你最喜欢访问的网站是哪一个？分析其价值定位和服务包构成。
2. 在网上或现实环境中寻找本章所提到的各类信息服务产品案例，并在课堂上进行交流。
3. 比较图书馆的信息服务与互联网企业的信息服务各自的优势和特色。

◇ **本章参考文献**

[1] 刘渊. 互联网信息服务理论与实证：用户使用、服务提供与行业发展 [M]. 北京：科学出版社，2007.
[2] 俞立平. 信息资源内涵及其传播、处理对经济增长的作用机制研究 [J]. 图书情报工作，2006（3）：43-45.
[3] 周朝民. 网络经济学 [M]. 上海：上海人民出版社，2003.
[4] 谢斯，艾希吉，克里士南. 网络营销 [M] 喻建良，等译. 北京：中国人民大学出版社，2005.
[5] 韩民春. 互联网经济学导论 [M]. 武汉：华中科技大学出版社，2002.
[6] 崔勇. 网络股价值评估 [M]. 北京：中国时代经济出版社，2002.
[7] 安德森. 长尾理论 [M]. 乔江涛，译. 北京：中信出版社，2006.
[8] 格鲁诺斯. 服务市场营销管理 [M]. 吴晓云，冯伟雄，译. 上海：复旦大学出版社，1998.
[9] 沃茨，洛夫洛克. 服务营销 [M]. 韦福祥，等译. 8版. 北京：中国人民大学出版社，2018.
[10] 胡振华，吴志荣. 论数字信息的交流模式 [J]. 图书情报工作，2008（5）：48-50.
[11] 科利斯，蒙哥马利. 公司战略：企业的资源与范围 [M]. 王永贵，杨永恒，译. 大连：东北财经大学出版社，2005.
[12] 徐慧芳，陈朝晖，郑菲. 科技查新业务分析：以中国科学院国家科学图书馆总馆为例 [J]. 图书情报工作，2007（11）：106-110.
[13] 方清华. 信息增值服务：从文献服务到知识服务[J]. 图书情报工作，2006（11）：29-32.
[14] 路炜，肖沪卫. 专利侵权检索与分析报告的规范研究 [J]. 图书情报工作，2008（2）：73-76.
[15] 程结晶，彭斐章. 数字时代的目录学发展路径：网络资源导读服务 [J]. 情报资料工作，2006（6）：91-95.
[16] 王炼，武夷山. 情报研究的设计学视角 [J]. 情报理论与实践，2007（3）：289-291.
[17] 郭芳. 中国古代设计哲学研究 [M]. 武汉：武汉理工大学出版社，2005.
[18] 杨裕富. 设计的文化基础 [M]. 台北：亚太图书公司，1998.
[19] 张晓林. 走向知识服务：21世纪中国学术信息服务的挑战与发展 [M]. 成都：四川大学出版社，2002.
[20] 陈建龙. 信息服务模式研究[J]. 北京大学学报（哲学社会科学版），2003（3）：124-132.

信息服务的设计视角

3.1　信息服务设计

3.1.1　信息服务的逻辑转变：从面向技术到面向设计

　　国外有学者提出学科分类的三分法，即形式科学、解释科学和设计科学。形式科学指研究事物组织结构和表现方式及抽象性质等形式系统的科学，如哲学和数学；解释科学主要指自然科学和一部分社会科学（如经济学），重在描述；设计科学包括工程学、医学、管理学、现代心理疗法等，重在施策。诺贝尔经济学奖获得者西蒙指出，凡是以将现存情形改变成向往情形为目标而构想行动方案的人都在搞设计；生产物质性人工物的智力活动与为病人开药方、为公司制订新销售计划或为国家制定社会福利政策等这些智力活动并无根本不同[1]。因而，隶属于管理学的服务管理也应是一门设计科学。

　　"服务设计"的概念产生于 20 世纪 80 年代，1991 年，英国比尔·荷林斯夫妇（Bill Hollins）在所著《全设计》一书将"服务设计"作为一个设计领域加以阐述，同年，科隆国际设计学院的迈克尔·厄尔霍夫（Michael Erlhoff）与伯吉特·玛格（Birgit Mager）开始将服务设计引入设计教育。现在，服务设计已经成为一门独立的学科[2]。根据国际设计研究协会 2008年对"服务设计"的定义：服务设计是从客户的角度来设置服务的功能和形式。它的目标是确保服务界面为顾客觉得有用的、可用的、想要的；同时服务提供者觉得是有效的、高效的和有识别度的。服务设计与传统的产品设计有一定区别。传统的产品设计是一个相对独立的环节，而服务设计是由不同职能部门相互联系、共同协作来满足用户需求的过程，因此，服务设计活动是全新的整体性强、多学科交融的综合领域，具有更大的复杂性和创新性。服务设计概念的出现也推动了设计思维的演进。

过去很长一段时间，信息服务领域将更多的努力放在技术上，而不是设计上，其原因有以下几个方面：一是传统的影响。工业化社会以来人们就相信技术的改造力量；二是技术变化的干扰。技术的快速发展，使人们一直受变化速度困扰，甚至无暇顾及其他；三是信息技术厂商的力量。他们有意识地使人们相信，技术可以解决几乎所有信息问题；四是难度问题。其实购买信息技术要比建立一个良好的信息环境要容易得多。然而，技术驱动寻求的是内部效率（生产资料的有效利用，也就是通常所说的生产率）的最优，以致技术先进但少人问津的信息产品案例比比皆是。但事实上，效率不但包括内部效率，还包括外在效率。所谓外部效率，是指用户所感知的外部运营效率，表现为用户感知的服务质量。以外部效率为桥梁，内部效率才能被转化为价值。因而，面向技术的思维方式必然也即将被面向设计的思维方式所取代。

事实上，技术领域目前也在发生一些面向设计的改变，如软件开发领域的系统思维方法更加强调设计而非技术，甚至提出对需求分类、需求权衡、需求变化的深入研究，是软件架构师的"第一项修炼"。对需求分析的强调，正是面向设计的表现。因此，克里斯·安德森（Chris Anderson）在《创客：新工业革命》一书中这样表述，"桌面生产和互联网联合摧毁从想法到市场的望远镜的能力，共同引导我们进入了一个新的工业革命，通过这个工业革命我们又把控制权还给了制作者/设计者"。

信息服务是一种设计密集型产品。如前所述，信息服务的用户参与度极高、与用户接触层面深、还富有动态变化性。这使得用户与信息服务产品之间有大量的接触切面，而且对相互的理解有相当高的要求。这使得信息服务产品生产过程成为一个复杂的设计过程。

3.1.2　设计驱动的创新

根据国际设计组织（World Design Organization，WDO）2005 年对设计的定义：设计旨在引导创新、促发商业成功及提供更好质量的生活，是一种将策略性解决问题的过程应用于产品、系统、服务及体验的设计活动。

通常认为，创新一般由研究和开发驱动，这种创新驱动模式导致创新等同于技术创新，强调功能上的改变。而学者 Vivien Walsh 在她的《设计、创新和公司边界》一文中也提出设计工作和研发工作有重叠之处，"设计不是简单地与公司的内部或外部边界相匹配"，她强调不应忽略设计工作在战略规划中的作用。

为什么设计也能够引领创新？主要是因为设计具有以下 3 方面特性。

首先，设计是科学、艺术、工程的交叉领域。图 3-1 给出了创新过程中的 3 种关键的知识——关于顾客需求的知识、技术性机会的知识、"产品语言"的知识，设计正是对这 3 种知识的整合运用。其中，顾客需求的知识和技术性机会的知识一般会影响对功能的理解，而"产品语言"的知识则影响对形式的理解，即外观的美感。20 世纪 20 年代，以包豪斯学院为代表的设计学家们将点、线、面、色彩等视觉元素视为设计的语言，但今天的设计过程关注的不仅于此，还需要同时关注用户需求，并考虑技术带来的可能性及技术的边界。而基于这 3 种知识所产生的创新必然是功能和形式的集成创新。

图 3 - 1　设计是技术、需求和语言的整合

资料来源：VERGANTI R．Design as brokering of languages：innovation strategies in Italian firms ［J］．Design management journal，2003（3）：34－42．

其次，设计是以人为中心和尺度的活动。设计是从人类的需求出发，协调人、物、环境间关系的一种创造活动[3]。用户需要的不是最先进的产品，而是契合自己的需要，能够带来最优的综合体验的产品。因此，设计追求的是满足人类的需要，而不是最好的技术解答或经济解答。正因为如此，设计要求将用户的体验这种抽象的感觉融合到技术中。也正是这个原因，设计驱动的创新要求广泛地搜寻相关信息和稳健地进行相关尝试，以及在整个过程中了解顾客的反馈[4]。

最后，设计的核心是创造性思维。创造性思维是一种打破常规、开拓创新的思维形式。"调查""分析""突破""重构"是创造性思维过程中的一般进程。在设计的创造性思维形成过程中，通过调查获得大量的思维火花，基于这些思维火花产生丰富的设想和方案，依据已确立的设计目标对其进行有目的的恰当分析，从而为突破、创新提供了条件。突破是设计的创造性思维的核心和实质，广泛的思维形式奠定了突破的基础。供选择的大量设计方案中必然存在突破性的创新因素，合理组织这些因素构筑起新理论和形式，进而重构目标形式。这便形成了设计的创造性思维的主要内在因素。很多经典产品都是采用与同时代产品类似的技术，但在特定设计理念下对技术和表现进行整合，呈现出来的产品对用户而言就有了非同寻常的意义。

3.1.3　"以用户为中心"的信息服务设计

信息服务设计的主流方法论是"以用户为中心"（user centered design，UCD）的方法论，即与产品思维相匹配的方法论。这一方法论在工业设计领域又被称为"以人为本"思想。唐纳德·诺曼指出，"以人为本的设计"以充分了解和满足用户的需求为基础，将用户的需求、能力和行为方式先行分析，然后用设计来满足人们的需求[5]。斯坦福设计学院则提出"以人为本的设计思维"主要有五个步骤：共情（empathize）、定义（define）、设想（ideate）、原型（prototype）、测试（test）。这种分解对理解用户需求的过程进行了充分展开。与此一致，"以用户为中心"的信息服务设计也是强调从用户的需求出发，在产品开发中把用户放在中心的位置，开发出符合用户需求的产品，取得最佳的用户体验。

UCD 在信息服务领域已经有一定的应用历史，学者许为将 UCD 的实践和发展分为 3个阶段[6]。

第一阶段是 1980 年代后期—2000 年代中期，UCD 理念主要在以个人计算机和互联网为平台的网站、电商、个人计算机的应用得到推广，主要关注用户对产品功能性、可用性的需求，人机界面主要以图形用户界面和显式化为特征，这一阶段 UCD 以"可用性"为重点对象展开。

第二阶段是 2000 年代后期—2015 年，除了第一阶段的平台外，移动互联网、智能手机、平板计算机上的以移动互联网、消费/商业互联网、App 等领域开始对 UCD 有了新的认识，这种认识除了关注产品功能性、可用性外，开始关注用户体验、个人隐私、信息安全等问题，设计对象除了传统的图形用户界面、显式化外，增加了触摸屏用户界面。"用户体验"是这一阶段 UCD 的主要关注对象。

第三阶段是 2015 年以后，UCD 观念在第一、第二阶段的各类平台基础上，蔓延到 AI、大数据、与计算、5G 网络、区块链等环境下，并使得各类垂直行业、物联网、工业互联网、机器人、无人驾驶车、虚拟现实、企业 ERP 等领域开始贯彻 UCD 理念，他们关注的用户需求内容更增加了智能化、个性化、情感、伦理道德、自主权、技能成长等，所涉及人机界面新增了语音、体感交互等自然化界面，并向多模态、智能化、隐式化、虚拟化等界面方向发展。这一阶段的 UCD 重点对象为用户体验和创新设计。

其中，第一阶段可称为个人计算机/互联网时代，第二阶段可称为移动互联网时代，第三阶段可称为智能时代（见表 3-1）。

表 3-1　"以用户为中心"实践和发展的 3 个阶段

	第一阶段 个人计算机/互联网时代 （1980 年代后期—2000 年代中期）	第二阶段 移动互联网时代 （2000 年代后期—2015 年）	第三阶段 智能时代 （2015 年至今）
设计理念	以用户为中心	以用户为中心	以用户为中心
主导平台	个人计算机，互联网	+移动互联网，智能手机，平板计算机	+AI，大数据，云计算，5G 网络，区块链等
主要领域	互联网网站，电商零售，个人计算机应用	+移动互联网，消费/商业互联网，App 等	+垂直行业（智能医疗、家居、交通、制造等），物联网，工业互联网，机器人，无人驾驶车，虚拟现实，企业 ERP 等
用户需求	产品功能性，可用性	+用户体验，个人隐私，信息安全等	+智能化，个性化，情感，伦理道德，自主权，技能成长等
人机界面	图形用户界面，显式化	+触摸屏用户界面	+自然化（语音，体感交互等），多模态，智能化，隐式化，虚拟化
UCD 重点	可用性	用户体验（包括可用性）	用户体验+创新设计

资料来源：许为. 三论以用户为中心的设计：智能时代的用户体验和创新设计方法 [J]. 应用心理学，2019，25（1）：3-17.

要做到"以用户为中心"的设计，通常要遵循以下原则。

首先，应当围绕用户目标、任务和能力组织技术。要调查用户的目标情境和任务情境，使技术服务于其目标和任务完成。这就要求将设计贯穿在信息服务产品生产的全过程，包括技术研发阶段。在信息服务生产全过程的各环节都始终关照用户的体验，关照用户的目标实现，关注其需求的改变。用户在实践过程中往往要实现多个目标，并完成一系列活动，那么，信息服务产品的界面、功能、流程等都以动态方式支持用户在多个目标间和任务间切换。

其次，应当围绕用户处理信息和做出决策的方式运用技术。信息服务过程中的技术因素包括信息组织方法、信息检索技术等，长期以来，已形成了很多技术成果。然而，相关技术方法一般只有在将信息视为可观、静态的对象的情况下，才能成立。而信息领域所存在的"文献内容测不准原理"以及用户信息行为的非理性等证明，信息是主观、动态、过程化的[7]。而独立于用户的来自系统内部的技术甚至可能成为用户与信息服务系统间的屏障。鉴于用户对各种交互点的连贯和无缝的体验对全部用户体验至关重要，因此，技术应用应该支持用户在过程中对信息的处理，也支持他在达成目标过程中所做的各种决策过程，使这个过程顺畅而有效，以便为用户提供一个整体一致的使用体验。

最后，维持用户的控制力，使其意识到系统的状态。虽然技术可以取代用户完成一些工作，但用户应当始终主宰这个过程，"以用户为中心"的方法论强调要让用户感受到自己的主体性，并对这种感受做出系统的安排。即便在一个自动化系统中，人们不需要亲自完成每一个任务步骤，也要能使其掌控整个进程、保持对态势的感知。所以，信息服务产品应对用户使用过程提供足够的帮助，但这种帮助最好是无形的，应通过一定的技术方法在恰当的时候把关键信息传达到用户手中，不干扰用户的主体性感知。

资料

"关注"与"订阅"的区别

同样是可以收到新内容，为何有的 App 叫"关注"，有的 App 叫"订阅"呢（见图 3-2）？

图 3-2 "关注"和"订阅"

"关注"更多倾向以"人"为主体，喜欢某个人的颜值/才华/能力后以触发的"欣赏"心理，期待他有更多的内容创作。一般都是"用户主动查找"最新的动态，是一种"人与人"之间的对应关系。

"订阅"倾向以"内容"为主体，围绕某个"事件/话题/专题"而期待获得后续进展，以便消费更多、更全的内容。一般都是系统主动推荐最新内容/进展，是一种人与内容之间的对应关系。如订阅某个话题的后续内容、某个热点后续进展、某个专题的后续课程……

资料来源：微信公众号"和出此严"。

3.2 目标导向信息服务设计

"以用户为中心"的信息服务设计方法论在实际运用中形成了不同的思考路径，本书主要介绍目标导向的设计、行为主义设计和用户参与的设计这3种思考路径。需要提醒的是，这些思考路径并非是不相容的，很多时候信息服务产品开发人员会在不同开发阶段采用不同的思考路径。

3.2.1 什么是目标导向的设计

设计是解决问题的一种特殊方式，但也是受限制的解题过程。这些限制（或约束）包括经济的、社会的、人性化的、精神的、美学的、环境的，等等。正因为如此，面向设计的信息服务生产过程不仅将信息服务看作一个技术过程，也看作管理过程、艺术过程，充分体现了科学与人文的结合。但即便是受限的解题过程，也有其设计的起点，而在理解用户目标的基础上，将其目标作为设计的目标，并围绕目标展开设计的一种过程，就是目标导向的设计。顾名思义，目标导向的设计是将用户的目标设为设计的起点和始终的导引。

目标导向的设计由来已久。长期以来，持相关思维的设计者思维习惯一般是以问题为中心，将产品设计过程视为工具制造的过程。认为思维是"按部就班地逼近"问题的解决。比如，软件工程中的程序设计经常就采取这种思维方式，它通常包括分析设计条件（包括需求分析）、提出设计问题、形成设计方案、方法与实施等阶段，而且认为这一过程是不断反馈的动态过程。在设计过程中，由于用户问题往往涉及主观价值，其需求陈述经常模糊不清、矛盾丛生，因而被认为是一个黑箱，为了从黑箱到明箱，就需要用不同的解决方案去探测，这就是其基本的分析和综合方法（见图3-3与图3-4），这种探测往往是采取反馈方法、螺旋式重复方法等方式不断探求一个更可能逼近目标的解题方案。这是一种非常理性，也是非常有效率的设计方式。

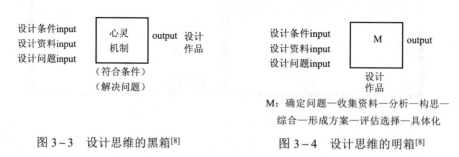

图3-3　设计思维的黑箱[8]　　　　图3-4　设计思维的明箱[8]

这种传统的目标导向设计思维有以下一些基本特征。

（1）以问题或任务为中心。根据充分的需求调查形成对用户问题和任务的理解，并能根据这些问题和任务直接导出设计目标。也即提出问题是设计过程的起点，解决问题是设计过程的终点。在这个过程中，对用户目标的理解基本等同于用户所面临的问题和任务。

（2）一般是瀑布式的线性流程作业。尽管设计过程中也有不断的反馈和试错，但多数时候，提出问题阶段和解决问题阶段之间是不同的工种，所以被分割为两个阶段，每个阶段单独评审。因此，需求分析是一次性完成的，反馈一般只是针对解决方案的调整，而不是对需求理解和设计问题本身的反思。这种设计方法像瀑布，一发而不可收，因而被称为瀑布式的设计方法。具体来说，设计过程是线性的，各工种顺序完成各个步骤，而且步骤之间往往还有个关口，在关口往往要评价上一个阶段，决定是否推进到下一个阶段。这种线性流程展开大型设计对象的设计非常便利，因为分工、合作及评估都有据可依。但是缺乏弹性，无法适应市场的快速变化。

（3）通常是收敛性思维。在设计过程中，需求分析是一个锁定特定目标的过程，所以将收敛各种可能性以局部需求为目标，而只要确定了目标体系后，后续过程主要就是分别解决各个子目标，承接各子目标的设计人员不需要进行开放性思考，只需要完成任务就可以，所以，对创意要求并不高。

3.2.2　目标导向设计的进化

传统的目标导向设计对用户目标的认识主要聚焦于特定情境下的任务目标，这使得目标导向的设计在创造性上有所局限，而且特别容易走向"功能主义"，即将功能理解为产品的全部价值，故而追求更多功能的一种倾向。在信息服务行业实践的推动下，当前对用户目标已有了新的理解，这种理解导致目标导向设计的不断进化。

那么，应该怎样理解用户目标呢？

第一，用户目标是相对于商业目标、技术目标等其他目标的一个概念。提出这个概念，强调的是如果只关注商业目标，而忽略了用户目标，那么商业目标很难达成，或者即便达成也是短期的。而以实现用户目标为焦点，却往往可以在为用户提供更多利益的同时实现产品的商业目标。对于互联网时代的信息服务更是如此，毕竟，因为网络效应，用户基数对信息服务产品的商业价值是决定性的。实现用户目标几乎都可以带来巨大的商业利益。

第二，用户目标不等于用户任务。用户目标受人类动机驱使，而任务是采用特定技术实现目标所需的、采用的或必要的行为的结构化的集合[9]。用户目标随时间的推移变化很慢，而任务则易于变化。

第三，用户目标是多层次的，不仅包括当前目标。Alan Cooper 等将目标分解为了 3 个层次：体验目标、最终目标、人生目标[10]。体验目标表达了用户使用产品所期望的感受，用户较容易描述自己的体验目标，比如有趣、能找到与众不同的图片等；最终目标是用户使用某个产品、执行某个任务的真正动机，就是他们想做什么，用户的直接描述里其实很难反映其真实目标，因此，产品设计者要熟悉其任务情境，并与其展开更多轮次的认知对话，才能对其最终目标加以揭示；人生目标则指用户想成为什么，表达了用户的深层次动机。这种目标已经超越了特定产品的使用情境，不是行为的直接原因，但其实是用户行为的深层次动机和原因，因为人生目标往往影响人们的时间分配策略，所以理解其人生目标有助于对用户产生正确的整体认识。

基于对用户目标的更深入理解，目标导向的设计方法综合了各方面的研究：人种学研究、利益相关者访谈、市场研究、用户模型、基于场景的设计等。通常包括 6 个阶段：研究、建模、定义需求、定义框架、提炼和支持[10]。其中，"研究"阶段运用各种研究方法来观察用户和利益相关者，以寻找其行为模式，以便后期对产品的使用方式进行分类；"建模"阶段是将研究阶段的发现综合用于形成领域模型和用户模型;"定义需求"阶段是将人物模型的目标和任务放在首位,分析人物模型的信息和功能性需求,并对其进行排序;"定义框架"阶段则是为产品的行为、视觉设计及物理形态定义基本的框架;"提炼"阶段则关注细节,描绘具体的实现方式;"支持"是将设计工作与产品团队的其他工作相衔接和整合,并进行合作。

3.2.3 双钻模型

传统的目标导向设计对用户需求的研究通常是一个收敛过程,但是当我们对用户目标有了新的理解后,对信息需求的认识就需要基于用户信息再进一步发散性思考,这就使得信息服务产品设计的过程更加复杂。基于这一思想,人们对服务设计过程有了新的理解。如 IDEO 于 2001 年指出"以人为本"的设计分为 3 个阶段(3I 创新模型):灵感期(inspiration)、创造期(ideation)、实现期(implementation)。在灵感期,设计者面临设计挑战,会思考怎样开始、怎样调研、怎样保持以人为本。这个过程是一个发散的过程;而创造期则是发现了一个设计机会,他会思考怎么解释自己的思考,怎样把自己的洞见转变为能实现的想法,以及怎么做一个原型,这个思考过程先是要收敛自己的想法,寻找更好的一种表达,然后又要发散,去寻找洞察到的需求的可能实现路径;实现期则是有了创新方案,然后考虑怎么付诸实践,怎样确保其效果,怎样持续发展。这个过程又是收敛的(见图 3-5)。

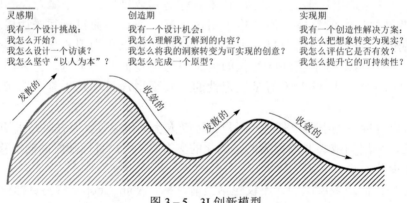

图 3-5 3I 创新模型

而另一个获得广泛认可的新型目标导向设计过程是英国设计师协会提出的"双钻模型",该模型认为设计过程可以分为两个阶段,一个是发现正确的问题的阶段,另一个是发现正确的解决方案的阶段。而这两个阶段都需要进行发散性思考。就像两颗钻石,所以被称为双钻模型(见图 3-6)。

第一阶段是要发现正确的问题。为什么要发现正确的问题?因为用户的表达通常只能反映他的体验目标,很难反映他的深层次的最终目标和人生目标。要引导用户充分表达,帮助我们探测他的可能动机及当前要解决的问题背后的更深层次的问题。例如,某个用户说发抖音是为了打发时间,通过深入调查可能发现他在生活中感觉到自己比较边缘化,很难被别人所注意到,所以喜欢发一些生活琐事到抖音上来让别人开心一笑,也让自己给人带来些意义。这种消除"边缘化"的感觉,其实是他要解决的真正问题,而不是打发时间。因此,发现正确的问题并不是一件容易完成的任务。而发现正确的问题包括两个环节,发现问题和定义问题。发现问题要求对现状进行深入研究，利用发散思维对用户进行充分理解，全面地感知其需求状况，获得深层次的需求信息。例如，当我们接触用户的时候，要与其充分对话，理解他的任务情境、心理情境、知识背景等，进而发现其行为背后的多重因素，这是一个发散的过程。然后根据这些综合判断得到问题并定义问题，这又是一个收敛过程。定义问题阶段是从各种可能的需求中进行取舍，确定用户当前最关注、最需要解决的问题，并聚焦在该问题上。

第二阶段是要发现正确的解决方案。为什么要发现正确的解决方案？因为解决方案不仅要能解决用户的问题，而且要给用户带来更好的体验。所以要在遍寻用户的偏好基础上构思各种解决方案、比较其用户体验表现，然后进行选择和实施。这一阶段也包括两个环节，构思方案和交付方案。构思方案要求遍寻可能的潜在解决方案，获得尽可能多的解决方案，这是一个发散的过程，然后交付方案环节把所有潜在的解决方案逐个进行分析验证，选择出最适合的一个。这又是一个收敛过程。

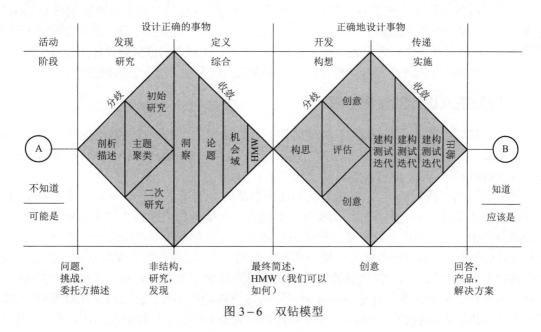

图 3-6　双钻模型

3.3　行为主义信息服务设计

3.3.1　行为主义设计理论基础——"刺激-反应"理论

信息服务产品要实现自己的价值，必须能够对用户行为有所作用。因此，"行为"和"需求"一样是信息服务产品开发的重要关注对象，甚至有些信息服务产品开发者通过观察用户的行为来激发自己关于产品的创意，这是一种行为主义的设计路径。

行为主义设计路径主要遵循的是行为主义心理学的观点。行为主义心理学主张以客观的方法研究人类的行为，从而预测和控制有机体的行为，"刺激-反应"理论是其核心观点。

"刺激-反应"理论由行为主义心理学家华生提出，该理论认为人类的复杂行为可以被分解为两部分：刺激和反应。人的行为是受到刺激后的反应。有机体的一切行为都是在刺激与反应之间形成的连接，如果在严密控制的情境下给予有机体一定的刺激，就可能得到预期的反应。该理论在商业领域被广泛应用，例如，通过探索价格策略、促销方式等不同刺激引发的消费者行为，这是用来构建各种营销策略的常用的思维路线。

而"刺激－反应"观点也在不断演进中，其核心话题是：刺激和反应之间的连接机制到底是什么？对此心理学家们有不同观点。如巴甫洛夫认为，学习是刺激－反应之间的连接。他认为，有些刺激不需要条件就会带来一定的反应（无条件刺激），但有些刺激则不行，需要一定的学习（有条件刺激），学习方法往往是将有条件刺激和无条件刺激捆绑起来进行反复尝试，久而久之，有条件刺激也可能带来预想的反应。而斯金纳认为，强化机制是刺激－反应之间的连接，人并不能自由选择自己的行为，而是根据奖励来决定自己采取何种方式行动，如果一种行为方式带来更好的结果，个体就会更倾向于采用这种方式。总之，理解各种刺激和各种反应之间的匹配关系及其背后的原因，有助于设计出具有操纵性的系统。

在信息服务环境下也充满着各种刺激，如各种符号、各种信息内容及不同的信息架构方式，都会给予用户以不同的刺激，也会带来用户的不同反应。信息服务设计者需要理解各种刺激与用户反应之间的关系，并探究这种关系的内在原因，才能有的放矢地设计出能够引导人们行为的信息服务产品。这种逻辑使得对行为的观察成为行为主义设计者的创意源泉。

3.3.2　行为主义设计的过程分解

诺曼在其经典的《设计心理学》系列著作中详细地阐述了基于行为观察展开产品设计的过程，提出了大脑主要通过"三个层次"的工作来处理行为问题，而且一次行动具有"七个阶段"，而使用产品时个体要面临认知上的"两种鸿沟"[5]。

所谓认知的"两种鸿沟"，是指当人们使用物品时会有陌生感，这种陌生感主要是因为要面临两种认知鸿沟——执行的鸿沟和评估的鸿沟，而这种鸿沟是行为的主要障碍。所谓执行的鸿沟是指，当使用从来没有使用过的新产品时，人们并不知道该如何操作才能达成自己的目标，这就是自己的目标与产品可操作路径之间的一种鸿沟，人们需要缩小这一认知鸿沟，才能决定是否继续用下去。评估的鸿沟则指人们对产品做了某种操作后，不知道操作的结果与自己的目标之间的关系，就是不知道如何评估这个功能好不好，自己的操作对不对。这种评估上的障碍会影响我们对产品易用性、有用性的判断和印象，也影响我们决定是否以后再次使用该产品。产品设计就是要通过提供恰当的信息帮助用户跨越这两个鸿沟。

所谓大脑的"三个层次"是指三种不同层次的认知和情感处理过程：本能层、行为层和反思层。本能层，指用户对某些刺激会直接做出本能上的反应，这是一种潜意识的处理，不会产生任何迟疑和思考，因此是最直接的刺激处理方式。如看到起火本能上的反应就是跑。行为层，则主要是后天形成的例行操作，往往是通过学习或反复操作熟悉了某种应对方法，当面对相关的刺激会自然产生某种反应。如买到新手机一般也会知道怎么操作，因为以前的手机应用经历造就了相关技能。反思层，通常指面对一些新事物、新概念会通过有意识的思维来形成关于如何应对的行为抉择。但这通常需要花费一定的时间。因为大脑处理刺激有不同的层次，所以信息产品设计中需要考虑：设计这个元素到底会引起用户的哪种层面的处理？用户反应会有多快？是否不应该让用户花费这么长的时间？根据这些考虑再来做设计判断。设计的七个阶段如图3－7所示。

所谓行动的"七个阶段",是诺曼把人们的行动分为具体的七个阶段,描述个体完成一次活动的具体过程,这七个阶段分别是:确立意图、确立方案、确立行动顺序、实施行动、感知状态、诠释状态、对比目标和结果。例如,我们会从一个目标开始,若要发一张照片到朋友圈,需要处理这张照片。下一步是形成一个完成这个目标的意向,如寻找一个有趣的模板,然后将其转化为一系列将要执行的动作序列,像找一个美图类的 App,然后进取看看有没有合适的模板,遇到合适的先试试看效果,效果好的话就上传照片处理,然后存储处理好的照片,再到微信通过朋友圈发送。在这个过程中的每一步,我们都要感受遇到的产品或功能或模板,理解这些与我们的目标是否相符,如果不相符,就要重复这些动作。拆解行为过程,把其变成一个个待解决的问题并一一给用户各种提示和引导,信息服务产品才能够充分支持用户的行为过程。因此,可以说这七个阶段每一个阶段都是改进产品体验的机会。

认知上的两种鸿沟给出的是行为主义设计要解决的主要问题,行动的七个阶段其实是减少两种鸿沟的过程拆解,而大脑的 3 个层次显示的是设计中每一个细节方案可能带来的行为后果,是微观分析的具体对象。

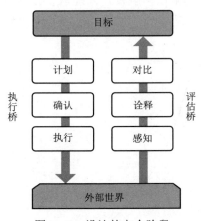

图 3-7 设计的七个阶段

3.3.3 福格行为模型

行为主义设计提倡通过对人们行为的细致理解来促进人们的某些行为。那么,什么样的设计能促成人们特定的行为呢?为回答这个问题,学者福格提出了一个理论,他认为有 3 个变量构成了促进行为操作的主要因素:动机、能力、触发条件。用公式表达就是 B=MAP(behavior=motivation+ability+prompt),这被称为福格行为模型。这一模型表明,一个行动的发生需要有进行此行动的动机和操作此行动的能力,还要在适当的时候被触发。

能力要素,是指很多行动需要用户与之匹配的能力才能实施,只有在用户时间、智力、体力等条件允许的情况下,才可能按照设计的预想做出反应或行为改变。这意味着,匹配的能力是行动的必要条件,所以要尽量降低行动的门槛,包括让预期行动的实施更加便利,不需要用户花费时间思考。

动机因素,是指要使得用户觉得自己需要完成某个行动,必须去完成它,而不是被形势所迫。用户是否具有行动动机和情境有关，如忙的时候就没有动机去逛街，假日就没有动机去工作等。所以要想改变人们的行动，让他们实施特定行为就需要为其创造理由，使得他认为自己有必要去做。

触发因素，是指即便有充足的动机和能力来实施某个行动，但人们未必去实施，还需要触发。例如，即便个体觉得有必要去做的事情，他也可能忘记去做，但一旦遇到一定的刺激物唤起他关于这个行动的意识，他就会立即采取行动。如各种节日打折，除了给人们以优惠使其获得购物动机，其实也起到一种触发作用——提醒人们该购置某些必需品了。所以，触发因素就是提醒用户"现在去做"的刺激物。

图 3-8 揭示了福格理论关于能力要素、动机要素、触发要素三者之间的关系理解。动机和能力都强的情况下，触发线索才能发挥作用，即触发线索成功区。反之，动机和能力都弱的情况下，触发线索也会失效，即触发线索失败区。但如果用户行为动机极强，即便其能力较弱，触发线索也可能会对其产生影响。同样，如果能力极强，极容易操作的行为，哪怕动机弱一些，触发线索也会发生作用，所谓"试一试"就是这个心理。

另外，福格理论也启示我们，在试图触发人们的行动前，先要考虑用户动机上和能力上哪一方面条件不足，先补足相关条件再触发，才能取得理想的效果。同时，在移动环境下，触发越来越普遍和低成本，但还是要慎重使用。否则可能会给人们带来干扰，造成对产品的负面体验。

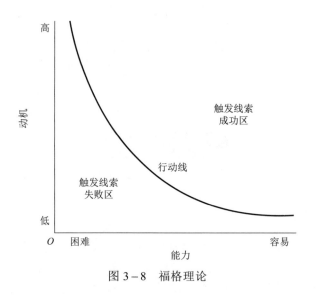

图 3-8　福格理论

　资料　>>

对蚂蚁会员展开的行为强化设计

斯金纳的"操作条件性刺激理论"将行为强化物分为一级强化物和二级强化物。一级强化物是指能够直接满足我们的欲望的强化物，二级强化物是指本身并不具有强化作用，但与一级强化物相匹配而具有了强化的作用。

在支付宝里，当你进行相关操作后，平台会通过奖励你积分的方式强化你的行为。积分在这里是二级强化物，不能直接满足你的需求。当你获得了积分，你就可以提升会员等级，更高级别的会员（二级强化物）给你带来虚荣心满足（一级强化物）的同时，还会获得更多特权，这些特权会直接给你带来更多欲望的满足（一级强化物）。

支付宝通过会员体系，强化了使用支付宝进行支付的行为。类似的设计，可以非常有效地让用户对产品使用"上瘾"。

资料来源：https：//blog.csdn.net/.

3.4　参与式信息服务设计

3.4.1　什么是参与式设计？

"以用户为中心"的设计必然要有用户的参与，但用户参与程度可能存在较大差异。通常的"以用户为中心"设计过程中会对用户进行广泛和深入的调查，而参与式设计则不仅如此，参与式设计过程中用户会直接参与到产品和技术的设计中，包括参与原型设计，与设计师一起发现问题、定义问题、解决问题等，使得用户不仅仅是产品的最终使用者，更是设计者。这种路径改变了过去 "由上而下""设计者决定一切"的心态、方法。这种改变基于对用户作用的深刻认识，如凯文·斯拉文（Kevin Slavin）在《参与式设计》一文中所说，"你不是遇到交通堵塞，你就是交通堵塞本身"。

因此，所谓参与式设计，就是设法使利益相关者能够积极、深入地参与设计过程，特别是核心过程，以确保产品符合他们的需求且易于使用的设计策略。

其实，参与式设计也已有较长历史，如 20 世纪 80 年代学者倡议赋予工人成为工作实践共同设计者的权利，并采用一些工具予以支持。J. Jones 在其《设计方法》一书中所指出的，设计的构想对象不应是个别的产品而是整体系统的过程或环境，因而应将设计作为参与、公众的介入的决策过程。而当前，日新月异的信息技术为普通人赋权，使之能够以存档、评论、挪用、再创造、再传播等多种方式参与到信息服务产品生产过程中，甚至带来了一种"参与式文化"。这种参与式文化进一步推动了参与式设计的发展。

让用户参与设计有多重益处：一方面，可以更准确地把握用户需求，获得更丰富的用户需求信息，甚至让用户直接参与决策，使得最终产品与用户需求更贴合；另一方面，用户的参与会直接影响用户对产品的情感，加强用户与产品的联系纽带，能够提升用户接近产品的主动性和积极性，形成更稳固的市场基础。同时，参与式设计也避免了设计过程中将用户与他们的生活、社区或价值结构相剥离，单独讨论其行为的倾向。

具体来说，参与式设计主要有以下特点。

（1）参与式设计强调要让用户持续参与到设计过程中来，而不是阶段性的。相比之下，目标导向设计和行为主义设计也非常关注用户，并在一定阶段会对用户进行深度调查。但是，它们的这种关注并没有持续性。参与式设计则要在核心设计流程中都让用户参与。按照双钻模型，最重要的过程是定义问题、提出解决方案、评估解决方案等步骤。对于其他设计路径而言，这些步骤通常是设计师消化调研内容进行创造的过程，但对参与式设计而言，这些步骤都应有用户参与深度完成。

（2）参与式设计强调发挥用户的主动性和积极性，认为设计过程中用户应当是设计者和改变者，而设计师则应当扮演协调者、配合者、观察者的角色。设计学家 Banathy 将 20 世纪 50 年代以来的人类活动系统设计范式分为两种，一种是"技术/专家驱动式"设计范式，另一种是 "参与者驱动式"设计范式。参与者在设计过程中，用户不再只是被动地从不同的方案中做选择、表述观点，他们将根据自己的需要来设计产品，赋予产品新功能，完善产品新概念，真正参与原型设计，从而驱动整个设计过程。

（3）参与式设计核心活动是利益相关者之间的设计对话。用户参与设计过程控制有一定难度，成本较高，其关键是需要展开利益相关者之间的深度对话。这种"设计对话"即通过设计思维的交流和互动，驱动知识共享和创新的过程。

3.4.2 设计会话的方式

用户参与设计实施过程中需要解决一个核心问题就是"怎样促进用户高质量参与"的问题。用户参与是一个利益相关者会话的过程，这个过程需要精细设计。

设计会话主要由 5 个基本元素组成：公共创新空间、话题、诉说者、聆听者和促进者。公共创新空间即具有差异性的利益相关者在一个平等空间中展开设计对话；话题是指设计对话应当围绕特定产品展开；诉说者指利益相关者都应有机会通过各种方式表达自己的感受；聆听者是指利益相关者互为聆听者，以激励诉说者的表达，并真切地感受诉说者的感受；促进者指设计师将促进人们的表达作为自己的责任，尽量采取一定的方法来推动分享和共创过程。

围绕以上 5 个基本元素的设计会话形式多样，这里介绍 3 种常用方法。

（1）焦点小组访谈法。所谓焦点小组访谈法，是由经过训练的主持人以无结构、自然的形式与用户代表交谈，对某一话题或领域进行深度发散和问题收集的方法。焦点小组访谈法一般会聚焦于一种产品，基于群体动力学，通过多层次互动，激发参会者表达关于产品的更全面、更深入的认识。

该方法可以借助单向镜等工具实现对用户的观察，甚至促进不同用户之间的理解。例如，让医生观察病人间的对话。

（2）角色扮演法。主要是让利益相关者之间互换角色，并进行角色扮演。在实际操作中，设计师可能会通过类似"疯狂的帽子"游戏，让不同利益相关者戴上象征其他人的帽子，变身为其他人思考问题。例如，医生和患者之间通过这种方式进行角色扮演，有助于建立他们彼此之间的同理性，达成某种共识，并开始共创一个新产品。也有助于设计会话挖掘到全新的用户需求。

（3）情景描绘法。主要是让用户将长远的、或抽象的、或只可意会的事物变得具象的方法。这种方法有助于让用户用积极活跃的方式来展示他们的世界。情景描绘的目的是收集用户的想法而不是事实，追求而不是任务。因此，通常会包括 3 个阶段：准备阶段、收集阶段和交流阶段。准备阶段是要说明研究的目标，并选择与用户相匹配的物料工具；收集阶段是通过小组讨论等方法诱发用户自己创造解决方案；交流阶段是对从用户那里收集到的启发性材料进行分析并与用户或团队成员讨论形成概念方案的过程。

除此之外，随着社交媒体的兴起，用户参与信息服务设计的渠道越来越便利和多样化，用户与产品生产者之间的界限也越来越模糊。如很多产品可以让用户自发构建社区，发展新功能，赋予信息服务产品更多个性化色彩。如巴塞罗那就建立了一个参与平台，让市民来参与建设自己的城市（见图 3-9）。

图 3 - 9　巴塞罗那参与式平台：我们来决定我们想要什么样的巴塞罗那

3.4.3　新技术场景下参与式设计

人工智能、增强现实等新技术日益广泛应用，使得参与式设计的优势得到更大程度的发挥。

人工智能是人与机器（或者说算法）的合作过程，这意味着人与机器的相互适应。或者说，人工智能其实是对人的智能的扩展。人工智能对信息服务设计的影响可以从两方面来理解：基于人工智能的信息服务产品设计和对基于人工智能的信息服务产品的设计。

基于人工智能的信息服务产品设计，是指设计过程中利用人工智能技术提升设计效能。人工智能技术代替产品设计者还有待时日，但人工智能技术通过需求分析、素材发现等方面的巨大潜能，对信息服务产品设计过程的帮助已经开始显现。人工智能的基础是大数据，即对大量的、多模态数据的运用。因此，这使得一些产品的设计过程需要更多人参与，甚至众包，或者搭建参与平台，广泛收集用户数据。如 RAINA 等采用深度学习方法提取人类设计策略和隐性规则，由此训练机器以更好地协助人类进行设计活动。这是一种人类能力的迁移过程，但没有人的大量参与就不可能捕捉到人类所具有的相关策略和方法[11]。

对基于人工智能的信息服务产品的设计，指越来越多的信息服务产品通过人工智能技术来提升用户体验。信息服务过程对用户行为引导和预测也基于对用户的观察，采用人工智能就可以采集和分析更多的用户数据，包括眼动、脉搏、温度等物理数据，获得这些信息可以更准确地判断用户的偏好，为不同个体创造不同的场景。这使得与用户更紧密的互动成为必要。例如，Google 开发的 Google Clips 智能相机（见图 3 - 10），就是用于捕捉亲朋好友乃至宠物之间的甜蜜时刻，发现更可能引起共鸣的片段。

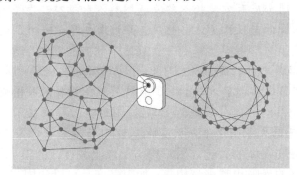

图 3 - 10　Google Clips

资料来源：谷歌开发者. 人工智能时代，如何做设计［EB/OL］.
https://blog.csdn.net/jILRvRTrc/article/details/ 79693042.

增强现实技术（AR）本身就是一项体验设计，它包括 5 类要素：AR 内容、用户（参与者）、旁观者、对象（数字信息增强的实体）与背景（未被数字信息增强的对象）[12]。其设计过程要考虑 AR 的触发，AR 层与现实层以何种方式结合，以及物理背景与社会语境的匹配等问题。这些都需要大量的用户参与才能完成。

 资料 ➤➤

普渡大学图书馆主动学习中心的设计过程

2014 年美国图书与信息资源委员会曾发布了美国高校图书馆参与式设计报告。我们选择其中普渡大学图书馆对自己的新学习空间，名叫主动学习中心的设计过程作为案例。这个中心有协作空间，有自主学习教室。

设计过程共 5 个月时间，参加的人包括人类学专家，还有学校教师、图书馆员、研究生、本科生等各类利益相关者。他们的设计研究初衷是发现学生选择学习空间的原因，并且了解学生在现有图书馆空间中如何学习和工作，以及他们影响他们这些使用行为的一些个人观点。

设计研究第一个阶段是直接观察，团队成员进行了一周的观察，每天两次观察用户正在做什么，以及使用的技术是什么？是独立工作还是合作。

第二个阶段是举办了一次设计工作坊，参与者被要求使用绘图工具画出关于主动学习中心的空间设计图。并要求参与者描述该图，解释期望在新空间里做什么，期望使用什么设备工具等。

第三个阶段是进行了一次卡片式调研。将调研卡片分发给选定的图书馆空间用户。调查内容主要有：你正在做什么？在这里多长时间了？为何在这里，而不去别处？如果离开，会去哪里等。

第四个阶段是现场采访。在图书馆外对本科生做 5 分钟采访，还是询问正在做什么、做了多久，为何选择在这里等问题。

第四个阶段是设计共同愿景和蓝图。人类学家与 6 位教师和 8 位图书馆员分别对话，了解他们对新空间的看法。

这些设计会话工作使得设计团队得到了大量想法，包括：应当提供多样化的空间，并注意保护隐私，每一个空间都应有方便接入的互联网接入和插口；为了不互相打扰，应增加进出通道等。该图书馆在设计中吸收了这些想法，并为用户建了一个新的空间"数据可视化体验实验室"。

这个例子中图书馆和用户的会话过程不但有助于深层次理解用户，获得用户目标和需求，而且用户直接贡献了设计细节，还体现了多种利益相关者的共同创造。这就是参与式设计的典型。

资料来源：朱荀.美国大学图书馆用户参与式空间与服务设计案例与启示［J］. 图书与情报，2018（5）：87-93.

◇ 本章小结

服务管理也是一门设计科学。服务设计是从客户的角度来设置服务的功能和形式，是由不同职能部门相互联系、共同协作来满足用户需求的过程，因此，服务设计活动是全新的整体性强、多学科交融的综合领域，具有更大的复杂性和创新性。在信息服务领域，面向技术的思维方式必然也即将被面向设计的思维方式所取代，而设计本身也能够引领创新。"以用户为中心"的设计思维通常需要遵循一些基本原则，包括：应当围绕用户目标、任务和能力组织技术；应当围绕用户处理信息和做出决策的方式运用技术；维持用户的控制力，使其意识到系统的状态。而"以用户为中心"的设计思维在信息服务领域的实践可分为 3 个阶段。

目标导向的设计是指在理解用户目标的基础上，将其目标作为设计的目标，并围绕目标展开设计的一种过程。传统的目标导向设计思维有一些基本特征：以问题或任务为中心；瀑布式的线性流程作业；通常是收敛性思维。在信息服务行业实践的推动下，当前对用户目标已有了新的理解，这种理解导致目标导向设计的不断进化。如 IDEO 指出设计的三阶段（3I 创新模型）：灵感期、创造期、实现期。英国设计师协会提出的"双钻模型"，该模型认为设计过程可以分为两个阶段，一个是发现正确的问题的阶段，另一个是发现正确的解决方案的阶段。而这两个阶段都需要进行发散性思考。

行为主义设计路径主要遵循的是行为主义心理学的观点。行为主义心理学主张以客观的方法研究人类的行为，从而预测和控制有机体的行为，"刺激－反应"理论是其核心观点。诺曼详细阐述了基于行为观察展开产品设计的过程，提出了大脑主要通过"三个层次"的工作来处理行为问题，而且一次行动具有"七个阶段"，而在使用产品时个体要面临认知上的"两种鸿沟"。认知上的两种鸿沟给出的是行为主义设计要解决的主要问题，行动的七个阶段其实是减少两种鸿沟的过程拆解，而大脑的三个层次显示的是设计中每一个细节方案可能带来的行为后果，是微观分析的具体对象。福格提出的"福格模型"认为有 3 个变量构成了促进行为操作的主要因素：动机、能力、触发条件。

参与式设计，就是设法使利益相关者能够积极、深入地参与设计过程，特别是核心过程，以确保产品符合他们的需求且易于使用的设计策略。参与式设计主要特点有：强调要让用户持续参与到设计过程中来，而不是阶段性的；强调发挥用户的主动性和积极性，认为设计过程中用户应当是设计者和改变者，而设计师则应当扮演协调者、配合者、观察者的角色；参与式设计核心活动是利益相关者之间的设计对话。设计会话主要由 5 个基本元素组成：公共创新空间、话题、诉说者、聆听者和促进者。焦点小组访谈法、角色扮演法、情景描绘法较常用于设计会话过程。人工智能、增强现实等新技术日益广泛应用，使得参与式设计的优势得到更大程度的发挥。

◇ 本章基本概念

设计　服务设计　"以人为本"的设计思维　目标导向的设计　双钻模型　3I 创新模型 行为主义设计　"刺激－反应"理论　福格模型　参与式设计　设计会话　焦点小组访谈法 角色扮演法　情景描绘法

◇ **练习与作业**

1. 为什么设计能够驱动创新？结合自己的感受谈谈自己的看法。
2. 在信息服务设计中怎样同时兼顾不同层次的用户目标？思考可能的操作方法。
3. 尝试组织一次设计会话来完成对某信息服务产品的设计优化。

◇ **本章参考文献**

[1] 王炼，武夷山. 情报研究的设计学视角 [J]. 情报理论与实践，2007（3）：289-291.
[2] 辛向阳，曹建中. 定位服务设计 [J]. 包装工程，2018，39（18）：43-49.
[3] 郭芳. 中国古代设计哲学研究 [M]. 武汉：武汉理工大学出版社，2005.
[4] UTTERBACK. 设计驱动的创新 [M]. 吴晓波，译. 杭州：浙江大学出版社，2020.
[5] 诺曼. 设计心理学1：日常的设计 [M]. 北京：中信出版社，2014.
[6] 许为. 三论以用户为中心的设计：智能时代的用户体验和创新设计方法 [J]. 应用心理学，2019，25（1）：3-17.
[7] 张晓林. 走向知识服务：21世纪中国学术信息服务的挑战与发展 [M]. 成都：四川大学出版社，2002.
[8] 杨裕富. 设计的文化基础 [M]. 台北：亚太图书公司，1998.
[9] 贝尼昂. 用户体验设计：HCI、UX和交互设计指南 [M]. 李轩涯，卢苗苗，计湘婷，译. 北京：机械工业出版社，2020.
[10] COOPER A, REIMANN R, NOESSEl D, et al.About Face 4：交互设计精髓：纪念版 [M]. 倪卫国，刘松涛，薛菲，等译. 北京：电子工业出版社，2020.
[11] RAINA A，McCOMB C，CAGAN J. Learning to design from humans：imitating human designers through deep learning [J]. Journal of mechanical design，2019（11）.
[12] 张立. 体验设计与消费者参与：增强现实的商业应用研究[J]. 装饰，2016(12)：80-81.

第4章

信息用户与信息用户研究

学习目的

　　认识信息服务设计为什么需要"以用户为中心"，如何实现"以用户为中心"。掌握用户研究辅助信息服务设计与管理的路径，以及开展用户研究的具体方法。

学习要点

- 全面理解信息用户在信息服务过程中扮演的角色；
- 深入了解几种信息服务思维的区别；
- 熟悉用户类型及其结构模型；
- 掌握研究用户的方法及其选择要领。

4.1　信息用户与信息服务

　　信息是用户知识结构改变程度的度量，而信息服务是对用户信息活动过程的支持。实践证明，信息服务机构的发展潜力来自其在不断发展的信息环境中，始终从用户角度灵活组织和利用各种资源、服务和系统的能力。因而，对信息用户的深入分析和研究是信息服务供应的基础。

4.1.1　信息服务过程中的信息用户

　　信息服务是信息系统、信息用户、信息环境相互影响的产物。尤其是在网络信息服务环境下，用户在信息服务供应中扮演着更为独特的角色。具体而言，在信息服务过程中，信息用户除了扮演服务使用者角色外，还扮演着服务生产者、服务体系维护者和服务营销者等角色。

1. 服务生产者

　　在信息服务过程中，用户必须扮演生产者角色。因为如果用户不提出自己的需求，信息服务者将无法有效地提供信息产品，如检索服务这一基本信息服务产品就非常典型。而且，如果用户以有用的形式提供信息需求，信息服务人员（系统）就可以花费更少的时间，供应更好的产品。甚至在大多数信息服务过程中，用户还必须积极参与信息内容生产、传播和服务，包括虚拟社区需要用户贡献自己生产的信息内容。在网络信息服务环境下，用户甚至可以在与服务提供商没有或仅有很少的接触（如维基百科等）的情况下自行生产信息服务产品。据有关网站经营者统计，虚拟社区讨论中发布者、参与者、浏览者的比例是 1∶10∶90，即一个用户发表一篇博客文章，有 100 个读者，其中有 10 个用户参与了回复。不仅如此，用户一经获得信息服务机构供应的产品——信息后，必须在现实中对信息吸收、内化并加以利用，从而完成信息的价值实现。也就是说，信息服务生产的过程，就是用户参与的过程。

因而，用户实际上是信息服务生产系统的一部分。而一些信息服务组织的边界已经扩展，将用户纳入到管理体系之中，甚至将其看作是部分员工，并依据用户对服务生产过程的贡献来设计用户的角色，甚至给予用户一定的职级，为其建立评估体系和分配工作。这些管理操作使用户更加乐于参与生产信息服务。如社会化问答平台中的用户分别扮演提问者、回答者、参与者等不同角色。提问者在特定信息需求驱使下提出问题，引起与回答者和参与者的交互，是信息的消费者。回答者受享乐、利他和社会报酬驱动进行知识的生产、加工和组织，是信息的生产者和组织者。有趣的问题内容会激发参与者的讨论和评价，并引发后续的持续关注，他们承担了信息的加工、选择和过滤功能，是信息的分解者[1]。这些用户成为社会化问答平台信息服务生产系统中不可或缺的环节。

图4-1为社会化问答平台中用户扮演的各类角色。

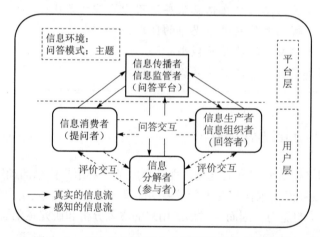

图4-1　社会化问答平台中用户扮演的各类角色

资料来源：齐云飞，张玥，朱庆华. 信息生态链视角下社会化问答用户的信息交互行为研究［J］. 情报理论与实践，2018，41（12）：1-7.

2. 服务体系维护者

在用户提出信息需求、信息服务机构进行服务供应后，接受信息服务的用户还会通过自己适当或不适当的、有效或无效的、活跃或不活跃的行为对信息服务体系产生影响。也就是说，服务体系的正常运转也需要用户配合。

首先，信息用户必须理解信息服务有关的规则，努力与服务产品合作，保持一个友好的态度，并乐于对服务供应表示满意或不满意，才能减少服务体系中的不确定因素，便于服务的及时调整。其次，信息服务流程中，用户需回应服务系统的相关询问，与服务系统良好交互，并根据服务系统的要求作出快速决策。同时，在信息服务结束后，如果用户对服务质量进行评估，也将推动服务发展完善。所以说，在服务体系的良性运转方面，用户可能是建设者，也可能是破坏者。

用户维护信息服务体系的功能，事实上是基于其自身的信息空间展开的。例如，在学科信息服务过程中，用户利用信息服务机构所提供的信息服务，形成了一个以自己为中心的信息空间（见图 4-2），用户对各种信息服务内容进行功能选择。一旦某项信息服务功能被用户纳入自己的信息空间，那么相应信息服务必须具备与其余信息服务的互补性和兼容性，否则可能被更快地剔除出用户信息空间。因而，信息服务体系必须保持与用户信息空间中其他部分的和谐共存。否则，该体系就会失去其存在的市场基础。

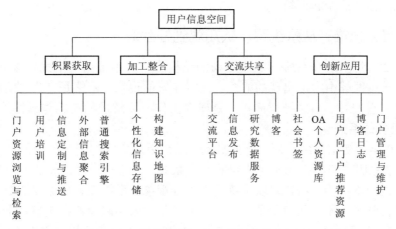

图 4-2　学科信息门户中的用户信息活动

资料来源：王翠萍，张妍妍. 基于个人知识管理的用户信息空间模型构建 [J]. 图书情报工作，2008（4）：54-56.

3. 服务营销者

由于信息服务的外部性和信息服务价值判断的主观性，信息服务用户在决定利用某一项信息服务时，易受他人影响，他们更愿意使用那些实际上被别人使用过的服务产品，尤其是得到较高评价的服务产品，即"口碑"较好的服务产品。罗兰·贝格国际管理咨询公司对中国消费者的调查报告（2010）显示，从最初的兴趣产生到购后行为，在当前中国消费者购买决策的每一阶段，网络口碑都起着巨大的作用（见图 4-3）。因而，信息服务用户接受信息服务本身就是一个促销因素，而其对信息服务积极的评价更会成为提高信息服务信任特征的首要原因。

	最初的兴趣	品牌意识	产品选择	产品评价	购买决定	购买后行为
网络口碑的影响	34.6%	56.3%	41.5%	36.2%	58.7%	47.5%
原因	"我看到很多人在网上讨论这个产品。"	"网上经常讨论，所以我了解这些牌子。"	"我应该在网上经常讨论的品牌中做选择。"	"我可以获得很多建议，从而选出最好的产品。"	"根据建议，我会买这个。"	"购买后，我会去看其他用户的经历，这样我就可以更好地使用我买的产品。"

图 4-3　网络口碑在中国消费者购买决策过程每一个阶段的影响

资料来源：罗兰·贝格国际管理咨询公司.中国消费者报告 2010[EB/OL][2021-04-02]（2021-10-08）. https://www.doc88.com/p-54861704403724.html.

正因为如此，用户研究成为信息服务设计和管理的一项基础工作。具体来说，用户研究是一种理解用户，将他们的目标、需求与组织商业宗旨相匹配的方法。其目的是帮助企业定义产品的目标用户群，明确、细化产品概念，并通过对用户的任务操作特性、知觉特征、认知心理特征的研究，使用户的实际需求成为信息服务产品设计的导向，从而使信息服务产品更符合用户的习惯、经验和期待。

4.1.2 信息服务思维：从系统观、认知观到社会观

自库恩于 20 世纪 70 年代在《科学革命的结构》一书中提出"范式"这个名词后，"范式"已成为各学科领域中常常出现的概念。按照库恩的说法，范式是"公认的科学成就，在某一段时间内，它们对于科学社群而言，是研究工作所要解决的问题与解答的范例"[2]。

1. 信息服务的系统观

20 世纪 40 年代初信息用户研究开始启动，最初用户研究将用户作为信息供应系统的被动接受者，将信息服务机构视为不可或缺的社会系统。在这一观念指导下的信息用户研究往往以信息服务机构本身为中心，即以系统观为主导观念。系统观赖以建立的逻辑基础为：信息是人类应付日常生活事务极有价值的工具，可以帮助人类减少不确定感，让人类在特定时空下运作更为顺畅；因为信息有这些作用，所以提供信息的相关机构作用重要而且意义特殊；用户的信息行为很大程度上被其所交互的信息供应系统所决定，可以被理解为对系统输出的预期反应。建立在该逻辑基础上的信息用户研究，其焦点研究命题是用户对信息服务组织现有信息的利用和评价问题。

许多学者指出，这种"以信息供应系统为中心"的研究范式从既有信息供应系统的角度来看信息用户，而不是从信息用户的角度来了解其信息需求，因而不能解释信息行为的动态性特征，也无法帮助信息供应者设计新的服务系统与拟定新的服务。这一批评导致了一个信息服务领域新的研究范式，即"以用户为中心"范式的产生。

2. 信息服务的认知观

Dervin 与 Nilan 在 1986 的 ARIST（*Annual Review of Information Science and Technology*）上回顾了以前的信息用户研究，提出信息用户研究范式正在由"系统/资源"取向，转移到另一个替代性范式。该范式强调有建构能力的、主观的用户，强调个体的内在认知和系统化；而这一范式的核心理论有 Taylor 的用户价值增值理论、Dervin 的意义构建理论和 Belkin 的知识非常态理论等。在 1990 年的 ARIST 上，Hewins 更加明确地提出：以用户为中心的信息管理学研究已经成为主流。

以用户为中心的信息用户研究范式认为，每一位用户都是一位信息专家，能够自觉根据自己所处的复杂情境进行信息需求判断，并进行自我的知识构建。信息服务仅仅是用户信息活动的外在工具之一，是用户信息需求在物理或现实世界的延伸。也就是说，信息服务机构是用户认知从逻辑向现实的延伸，建立在认知基础上的用户信息需求不但是信息服务的逻辑终点，而且是其逻辑起点。因为用户信息需求过程是一种"以我为主"的自组织过程，有着内在的秩序，并独立于信息服务而存在，所以信息服务供应者不应以专家自居，而应重视用户需求的内在规律性。

基于认知范式的信息服务管理研究者和实践者把信息的观念同用户的观念更为紧密地联系起来，把管理焦点置于提供"某个需要使用的信息""信息使用中的意义构建"，从而导

致了信息服务从系统驱动到用户驱动的重大变化。

从信息服务实践上说，系统观到认知观的转变最终体现为信息服务思维路线的改变，如图 4-4 所示。系统观下的信息服务思维路线是：系统现有资源决定可能提供的信息服务内容和形式，而用户会基于服务系统的资源条件和服务供应来构建自己的信息需求和行为。因而，可以基于现有信息资源和现有服务推理用户信息需求，即采取从信息供应结构来推理用户信息行为的"由上而下"研究路线。而认知观的信息服务思维路线则是：用户自主地产生信息需求，这些需求应决定信息服务的内容和形式，并指引着信息资源构建方案。即用户研究采用从用户信息行为及其需求背景来决定信息供应系统结构的"自下而上"路线。认知观思维路线完成了对信息资源、信息需求、信息服务三者之间关系的重置。

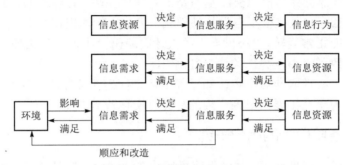

图 4-4 3 种信息服务思维比较

资料来源：李桂华，余伟萍. 信息用户研究的理论进化 [J]. 情报理论与实践，2009，32（12）：28-33.

3. 信息服务的社会观

从系统观到认知观，实现了信息服务从"以系统为中心"到"以用户为中心"的思想转变。然而，一方面，由于基于认知观的思维路线侧重于对用户内在的挖掘，其研究成果在服务于信息供应系统设计和管理方面的效用非常有限，具有天然的操作局限性；另一方面，用户信息行为目的是传递经验或思想，也往往并非个体独立自主的选择，也就是说，用户信息需求与其所在的文化社群密切相关。因而，仅仅从认知角度来探索用户信息需求的研究路线被一些学者所质疑。一些学者提出，需要将信息需求置于某个社群系统中分析，才能使信息需求研究进一步具体化，并使相关研究成果更具有操作指导性。这种认识导致了"社会学观点"的引进。

信息用户研究的社会学取向兴起于 20 世纪 90 年代初期，该取向探讨信息行为与社会、社会文化、社会语言学方面相关联的意义与价值，注意将用户认知置于社会背景下加以观察和认识，相关成果对各种社会信息设置具有直接或间接的指导意义，因而也更具有现实性。自该观点引进以来，大量的信息用户研究对该观点进行了贯彻。如出现了一系列关于青少年用户信息需求和信息行为的研究，学者们通过对青少年信息需求与其所在社会环境的深入分析，发现学生的信息需求具有明显的"被施加性"[3]。这种施加环境的探索继而成为相关研究的一个焦点问题。

新时期将社会观与认知观结合的信息用户研究思维路线与前两种路线的区别主要在于：它基于用户所在的环境来分析用户群体的信息需求，产生对信息需求的整体性、结构性理解，并引导信息服务方案的产生，以及促进更高效的信息资源配置方案。在这种思维路线下，信息服务除了能够更广泛地满足用户信息需求外，也能够适应社会环境，甚至对其进行一定程度上的改造，进而使用户与信息服务间更加高效地互动。在这一研究过程中，研究的焦点从用户个体这一分析单元向更广泛的社会因素、环境因素扩展。

社会观研究中较具代表性的研究成果是埃尔弗瑞达·查特曼（Elfreda A. Chatman）的观点，她提出了信息贫穷理论、圆周生活理论和规范行为理论，解释了"小世界"不使用、不分享信息，信息贫困的原因与现象。查特曼认为，小世界中存在着鲜明的社会规范，成员的信息行为（信息需求、信息获取习惯和信息价值判断等）、正常行为的标准与范围以及局内人和局外人的界限等都会受到这些规范的限制[4]。对行为的规范导致了世界观的形成，即使没有信息，多数情况下"小世界"的生活也会运作正常。生活在"小世界"中的人出于自我保护和不信任，与外部世界的信息交流基本是个人信息保密、传递虚假信息、规避风险和依据情景相关性判断信息价值，很少自觉从外部获取信息，除非出现很关键的问题或者"小世界"的生活已经不能正常运转，"小世界"的人才会跨出"小世界"去搜寻信息，与外界的隔阂或交流屏障导致了"小世界"的信息贫困[5]。

社会取向改变了心理取向对个体认知过程中信息行为的关注，实现对情境因素的超越，将对个体的信息行为研究拓展到更为广阔的社会、文化背景之中。

4.1.3 信息服务各阶段中的用户研究

在新的信息服务范式推动下，并由于信息稀缺向注意力稀缺的逐渐转变，信息服务模式开始进入以用户为中心的新时期，用户研究成为面向用户设计流程的第一步。

管理领域认为，一个组织在决定其产品后要采取以下营销管理步骤：划分相关的市场、分析潜在的用户的特征和需求、识别市场细分的基础、明确并描述市场细分、分析竞争对手的状况、评价市场细分、选择细分市场、最后决定营销组合。可以看到，用户研究在这一过程中处于中心地位，信息服务领域也概莫能外。

事实上，如图 4-5 所示，对信息用户的研究应贯穿于整个信息服务产品生命周期。而用户研究应对不同文化背景用户根据系统的心理模型研究定位产品设计方向，关注用户的价值观、基本的知觉特性、操作习惯和思维方式，因为这些因素具有稳定性和可持续性，基于相关用户数据的用户研究对信息服务产品的开发和发展才有更长期和深入的应用价值。

具体而言，在信息服务产品的开发期，信息服务提供者需要知道：谁是目标用户？产品将会满足他们哪些方面的需求？因而需要对未来用户展开定性分析寻找"用户的需求应该如何被满足"这一问题的答案，从而进行正确的服务定位，并进行适应用户需求的服务产品设计。如 APSR（Australian Partnership for Sustainable Repositories）项目在 2006 年对澳大利亚国内高校负责知识库服务和科研数据管理的高层管理者展开了一次较大规模的采访，目的是更好地了解高等教育部门对科研数据管理及相关信息基础构架的需求。调查发现许多研究人员认为知识库服务如果要得到广泛的应用并取得成功，就必须向学术研究社群证明其价值。可以想见，相关调查启动了项目对服务价值的推广工作。

在成长期，随着活跃用户的逐渐增多，信息服务提供者需要更多的调整策略，这时候信息服务供应者不仅需要对用户进行定性分析，还需要展开定量分析，掌握客户结构状况和服务的市场反应，并及时调整服务管理策略，保证用户得到满意服务。在这一过程中，缺乏用户研究将使服务质量难以得到持续保证，一些现实用户将失望而转向其他信息服务供应者，服务将提前进入衰退期。

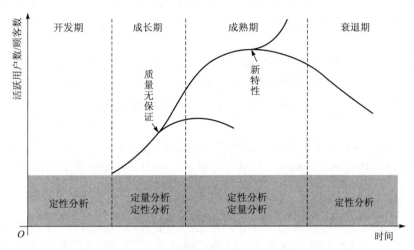

图 4-5　贯穿整个信息服务产品生命周期的用户研究

　　而在成熟期，产品基本定型，用户流失变得更明显，信息服务机构又要在定量分析基础上进一步强化定性分析，了解用户行为背后的原因。这种分析将为服务注入创新，服务将因为其所被赋予的新特征而进入新一轮快速成长期。目前，Google 等网络信息服务供应者正在以与用户需求变化同步甚至超前的创新节奏来不断更新服务内容，相关策略正是基于对用户需求和行为的连续性研究，而这些举措在产品生命周期缩短的网络环境下更显必要。

　　衰退期则需要信息服务供应者通过定性分析，深入研究服务供应、服务管理与市场期望的差距，为重新开发信息服务产品和市场积累经验。

4.2　信息用户分类

4.2.1　信息服务产品的利益相关者

　　利益相关者理论是一种战略管理理论，弗里曼（Freeman）对利益相关者的定义是，能够影响一个组织目标的实现，或者受到一个组织实现其目标过程影响的所有个体和群体。也就是说利益相关者是一个包括信息用户或者信息服务产品消费者的概念。

　　那么，组织的利益相关者究竟包括哪些呢？关于利益相关者有以下典型分类：首先，Freeman 从三个方面对利益相关者进行了细分，把利益相关者分为三种，包括：① 持有公司股票的一类人，如董事会成员、经理人员等，称为所有权利益相关者；② 与公司有经济往来的相关群体，如员工、债权人、内部服务机构、雇员、消费者、供应商、竞争者、地方社区、管理结构等称为经济依赖性利益相关者；③ 与公司在社会利益上有关系的利益相关者，如政府机关、媒体以及特殊群体，称为社会利益相关者。Frederick 从利益相关者对企业产生影响的方式来划分，将其分为直接的利益相关者和间接的利益相关者。直接的利益相关者就是直接与企业发生市场交易关系的利益相关者，主要包括：股东、企业员工、债权人、供应商、零售商、消费商、竞争者等；间接的利益相关者是与企业发生非市场关系的利益相关者，如中央政府、地方政府、外国政府、社会活动团体、媒体、一般公众等。而 Charkham 按照相关群体是否与企业存在合同关系，将利益相关者分为：契约型利益相关者和公众型利益相关者两种。

根据这些分类，信息服务产品的利益相关者既包括信息用户，又包括内部员工、股东、政府、媒体等。那么，为什么要将利益相关者等同于信息用户加以重视，以及信息用户与其他利益相关者具体是怎样的关系？全面质量管理理论对理解这些问题提供了比较清晰的逻辑。

20世纪50年代末，美国通用电气公司的费根堡姆和质量管理专家朱兰提出了"全面质量管理"（total quality management，TQM）的概念，认为"全面质量管理是为了能够在最经济的水平上，并考虑到充分满足客户要求的条件下进行生产和提供服务，把企业各部门研制质量、维持质量和提高质量的活动中构成为一体的一种有效体系"。

全面质量管理有3个核心特征，即全员参加的质量管理、全过程的质量管理和全面的质量管理。强调为了取得真正的经济效益，管理必须始于识别顾客的质量要求，终于顾客对他手中的产品感到满意。认为全面质量管理就是为了实现这一目标而指导人、机器、信息的协调活动。

基于以上思想，全面质量管理理论强调顾客第一的观点，并认为顾客的概念应当扩展到更广泛的意义，把参与服务系列活动中有作用的所有人当作顾客，不管他是组织外（外部顾客）还是组织内的一部分（内部顾客）[7]。

其中，外部顾客是指机构外部的，与机构有商品、服务和货币交换关系的对象。除了消费者，外部顾客还应包括中间顾客、公利顾客、资本顾客等，其中中间顾客尤其重要。中间顾客是介于消费顾客与内部顾客之间的顾客，销售机构的产品，与其发生产品和货币的交换关系。作为一种顾客，中间顾客比消费顾客更接近机构，所以在消费顾客面前，它们站在机构的立场推销商品；同时，中间顾客比内部顾客更接近消费顾客，所以在机构面前，它们站在消费顾客的立场来对机构提出各种要求和传达信息。因此，二重性是中间顾客的基本特征。同时，中间顾客也按自己的价值来选择商品，它们从机构购买的不是产品本身，而是凝结在产品中的盈利机会，因而对产品和服务的要求比消费用户多得多，应该将其作为一个独立的用户群来予以考虑。

内部顾客概念则认为应将内部员工视为组织的服务对象，从而在任务、条件、职能、工序等基础之上建立"顾客"和"供应者"关系。如管理者需要预算，财务部门为其提供这一信息，他们就是财务部门的顾客，而财务部门就是服务供应者。财务部门工作的质量应当通过其内部顾客的满意度评价得出；而团队接受管理者提出的任务，必须为之提供任务完成后的成果，因而在任务关系上，管理者是团队的用户；但反过来说，管理者必须为团队提供其完成任务的支持条件，所以在条件关系上，团队又是管理者的用户。因此，他们可以从不同角度对对方进行评价。

内部顾客的概念把传统的职级之间的权力关系改变成用户关系，解决了人性的平等问题，对这一概念的吸收和引进，有利于信息服务机构建立用户导向的文化，也有利于激励机制的优化，并有利于信息服务机构组织管理过程中对"水平管理""扁平管理"等管理理念的引进，从而从系统上来保证信息服务管理质量。

同时，全面质量管理理论也说明了为什么要将内部员工也纳入顾客加以经营，也体现了外部顾客的广泛性，以及在提供高质量的产品和服务方面必须协调好内部外部顾客关系的原因和路径。这些理解也为信息服务产品的经营管理提供了思路。

4.2.2　对用户的全面理解

1. 广义的信息用户

信息用户即信息或信息服务的利用者。根据利益相关者理论和全面质量管理理论，对信息用户外延的认识可以放大到利益相关者范畴。也就是说，广义上的信息用户除了包括最终信息服务产品的使用者，还包括中间用户、公利用户、资本用户等构成。

终端用户就是我们狭义上的信息或信息服务的使用者，即信息用户。

中间用户是介于用户和信息服务组织之间的纽带，是非常重要的一类利益相关者。我们说信息服务产品是连接用户和信息资源的中介，但信息用户与信息服务产品之间可能也需要纽带，在互联网行业，"引流"是一个重要的运营活动，引流通常就是通过中间用户建立与终端用户的连接，将其吸引成为信息服务产品的用户。平台型信息服务产品因为能够汇集流量，往往能够充当其他信息服务产品的中间用户，促进信息服务产品被用户接触到，这也是平台型信息服务产品的重要盈利方式。其他中间用户还包括信息服务产品分销商、代理商、链接者等。

在信息服务提供者面前，中间用户代表消费者，在终端用户那里，他又代表信息服务提供者，这种复杂的二重性使得中间用户有着对信息服务产品特别丰富的需求。比如，搜索引擎经常就是其他信息服务产品与信息用户之间的纽带，信息用户通过搜索引擎了解到哪些信息服务产品能够提供他们所需要的信息，这样才能接触到信息服务产品。所以，信息服务产品设计过程中，既要考虑终端信息用户的需求，又要考虑搜索引擎的搜索规律，使得自己的产品更可能在搜索排序中靠前展示，研究这种规律并运用于信息产品设计，这就叫搜索引擎优化。当然，除了搜索引擎外，还有其他各种类型的中间用户需要信息服务产品在设计和运营中加以考虑。

公利用户是指代表公众利益，向信息服务机构提供其正常经营的基本资源，然后从企业的获利中收取一定比例费用的这类主体。当前公利用户其实主要就是国家或称国家机构，即公共利益的保障者。信息服务产品也需要兼顾为这部分用户创造价值，当前很多信息服务机构会关注自身信息服务是否会促进公共利益，能否履行足够的社会责任。原因就是为了满足这部分用户诉求。比如，在新冠疫情期间，很多企业快速反应，开发了健康码、疫情地图等信息服务产品，虽然有些产品短期没有得到直接的经济收益，但是对公共利益有直接的贡献，也会得到更多的用户好感和更好的社会声誉。

资本用户是指那些为信息服务机构提供金融资本并依其获得资本增值效益的用户。也就是说，任何营利性信息服务产品都不仅要满足用户需求，也要同时追求商业利益，以满足其资本用户，即股东的需求。因此，在信息服务设计过程中，在考虑终端用户需求的同时，必须保证产品的商业收益，在经营信息服务产品的市场同时，要兼顾考虑信息服务产品对整体组织生态系统的促进。这时候，信息用户研究就需要放到更广阔的领域。

因此，广义的信息服务产品用户概念包括这些利益相关者，在做信息服务产品设计的时候必须考虑各方利益的平衡。

2. 狭义的信息用户

在各类用户中，终端消费用户是信息用户的主体部分，所以通常意义下，信息用户研究是指对信息消费用户的研究，这是对信息用户的一种狭义理解，也是最常见理解。

由于信息用户对信息服务的利用要经历从需要到行为到深入认知等几个阶段，而处于不同的利用阶段，用户与信息服务的接近程度不同。因而，可以根据用户与信息服务机构的接近程度将某一信息服务机构的信息用户大致分为潜在用户、认同用户、现实用户、常客、种子用户等五类（见图4-6）。其中，不知道或仅仅知道信息服务机构的用户称为潜在用户；对信息服务的产品或服务已产生了注意、记忆、思维和想象，并形成了局部消费欲，但未产生消费行为的为认同用户；直接消费信息服务机构产品或服务的消费者是现实用户；经常购买本机构产品或服务的用户称为常客；除了自己反复消费外，还能为信息服务机构带来新用户的特殊用户称为种子用户。

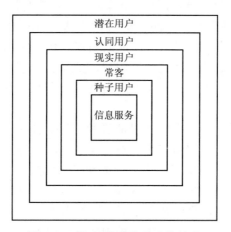

图4-6 信息用户类型及其关系

根据各类型用户的特点，种子用户是信息服务机构的核心用户，与机构距离最近，联系最多，但是数量少；常客是机构的基本用户，与其距离较近，与机构联系较多，但数量仍有限。而信息服务设计与管理的直接目标正是为了促成信息用户的转变，即潜在用户向认同用户的转变，认同用户向现实用户的转变，现实用户向常客的转变，常客向种子用户的转变。

4.2.3 用户的结构

用户研究的目的都是为信息服务提供决策依据。甚至在很多情况下，用户研究就是通过用户信息来展开用户转化工作过程中的决策过程。

为了服务于信息服务设计和管理中的决策，企业往往希望信息用户研究能够解答一些困惑，例如，我们的用户中具体有多少潜在用户，有多少种子用户？为什么用户成为我们的用户？为什么以前的用户不再成为我们的用户？为什么那些潜在的用户没有成为我们的用户？为了回答以上问题，就需要调查并分析现有用户的结构，根据其结构分析当前重点用户群体。

用户结构主要包括五种，即金字塔型、倒三角型、橄榄型、哑铃型、矩形（见图4-7）。

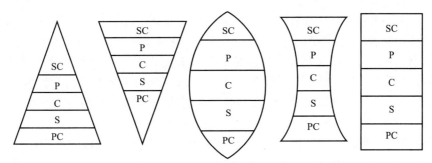

PC—潜在用户；S—认同用户；C—现实用户；P—常客；SC—种子用户

图 4 - 7　用户结构模型

金字塔型结构，指潜在用户很多，种子用户极少的用户结构形态。处于这种用户结构的信息服务产品往往开发的是一个新市场，产品潜在用户市场基础大，需要尽快扩大市场知晓度，达成从潜在用户到认同用户的转化。

倒三角型结构，指潜在用户极少，种子用户很多的用户结构形态，说明产品的市场开发已经比较彻底，注意力需要放在将现有用户基础带来的利益迁移到其他新产品上。

橄榄型结构，指现实用户比较多，但潜在用户和种子用户都比较少。说明对用户过度促销，很难将用户转化为常客和种子用户，用户留存不够。处于这种用户结构的信息服务提供者需要改变促销措施和给老用户带来更多利益。

哑铃型结构，指潜在用户和种子用户都较多、但现实用户较少的情况。这种情况的信息服务产品，一方面需要引流，让更多的潜在用户接触到信息服务产品，另一方面也可能更需要在体验设计等环节努力，促进潜在用户接触到信息服务产品后能有愉悦的感受，更好地向向现实用户转化。

矩形结构是几种用户类型较为均衡的一种用户格局，是较少见且很难稳定下来的中间过渡状态。

信息服务管理过程就是一个资源配置过程。其中，一系列资源分配问题有待解决，如信息内容资源、载体资源、时间资源、营销资源等，而这些资源分配的基本依据就是用户结构。具体来说，信息服务机构对用户结构的研究将主要从以下 4 个角度产生价值。

（1）确定重点用户对象。当了解到自身的用户结构后，信息服务提供者可以锁定部分用户作为研究对象进行更深入的研究，减少研究的成本并提升研究的效果。例如，处于金字塔型用户结构的信息服务产品可以将从未体验过此类产品的新用户作为重点研究对象，着力于用户导入相关功能设计；处于倒三角型用户结构的信息服务产品则可以重点关注成熟用户，为他们开发新的具有吸引力的功能；处于橄榄型用户结构的信息服务产品则应更加关注较为稳定的那些中级用户，提升产品对他们的黏度，促进他们对产品的利用率。

（2）促进服务组合优化。不同用户对不同价值属性和不同成本属性的敏感度不同，这导致企业可以在整体价值或整体成本不变的情况下，根据用户结构来调整其各价值属性分配。甚至可以做到在资源投入不变的情况下，通过给不同的用户提供不同的价值组合和成本组合，来大大提升价值。也就是说，通过个性化的服务组合（服务包）来提升价值。但这一策略的实现需要以用户结构研究为基础，通过深入了解各用户群体对各价值属性的需求强度，并了解其对成本的敏感度。

（3）产生服务细分方案。信息服务资源需要优化配置，特别是需要在不同用户间进行分配。这一分配方案的制定仍然源于价值分析。其中，公益性信息服务的资源分配以对社会的整体价值最大化为目的，而营利性信息服务的资源分配以对企业的整体价值最大化为目的。因而需要通过对用户结构的研究，了解各类用户信息需求的满足对社会的价值，或者分析各类用户信息需求的满足对利润的贡献。其实两者的思维方式本质上都是了解社会信息需求结构及其价值。

（4）促进营销规划。用户结构是信息服务的市场反应结果。通过对用户结构的分析可以了解信息服务运作效果，发现其中隐藏的积极趋势和消极趋势，从而调整营销策略。

4.3 信息用户研究方法

因为信息服务行业的主导思想是"以用户为中心"，所以与信息服务设计和运营的岗位都需要具有信息用户研究能力。也就是说，信息用户研究能力是信息服务行业从业者的基础能力。

4.3.1 信息用户的观察模式

如社会学家艾尔·巴比所说，"观察是科学的基础"。信息服务实践者在不断摸索中也创造了各种观察信息用户的方法，总的来看可以把这些方法分为两种路径：客观行为观察和用户的自我表露[8]。

1. 客观行为观察

客观行为观察是指主要通过利用用户的外在信息行为痕迹来进行信息需求分析的方法，其常用数据来源包括用户访问信息服务产品的日志数据、眼动仪实验所采集的行为数据等。该方法的优势在于：一方面，数据质量高，主要表现为数据真实可靠，另一方面在当前技术条件下，易获取大数据，为挖掘和发现行为规律奠定了数据基础；而且，只要建立了获取通道，客观行为数据可以反复、快捷、低成本获取，为产品高频率迭代提供即时依据。这些优点也是当前客观行为观察成为主流信息用户观察方法的原因所在。但这种路径也有一定的弊端，主要表现在，由于该研究方法将不使用信息服务产品的潜在用户完全排除在外，所得到的反馈信息受到了信息服务产品现有状况的影响，因而存在一定的局限性。

2. 用户的自我表露

自我表露的方法主要采取询问的方式获得用户数据，也就是说数据来自用户的主动或被动的自我表露。利用这种方法的研究深度可能依询问内容设计的不同呈现很大的落差。就现有研究来看其询问内容的设计主要采用以下 3 种模式进行。

（1）帮助链模式。采取该模式的研究通常聚焦于用户个人对信息服务产品的使用情况，信息服务对用户的帮助成为内容设计的基本线索。用户被询问何时何地使用信息服务以及其需求满足情况，而询问内容通常按照逆时间顺序编排，即先了解对方近期与信息服务系统互动情况，继而上溯到最初与信息服务系统的接触。

（2）"以信息为中心"模式。这一模式的注意力直接集中于被用户寻找的某类信息资源上，认为如果对用户的潜在需求给予一定的提示，用户的自我表露效率将大大提高。因此该模式的研究围绕着某类信息资源（如学术论文、企业年报、高考录取分数线等）展开。早期的国外信息用户需求研究更多采取这一模式。这类研究比较关注用户最近时期感觉到的需要以及即将需要的信息，其核心目标往往在于理解特定信息需求的特定情境。

（3）"以生活为中心"模式。在采取"以生活为中心"模式的研究中，用户不被要求说出自己的信息需求，而被要求讲述生活中或工作中关注什么主题、遇到哪些问题或烦恼等，研究者通过这些线索来确定其信息需求。其核心思想是认为人们利用信息是为了完成一定任务或活动，或者至少是为了表达自身的生活状态，所以应从人们的生活或工作中找寻其信息需求。例如，Dervin 研究团队作为最早以"生活中关注的问题"为线索进行信息需求的研究群体，在他们的调查问卷中第一部分通常强调避免使用"信息"一词，以避免这一词汇的使用限制用户的反映范围。典型的研究还有 1993 年 Poston-Anderson 和 Edwards 对西雅图市民信息需求的调查[9]。调查中，研究者询问被调查对象最近一个月遇到的问题、关注对象和烦恼，并让他们指出记得最清楚的一些方面。该模式下，研究者主要采取开放的问题，因而能够接触更广泛的相关事实和数据，而得到更加丰富的资料，有助于发现新的服务创新点。

4.3.2　信息用户数据获取方法

信息用户研究需要先获取用户数据，再展开分析研究。信息用户数据获取方法主要可以分为两大类：定性方法和定量方法。

定性方法主要为了深入描述情境、现象、问题或事件而采取的一种非量化的数据获取方法，其诉求往往在于价值判断等对用户的深度解析。在信息用户研究中常用的定性方法包括深度访谈法、现场观察法、影像日记法、专家评估法、网络人种志、认知走查法等方法，以及我们前面说过的焦点小组法和角色扮演法。

定量方法则指主要致力于将观察对象量化的一种数据获取方法，往往需要大量的事实数据。在信息用户研究中常用的定量方法包括实验法、问卷调查法、可用性测试、眼动测试、卡片分类法、日志分析法、满意度评估法等。

另一个将这些数据获取方法进行分类的方法是根据其分析目标。可以将其分为主要侧重于获取与信息需求有关的目标、观点等方面内容的方法，以及主要侧重于获取与用户实际操作行为有关的方法。侧重于获取与信息需求有关的目标、观点等方面内容的方法主要包括访谈法、焦点小组、卡片分类、专家评估、满意度评估等方法。侧重于获取与用户实际操作行为有关的方法主要包括可用性测试、日志分析等方法。

这里我们对几种基本的用户数据收集方法做出介绍。

1. 问卷调查法

问卷调查法是指在一个相对较大的范围内，借助问卷工具采取直接询问形式对现实现象或态度进行测量的研究方法。由于基于问卷获得的数据具有相对一致的结构，易于做量化分析，所以这是一种较常用的定量方法。问卷调查法适用的场景非常多，如了解某种用户行为或观点出现的频率，了解用户对现有服务的使用情况和体验，了解某种需求出现的频率等。问卷调查法最主要的问题是问卷设计和问卷发放。

问卷设计是问卷调查法的关键，问卷设计就是对问卷中问题的设计。问卷调查就是通过问卷中的问题引导用户自我陈述、回忆和确认问卷中的问题来收集用户数据。问题设计有多重目标。一方面，问题设计是为了获得丰富的信息。因此，问卷中的问题往往有多种形式，按问题内容，可以将问卷问题分为事实型问题、行为型问题、态度型问题、观点型问题等；

按问题形式，可以将问卷问题分为开放性问题、封闭性问题、混合性问题等。另一方面，问题设计也是为了对调查对象进行一种准确的测量。各种不同研究对象测量的难度不同，比如，事实型、行为型问题测量的难度要小一些，而态度型问题测量难度就非常大。为了准确测量，研究者们会将相关问卷问题的开发作为一种研究对象，所形成的能够相对准确地测量研究对象的问题集合称为量表。态度型问题通常就采用成熟的测量量表来测量。另外，人们希望问卷调查得到的数据能够做更多的量化分析，这对问卷问题也提出了更高要求，需要问题的答案最好是数值型、逻辑性数据等，而不是字符型数据。为了达到这一要求，研究者们经常采用利克特量表的方式来编写问卷问题。

问卷发放也是重要难点。首先，在发放对象上，如果问卷调查法旨在发现一种结构性或较为宏观的数据，通常需要在较大范围内进行调查来获得充足的样本，而且需要采用一定的抽样技术来节约成本、保证调查的外在效度。抽样是一种用较少样本代表较大调查总体的经济的调查对象选择方法，理想的抽样过程中调查总体中的每一个对象都有相同的被抽中机会。尽管这种理想实现起来并不容易，但人们会通过层次抽样法、配额抽样法等方法尽量做到抽中的样本其结构与样本总体一致。其次，在发放渠道上，问卷发放主要可以采用线上发放、线下发放两种方式。线下发放又分为面对面发放、邮寄发放等方式。线上发放经常通过Web表单获得广泛的用户数据，比较容易实施，数据的后期加工成本更低，但在控制样本代表性上存在难度，也较难把握被调查的问卷填写质量。为了获得更广泛的用户数据，可以将线上发放和线下发放结合进行。

2. 观察法

观察研究方法是指对人们的自然行为进行科学研究以揭示这些行为的客观规律的研究方法。该研究方法的明显优势是力求减少或隔绝研究本身对被研究对象的影响，因此可以减少社会期望值的影响，能够客观地观察在自然环境中由自然变化所引起的自然行为。

观察法具体的观察对象包括基本动作行为、非语言性行为、空间动作、泛语言性行为、语言性行为等。并且可以采取直接观察与间接观察、参与观察与不参与观察、结构化观察与非结构化观察等各种操作方案。新技术环境下，对信息服务的用户观察涉及屏幕跟踪、有声思维、用户访问日志等新型方法。

其中，对访问日志的观察目前尤为普遍。用户访问记录包括用户浏览的页面、输入的检索关键词、用户维护的书签信息、用户浏览行为（在每个页面驻留的时间，对每个页面进行的保存、打印等操作）、服务器日志（含用户的地址、访问时间、用户所在的地区、访问的网站和页面、页面大小、访问页面的频度），用户下载、保存的页面和资料，用户手工输入的其他信息等。而跟踪用户在进行检索时的鼠标移动轨迹，也可以获取用户操作的先后顺序、热点功能、动作曲线等一手数据，这些都是改善或简化信息服务界面的重要参考。

3. 实验法

实验法是指研究者通过一定手段来改变观察环境中的某个或某几个变量、观察这个或这些变量对其他变量的影响，以确定变量间相互关系的研究方法。实验方法通常致力于发现变量之间的因果关系，因而对研究对象、研究过程、研究环境的控制有较高要求，并因而衍生出各种不同研究结构。

实验法对研究变量的选择非常重要。一般可以将研究变量分为独立变量和从属变量。独立变量指研究者人为引进的或自然存在的，如在信息服务的用户研究中可以是信息服务中的设计考虑。独立变量可能是实验中的自变量，也可能是调节变量。如可以将信息服务产品一个新增的帮助功能作为自变量，将用户的性别作为调节变量。观察新增的这个帮助功能对男性和对女性的作用有没有区别。而从属变量指可能受独立变量的影响而发生变化，或者人们期待它们发生变化的变量。如用户体验、用户满意度、用户是否重复使用等。

实验法常用于测试信息服务设计效果，如一项研究（"*Boolean browsing in an information system：An experiential test*"原载于 *Information Technology And Libraries*，2001 年 3 月刊）主要研究的是布尔逻辑在可视化信息检索系统中的应用问题，着眼于这种技术应用对不同认知能力、不同任务类型用户检索效果的不同影响，探索是否该针对不同用户有选择地采用该技术。为了发现这种影响的具体情况，该论文研究者建立了两个实验系统，一个是应用了布尔逻辑的可视化信息检索系统，即控制系统；另一个是未应用该逻辑的可视化信息检索系统，即参照系统。然后对 80 名不同专业的受试大学生用户进行了认知能力测试，并分别赋予了不同的检索任务（共两种任务），分两组分别应用实验系统完成任务。最终，对 3 个独立变量（任务类型、应用系统、认知能力）和 3 个从属变量（检索结果的相关度、精确度、响应度）进行了交叉分析和假设检验。发现布尔逻辑可视化信息检索系统对特定任务背景、特定认知能力水平的用户有不同的适用性，不能盲目对其加以应用。

4. 深入访谈法

深入访谈法又称无结构访谈法，顾名思义，是指只有一个访谈主题或范围，由访谈员与被访者围绕这个主题或范围进行比较自由的交谈。其作用在于通过深入细致的访谈，获得丰富生动的定性资料，并通过研究者主观的、洞察性的分析，从中归纳和概括出某种结论。深入访谈法的主要优点是弹性大、灵活性强，有利于充分发挥访谈双方的主动性和创造性。对于文化水平不高，信息意识较低，表达能力较差的用户来说采取其他调查则容易产生压力和语言障碍，因而深入访谈法特别适用。

深入访谈法既包括一对一的深入访问，也包括小组会议法。当前，小组会议法在信息服务管理的用户研究操作中越来越普遍。例如，一些网络信息服务机构常利用焦点小组会议法进行可用性测试，其常用观察维度包括任务操作的成功率及效率、任务操作前的用户期待、任务操作后的用户评价、用户满意度、各任务出错率、二次操作成功率、二次识别率等，能够深入细致地了解用户操作过程，并结合用户认知，产生对信息服务效果的深入认识。

事实上，各种用户研究方法并没有严格的应用范围区别，信息服务管理过程往往需要对其进行互补性综合运用。例如，在一个信息服务产品开发项目开展的不同阶段，需要采取的用户研究方法可能不同：项目前期往往需要通过访谈法、背景资料问卷调查等方法定义目标用户，并展开用户特征和服务客体特征的背景知识积累；随后利用实验法进行情景实验，进行具体的用户细分和用户特征描述。实验中还需要穿插应用实验前问卷调查、观察等方法；进而展开具体全面的问卷调查，获得量化数据，最后展开数据分析和建立用户模型。

4.3.3　信息用户数据分析方法

获得信息用户数据后，对数据展开的分析也有所不同。总的来看，分析方法可以分为定性分析和定量分析。

定性分析方法包括归纳逻辑和演绎逻辑两种主要推理分析方法，也可以对两种分析结合运用。演绎逻辑通常从理论构想出发来组织和分析数据，归纳逻辑通常是从研究对象相关数据的时间、空间、内容等特征进行归纳。扎根理论是将归纳逻辑和演绎逻辑相结合的定性分析方法。

定量分析方法主要包括描述性分析、探索性分析和解释性分析等。描述性分析一般是对被调查者结构及分布的分析，各类数据均可进行描述性分析，描述性分析通常需要通过分组分析、集中趋势分析、离散趋势分析、相对程度分析、统计推断等展开。探索性分析一般是对被调查对象的特征及其背后原因进行探测，采用方差分析、相关分析、数据挖掘等具体方法展开。解释性分析则是对造成被抽样对象特定特征的原因进行确证，解释性分析通常需要基于数值型数据展开，可以采用因子分析、回归分析、路径分析等具体方法。

当前，基于用户行为大数据进行数据挖掘已经成为行业实践中的主流方法。所谓数据挖掘，是指从大量、不完全、有噪声、模糊、随机的数据中，通过设置一定的学习算法，发现潜在规律，提取有用知识的方法和技术[10]。数据挖掘是一种以统计分析和机器学习技术为基础的，以数据仓库及相关技术为依托的综合技术。该技术的应用能够促进信息用户研究，特别是信息用户行为研究的深入。

信息用户研究领域的数据挖掘包含 5 个步骤：明确研究主题；收集数据并对数据进行预处理；选择挖掘技术或算法；建立并评估模型；解释挖掘结果。相关信息用户研究问题主要包括用户特征分析、用户行为模式分析、用户行为倾向分析和预测分析等。

大多数数据挖掘算法都是针对特殊目的而设计的，而且都规定了所允许的输入数据类型。因而需要根据要解决的问题及数据状况来选择挖掘算法。用于数据挖掘的变量包括人口统计变量、地理变量、心理变量、行为变量等。鉴于各类数据挖掘对数据类型的不同要求，开展数据挖掘前需要对数据进行一定的预处理，如将变量转换为数量值；而且需要根据研究主题对变量进行选择，将变量数目减少到容易处理的规模。

在信息用户研究领域应用的数据挖掘算法非常广泛，这里介绍两种基础的数据挖掘算法，即关联规则和聚类分析。关联规则用于挖掘大量数据中各数据项或数据集之间有趣的关联。其最为典型的应用是"购物篮分析"，即通过发现顾客放入其购物篮中不同商品之间的联系，分析顾客的购买习惯。对于信息用户研究而言，通过关联规则能够揭示用户信息资源选择对象间的关系，了解其信息行为规律，从而建立关联，提供交叉推荐和增量消费的具体路径。

聚类分析是指将物理或抽象对象的集合分组成为由类似的对象组成的多个类的过程。在商务上，聚类能帮助市场分析人员从客户基本库中发现不同的客户群，并且用购买模式来刻画不同的客户群的特征，因而应用非常广泛。对于用户研究而言，运用聚类技术可以提供对用户的自然分组方法，将相似用户归类到一起，同时使不同类型的用户组之间的差异最大化。聚类分析又具体可以分为基于距离的聚类、基于密度的方法、基于网格的方法、基于模型的方法等。因此，分析用户特征经常采用聚类技术。

数据挖掘一般会创建一定的模型，如数学方程式、规则集、神经网络图或一棵决策树。当该模型是预测模型时，为了保证得到的模型具有较好的精确度和稳定性，需要先用一部分数据建立模型（训练集），然后再用剩下的数据来测试和验证这个模型。而解释阶段一般应当有领域专家参与。

4.4　信息用户研究方法的选择与应用

那么多研究方法，到底该怎样选择呢？这要基于研究目标、研究资源等进行选择。而且在实际工作中经常会混合运用各种用户研究方法。

4.4.1　用户研究方法的选择依据

首先，用户研究方法最首要的选择依据是用户研究的目标。当想找出特定对象的构成要素、厘清相互关系的时候，也就是说想回答"why""how"这种问题的时候，通常选择定性方法。例如，研究的问题是"大学生为什么喜欢这种类型的英语学习工具呢？""他们到底是怎样理解英语学习的价值的呢？"但如果是想把某种问题转化为数字指标，得到准确的研究答案的时候，一般应选择定量方法。用定量方法解决的问题通常是 who/where/when/what/how many/how much 等问题。如果是不理解研究对象，想加深对它们的理解，建立一种认识，那么通常会采用定性研究方法，但如果是想描述现象、验证某种已经提出的假设，或者解决某种边界比较清晰的问题，那么，通常应采用定量研究方法。

其次，用户研究方法的选择也要考虑对研究方法的科学性要求。研究方法的科学性主要测度指标是信度和效度。所谓信度，是指研究的可靠程度。如果研究结果一致、稳定，那么信度则较高，如问卷调查的信度一般通过克龙巴赫 α 系数、折半系数、重测信度等测量。所谓效度，是指研究结果的有效程度，反映的是观察工具或手段能够准确反映所需测量对象的程度。效度又分为内容效度、结构效度和效标效度。定性方法和定量方法在使用过程中都需要进行信度和效度的控制。各类研究方法的应用过程都要顾及研究的信度和效度，但保证信度和效度的方法不同。例如，问卷调查往往通过采用成熟量表或问题设计过程中充分的理论依据来确保信度、效度，而深度访谈法则通过多位编码重复编码和交叉检验、分析过程中严谨的逻辑过程来确保信度效度。如果因为研究能力或其他限制无法保证采用的用户研究方法的信度或效度，则需要考虑其他替代方法。

最后，需要根据产品开发资源和时间进度来选择用户研究方法。当资源不足、时间较紧的时候，则用经济实惠、简单的方法，如竞品分析、日志分析等。如果在资源充足、时间宽松的时候，则可用一些专业研究方法，如可用性测试、影子观察等。

4.4.2　用户研究方法的混合运用

几乎所有信息服务设计的业务阶段都需要做一定的信息用户研究，而通常这些业务活动要回答的用户问题都是较为复杂的，包括关于 who/where/what 等问题，也包括 why/how 等问题。所以，通常用户研究都会混合多种研究方法来实施研究工作。

在需求分析阶段，因为对信息用户所知甚少，而且希望做出更具创新的产品，此时，定性方法是主导方法，可以选择深度访谈法、焦点小组法、现场观察法、影像日记法、角色定义法等方法展开。而当使用定性研究方法发现一定规律后，需要确证这些认识后才能用于需求描述，这时就需要用到定量研究方法了。例如，可以将推理设计为假设，然后通过问卷调查、视觉卡片等方法来证明这些推理。

在交互设计、视觉设计阶段，虽然已经了解了用户需求，有了产品设计方向，但对其使用产品的可能行为和体验并没有具体认识，这时候还是要结合定性方法和定量方法使用。例如，可通过竞品分析、任务分析法等定性分析来获得可能的设计方案，并通过卡片分析法、头脑风暴法等得到用户关于产品信息架构的具体偏好，二者结合的同时观察用户的态度和行为，以便确定最优方案。

在原型设计与验证阶段，信息用户研究则以定量方法为主、定性分析为辅，例如，可先用走查评估和测试作初步筛查，然后通过可用性测试、眼动测试、灰度测试等来发现可能的所有问题。或者上线测试，通过网络数据对测试效果做出深入分析。

在产品运行阶段，随着潜在用户、目标和使用情境的多样性的增加，产品或服务系统的复杂性会进一步增加，这使得不断进行迭代式的用户研究更为重要，定性研究、定量研究相结合开展用户研究工作就更为必要，需要通过多重方法的运用，获得用户在特定情境中使用产品或服务时的需求、行为或认知变化情况。这对信息用户研究的设计就提出了更高的要求。

4.4.3　用户研究的过程和产出形式

用户研究是为信息服务产品设计而服务的，虽然各设计阶段用户研究的任务不同，但这些研究的过程主要都有 8 个步骤：提出问题、选择被试群体、选择研究方法、设计研究过程、预调研、实施研究、结果分析、结果交流和运用。

提出问题需要给出有效的解决方向，如"新增加的某一功能是否会增加用户负担"，而不是泛化的"我们的产品好吗？"。好的问题会给出具体的研究指向。

选择被试群体需要根据所提出问题的需求，当问题主要指向某一特定群体时，被试就应该从特定群体中选择。如研究以优化用户引导功能为目标时，被试群体就应该从新手用户中选择。所以，在定义研究问题的时候，需要考虑该问题的用户群体指向。当然，如果指向所有用户，那么可以采取随机抽样方法获取更具代表性的被试群体。

选择研究方法前面已经做了讨论，不再赘述。

设计研究过程则需要确定研究的所有细节，考虑可能影响研究效度、信度的所有可能因素，尽量设法去优化相关因素。例如，如果担心用户不理解问卷中的问题，就需要在用户填写问卷前对其进行简单的培训。

预调研是为了验证研究方法的可行性，特别是可以通过预调研提前发现调查工具、调查过程中的问题，并及时做调整。不管哪一种研究方法，提前做一轮预调研都会是富有建设性的。实际操作过程中出现的问题往往会超越研究者最初的预想。

实施研究需要做好调研人员培训、时间、空间安排，并提前做好异常情况处置方案，以从容应对各种突发状况。

结果分析既要对研究问题做明确的回应，还不要放过研究中发现的一些意外数据，也许它们会带来新的产品设计创意火花。

结果交流和运用主要是将研究结果向团队成员或跨团队其他业务人员分享。特别是需要向研究任务提出者报告。各方一起评估研究过程和研究中的发现，并讨论如何将发现运用于产品开发过程中。这个过程尽管目标是要达成共识，但出现分歧的可能性也极大，这时候，研究的信度、效度是讨论时可以采用的良好依据。

用户研究是一种非常具有应用价值的研究，通常用来辅助其他具体业务任务，如交互设计工作、可视化设计工作等，但有时也会主动展开，产生特定的产出为产品设计和运营提供更完整、更系统、更具前瞻性的指导。在实际工作中，用户研究的产出成果形式主要包括需求清单、用户画像、故事板、用户旅程图等。

需求清单往往是用户研究岗位向产品设计岗位工作衔接的主要工具。需求清单可能是单项的，也可能是多项的，单项需求清单也叫需求卡片，通常内容包括需求类型、需求来源、需求所涉及场景、对需求的具体描述、对需求产生原因的阐述、需求重要性程度、需求相关要素等。通常意义上的需求清单是将多个需求整合在一起，并增加对需求经济要素的描述，如工作量等成本问题。

用户画像是建立在一系列真实用户数据之上的目标用户模型。这种模型需要以用户洞察为基础，才能从用户群体中抽象出最具代表性的用户对象，并以该对象为靶子来开展信息服务产品设计。

故事板是显示用户使用某信息服务产品经历的视觉草图，相当于对用户行为分镜头的还原，构成一个完整的交互过程。这个视觉草图对用户行为、环境、情绪状态等详细描述，需要前期用户研究把信息服务产品与用户的生活场景结合起来。故事板使用户需求更为具象化，以促进设计沟通。

用户旅程图与故事板相似，也是将一个人为了完成某个目标而经历的过程可视化的一种工具。但与故事板不同的是，用户旅程图更强调对用户行为轨迹线性过程的描述，注重各行为转换的作用力和体验、感受。完成用户旅程图需要对用户行为进行完整观察，包括更长的观察时间，以及对其行为感受、动力的多重探察。

◇ **本章小结**

在信息服务过程中，信息用户既是服务使用者，又是服务生产者、服务体系维护者和服务营销者。对信息用户的研究应贯穿于整个信息服务产品的生命周期。传统的信息服务思维是"以信息供应系统为中心"的系统观，后转变到"以用户为中心"的认知观，而新时期将用户认知置于社会背景、文化背景下加以观察的社会观与认知观的结合，拥有了越来越广泛的市场。

根据利益相关者理论，信息服务产品的利益相关者既包括信息用户，也包括内部员工、股东、政府、媒体等。全面质量管理理论认为应把参与服务系列活动中有作用的所有人当作顾客，既有外部顾客，也有内部顾客。根据这些理论，广义上的信息用户包括终端用户、中间用户、公利用户、资本用户等。终端用户就是狭义上的信息用户。根据其与信息服务机构的接近程度，可以将终端用户分为潜在用户、认同客户、现实用户、常客、种子用户。信息服务设计与管理的目的正是为了促成信息用户的转变。

用户研究即围绕用户转变问题，但由于资源限制，其研究目标往往会缩小。用户结构包括 5 种类型：金字塔型、倒三角型、橄榄型、哑铃型、矩形。对用户结构的研究有助于确定重点用户对象，促进服务组合优化，产生服务细分方案，促进营销规划。

信息用户研究主要采取客观行为观察和用户的自我表露两种方式展开。其中用户的自我表露包括帮助链模式、以信息为中心模式、以生活为中心模式；而信息用户数据获取方法包括问卷调查法、观察法、实验法、深入访谈法等，所选择的数据分析方法包括定性分析方法和定量分析方法。基于用户行为大数据进行数据挖掘已经成为行业实践中的主流方法。

信息用户研究方法的选择主要依据用户研究的目标、研究方法的科学性要求、产品开发资源和时间进度。通常用户研究都会混合多种研究方法实施。用户研究过程主要有 8 个步骤：提出问题、选择被试群体、选择研究方法、设计研究过程、预调研、实施研究、结果分析、结果交流和运用。在实际工作中，用户研究的产出成果形式主要包括需求清单、用户画像、故事板、用户旅程图等。

◇ 本章基本概念

用户研究　系统观　认知观　社会观　利益相关者　内部顾客　中间用户　潜在用户　种子用户　用户结构模式　帮助链模式　以生活为中心模式　实验法　深入访谈法　数据挖掘　信度　效度

◇ 练习与作业

1. 在接下来的几天里，留意你所接触的信息服务场合，看看其他用户的行为是如何影响你在信息服务活动中的心情的。

2. 选择一项信息服务，并为其设计用户反馈卡，解释一下卡上所列问题的依据。

3. 设计一个小实验，测试某问答网站的信息推送质量问题。

◇ 本章参考文献

[1] 齐云飞，张玥，朱庆华. 信息生态链视角下社会化问答用户的信息交互行为研究 [J]. 情报理论与实践，2018，41（12）：1-7.

[2] KUHN T S. The structure of scientific revolutions [M]. Chicago：The university of chicago press，1996.

[3] HUITGREN，LIMBERGL. A study of research on children's information behaviour in a school context [J]. The new review of information behaviour research，2003，4（1）：1-15.

[4] 于良芝，刘亚. 结构与主体能动性：信息不平等研究的理论分野及整体性研究的必要 [J]. 中国图书馆学报，2010，36（1）：4-19.

[5] 张海游. 信息行为研究的理论演进 [J]. 情报资料工作，2012（5）：41-45.

[6] 弗里曼. 战略管理：利益相关者方法 [M]. 上海：上海译文出版社，2006.

[7] 桑德霍姆. 全面质量管理 [M]. 王晓生，段一泓，胡欣荣，译. 北京：中国经济出版社，1998.

[8] SHENTON A K，DIXON P. The nature of information needs and strategies for their investigation in youngsters [J]. Library & information science research，2004，26（3）：296-310.

[9] CAREY，MCKECHNIE，MCKENZIE. Gaining access to everyday life information seeking [J]. Library & information science research，2001，23（4）：319-334.

[10] 韩家炜，堪博. 数据挖掘：概念与技术 [M]. 范明，孟小峰，译. 北京：机械工业出版社，2007.

第 5 章

信 息 需 求

学习目的

深入理解信息需求本质及其层次性特点，并了解关于信息需求产生、变化规律的主流学说与观点，建立在服务目标指导下，科学、深入地开展信息需求分析工作的能力。

学习要点

- 理解信息需求的含义；
- 深入掌握信息需求的"三层次论"；
- 熟悉基本信息需求理论及其用途；
- 能够执行信息需求分析任务；
- 掌握运用观察法开展信息需求研究工作。

5.1　信息需求问题

用户的信息需求是信息服务产品价值的源泉，不断满足用户动态变化的信息需求是信息服务设计的出发点。在新型信息环境下，信息服务需要对信息单元里所包含的内容元素进行面向用户需求的灵活定义、描述、转换和传递，需要将信息内容组织、服务功能和体验设计与用户需求结合起来思考，因而，观察信息需求不但是信息服务设计活动的起点，而且贯穿整个信息服务产品的生命周期。

5.1.1　信息需求

1. 需求的定义

定义"信息需求"需要先阐释"需求"。需求主要是行为心理学的研究对象，该领域将其定义为"人们对某种客观事物或某种目标的渴求与欲望"。需求是主体的"内在条件"对某种对象事物的缺乏[1]，因而，产生需求应具备以下 3 个条件：一是主体感到缺乏什么东西；二是主体期望得到什么东西；三是要有欲求的对象。同时，需求又是一个过程，这一过程可分为需要、追求、满足 3 个阶段[2]。关于需求的最广为传播的理论是马斯洛的"需求层次论"，该理论认为，人是有欲望的动物，需要什么取决于已经有了什么，只有尚未被满足的需要才影响人的行为，已满足的需要不再是一种动因。马斯洛按照由低级到高级的顺序，将需要分为生理需要、安全需要、社会需要、尊重需要和自我实现需要。

2. 信息需求的定义

在马斯洛的需求理论基础上，一些学者认为信息需求是其他需求的派生产物，是人们在满足其他需求活动过程中产生的一种需要，因而各类信息需求的重要性与其所对应的其他需求的重要性保持一致。但持认知观的研究者们认为信息需求来自"用户自我满足感的缺乏"（lack of self sufficiency）[3]，反映了用户对某重要环境对象认识的不确定水平与其目标状态之间的差距，以及消除这种不确定性的愿望。卡罗尔·卡尔萨发现，由于缺乏认识，就会导致不确定性，而不确定性会造成焦急、忧虑、心绪纷乱、沮丧和缺乏自信及其他症状。这些情感状态反过来又影响人们探索和使用信息的方式[4]。基于对信息需求认知根源的认识，产生了关于信息需求的其他延伸性思考。张晓林认为，信息需要的产生是因为某种不确定性影响了某个决策过程，并且，从信息需要转化为信息需求需要满足 3 个条件：首先是消除这个不确定性将带来决策价值的增值；其次是信息的存在性和可获得性；最后是用户具有获取信息的能力（认知能力、占有能力）[5]。

5.1.2 信息需求层次

1. NLDS 坐标

具体分析需求过程，可以发现这一过程中产生了 4 个概念：需要（need）、欲望（lust）、需求（demand）和满足（satisfaction）。四者之间的关系，有学者用 NLDS 坐标来表示（4 个概念可简写为 NLDS）[6]。该坐标展示了需要、欲望、需求与满足之间的关系，同样也反映了信息需要、信息欲望、信息需求与用户满足之间的内在关系（见图 5-1），并能够帮助人们理解相关命题的研究层面和彼此间的研究效应关系。

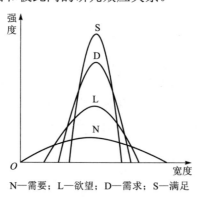

N—需要；L—欲望；D—需求；S—满足

图 5-1 NLDS 坐标

其中，人的需要是客观需求在人脑中的反映，是人的个性积极性的内部动力状态。而信息需要正是在满足其他需要过程中产生的派生需要。从 NLDS 坐标可以发现，由于需要比较宽泛，对其的了解不但能够提供对信息需求背景的了解，而且其中重要需求，更可能发展为欲望。因而对信息需要的研究往往具有一定预测价值。

由于需要是一种宽泛的不稳定状态，当它有明确的指向物，并产生希望满足的要求时，需要才发展为欲望。所以信息欲望的范围比信息需要窄得多。由于信息欲望是信息需要对主观认识的作用结果，可以从用户对信息需要的表述中获得。同时由于信息欲望（或期望）仍然是一种潜在的未来市场，所以分析研究信息欲望（期望），对信息服务产品的前瞻性经营是必不可少的。

信息需求往往是行为前因，因而可以从用户信息行为数据中探测。同时，信息需求是能力支持的欲望，所以对信息需求的研究需要与信息能力相联系，其中包括知识基础、理解能力、时间能力及相关的经济能力。

用户满意是对用户信息需求是否满足的一种界定尺度，对后续信息需求的产生有直接的影响。信息服务管理不仅要发掘需求市场，更要跟踪需求市场满足后的反应，因而，对用户满意的调查和分析也非常必要。信息满意与否，可以从用户对信息渠道、信息内容、信息行为过程的评价等方面得到答案。

2. 信息需求的层次性

除此之外，学者科亨提出的信息需求"三层次论"较早就被引入中国，并被广为接受[7]。该理论认为，信息需求有 3 个层次，第一个层次是客观状态的信息需求，在该状态下，用户需要某一信息，但并没有意识到这种需要；第二个层次是主观状态的信息需求，在该层次，客观状态的信息需求被用户主观意识所觉察，而这种觉察可能是由于外界的信息提示，也可能是相应需要的决策价值强化所致；第三个层次是表达状态的信息需求，在该层次，用户通过语言、行为等方式将需求表达于信息服务提供者面前（见图 5-2）。

图 5-2　用户信息需求的三层次

与此类似，Taylor 也将信息需求分解为 4 个层次，即内在需求（visceral）、意识到需求（conscious）、形式化需求（formalized）和折中需求（compromised）。尽管一般情况下，信息服务提供者仅凭用户表达出来的折中需求来提供服务，可事实上，用户表达出来的信息需求往往不能对应用户的客观信息需求。因为，在用户信息需求的演变过程中，经常存在错位和损耗。也就是说，用户并不能完整意识到自己对信息的客观需求，甚至不知道自己的关键信息需要；而且，即使对自己已意识到的信息需求，用户的表达也可能不准确、不完整，乃至传递到信息服务方可能不能使其正确理解。因而，总的来看，3 个层次的信息需求非但不是完全吻合的关系，而且往往存在较大差异。

5.1.3　信息需求特征

研究用户信息需求，重点是研究需求的背景及其发展变化的规律性。可以从两种角度来剖析用户个体的信息需求：从静态的角色分析，特定时期用户的信息需求是由其所扮演的多种社会角色所决定的；从动态的角度分析，处于不同时期个体用户的信息需求结构和重点是不同的。结合静态分析和动态分析，就可以形成对用户信息需求的特征认识。

1. 信息需求的多样性特征

用户信息需求具有多样性，而这种多样性是由其所承担的社会角色的多样性所决定的。

人的社会角色以其获得的方式可分为先赋角色和自致角色两大类。先赋角色是指在血缘、遗传等先天的或生理的因素基础上的社会角色，如性别角色、种族角色、家庭出身角色等都属于先赋角色；自致角色是指主要通过个人的活动与努力而获得的角色，如职务角色、职称角色、荣誉角色等都属于自致角色。在社会生活中，任何人都不可能总是与更多的社会角色相联系，所有这些社会角色就构成了一个"角色丛"。对于角色丛中的每一种角色，承担者都有为了出色地表演而必需的"台词""舞台道具""服装"，因而需要相应的知识或信息才能胜任，他们会根据当时所处的特定的剧情来改变其信息决策。这正是信息需求多样性产生的根本原因。

根据用户不同扮演角色的信息需求，可以把用户的信息需求结构分为个人信息需求、组织信息需求和社会信息需求3部分。在认识用户信息需求具体构成时，应将相关角色所激发的信息需求围绕特定人生阶段的主要发展任务叠加起来，以形成有主有次、综合全面的用户信息需求体系。

同时，用户信息需求的多样性还来自信息需求产生的环境。信息需求随着主体在特定环境和经历中所面临的问题和不确定性而产生，且与主体的客观目标是否清晰完整、风险程度、控制的力量和结构、专业和社会惯例、时间和资源限制等各类因素有关。一般而言，对信息的需求在于解决问题。雪城大学的苏珊·麦克姆林和罗伯特·泰勒通过研究发现了11个对应不同信息需求的"问题范畴"，这些范畴同时也构成了人们用来评估信息价值的标准（见表5-1）。

表5-1 信息需求与问题范畴

问题范畴： 问题存在于……之间的连续过程中	信息需求 （举例）
（1）设计 发现	选择、替代方案、范围 少而精的数据组合
（2）组织良好的 组织较差的	大量可靠的数据 待处理的有疑问的数据
（3）简单 复杂	实现目标的途径 减少问题、简化任务的方式
（4）特定的目标 不确定的目标	如何实现和衡量目标 偏好与方向
（5）理解初始状态 不理解初始状态	澄清初始状态不明确的方面 确定初始状态的大量软性数据
（6）基于同意的假设 基于不同意的假设	帮助确定问题的信息 全球观点、术语定义
（7）明确假设 不明确假设	选择的范围、分析问题的框架 使假设明确的信息
（8）熟悉的方案 新方案	过程和历史信息 实质的和未来导向的信息
（9）风险不大 风险大	有效成本研究 最好的现有信息：准确、全面
（10）可以进行实证分析 无法进行实证分析	客观的、总体的数据 专家的选择、预测、设想
（11）内部压力 外部压力	明确内部目标 关于外部环境的信息

资料来源：陈伟举. 弥合认识断层：人们怎样处理信息//马灿德，达文波特，迪克森. 信息管理：信息管理领域最全面的MBA指南［M］. 北京：中国社会科学出版社，2002.

2. 信息需求的知识性特征

信息需求不同于其他需求，不仅需要需求强度的刺激，而且有赖于用户自身条件，尤其是其认知能力。

作为信息需求从客观状态正确转化到主观状态的条件，用户至少需要具备 3 个方面的知识，即行业知识、专业知识和信息资源知识。其中，行业知识是指对专业领域的人员、机构、制度、历史等的了解和辨析；专业知识是指对特定领域的专业概念、实体及其关系体系的了解和把握；信息资源知识包括对专业领域信息资源类型及其分布和结构，对资源组织系统类型、组织体系与结构等的了解和辨析[5]。如图 5-3 所示。

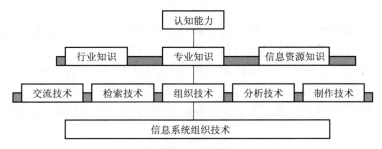

图 5-3　信息需求认知能力的知识构成

资料来源：张晓林. 走向知识服务：21 世纪中国学术信息服务的挑战与发展［M］. 成都：四川大学出版社，2002.

一方面，随着知识分工的进一步加剧，领域知识深度、体系更加难以了解；另一方面，随着现代信息技术的迅速发展，信息资源系统的技术复杂性迅速提高，用户需要掌握的信息资源知识也更加多样。信息需求的知识性特征将日趋明显。

鉴于信息需求的知识性特征，信息服务在满足用户的信息需求过程中需要提供更多的支撑资源，以适时满足用户对知识的需要，从而促进其信息查找、信息选择和信息利用过程。

3. 用户信息需求的模糊性特征

用户信息需求是一种派生需要，产生于用户对特定知识的特定欠缺状态，而且信息需求往往与一定的问题或决策相关，对应于一个较广范围的知识领域，甚至无法确定其主题、范围或所属。因此，用户的信息需求往往处于一种模糊状态。这种用户个人认识的模糊性成为用户信息需求的一种普遍特征。

Nancy Lemon 将用户信息需求的维度归纳为以下两点：① 用户知道信息的存在，或者不知道信息存在，这一信息的变动用横轴来表示；② 用户知道所需信息具体在哪里，或者不知道信息在哪里，这一信息的变动用纵轴来表示。如图 5-4 所示，如果用户处于 1 号区域内，那么他知道所需信息的存在，并知道到哪里寻找；如果用户位于 2 号区域内，那么他虽然知道所需信息的存在，但他并不知道到哪里找到它；如果用户位于 3 号区域内，那么他不知道所需的信息，也不知道在哪里寻找。用户通常处于 2 号区域，他们通过信息渠道以求找到所需信息。而对于处于 2 号区域的信息需求，信息服务人员通常是查找能手，使得用户的信息满足从 2 号区域移至 1 号区域。当前信息环境已使信息服务人员有更多的机会解决 3 号区域的问题[8]。

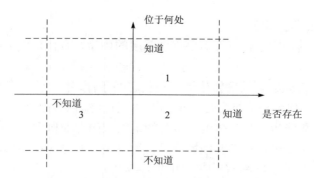

图 5-4　从模糊性角度认识的信息需求类型

然而，Nancy Lemon 的研究还只是部分揭示了用户信息需求的模糊性特征。具体来说，信息需求还在以下方面显示出模糊性特征。

（1）由于解决问题过程中产生的信息需求，用户往往对信息的实际内容、层次甚至信息存在与否都缺乏了解，因此其信息行为的可行性、必要性常常难以判定。

（2）用户对信息的表达形式、载体形式等信息源方面的问题认识较模糊。用户的信息需求实践活动的方向难以确定。

（3）用户的目标信息大多仅凭个人主观臆断决定，缺乏实践活动基础，因此对于解决问题的价值无法肯定。这样，用户的目标信息并不能与实际需要完全对应，可能并不能对解决问题产生实际帮助。

（4）由于人们知识的局限性及意识中各种干扰因素的影响，导致用户对信息需要的意识过程可能出现各种误差。

（5）各种主观因素的影响，用户可能难以准确描述自己的需要，而做出某些模糊的形式表达。

鉴于信息需求的产生基础和过程，模糊成为信息需求的一种普遍特征，这一特征制约用户的信息行为，使用户信息行为过程成为一个摸索的过程，用户不得不通过各种方式的努力，澄清思维的线索；也制约信息服务，使信息服务不再是一个简单的劳动，而成为一种智力付出的服务过程。例如，根据用户需求的模糊性，可以得出这样一些结论，信息需求的确定绝不能停止在询问"你想知道什么"这个问题上，还必须进一步提出"你为什么要知道""你有什么问题""你已经知道了什么""你估计会发生什么情况""这对你有什么帮助"等问题。同时，这一特征也制约信息系统建设，使信息系统建设不得不遵循用户的信息需求心理过程和用户摸索的信息行为过程，服务于用户对信息相关性、适用性的追求和摸索过程。

4. 信息需求的随机性

派生于人们生活、工作过程而产生的信息需求，因为生活、工作过程中遇到的问题从内容、时间各方面都是难以预计、难以控制的，加之人们认知过程的各种机动性、偶然性因素，因而也难以预计和控制，并具有一定的随机性。这种随机性表现在，对信息服务来说，用户多是在机动的时间提出需求，其内容及形式通常也未形成明显的规律性，甚至呈现一定程度上的偶然性。

用户信息需求的随机性首先表现为信息用户对内容、形式、质量要求上的多层次性。用户个人经验、知识能力、思维方式的诸多不同，使用户的信息需求不同于人类生理需求、安全需求等其他需求在需求内容的一致性，表现为一定的多层次性。这种层次性使用户对信息内容及服务的要求上也表现出一定的层次性区别，图 5-5 显示了在网络知识社区中不同类型的用户的信息需求有不同的指向。

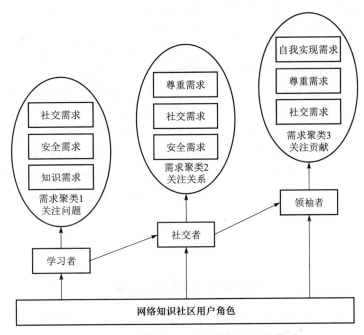

图 5-5　网络知识社区用户需求层次模型

资料来源：易明，宋景璟，杨斌，等. 网络知识社区用户需求层次研究 [J]. 情报科学，2017，35（2）:22-26.

　　用户信息需求的随机性亦表现为其时间和空间上的不确定性。用户信息需求是用户生活、工作、心理等各方面因素结合作用的产物。一方面，用户生活工作时环境和用户选择的结果，任何一个因素都无法对其进行决定性预测，而其中的问题更是层出不穷，导致用户对个人信息需求的发生时间、地点无法完全掌握；另一方面，用户的意识状态面对各种需要总要进行选择，情绪、注意力等偶然因素都会对这种选择发生作用，这也导致信息需求产生时间、地点上的偶然性。

　　另外，用户信息需求内容上的无序性也是随机性的突出表现。用户个人认识水平和能力随着信息需求满足的过程在不断进步，知识结构在不断更新，更使用户信息需求内容处于不确定状态。

　　信息需求的随机性特征对信息服务的要求表现在两个方面：一方面，尽管从个体层面来说用户信息需求呈现出随机性特征，但并不是说是无迹可循的，对用户信息需求总体规律的研究有助于把握信息需求的趋势和方向；另一方面，要适应用户信息需求的随机性，信息服务机构只有提高信息服务的柔性，开展个性化信息服务，与用户直接交互，才能随时接触用户需求，及时调整服务体系，提高自身适应性。

5. 信息需求的潜伏性

信息需求的潜伏性主要是由以下因素决定的：首先，对信息的需求作为一种派生需求（如关于食品信息的需求），其影响没有其所对应的直接需求（如关于食品的需求）明显，需要一定的激发才会被用户所意识。对广泛的缺乏激发的信息需求来说，则长期处于潜伏状态。其次，信息需求的实现对用户有知识等多方面的要求，导致尽管信息需求是人们的一种广泛需要，但只有发展到一定水平的用户才有对这种需求满足的行为追求。最后，虽然任何社会的任何用户都有信息行为才能解决的障碍，但社会发展会制约这种需要，如较低程度的发展水平，可以限制信息需求的强度，使信息需求沉淀在人们意识的深处；而信息传播机制、信息服务机构的缺乏，也会阻碍信息需求的实现等。

正因为信息需求的潜伏性，使其成为一种既可诱发又可抑制的需求。如有必要的社会刺激和营销推广，会使用户对信息需求的重要性或对信息环境有进一步的了解，从而促成其信息需求向主观甚至表达状态的转换；而信息寻求过程中的障碍（如信息污染、信息技术困难）也很容易成为一种致命的消极刺激，从而使用户对信息需求实现持悲观态度，从而放弃信息需求。因而，信息服务机构不但要提供信息本身，而且要建立便利的渠道，并增强信息供应过程中用户的自我效能感，从而不断诱发和维持用户的信息需求。

资料 ≫

虚拟社区用户的需求

Armstrong 和 Hagel 认为人们在虚拟社区中，借由彼此的互动沟通，渐渐了解和信赖对方，而互动和沟通的基础，建立在人们的四大基本需求之上。

1. 兴趣（interest）

大部分人都拥有自己的兴趣，不管是运动休闲方面的插花、爬山、打球等，抑或是专业兴趣的投资理财、科技趋势等，而这些拥有共同兴趣的人们，可能分散在世界各地，却又希望有一个地方，可以让他们破除时空的限制，彼此互相讨论，分享意见，资源交流，等等，因而虚拟社区则应运而生。

2. 人际关系（relationship）

人的一生当中会有许多不同的经历和体验，而虚拟社区的出现打破了时空限制，让那些拥有共同体验的网友们，可以在网络上分享自己的经验，并可以得到有相同体验的网友们的回馈，这样在交流中形成了一种归属感，由此可知，人际关系的需求会促使虚拟社区的发展。

3. 幻想（fantasy）

人们拥有无限的想象空间，网络更提供了这样一个环境，让网友可以扮演不同的角色，呼朋引伴一起徜徉于虚拟世界中探险并可即时聊天。最早出现在虚拟社区中的是一个模仿"地牢与恐龙"的角色扮演游戏，称为 MUD（multi-user dungeon），后来又演变成"多人世界"（multi-user dimension）。在虚拟社区中扮演有别于现实生活的角色，满足了人们对于幻想的渴望。

4. 交易（transaction）

参与虚拟社区的成员，有时会在网络上交换彼此的购物经验，包括产品的品质及价格等资讯，而当这样的成员达到临界数量（critical mass）时，所累积的消费能力及议价能力（bargaining power）是十分惊人的，这也形成了以交易为主的虚拟社区。

资料来源：论虚拟社区的策略［EB/OL］（2012-10-25）［2021-10-08］. https://www.doc88.com/p-140660365128.html.

5.2 信息需求基础理论

人们的信息需求是怎样产生的？这些需求的具体状态如何？如何获得关于信息需求的真实信息？如何满足相关需求？这些问题作为信息管理学研究的重要问题早已被关注，并已出现了多种研究观点和理论，相关成果对信息服务产品设计活动有重要指导价值。其中，意义构建理论、知识非常态理论、日常信息搜寻理论、观展-表演范式理论等是关于信息需求的重要理论。

5.2.1 意义构建理论[9-11]

1. 理论释义

意义构建理论（sense making）在 1976 年由 Dervin 发展，并成为信息研究范式转变——以系统为中心转移到以用户为中心的范式——的核心理论。在 20 世纪最后几年，意义建构理论结合了数据收集与分析的技术，发展成为一套成熟的方法论，从而超越了简单的用户分类分析，达到了对信息活动整体理解。

根据意义构建理论，要探索信息用户的信息需求，必须将研究定位于时空中的某一点，即在当下来理解用户及其需求。该理论认为，人随时随地同时在两个面上前进着。第一个面是人所处的现实情境，即人的实体随时在时间、空间的流里从过去、现在向未来前进着。而当信息需求产生时，人就处于这个时空的某一点上。第二个面指的是人所处的意识情境。即人在现实中前进的同时，其意识也在不断变化着，这种意识包括做梦、思考、计划、野心、幻想等。这种意识层面的变化与现实情境有关，但也可能超越时空限制或超越现实。当信息需求产生时，用户的意识也处于某一特定状态。可以说，用户的信息需求就是这两个面不一致的产物：现实和意识的不一致使得人们困惑而无法继续行动，必须构建新的想法才能前进，构建新想法（意义构建）就需要信息。也就是说，两个面向的一不一致（或者说是断层）导致人们寻找信息的努力。

如 Dervin 所勾画的解释图（见图 5-6）所示，该理论在阐述信息查找行为过程中将信息查找分为 4 个阶段。其中，情境（situation）是指意义构建时的时空情境；断层（gap）是指信息问题或信息需求，通常来自特定时空下所建构出来的意义；桥梁（bridge）是指信息渠道或信息行为过程；结果（outcome）是指信息帮助或信息困扰。因为信息本身到底是有助于解决问题还是会给解决问题另行增加额外困扰、阻挡或伤害，必须视用户的情境而定，所以在意义构建理论中信息的利用包含正反两面。

根据意义构建理论，每一位用户是一位信息专家，在被问及信息需求为何、意义断层是如何产生的、如何连接意义断层时，用户即使不能说出其真正的信息问题，也可以说出困扰或产生困扰的原因与背景。通过对这种困扰与时空的洞察，信息提供者就能够更有效率地理解用户的信息问题。同时，用户信息需求是一个动态的对象，因而无法对某一个用户个体的信息需求规律作出具体的描述，只能在某个时空点上了解其信息需求状况；而理解用户的信息需求需要了解其所处的两个面向，并了解这两个面向的变化规律。只有这样，才能真正实现对用户当前信息需求的解释和对用户未来信息需求的推理。

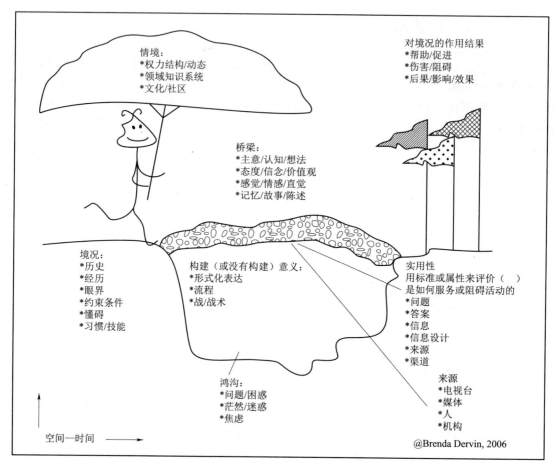

图 5-6　Dervin 的 sense making 理论

资料来源：DERVIN，FOREMAN-WERNET，LAUTERBACH. Sense-making methodology reader [M]. Hampton：Hampton press，1992.

2. 方法论

意义构建的方法论是其理论的实现路线。该方法论用时序（time-line）和中立提问等访谈技巧（neutral question interview techniques）。所谓"时序技巧"，是指在询问受访者时以时间为线索描述其信息寻求顺序，并根据"情境-差距-使用"（situation-gaps-uses，SGU）的模式，分析其信息行为结果；而"中立提问技巧"，是指在用户调查中采用中立提问的访谈技巧，引导用户以自己的语言陈述其信息需求。

同时，该方法非常强调对用户障碍和困扰的调查。Dervin 及其助手已运用意义构建法完成了 40 多项研究。这些研究表明，通过人们体验"意义断层"的方式和他们希望得到帮助的方式，可以预先了解他们的信息查找行为。而且，他们将这种意义断层比拟为行路中的停止所处的各种情境，并总结了 8 种类型的意义断层[4]。见表 5 - 2，不同的用户可能在不同的情境下会遇到不同的意义断层，信息服务者需要了解其所属类型，提供所需要的帮助。如"决定停止"型用户，需要提供可用于分析不同路径的信息资料；"障碍停止"型用户，则需要帮助其了解障碍情况及是否能够排除等方面信息。

表 5 - 2　意义断层的 8 种类型

类　型	状　态
决定停止	看到前面有两条或更多的路
障碍停止	看到前面有一条路，但它被堵上了
延续停止	看到自己无路可走
冲刷停止	看到自己走在一条路上，但路突然消失了
问题停止	看到自己被推向不愿意去的路上
感觉嵌入	判断道路前方大雾情况
情况嵌入	判断路上有多少交叉路口
社会嵌入	判断这条路上有多少人在走

5.2.2　知识非常态理论[12-14]

1. 理论释义

由 Belkin 提出的知识非常态理论（anomalous state of knowledge，ASK），是信息学认知观点形成历史中承上启下的重要理论。Belkin 在接触信息用户时发现，在用户查找信息的过程中，其知识与欲寻求的信息之间存在着一个鸿沟，因为这个鸿沟，人们不知道怎样去寻找也不了解怎样描述自己的信息需求，所以他们的需求表述只是"关于未知的已知"，必然存在各种缺陷。他将这种问题状况中的知识状态称为"知识非常态"。并认为用户之所以有信息需求产生，是因为用户认识到自己存在知识的"非常态"以至于无法面对某种问题，而且用户一般也无法精确描述需要什么来解决这种非常态，因此信息服务系统需要帮助用户描述、理解和解决知识的非常态；而对信息需求的表述即是对知识异常状态的描述，进而从微观上描述了信息需求产生的背景及其表述状态。

2. 理论应用

基于以上理解，知识非常态理论将信息科学的核心问题确定为"促进信息生产者与信息使用者之间需求信息的有效沟通"，指出对信息概念的理解应扩大化，并触及信息影响的不同层面。按照其想法，"用户面对的问题有哪些？""这些问题为什么是问题？""他们对自己问题的认识怎样？"这些问题的回答就很重要，因为这些问题能够跨越人们对"知识非常态"的模糊甚至错误的需求表述，从而对信息服务方有很大的帮助。例如，与"问题是什么"有关的用户陈述，其实是对引发用户到某种信息环境的目的或意图的描述；至于"为什么它是问题"的陈述，则是用户对自己知识现状和困境的描述。

"知识非常态"理论与设计领域的双钻模型的逻辑非常一致，均强调对用户需求透过其表述的深入探测。虽然通常信息服务提供者只能通过用户的表述来理解用户，但是可以沿着这些表述与用户进行更多互动，了解用户问题背后的信息才可以真正了解用户，并全面理解用户信息需求。也就是说，知识非常态理论同样强调深入贯彻"用户视角"，强调对用户信息需求目的和用户知识的掌握。因此作为结论，该理论研究者指出，信息服务方对用户的了解至少要包括下列事项：用户在问题处理过程中的状况；用户所面对问题的主题与类型；用户在面对问题时的知识现状；用户的目的、意图与背景；应该如何与用户互动以获取上述知识。另外，服务者还可以在与用户良性互动基础上促进用户对问题的理解，从而帮助用户明确地描述自己知识的不适应状态，并做出关于信息价值的更为准确的判断。

在美国，知识非常态理论已作为信息系统设计领域的重要理论得以普及，这正是其对用户信息需求分析的深远意义。该理论表明，因为用户无法精确表述自己的信息需求，所以不能单纯根据用户的表达或行为了解其需求，而需要深入到其信息需求表达的背后，了解其信息行为的根源。

5.2.3 日常信息搜寻理论[15-17]

1. 理论释义

传统用户研究主要关注用户在工作、研究或学习过程中的信息行为，而 Savolainen 提出，人们信息行为的许多努力是查找与工作无关、与研究无关、与学校无关的信息，并于 1995 年提出了日常信息搜寻理论（everyday life information seeking，ELIS），将日常信息搜寻定义为"人们对各种面向日常生活，用来解决不直接与职业任务相关的其他问题之信息要素的获取"。该理论针对日常信息需求的产生及影响因素提出了一个完整的逻辑。他指出，普通人可能会在早晨打开收音机听天气预报，吃早饭时翻阅报纸头条新闻，询问妻子晚上什么时候回家，在午饭后则上网查看有关个人健康问题的信息。诸如此类，一天中贯穿了许多信息行为，这些信息行为都是"日常信息搜寻行为"。日常信息搜寻理论认为，日常信息搜寻行为习惯和态度是人们按照自己的价值判断所作出的有意义的生活选择，因而可以从人们的生活方式角度来理解信息查找在人们问题解决活动中所扮演的角色。

日常信息搜寻理论的主要特点在于，更加强调用户研究应该从用户生活及生活中的问题入手探索，分析描述社会和文化因素在影响人们日常生活环境中信息选择和使用方式方面的任务，即将日常生活作为观察价值、习惯等多种用户属性的一个窗口，而不是单纯了解作为一种结果的信息行为表象。

2. 理论模型

按照 Savolainen 的阐述，影响人们日常生活的要素主要有习性（habitus）、场域（field）、资本（capital），而生活方式（way of life）、生活控制（mastery of life）是日常生活的形式表征。这些影响因素和日常生活之间的关系如图 5-7 所示。

其中，习性包括价值、态度等方面，影响个体对事物的分类判断，而这种分类又直接影响个体的选择，因此习性会影响人们对日常生活的选择。而场域是由社会关系网络所形成的社会空间，是个体所处的社会网络中各种社会力量及因素的综合体，因此场域的维持主要依赖社会关系网络表现出来的社会性力量。资本则包括物质资本、社会资本、文化及认知资本等用户后天养成或获得的条件。习性、场域和资本环环相扣，共同影响日常生活中的选择（如信息来源和途径的选择），并在个人的意识中内化，指挥和调动个人和群体的行动方向，形成其行为习惯。

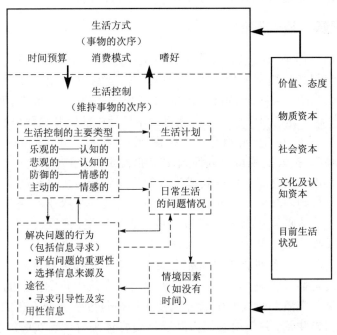

图 5-7 Savolainen 建立的日常生活信息搜寻研究概念关系图

资料来源：张郁蔚. 日常生活资讯寻求模式之探讨 [J]. 图书馆馆刊，2005（12）：73-99.

　　这些要素对人们日常信息行为的影响也是间接的，它们会作用于人们的日常生活，进而影响人们的日常信息行为。日常生活主要由生活方式和生活控制构成。"生活方式"即事物的次序，代表个体对各种活动的喜好程度，影响每个人的日常活动内容。"生活方式"的内容包括时间预算结构（structure of time budget）、产品与服务的消费模式（models of consumption of goods and services）及嗜好（natural of hobbies）等。

　　但事物的次序并不是本身自动产生的，而是有赖于个人的主动管理，即生活控制。本质上说，生活控制是对生活方式的"再生产"。生活控制的目的在于消除事物的现状与理想状态之间不一致的情形。如果没有不一致的情形出现，生活控制会例行性地维持原有次序，人的信息神经则被动地监督日常生活事件；反之，当有不一致的情况出现，生活控制会扮演积极解决问题的角色，寻求有关信息，修正失序的生活控制，使之回到一致性的稳定。同时，每个人的生活控制又不一样，有些人属于乐观－认知型的，他们一般比较理性和积极，可能会对自己的生活方式更好地进行管理和计划，而有些人属于防御－情感型的，他们可能会随遇而安，而且注重自己的感受，这种人对自己的生活管理会相对被动一些。

　　解决问题的行为是人们展开生活控制的手段之一，而解决问题的过程必然需要信息搜寻，Savolainen 将其间的信息行为分为选择和寻求两方面。其中，将寻求的信息对象分为引导性信息和实用性信息，分别对应于日常生活中出现的正常秩序维持问题和异常状况问题解决。而日常生活问题所带来的缺乏时间等情境因素也会影响问题的解决行为。

　　因而，理解人们的信息需求不但要理解他当前情境，而且还要了解他的习性、资本和场域，并且了解这些因素对他的生活方式、生活控制的作用，这样才能更好地理解他主观状态的信息需求有什么，信息需求优先级排序情况，以及为什么。

5.2.4 "观展－表演"范式理论

传播学领域对信息需求问题也非常关注，并衍生出一系列相关理论，其中"观展－表演"范式理论对当前社交媒体环境下的信息需求和信息行为新特征做出了具有建设性的解释。

英国学者阿伯克龙比（Abercrombie）1998 年提出的"观展－表演"范式关注的重点在于受众如何通过媒介景观来建构日常生活，并通过日常生活中的媒介消费来进行自我认同建构。

如图 5－8 所示，该理论的核心概念是"观展"和"表演"，即"作为主体的观看"和"作为被展示观看的主体"。指人们视自己为他人注视的表演者。在新媒体时代，媒介影像激增，使得媒介渗透到人们的日常生活，使得其成为人们日常谈资，其中高热度事件也可能激化人们的情绪，人们会参与到表演中，通过类似媒介的自身表演来吸引并获取社群的认同，而这些表演又因为获得更多人的观展激发人们进一步的表演欲望，使得人们将表演和观展作为构建自身社会形象的重要方式，甚至产生融入媒介景观的诉求，并进一步主动表演，导致媒介影像的进一步增长。在这一系列活动的循环推动下，每个人都拥有观展和表演的场所，人人都可以表演自己，人人都可以成为主角。人们在观展或表演中找到自己的所述群体，获得社会认同。这种"观展－表演"范式的生活方式使人们被包裹在无处不在的媒介信息环境中，为人们建构了新的日常生活，并使得人们借助于社交媒体来替代现实中的社会交往和传统的信息活动。

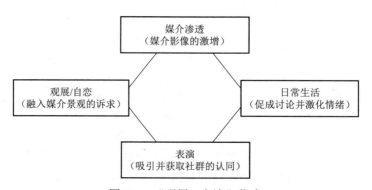

图 5－8 "观展－表演"范式

"观展－表演"范式实际上描绘出了一种虚拟生活状态。人们平时经营或关注一些社交网站或微信群等，其实就是在经营一个虚拟生活。一方面，每个人都去思考别人怎样看到自己的表演，并悉心安排这些内容，以期待良好的反映，这种状态类似"自恋"[18]；另一方面，人们也会关注朋友的动态，其本质目的也是获得更多的他人信息，为构建自己的社会身份储备资源。

"观展－表演"范式的盛行与社交媒体提供的便利密不可分。一方面，一件事情发生后，在场者往往会有着一种第一时间发布信息的渴望，通过多种手段发布信息。而其他用户则会立即关注或搜索在场者的信息。这种主动发布和搜索信息的倾向是社交媒体培育的信息心态。另一方面，新媒体强大的互动能力为大众的集体观展表演提供了舞台，也为信息行为活跃化创造了新动能。社交媒体强大的互动能力,使得信息容易产生自发整合和集中,使得信息在保持多样化的同时形成优势意见,这种互动能力也大大激励了人们信息生产和信息搜寻行为的产生[19]。

根据这一理论,人们从事日常信息活动可能出于两种需求,一种是通过自我表演对自己进行外在形象建构,另一种是观看别人表演排遣孤独感、寻求心理满足,完成心理建构。这种新的观点为信息服务产品设计增加了很多新的思考。

5.3　信息需求分析操作

5.3.1　信息需求分析目标

1. 信息需求分析的多目标性

设计是把人们的期望转化成一种能够满足其期望的产品的过程。对信息需求的分析是定义信息服务项目预期成果的首要环节,通过提供信息,使信息服务供应者能为设计阶段进行现实的规划和预测。然而,信息需求分析是信息服务设计过程中最具有挑战性的部分,因为其分析操作具有多目标性。

第一个目标是服务规划。如果没有规划,人们将无从判断自己所处的位置,无法在一个指定的阶段判断自己当前已完成的工作量,无法对自己所做的工作进行衡量。然而,如管理学家德鲁克所言,计划本身什么都不是,计划的过程就是一切。作为一种面向未来发展的过程,信息服务规划往往通过对需求环境变化的分析,形成发展目标和行动步骤。而信息需求分析就是这样一个定义信息服务目标系统的过程,它对需求的探索,正是要去了解未来将会产生的后果符合人们预期的情况。因而,需求分析的成果应服务于服务规划需求。

第二个目标是服务创新。不断开发新的信息服务产品已成为今天信息服务提供者的一种生存方式。一种有市场潜力的信息服务产品往往不仅是有用的产品,还是新的产品。信息服务供应者对新信息服务产品的开发往往需要基于对潜在需求的发现。因而,信息需求分析就肩负着下列相关任务:首先是了解用户需要什么,从总体上把握信息市场的需求状况,了解用户现有的和潜在的需求量;其次,要了解用户还有哪些需求没有得到满足,只有清楚地把握用户还有哪些需求还未得到满足或还未意识到,才能采取相应策略,做到"人无我有,人有我优"地开发用户的潜在需求。

第三个目标是定义服务边界。在信息服务内容和形式方面均存在无数可供使用的选择,需求分析应通过分析用户各类需求对各利益相关者的价值,来确定本信息服务要解决的问题域,并定义需求的优先级,建立资源配置的依据。

信息需求分析类似于管理信息系统的需求分析,但又不同于相关需求分析。信息需求分析着眼于用户对信息及服务的功能需要,而非对系统的功能需要;对于一个数字化信息服务系统而言,信息需求分析是系统需求分析的前期阶段。

2. 信息资源层次与信息需求的关系

信息资源层次与用户信息需求有结构上的关系。根据 IBM 公司商学院的 H. 赫可尔和哈佛大学的 L. 诺兰的研究,信息资源的若干层次中尤以 5 个层次最为突出。① 事实,即以客观存在为基础的事物或现象,是一种直接感知的事物或现象。② 信息,在事实与事实之间的某种结构或联系，以及这种联系中所表达或显示的可以感知的事实和数据，是一种经过感觉后的间接事实。③ 智力，在事实和信息的基础上，运用人类自身的思维和判断能力，对信息进行的主观化臆断的结果。这种结果渗入了用户需求的思想，是用户需求的主观意识进行自我选择的过程。④ 知识，被实践证明过的合理而真实的事实和信息及推理结果，是经过理性筛选的智力，是事实被理性化、抽象化的结果。⑤ 智慧，在事实、信息、智力、知识基础上高度融合、高度理性的人类思想的产物，是条理化、科学化、综合化并有所创造的知识。

5 种不同层次的信息资源对应 5 种不同的信息用户需求。事实面对的用户需求是对事实有感知的用户需求，这种感知可能是上意识的，也可能是下意识的行为；智力面对的用户是有感知信息的行为主动性的人群；知识面对的那一部分用户通常能够利用智力作出推理和反思，进而根据知识和经验得出自己或对或错的结论；智慧是借助于知识，通过新的创造性劳动，对知识作出的高度理性和科学的判断及推理，面对的用户是具有一定的创造力的群体，即创新群体。根据这种信息资源和信息需求的对应关系，不同用户会产生对不同信息资源的不同需求，对信息需求需要结合用户的特定背景和具体需求情境展开分析，同时，信息资源建设和组织也要基于对信息需求的分析理解来展开。

5.3.2 信息需求问题群

信息服务管理者在规划和管理时，不仅需要关注当前的需要，而且需要关注未来的需要，因而，用户需求问题不仅包括可见的现实需求问题，还包括各种隐性需求、发展中需求。图 5-9 给出了需要解决的信息需求问题，这些问题相互交叉关联，形成了一个问题群，其间反映的用户需求规律共同作用于用户信息的行为路径及用户对信息服务产品和服务机构的评价。

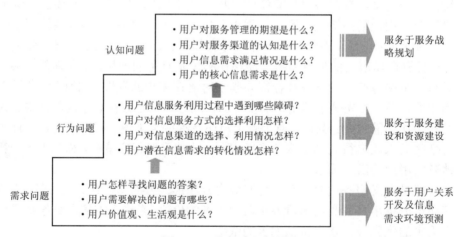

图 5-9　信息需求问题群

具体而言，用户信息需求是一个从需求到行为、从行为到深入认知的发展过程，因而信息服务管理研究需要解决的用户需求问题包括需求问题、行为问题、认知问题 3 个层面，而且 3 个层面问题呈现阶梯状递进关系。其中，回答高层问题能够描述信息需求"是什么"，而回答底层问题则可以告诉人们某种信息需求的产生是"为什么"，因而，底层的用户需求问题是自变量，高层信息需求问题是应变量，底层用户需求问题的解答将为高层信息需求问题的解释提供素材，而要完整揭示用户信息需求状况，需要对所有这些问题做出具体而系统的解答。

5.3.3　信息需求分析过程

为了实现信息需求分析的目标，信息需求分析应当经过 4 个主要步骤：明确用户、收集需求、探索需求、将需求变为计划（见图 5-10），从而实现从了解需求内容到供应信息服务价值的转化。

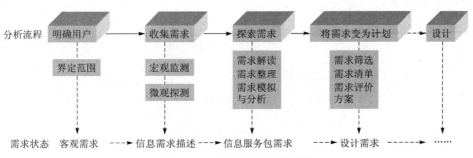

图 5-10　信息需求分析过程

1. 明确用户

作为信息需求分析的第一步，明确用户将确定需求分析的对象和任务，因而是用户识别阶段。

识别用户需要解决的问题主要是："我们的现实用户是谁？""能否进行延伸及延伸的目标用户？"因而，需要确定用户群和分类，并对他们进行尽量详细的描述。如前所述，用户来自多方面，他们可能是固定的（如本组织的员工、会员用户），也可能是变化的。当前用户的流动性越来越明显：用户可能从其他纵向行业流入，也可能来自某横向市场，尤其是他们可能更多地来自其他渠道（如链接对象）。需要从不同角度建立用户的分类体系，并描述其特征、来访目的和可能偏好。当然，还需要确定期望市场，分析相关期望用户可能的核心关注点。

明确用户主要是描述用户的 5W1H，即他们是谁（who），他们从哪里来（where），什么情况下他们会来（when），他们一般需要进行哪些信息交换（what），他们为什么要进行信息交换（why），他们一般采取怎样的信息交换手段（how）。

2. 收集需求

收集用户信息需求主要有宏观监测和微观探测两种途径。

其中，宏观监测通常立足于定量研究，了解信息需求结构，把握需求的动向及种类，需求的热点与重点；进而分析用户需求类别、信息能力状况、市场竞争结构及其他影响用户利用信息的因素等。宏观监测的实现通常需要建立完备的信息需求收集、汇总机制，即完善信息服务的"神经末梢"，使之更为敏感并与"大脑"（信息服务产品设计者）联系。这种"神经末梢"对网络信息服务而言，主要体现为信息服务的用户数据采集功能，而对实体信息服务机构而言，则要求将用户数据收集作为前台服务人员的核心工作任务之一。

而微观探测则一般服务于信息服务的精细设计，多采取质性研究方法，并基于意义建构理论等认知理论展开。其操作一是通过与用户的交流，获取用户对相关服务内容、服务细节的问题陈述，并结合任务分析，从而开发、捕获和修订对用户需求的理解；二是在使用环境中考察用户，收集视觉、口头和书面证据，从而建立用户案例，充实用户需求知识库存。

　　收集信息需求往往需要定期开展一定的"基线"调查，即摸底性的断面调查。基线调查注重全面性。基线调查的调查对象尽可能涉及用户的各个种群，往往以了解用户整体信息认知需求和水平为目的，从而为信息服务设计提供方向和着眼点。图 5-11 展示了一个"美食故事地图"App 设计过程中对用户市场的调查，将用户进行了基础分类，并收集各类用户对相关产品的主要需求。

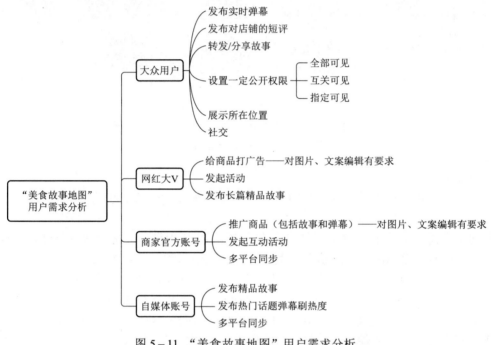

图 5-11　"美食故事地图"用户需求分析

3. 探索需求

　　探索需求是对用户的需求获取之后的一个粗加工过程，一般通过需求解读、需求抽取、需求模拟和需求分析来达到对需求理解的正确性、深入性和一致性，并将信息需求转变为对信息服务包的需求。需求解读是指对用户的需求表述进行需求转换；需求整理是指对各种信息需求进行整理和分析，使之层次化，确立重要性，形成信息服务产品包的需求（包括确定核心需求、便利性需求、支持性需求等）；需求模拟和分析则主要用于帮助检查对问题的理解，并使需求形式化，使其具有可执行性。同时，对用户需求表述的解读非常具有挑战性，因为用户的需求陈述总是存在一些缺陷。

　　如前所述，用户信息需求是一个从需求到行为、从行为到深入认知的发展过程，所以用户对需求的认识不足，对需求的表达就有一定的片面性。例如，只有朦胧的愿望，讲不出具体的需求；只能讲出部分需求，讲不出全部需求；只能堆积需求条目，讲不出相对优先级；只讲物理细节，不讲需求逻辑。因而信息服务管理研究需要解决的用户需求问题包括需求问题、行为问题、认知问题 3 个层面。如果用户的表述涉及的是其中一类问题，则有必要去谈及其他两方面的问题，这样才能对需求表述进行完整理解。例如，用户说"我总是找不到自己引用过的文献"，可以将其解读为"建立已阅读文献目录"。因为"找不到文献"这个认知障碍其实是自己引用过程中没做必要的保存工作或没有办法做高质量的保存工作这个行为问题造成的。而之所以之前这种行为没有发生，是因为没有相关信息工具或信息服务帮助其将其已阅读过的文献高质量保存。

总的来看，从用户需求表述中可以梳理出几类需求：数据需求、功能需求、情境需求和其他需求[20]。数据需求指必须在服务产品页面中呈现的对象和信息。功能需求是用户可以对系统对象执行的操作或动作，通常会转换为界面控件。情境需求则描述了系统中对象之间的关系，比如哪些对象必须显示在一起才能让工作流更顺畅或满足用户的目标。其他还包括业务需求、品牌和体验需求、技术需求等。

4. 将需求变为计划

需求分析最终要落实到服务设计中去才能发挥其价值。然而，不管是在表达方式上还是在结构上，需求表述和设计操作之间都存在明显差别。因而，在设计之前，还需要实现从需求理解向设计环节的传递，即通过基于需求的计划过程，将产品包需求转化为设计需求。

这一过程首先需要做进一步的需求筛选。需求筛选指，当需求太多超过资源的承载量时，确定需求满足优先级的过程。需求按其重要性可以分为以下等级[21]。

（1）必须（must）有：指用户对产品的基本需求，没有它信息服务系统就无法运行或毫无作用。

（2）应该（should）有：指如果有更多时间、空间，这些需求同样重要，但即使没有，系统也具有相应的作用并且能够被使用。

（3）可以（could）有：不太重要，能很容易从目前的开发中排除掉的需求。

（4）希望（want）有：可以满足，但这一次不会满足的需求，要等到下一次开发。

对需求筛选后，需要将筛选后的需求分解成具体细节，并梳理细节间的逻辑，形成关于目标需求的详尽描述，最终完成一个需求清单。这一清单是对需求的结构化描述，明确各项需求实现的价值，以促进设计者与需求分析者对需求理解的一致性。最后应思考如何验证需求的实现，通常应当建立一个基于需求的评价方案，以备后期验证并在制度上确保需求分析成果得到应用。经过这几个步骤，就可以完成需求从需求获取到需求开发的过渡。

因而，将需求转变为计划这一过程的结果表现为一些重要文档，这些文档既是设计活动的指南，也应成为信息服务产品设计质量评价的基础。在需求向计划的转化过程中，其目标是实现设计与需求之间的一致性。

需要说明的是，一方面，需求分析是设计质量的保障，因而被称为"设计前的质量控制"，以需求为基础，设计过程中尽管会出现一些修改和反复，但都不妨碍产生优良的设计成果；而另一方面，以需求为指导的设计将成为需求分析的延续，因为如果以需求为基础，设计过程中的反复往往会不断充实对于需求的理解，使对于需求的认识得到更多的信息或额外的思想，从而使最初的需求概念进一步精细化。

 **资料**

基于参考咨询提问的社会科学研究者信息需求分析

对美国威斯康星大学麦迪逊分校参考咨询提问展开内容分析，构建社会科学研究者参考咨询问题树（见图 5-12），识别其信息需求动态变化规律及信息行为情境。

　　该问题树显示了一个比较完整的逻辑过程。面对一个新研究领域时，作为新手的用户将困惑于"怎样着手开始研究"，而熟手会更快跨越这一阶段，进一步思考有哪些信息资源、哪些研究话题或哪些人可提供帮助。

　　一些研究者会从可接触信息源入手思考问题，希望参考人员告之领域信息资源总体状况。随后，研究者将开始着手进行信息搜寻。如果研究者能够自行拟定检索词，那么，通过哪个信息渠道搜寻、怎样查，以及怎样获得原文、怎样理解信息会成为后续问题；如果没有现成的检索词，检索词的拟定将成为问题，抑或检索词获得工具将成为行为目标，用户后续则可能遇到检索策略应用相关问题。

　　而另一些研究者会选择直接面向研究内容，他们第一考虑的是"相关领域有哪些话题"。发现感兴趣的话题后，会进而探索围绕这一话题有哪些不同观点及哪些数据有助于辨别这些观点；当倾向于某一观点时，他们会趋向于查找特定的观点信息，获得信息后将考虑信息的处理方法，以及自己的学术成果传播类问题。而另一些研究者追求直接利用这些观点来解决自身问题，后续则可能为研究成果的扩散进一步求助于参考服务人员。希望获得相关数据的研究者会困惑于如何获得相关数据，以及具体怎样理解这些数据。

　　第三类研究者会选择直接面向人际信息交流渠道，了解哪些人可提供所需信息。他们可能希望通过接触特定馆员、特定外部专家来解决问题，而了解到具体专家后，将寻求接触相关专家的具体方法。

　　该问题树反映了社会科学研究过程中的主要信息需求及动态变化轨迹，也显示了美国研究型图书馆的参考服务已经做到了对研究过程的完整信息帮助覆盖。

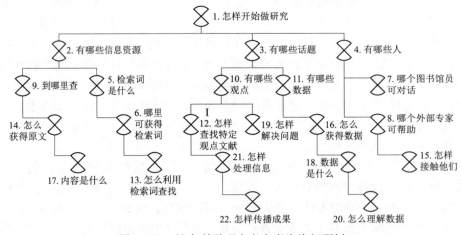

图 5-12　社会科学研究者参考咨询问题树

　　资料来源：李桂华. 基于美国大学参考咨询提问的当代社会科学信息需求研究［J］. 情报学报，2015, 34（10）：1079-1087.

5.4　观察法在信息需求研究中的运用

　　信息需求研究过程中能够运用的研究方法多种多样，但由于信息需求研究过程既要聚焦于相关领域，又要以开放的视野为信息服务产品创新带来机会，因此，观察法是应用频率较高的方法，即通过开展进入用户生活、生产、工作实际场景的深度观察来获得对用户信息需求的认识。本节重点介绍观察法这一研究方法在信息需求研究中的运用。

5.4.1　观察法对信息需求研究的适用性

所谓观察研究法，指的是对人们的自然行为进行科学研究以揭示这些行为的客观规律的研究方法。观察法是具有探索性的研究方法，往往可以用于对复杂未知现象的理解。观察研究法运用在很多领域，如民族学方法论认为社会秩序是从个人的相互作用中持续而动态地构造出来的，因此经常通过观察方法了解一种陌生的生活方式，这种深入的观察法被称为民族志。后来，民族志也被其他各学科广泛运用。

观察法的最大特点在于强调研究的自然性，力求减少或隔绝研究本身对被研究对象的影响。这种自然性至少包括 3 个部分：自然环境、自然变化、自然行为。自然环境指那些并非为研究目的而设置、人们日常进行被研究活动的环境，如对学生上课时在教室讨论问题的过程的观察研究，在课堂支持性产品的设计过程中就会有直接帮助。自然变化指那些并非由研究人员安排而出现的会引起人们行为变化的自然事件，如对新冠肺炎疫情发生后人们怎么搜寻相关信息的观察。自然行为指那些并非为研究目的而专门表现的行为，如对老年人日常保健品使用经验的共享行为的观察研究等。在实际操作中，研究者也经常会通过在实验室中模拟自然环境和自然变化，引导自然行为的发生，这种实验室观察也具有有限的自然性，因为相对研究成本更低，所以应用更为广泛。

观察法非常适用于信息需求研究。特别是在信息服务产品研发的初期更需要展开深入观察。

一方面，观察法的自然性特点使得研究中可以减少社会期望值的影响，且一般不受被研究对象的记忆或描述选择性的影响，可在相当程度上避免研究者与被研究者的相互作用，促使研究结果尽可能真实地反映被研究者在一般环境的自然需求和自然行为，提高结果的效度。而相比之下，很多研究方法在实施中研究人员和被研究对象总会有相互影响，并影响人们的行为过程，带来行为的变形，就很难得到真实、深入的答案，如问卷调查就是这样，当人们回答问题时经常会有意识地选择他认为调查者更希望的答案。观察法则在一定程度上能够规避这种误差。

另一方面，观察法往往也更具有完整性。观察法实施者直接面对有关行为的全过程，测量可以比较全面，较少受研究者原有认识的局限。因此，这也正是人们常常利用观察研究方法来探索了解复杂未知现象或寻找可能存在但又模糊不清的变量关系的原因。例如，借助屏幕跟踪系统可以捕捉用户在使用某个信息服务产品的全过程，看到他什么时候会停顿，什么时候会开心，什么时候会放弃，什么时候会存盘。这种全面完整性使得研究数据不会太受到研究人员认识的局限，还有助于发现事先未预料到的行为和行为关系。

同时，信息需求研究要求完全置身于用户情境，进行"以用户为中心"的思考，这种要求与观察法的特征非常匹配。通过访谈或问卷法很难描述日常生活或工作相关方面的所有细节。这可能是因为活动本身很难用语言来表述，也可能是因为它是在特定场景中其他人或事件互动，产生复杂而巧妙配合的产物。因此，尽管观察法比较费时，但在用户活动场景中对其进行观察是了解其相关活动信息需求的较有效方法。

5.4.2　观察法的类型

对观察法的分类可以从多个角度展开。

如果根据观察对象，可以将观察法分为直接观察和间接观察。直接观察指对行为人的行为本身直接进行观察记录。如用摄像机拍摄用户使用某网站的过程，然后基于摄像影像进行分析。间接观察主要利用行为人留下来的物理痕迹进行观察。如网站通过 Cookie 记录用户的访问情况，研究者基于 Cookie 数据展开分析。即便 Cookie 是对用户行为的原始记录，但这个记录的格式是人工设计的，数据是经选择后局部的数据，反映的并非完整的自然行为，因此，这种观察是间接观察而非直接观察。

如果根据观察者与被观察者之间的关系，可以将观察法分为参与观察和不参与观察。参与观察指观察者直接参加到被观察活动中，对有关行为进行观察。例如，观察者参加科研项目课题组，观察课题组协作性的信息搜寻活动和信息共享活动等。这种观察使观察者能近距离地观察复杂行为甚至与用户直接对话，得到更重要、更具体、更具有针对性的数据资料。在这个过程中，即便不让用户发觉自己的观察者身份，但因为介入到了他们的活动，则为参与观察。不参与观察则指观察者置身于被观察活动之外的观察方法。这种观察更为隐蔽，通常不会干扰用户的自然行为，例如，一些商家会利用用户"不自知"的授权，通过传感器来收集用户的声音、位置、行为信息，实际上就是在进行用户观察。这种大数据采集方法在泛在网络时代已经司空见惯，但本质上就是一种对用户的"观察"。从伦理的角度看，隐蔽的观察也侵害用户的利益，是不符合常规社会价值取向的。

根据观察工具可以将观察法分为结构化观察和非结构化观察。结构化观察指研究者系统和有意识地选择规定环境来观察事先选择规定的行为，并按事先规定的方法进行记录。当前对用户信息行为大数据进行采集通常是在特定时间段内、特定节点采集特定变量的信息，而且规定了采集的时间节奏，因而可以说是一种结构化观察。结构化观察获得的数据一般可用来量化分析。非结构化观察指研究者对被观察的具体行为事先不做规定，甚至可能观察时间和地点也可以变动，观察和记录都随行为和行为环境的变化而变化的观察方法。在信息服务产品创意初期做的观察通常都是非结构化的、开放的观察，因为没有预设，所以可能会发现意外的需求，产生创意的火花。但其实研究中没有完全的、绝对的非结构化，观察者通常总是有一定的目标、想法和兴趣展开观察。所以结构化和非结构化之间并没有明确的界限。

5.4.3　信息用户观察常用的测量对象

观察法运用在研究过程中，通常可以于以下场景具体观察对象[22]：观察人们在某类场合中的行为方式；观察人们执行某项任务的行为过程；观察人们在特定事件中的反应；观察比较不同的人在同一场合或事件中的行为方式。观察方法设计要求研究者具有敏感性，而且愿意面对特定环境中人们关心的问题。所以，信息用户研究过程中观察者一般关心的是活动、规则和秩序、活动所在地的实际布局，以及在工作或休闲活动中使用人工制品的情况等[21]。

为了研究这些研究对象，需要观察很多具体对象，在网络环境下的观察更加细致，具体包括以下几种。

（1）观察人们的基本动作行为。如下载、选择、终止等，这些是最重要的分析资源。

（2）观察人们的空间动作。要结合人们的空间动作来理解基本动作，如眼神、顺序等。

（3）观察人们的语言性行为。包括在使用信息服务产品时所用的词汇、符号等，对其展开内容分析。

（4）观察人们的非语言性行为，如表情、输入停顿等。

（5）观察人们的泛语言行为，如表达的时间长短、表达的速度快慢等。

对观察到的数据通常会借助编码系统进行记录，这样得到的数据后期还可以做一定的量化分析，或者当完成对用户行为过程的观察后，会辅之深入访谈，了解其一些行为的具体原因，确认一些理解和推测。而对通过观察得到的数据展开分析通常有两种主要分析模式，一种是寻找共性，或者说发现共同模式，另一种是发现差异，即违反一般规范的异常行为。在理想情况下，可能看到一些正常活动的意外情况或事情发生错误时的情况，这也是应用观察法的重要收获。

5.4.4　用户观察框架

如前所述，结构化观察是一种比较程式化的观察活动，研究者会按照预先研制的观察工具（如摄像头），设计统一的观察指标或记录标准，而且对所有的观察对象都是用同样的观察工具。而非结构化观察通常是一种开放性观察，采取一种弹性的态度，观察者根据当时当地的具体情境调整自己的观察视角和内容。

在信息服务产品设计前期的信息需求研究中更多使用的是非结构化观察，也就是一种开放的、弹性的态度。但是，这种非结构事前也应该有一定思路和准备。一些学者专门对信息用户观察的对象和方法进行了探索，提出了自己的框架，其中有 3 种用户观察框架，具体如下。

1. AEIOU 框架

AEIOU 框架是 1994 年 Robinson 等人所在的 E-Lab LLC 提出的用户观察框架。该框架认为对信息用户的观察主要可以从 5 个角度展开，5 个单词的首字母连起来就是这个框架的名字。第一个是活动（activity），就是要记录用户的主要活动及相关行为；第二个是环境（environment），要观察活动发生所在地的所有场景，描述环境的特点及功能；第三个是交互（interaction），要观察所有构建人与人或人与物之间互动的因素；第四个是物品（object），即需要观察所涉及的物品，并尽量按主要物品和次要物品进行列表，并指出功能和使用情况；第五个是用户（user），也就是观察人物角色及与其他人在时空上的关系，所谓用户，这里就是发出行为、喜好、需求的主体。这个框架给的要素非常全面和清楚，对信息用户观察提供了基础框架。

2. 4A 模型

4A 模型是 2000 年由 Paul Rothsein 提出的。这个理论一方面指出了要观察的主要对象，另一方面还给了观察流程。其中，观察对象他提出了 4 个以 A 开头的字母，分别是行动者（actors）、活动（activities）、物品（artifacts）、氛围（atmosphere），并指出不但要观察这四者，而且要观察 4 个要素之间的动态的相互作用。其与第一个框架有一定的相似性。

但同时，该模型又指出观察信息用户要遵循 4 个步骤，第一个步骤是观察事实，也就是对用户日常生活进行观察；第二个步骤是定格分析，就是截取一些行为的关键环节，并展开详细分析，借助文字、图片乃至影响的帮助，将第一步观察到的事实要素进行重组、综合及找出之间的关系，以定义隐藏在事实背后的行为意义；第三个步骤是视觉化综合，主要是以文字、草图、视频等有效的形式描绘将来可能出现的使用情景，从而将调研成果转化为创意概念；第四个步骤是建立用户情境，就是进一步认识对人物、活动、物品、氛围的调研资料，深入对各要素之间关系，以故事板、连环画等方式建立用户情境。这些过程为后期观察数据的利用提供了很好的参考。

3. POEMS 框架

POEMS 框架是 2003 年由 Vijay Kumar 和 Patrick Whitney 提出的。他们指出信息用户的观察对象应当包括人（people）、物（object）、环境（environment）、信息（message）、服务（service）。与前面两个框架其实也非常接近，其特点在于把信息单独作为一种观察对象加以强调。同时，该框架也给出了信息用户观察可考虑的过程步骤：第一，获取观察素材；第二，应用 POEMS 框架整理观察素材；第三，要从这些素材中抽取体验设计要点，对相关体验点从生理、认知、文化、社会、情感 5 个方面进行 5 度评价，具体展现用户体验情况；第四，对观察到的用户情况进行聚类分析，了解用户可以分为哪几大类；第五，对分析得到的几类人群进行差异对比，抽取其具体行为特征。这种观察过程特别适合产品已经开始运行后，对信息用户需求的跟踪分析和产品优化改进。

◇ 本章小结

信息需求来自"用户的自我满足感的缺乏"，反映了用户对某种重要环境对象认识的不确定水平与其目标状态之间的差距，以及消除这种不确定性的愿望。信息需求具有层次性，主要包括客观状态的信息需求、主观状态的信息需求及表达状态的信息需求，三者往往存在差异。不同层次的信息资源能满足不同类型的信息需求，因而，信息服务体系必须在分析用户需求基础上选择和组织信息资源，并关注各层面的信息需求问题。信息需求具有多样性、知识性、模糊性、随机性等特征。

目前已出现大量关于信息需求的研究成果。意义构建理论认为，要探索信息用户的信息需求，必须将研究定位于时空中的某一点。该理论将信息查找行为过程分为情境、落差、桥梁、结果 4 个阶段。知识非常态理论认为，用户之所以有信息需求产生，是因为用户认识到自己存在知识的"非常态"，而对信息需求的表述即对知识异常状态的描述。因而，信息科学的核心问题是"促进信息生产者与信息使用者之间需求信息的有效沟通"。日常信息搜寻理论认为，日常信息搜寻行为是人们按照自己的价值判断来作出有意义的生活选择，因而可以从人们的生活方式角度来理解信息查找在人们问题解决活动中所扮演的角色。"观展－表演"范式理论认为，人们视自己为他人注视的表演者。人们从事日常信息活动可能出于两种需求，一种是通过自我表演对自己进行外在形象建构，另一种是观看别人表演排遣孤独感，寻求心理满足，完成心理建构。

信息需求分析以服务规划、服务创新、定义服务边界等为主要目标，其过程包括 4 个主要步骤：明确用户、收集需求、探索需求、将需求变为计划。明确用户将确定需求分析的对象和任务，主要是描述用户的 5W1H；收集用户信息需求主要有宏观监测和微观探测两种途径，宏观监测用于了解信息需求结构，微观探测则一般服务于信息服务的精细设计；探索需求是对用户的需求获取之后的一个粗加工过程，涉及需求解读、需求抽取、需求模拟和分析等环节，将信息需求转变为对信息服务包的需求；将需求变为计划过程则通过基于需求的计划，将产品包需求转化为设计需求。

观察法非常适用于信息需求研究，特别是在信息服务产品研发的初期更需要展开深入观察。根据观察对象，可以将观察法分为直接观察和间接观察；根据观察者与被观察者之间的关系，可以将观察法分为参与观察和不参与观察；如果根据观察工具，可以将观察法分为结构化观察和非结构化观察。网络环境下的观察对象包括人们的基本动作行为、人们的空间动作、人们的语言性行为、人们的非语言性行为、人们的泛语言行为。有 3 种用户观察框架在非结构化用户观察中可以使用，分别是 AEIOU 框架、4A 模型、POEMS 框架。

◇ **本章基本概念**

需求　信息需求　NLDS 坐标　三层次论　意义构建理论　中立提问　知识非常态
日常信息搜寻理论　"观展–表演"范式　生活方式　生活控制　时间预算结构　基线调查
需求分析　需求解读　需求清单　参与式观察　结构化观察　AEIOU 框架　4A 模型
POEMS 框架

◇ **练习与作业**

1. 信息需求解读练习：
"当我不知道我还要下载多长时间时，我很烦。"
"我经常要花很长的时间思考该不该学习用一个所谓新信息服务。"
"很多文献，读了半天都找不到自己想要的东西，但我知道里面有。"
"课题研究最难的是发现志同道合者。"
2. 用 5W1H 分析你所在学院网站的用户需求。
3. 用日常信息搜寻理论描述你所熟悉的 3 个人的信息行为模式，并比较其异同。

◇ **本章参考文献**

[1] 孙继先，郑晓辉. 需求社会论 [M]. 北京：高等教育出版社，2004.
[2] 冬青. 揭开行为的奥秘：行为科学概论 [M]. 北京：中国经济出版社，1987.
[3] DEVADASON F J. A methodology for the identification of information needs of users [J]. IFLA journal，1997，23（1）：41−51.
[4] 陈伟举. 弥合认识断层：人们怎样处理信息//马灿德，达文波特，迪克森. 信息管理：信息管理领域最全面的 MBA 指南 [M]. 吕传俊，周光尚，魏颖，译. 北京：中国社会科学出版社，2002.
[5] 张晓林. 走向知识服务：21 世纪中国学术信息服务的挑战与发展 [M]. 成都：四川大学出版社，2002.
[6] 李蔚. 推销革命：超越 CI 的 CS 战略 [M]. 成都：四川大学出版社，1995.
[7] 胡昌平. 信息服务与用户研究 [M]. 武汉：武汉大学出版社，1993.
[8] 李炳英. 图书馆学应用研究中的超越用户需求策略[J]. 图书情报工作，2007(3)：45−48.

［9］ DERVIN, FOREMAN-WERNET, LAUTERBACH．Sense-making methodology reader ［M］．Hampton：Hampton press，1992.

［10］ DERVIN B. Sense-making theory and practice：an overview of user interests in knowledge seeking and use ［J］．Journal of knowledge management，1998，2（12）.

［11］ DERVIN B．An overview of sense-making：concepts，methods，and results to date.［EB/OL］. https://conversational-leadership. net/paper/an-overview-of-sense-making-research.

［12］ BELKIN N J. Information concepts for information science ［J］. Journal of documentation，1978，34（1）：55－85.

［13］ BELKIN N J，ODDY R N，BROOKS H M. Ask for information retrieval：part 1. background and theory ［J］. Journal of documentation，1982，38（2）：61－71.

［14］ BELKIN N J. The cognitive viewpoint in information science. Journal of information Science，1990，16（1）：11－15.

［15］ SAVOLAINEN R. Everyday life information seeking：Approaching information seeking in the context of "way of life" ［J］. Library & information science research，1995，17（3）:259－294.

［16］ SAVOLAINEN R. Everyday life information seeking//FISHER K E，ERDELEZ S，MCKECHNIE L. Theories of information behavior ［M］. New Jersey：Information today inc，2005.

［17］张郁蔚. 日常生活资讯寻求模式之探讨 ［J］. 图书馆馆刊，2005（12）:73－99.

［18］黄鑫. 互联网环境下受众的新变化：以观展/表演范式分析 ［J］. 东南传播，2013（4）：103－105.

［19］汪彩艳. 试论社交媒体中的自我建构和他者镜像：基于观展－表演范式 ［J］. 今传媒，2014，22（3）：15－16.

［20］ COOPER A，REIMANN R，CRONIN D，et al. About Face 4：交互设计精髓：纪念版 ［M］. 倪卫国，刘松涛，薛菲，等译. 北京：电子工业出版社，2020.

［21］贝尼昂. 用户体验设计：HCI、UX 和交互设计指南 ［M］. 李轩涯，卢苗苗，计湘婷，译. 北京：机械工业出版社，2020.

［22］张晓林. 信息管理学研究方法 ［M］. 成都：四川大学出版社，1995.

信 息 行 为

6.1 信息行为及其类型

用户有了确定的信息需求后，会实施具体的行为以满足他的需求，因此，用户信息行为是信息需求的指征，也是信息需求的延伸，并且可能会促成信息需求的动态变化。通过观察信息行为来理解信息需求是用户研究的基本方式，而且研究信息行为能够有针对性地为用户提供服务内容和服务策略。信息行为具有多种类型，且具有情境相关性，因此对信息行为展开观察需要精细的研究设计。

6.1.1 信息行为的概念与范畴

1. 行为

"行为"首先是一个心理学范畴的概念，在众多的关于行为的心理学研究中，美国心理学家勒温的理论在信息行为领域广为引用。他运用力场理论，提出了关于人类行为的著名公式 $B=F(P, E)$。人类行为（B）是人（P）及环境（E）的函数，是作为主体的人和作为客体的环境的综合效应[1]。这一公式反映了行为形成的基本因素，而且还为行为的相关研究提供了方法和思路：可以根据人们的外在行为和具体环境状况来推测其心理状态，也可以在人们心理规律既定的情况下，推断在一定环境下人们的行为模式。因此，行为既是对人本身心理规律进行研究的必要途径，也是用来调整环境的具体依据。

2. 信息行为

信息行为是人与信息相关的活动，是人有关信息资源和线索的行为总和，其中既包括积极的信息搜寻和信息利用行为，也包括消极的信息搜寻和信息利用行为；既包括面对面彼此的主动交流，也包括没有任何获得意图的被动的信息接受。对人类信息行为的关注可以追溯到 1849 年递交到英国国会的一份关于图书馆的效用及读者阅读行为的报告，一个多世纪以来已积累了大量关于信息行为的理论和研究成果。

具体来说，用户信息行为是在认知思维支配下对外部条件做出的反应，是建立在信息需求和思想动机基础上，历经信息搜寻、选择、搜集等过程，并将信息吸收、纳入用户思想库的连续、动态、逐步深入的过程，这一过程需要明确信息需求的实质、选择适当的信息系统、制定正确的检索策略等具体操作。

按照行为科学的看法，人的行为是由动机决定的，而动机往往又是由需要引起的，因而，需求是行为的主动力，人的行为通常都是为了达到某种目标的满足。也正因为行为对心理（包括需求）具有直接映射作用，研究信息行为成为研究信息需求的重要途径之一；同时，由于需求和行为之间密不可分的关系，国内外信息管理学领域在进行信息用户研究过程中，通常会将信息需求和信息行为问题作为同一个领域内的问题来研究。如两年一届的"Information Seeking in Context"国际会议虽然以"信息搜寻"为主题，实则是通过对用户信息行为的研究来分析用户的需求问题。

3. 信息行为的要素

信息行为有 6 个构成要素：行为主体、行为动机、行为形态、行为场所、行为时间和行为媒介。对信息行为的观察和分析往往从这些要素着手。

1）行为主体

行为主体是指从事信息活动的主体，其行为是在主观因素和外界环境因素的交互影响下开展的。不同的行为主体都有着不同的内在心理环境，有着不同的社会背景、知识背景和信息行为经验，对待同样的信息问题会采取不同的行为方式加以解决。因此，对信息用户个体的深入理解是信息行为观察中必不可少的一部分。

而随着信息技术的发展，网络环境下的信息行为往往具有一定的群体性和社交性，这使得在特定信息行为过程中主体不再是单一的个体，而经常涉及合作信息行为，对信息行为主体的观察就更加复杂，如针对信息交互行为影响因素的研究发现，人与人之间的相似性越大，他们之间的信息交互发生的可能性就越大，即同质性促进用户之间的信息交互，但信息交互人数的多少又受到稳态性的影响。同时，随着人工智能技术在信息服务过程中的应用，智能体也可能成为信息行为的另一主体，与人发生相互作用，这也成为信息行为研究的新对象。

2）行为动机

信息行为是由一定的动机驱动的一种有目的的活动，因此，对行为动机的研究也是信息行为研究的重要对象，而人们采取某信息行为背后经常有多重动机，所以使得信息行为动机的分析具有一定的复杂度。

研究信息行为动机一方面是为了理解信息行为，另一方面是为了促成信息行为，所以信息服务生产过程中要了解信息行为动机的类型、动机的来源等。例如，有研究将信息行为的动机划分为社交、娱乐、寻求个人地位和获取信息。而动机有复杂的形成原因，如本能说、驱力说、诱因说等。信息行为动机及其来源往往是信息服务设计和策略形成的逻辑基础。

3）行为形态

行为形态，是指具体的行为内容和活动方式，信息行为形态是信息行为研究的核心。从用户的信息行为过程来看，其具体的行为形态分为需求识别、搜寻、检索、吸收利用等。而各类行为形态具体的行为表现也不同，如信息搜寻过程中用户可能采取不同的策略，可能是浏览式的行为，扫描式的行为，也可能是搜索式的行为。Belkin 等提出人们的信息搜索策略有 4 种维度，即互动方法（包括扫描式的和搜索式的）、互动目标（包括学习式的和选择式的）、检索模式（包括认知型和具体型）、考虑的资源（包括信息单元和元信息），用户信息搜索过程在各维度的选择不同，于是可以将其采用的策略分为 16 种。由此可见，信息行为方式非常多样，了解人们在不同情境下采取的不同行为策略也成为信息服务设计过程中的重要任务。

4）行为场所

信息行为产生的场所包括现实空间和虚拟空间，例如，实体图书馆等是信息行为的现实空间，而某个网站或线上信息平台就是信息行为发生的虚拟空间。信息行为在什么样的环境下产生很大程度上决定着用户采取什么样的策略和方式。

5）行为时间

行为时间是信息行为产生的具体时间情境，包括行为发生的具体时点、任务情境、心理环境、知识情境等。同样的，用户在不同时间情境下的信息行为活动方式也可能有巨大差异。

6）行为媒介

用户的信息行为借助各类符号和媒介，行为媒介的多样化使得人类交往范围不断扩大，研究领域不断拓宽加深，信息传输的时效性和保真性更强。同时，由于信息技术的快速发展，今天出现了越来越多的新型媒介，而且这些媒介之间更易于联结，即"跨界""跨媒体""跨屏""跨平台"，催生了一些新型信息行为。这些新型信息行为也应在信息服务产品开发过程中纳入考虑。

4. 信息行为的特点

在第 3 章中讲述了"行为主义设计"这一信息服务设计路径，其实不管是哪种设计路径，只要"以用户为中心"都需要深入观察和理解用户的行为，因为信息服务必然涉及与用户之间的互动，而且优秀的信息服务产品往往会在适应用户信息行为的过程中形成改变用户信息行为的能力。但同时，用户的信息需求千差万别，影响用户信息需求的因素多种多样，用户的信息行为也复杂多变，总的来看，比之其他人类行为方式，用户信息行为有以下 3 个主要特征。

（1）目的性。用户的信息行为是用户为了满足信息需求或达到某种理想状态而从事的活动。信息需求通常是派生于生活、学习、工作需求的一种需求，而不是一种直接需要，因此，由信息需求启动的信息行为通常也不会自然发生，只有人们有了特定的目的时才会付诸实践精力启动信息行为活动。所以，信息行为往往是一种目的行为，用户对获取的信息进行吸收和利用，并且转化为自己知识的一部分，从而用于解决实际工作和生活中出现的各种问题。当然，在实际生活中，用户也可能在没有明确查找意图的情况下偶遇一些信息，进而意识到相关信息与自己信息需求的匹配性，并启动后续信息行为，这种信息行为称之为信息偶遇。信息偶遇即预料之外的对有用或感兴趣信息的发现，狭义上是指在主动式信息搜寻中对其他信息的机会性意外的发现。其实，信息偶遇与有目的的信息查找之间也存在共性特征，即用户在客观上均存在对信息的需求。所以，信息行为观察不但要观察用户的信息行为的明确目的，而且也需要理解其没有意识到的客观信息需求。

（2）经济性。人的信息行为通常会表现出一定的规则，即倾向于简化自己的行为过程、最大化自己的行为利益。这种对经济性的追求遵循了"最小努力原则"，即面对容易的"短径－目标"与困难的"长径－目标"，人往往对前者具有优先的选择性。这意味着，用户会寻求花费在信息上的成本与所需信息的价值之间的平衡，如果预期可能花费过多的时间精力，则会适时终止信息行为。也因此，在海量信息的当前，用户通常不会穷尽所有渠道去寻求信息，而是浅尝辄止，这就是为什么尽管搜索引擎为用户查出了成千上万的信息，而用户只会看一两页的原因。大量研究显示，信息和信息服务的可获得性及信息资源和信息系统的易用性是决定信息用户是否利用某种信息服务的最重要因素。那么，用户对信息成本和收益具体怎样理解？什么情况下用户会终止信息行为？这些都是需要信息服务提供者考虑的问题。

（3）习惯性。习惯是体现在行为选择中的重复和稳定的偏好，即对某些行为起点、操作、工具及行为方式经常的、连贯的、相对固定的选择倾向。研究发现，用户比较倾向于使用自己最开始接触的搜索引擎为起点搜寻信息，用户对信息搜寻先后渠道的选择受到自然培养的行为习惯的影响。这是一种思维定势的作用结果，是一种由前期体验造成的信息行为趋向，可能会对用户后续的信息活动带来积极的或消极的作用。一方面，符合用户行为习惯的信息产品用户使用会更加顺畅，更容易产生沉浸式的体验，促进用户对信息产品的使用评价，这是一种正向的推动作用。但另一方面，这种思维定势又可能妨碍用户接收新的方法和服务去获得信息，造成新的信息服务难以打破现有的市场格局，推广乏力。因此，对新产品而言，信息行为的习惯性又可能起到反向作用。

6.1.2　信息行为的类型

那么用户基本的信息行为类型具体又有哪些呢？按照信息行为的发生环境和表现阶段，可以把信息行为主要分为以下几种：信息搜寻行为、信息选择行为、信息吸收与利用行为。

1. 信息搜寻行为

信息搜寻行为是满足用户特定的信息需求而进行的一种搜寻和查找行为，信息的搜寻行为始于信息需求，需求得到满足之后，搜寻行为才会结束。一旦人们意识到自己的需求和需要解决的问题，他们会寻找满足需求和解决问题的方案。此时脑海中可能会出现多种备选信息源，这些备选信息源就是诱发集合（evoked set）。诱发集合的形成有多种原因。但用户也不可能把所有的备选考虑都一一尝试，所以他们会削减诱发集合的数量，最终形成考虑集合（consideration set）。信息搜寻是用户为了填补自身信息差而构建信息发现策略，并通过各个考虑到的信息源或信息渠道获取信息的有意识的努力，强调的是一种主动的、由问题驱动的信息行为。

2. 信息选择行为

信息选择行为是指用户根据自己的需求，在个体既有知识积累的基础上，利用一定的分析和判断能力，对呈现的信息进行相关性判断、选择，从而过滤出对其最为有用的信息或信息链路。选择行为有时可以以独立的行为方式出现，如用户离线后对已经下载的信息进行选择；但更常见于信息浏览、信息检索及信息交互等信息行为过程之中。

信息选择行为中有一类特殊的信息规避行为，是指用户对信息不进行获取的特殊现象。

具体表现为主动远离可能揭示信息的信息源，或者通过分散注意力避免了解信息内容，甚至偏颇地理解、有意地忘却信息内容。

同时，用户信息选择行为之前通常要进行信息渠道的选择，因此信息渠道采纳行为也成为一个焦点问题。所谓信息渠道采纳行为，是指人们在进行信息的吸收与利用过程中需要先行对信息获取渠道进行利用或采纳，所以需要研究影响用户对各类信息源、信息工具接受和采纳的具体原因并采取相应的策略。对用户信息选择行为的理解有助于在与用户交互过程中发现用户的信息偏好，进而进行更高效率的信息匹配。

3. 信息吸收与利用行为

信息吸收与利用行为是指用户在获取信息后，将获得的信息纳入自己的知识结构体系，内化为自身的知识或用于解决实际问题的过程。通过信息查寻与信息交互获得所需要的信息并不是用户的最终目的，吸收与利用才是其最终诉求，如人们对信息的引用、将获取的信息共享、将信息组织进个人知识库等，都是信息吸收与利用行为。用户在吸收新知识的过程中，会去改变原有的知识结构的状态，包括原有的思想认识，形成了新的知识，这也是信息吸收与利用要达到的效果。

在当前信息环境下，理解信息吸收与利用行为过程中通常要涉及对信息交互行为的理解。信息交互行为指人们为了判断信息的有用性，会与其他行为主体展开互动，而这种互动过程本身就是一种信息利用活动。有学者将信息交互行为定义为：在信息需求的支配下，用户利用各种网络工具进行信息的检索、收集、分析和利用等，其交互行为包括转发与被转发行为、关注与被关注行为、评论与被评论行为。依据行为主体和行为对象的不同，可以将信息交互行为细分为人–机信息交互行为和人–人信息交互行为。其中人–机交互行为包括用户从信息服务产品中获得数据和用户对信息服务产品进行反作用的双向行为过程。人–人信息交互行为则是指用户在信息环境下进行用户间的交互行为[2]。

6.2　信息搜寻行为

信息搜寻行为是用户为了填补自身知识差而获取信息的有意识的努力；作为用户信息行为的子概念，信息搜寻行为主要包括检索与浏览在内的目标或半目标导向式信息获取行为[3]。早在 1916 年对信息搜寻行为的研究探索就已经展开，同时，它也是信息行为研究中最受关注的研究范畴。

6.2.1　信息搜寻行为的产生背景

信息搜寻行为是怎样产生的？在用户的信息活动中到底扮演着什么样的角色？为回答这些基本问题，Wilson 提出了信息行为过程模型，具体描述了信息搜寻行为的产生过程及与其他信息活动之间的关系（见图 6–1）。

根据该理论，信息搜寻行为是个体信息需求的结果，即用户为了实现对所需信息的获取，必须展开信息搜寻活动。在信息搜寻行为过程中会派生出对信息系统及其他信息源的需求，但人们也可能通过与人展开信息交流行为来获得自己所需的信息。信息搜寻成功，人们会产生对信息的利用行为，甚至可能将所获得的信息传递给他人。而信息利用后人们的知识会得以增长或问题得以解决，继而可能产生新的疑问和新的知识需求，于是会引发新一轮信息搜寻行为。由此可见，信息需求产生后的后续信息行为通常都与信息搜寻活动有着密切的联系。

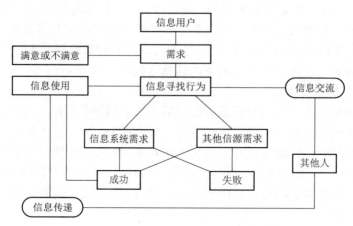

图 6－1　Wilson 的信息行为过程模型

　　同时，理解人们为什么搜寻信息也很重要。Eric Enge 等对人们利用搜索引擎的意图展开的分析认为，人们的信息搜寻行为目的主要有 3 类[4]：第一类是导航型搜寻。其意图是直接获取某个特定的信息源，如某个网站。这种情况下的搜寻就像查找电话号码簿一样直接。第二类是信息型搜寻。这种信息搜寻的目的就是获取信息，如可能是为了获得产品或服务的信息，加深对其的了解，像查找天气情况，查找到达路线等。第三类是交易型搜寻，这种信息搜寻是为了获得一个交易对象，但没有明确的指定，只要能获得满足特定要求的交易对象就可以，像寻找一家 500 m 以内的物美价廉的火锅店。了解用户信息搜寻意图后，可以提供适应其意图的信息集合和采用与之相匹配的信息展示方案。宾夕法尼亚州立大学和昆士兰科技大学的相关研究发现，超过 80%的搜索本质上是信息型的，只有大约 10%的搜索是导航型或交易型的。

6.2.2　消费信息搜寻行为

　　消费信息搜寻行为是与商品购买活动有关的信息搜寻行为，这种信息搜寻行为广泛存在，也是电子商务类信息服务产品非常关注的信息搜寻行为类型。在消费者的信息搜寻行为中存在有两种类型的信息搜寻过程，即内部信息搜集与外部信息搜集[5]。所谓内部信息搜集，指消费者将过去存储在记忆中的有关产品、服务的信息提取出来用于解决当前问题的过程；所谓外部信息搜集，即通过外部信息来源如各种信息服务产品来获得解决该问题的信息的过程。其实这两个信息搜集环节都要经历，而且它们往往是相互作用的。即内部信息搜集发现不能解决问题，才会寻求外部信息源，而从外部信息源中获得的信息又反哺内部信息储存，促进下一轮的信息搜寻效率。

1. 内部信息搜集

　　内部信息搜集一般会先于外部信息搜集发生，越是重要的、复杂的购买问题，内部信息搜集范围越广泛（见图 6－2）。

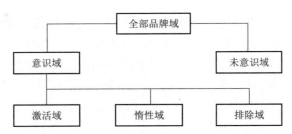

图 6-2　内部信息搜集过程中消费者对品牌的归类

资料来源：符国群. 消费者行为学［M］. 北京：高等教育出版社，2001.

　　研究发现，消费者从记忆中提取的商品相关信息主要有 4 种类型：品牌信息、产品属性信息、评价信息、体验信息[6]。在特定情境下，用户可能只能回忆起其中少数几个品牌。而哪些品牌会进入考虑域，受到消费者目标、品牌知名度、购物背景等多个因素的影响。而且，当人们回忆起品牌时通常会回忆到其一些细节属性，如价格、款式、口味特征、负面新闻等。越是具有可识别度的属性信息越容易在人们回忆的时候被想起。同时，如果在产品和服务购买中经历了特别愉快或特别不愉快的体验，也较容易被回忆起来。

　　消费者内部信息搜集过程中一个重要认知活动是对品牌进行归类。首先是当用户有购买需要时，有一些品牌会被用户主动或被动地意识到，这些品牌就进入了用户的"意识域"。进入"意识域"的品牌又会被用户分类，一部分品牌会纳入考虑，就进入了"激活域"，消费者会再对这几种品牌进行进一步内外部信息搜集，并不断补充考虑新的品牌进入这个"激活域"。而有些品牌尽管用户想到了，但没有特别的好感也不关心，这些品牌就会进入"惰性域"。还有一些品牌则会被轻易否定掉不纳入考虑，这些品牌的信息对消费者也毫无吸引力，就被打入"排除域"。

　　根据消费者内部信息搜集的过程，让自己的品牌信息先进入"意识域"，再进入用户的"激活域"，这对产品是特别重要的任务。对信息服务产品也一样。一方面，信息服务需要建立自己的鲜明品牌，让自己被用户识别、记忆，并在用户需要的时候能够被轻松想起；另一方面，信息服务者也需要采取一定方法让用户有机会接触到自己的信息，激活其兴趣，从而顺利进入其"激活域"。

2. 外部信息搜集

　　研究发现，消费者商品信息搜寻行为有 3 个维度：信息源维度、品牌维度、时间维度[7]。

　　对消费者而言，品牌就是一个信息块。由于消费者认知能力有限，选择中无法解决信息过载的问题，因此倾向于使用一个品牌名称作为决策依据。人们在信息查找过程中需要涉及不同的品牌信息，如客观信息和主观信息、正面信息和负面信息等。

　　在信息源维度上，过去人们寻求商品信息的理想渠道依次是商店、大众媒体、人际交流源，但今天包括网络在内的口碑传播渠道变得越来越重要。20 世纪六七十年代研究发现，广告也可以充当信息查找源，多数消费者在查找商品过程中会拜访 3 家以内的商店；而人们依赖人际交流源频率超过依赖大众媒体。随着网络渠道成为人们消费生活中最重要的信息源，越来越多的消费者将其他消费者视为更客观的信息来源，使用网络工具来接触其他消费者以获得与自己决策相关的信息。而且多数消费者是线上线下多渠道购物者，他们有可能在一个渠道收集产品信息，却在另一个渠道购买。

消费者个体的决策情境也会影响消费者信息搜寻行为，包括不确定性的状态、动机等。其中主要是两种不确定性——知识不确定性和选择不确定性。选择不确定性越大，搜寻信息的可能性越大，知识不确定性是对替代方案信息的不确定性，会对搜寻行为起负面作用。人们与消费有关的信息行为动机也有多种情况，包括降低风险方面的自我卷入动机、意欲了解产品使用方式的产品卷入动机等。有研究发现，强化消费者过去的品牌选择将减少消费者购前信息搜寻的数量[8]。

6.2.3 学术信息搜寻行为

另一个信息搜寻行为的热点领域是满足于学术需求的信息搜寻行为。对这一领域的研究已产生了非常丰富的理论成果，其中有些理论所揭示的信息搜寻活动与其他领域有一定共性，因而也被其他领域广为应用。

1. 采莓理论

采莓理论是 Marcia Bates 于 1989 年提出的描述用户在信息系统中信息行为如何发展变化的一个理论。该理论认为用户的信息搜索过程类似于在森林中采莓果的过程：用户开始先产生信息需求，然后构想出一种信息请求，也就是说，其信息搜寻起源于一个"点"。这个请求得到回应后他会在信息系统中重复类似动作，可能会沿着复杂的路径前进，在一路上不断地采摘莓果，也就是获取信息。在这个过程中，用户会不断了解自己的需求及系统所能够给他提供的信息，同时在此基础上不断调整他的信息请求。也就是说，在信息查询过程中用户的信息需求会发生动态演进，遇到的新信息会给用户带来新的想法。而且，信息需求的满足不是由一组最优搜索结果实现的，在搜索的每一个阶段用户都会采集到一些有用的信息，将这些信息串联起来才能实现总体的检索目标。

在图 6-3 所示的采莓模型中，用户信息搜寻行为有 4 个基本要素：请求变化、思想、信息和文档、退出，其实对应的是信息搜寻行为的不同阶段、用户获得的启示、用户所获得的信息/文档、信息搜寻过程的结束。信息搜寻从用户向信息系统提交第一个信息请求 Q0 开始，之后用户从信息系统的返回结果中提取一定的信息，并根据所获得启示修改信息请求，信息请求由 Q0 进化为 Q1。如此重复这个过程，直至信息请求变为 Q5，用户获取足够的信息后结束信息搜寻过程。事实上，日常基于网络的用户信息查询行为大多符合这种"采莓"式的信息搜寻过程。例如，当用户利用搜索引擎查询信息时，首先向搜索引擎提交一个搜索关键词，接着查看搜索引擎返回的检索结果，在查看的过程中就有可能发现与其信息需求相关的资源，同时还会根据检索结果的内容或搜索引擎提示的"相关搜索"词，改变其下一次向搜索引擎提交的关键词，进行下一轮的搜索。

采莓模型适于解释动态演进的、非线性、多次反复的信息交互行为，以及需求尚不明确的信息查询；而随性休闲搜索的信息需求由特定的情绪或状态激发，具体的信息需求尚不明确，且随着搜索进程不断变化、它强调搜索过程和环境的影响，两个研究领域有其内在契合点。

根据采莓理论，因为用户的每一个搜寻阶段都包含通过信息选择和吸收不断调整需求并

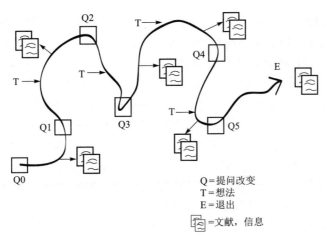

Q=提问改变
T=想法
E=退出
=文献，信息

图 6-3 采莓理论

逐渐向目标递进的过程，信息服务产品应当适应这种以浏览、学习为主的信息查询模式并设法支持用户的采莓过程，让用户在搜索和浏览的循环往复过程变得更容易。例如，导航设计不仅局限于空间导航，而且也可以对过程进行导航，并使得用户方便获得和整合其在信息行为过程中的各种收获。

2. 信息觅食理论

信息觅食理论于 1995 年由 Pirolli 提出，后又经过众多学者不断发展完善。信息觅食的概念来源于生态学的"觅食理论"。生态学是研究生物体与其周围环境相互关系的科学，觅食理论主要是用来模拟和解释动物在觅食过程中的一些行为。例如，动物在不同时期对栖息地的不同选择；在不同环境中同一种动物会选择不同的食物等。相关学者认为，在用户进行信息查寻的过程中，其行为与动物的觅食行为非常相似，需要不断地改进对信息环境的认知，持续调整和优化时间、精力、金钱等与信息自身价值之间的关系，以达到最佳效益，这就是信息觅食理论[9]。

信息觅食理论从认知的角度审视用户信息行为的获取过程，主要包括信息斑块模型、信息菜单模型、信息线索理论 3 个模型。

信息斑块模型认为信息搜寻发生在特定环境中，这种信息环境是由无数呈块状结构分布的信息集合组成的，一个数据库、一个网址、一个网页都可以被看作是信息斑块，信息分布于信息斑块中，不同信息斑块所蕴含的信息在种类、数量、分布规律上存在差异。因此，信息价值也不同。面对纷繁复杂的信息环境，用户需要考虑的是如何识别信息斑块，预测在信息斑块中信息的价值、所需花费的时间，以及如何适时地结束一个信息斑块转向另一个信息斑块觅食以获得最大收益[10]。

信息菜单模型是用来阐述动物在不同的觅食环境中选择哪些食物资源的问题。动物在觅食的过程中一般倾向于能量较大的食物，例如，老虎的猎物一般是羚羊、斑马等体积较大的动物，而非老鼠、昆虫这类体积小、能量少的动物。但是，如果只选择能量大的食物作为觅食目标，单位时间内的觅食收益值未必是最理想的，因为寻找该类食物所消耗的时间势必会增加。所以，动物的觅食范围中不仅要有能量大的食物，也需要能量相对小的食物，只有这样才能使觅食效果达到平衡。信息菜单模型则是用来解释用户在信息搜索时目标资源范围的选择问题。如果目标信息搜索范围过小，用户不仅可能耗费更多的时间和精力去寻找，得到的结果也可能比较片面。但如果目标信息搜索范围过大，用户则极易在海量而繁杂的信息资源中迷失，收益也不高。所以，选择合适的信息菜单对用户而言至关重要[11][12]。

信息线索理论是从微观上探讨信息觅食过程中信息传递的理论[13]。动物在觅食的过程中，会根据食物的气味、特定的物质或是其以往经验和特有的习性等来判断目标食物的所在位置。这些食物气味、特定物质、特有习性等能够对觅食发挥提示和指引作用的行为或是物质就是所谓的线索。那么，信息线索就是在用户寻求信息的环境中，能够捕获用户注意并对用户的后续行为有引导或暗示作用的信息。一般来说，信息线索中的信息量、信息价值与表达方式决定了搜寻效率。信息线索所涵盖的信息量越大、价值越高、表达越准确，觅食者与信息目标的距离越近，用户信息收益率也就越高。

3. 信息搜寻过程模型

随着技术环境的改变，人们对信息搜寻行为的研究越来越聚焦在信息系统条件的信息查询过程环节，一些学者对信息搜寻过程进行了微观的解析，Kuhlthau 提出的信息检索过程模型即其中之一[9]。该理论认为，信息搜寻是一个建构的过程，这个过程包括了 6 个阶段：开始、选择、探索、形成、收集和结束。而且每个阶段人们都会产生多方面的体验，包括物理体验、认知体验、情感体验等。在开始阶段，用户充满认知的不确定性和焦虑情绪，而随着任务的进展和信息的不断获取，用户的情绪会变化，焦虑情绪也会逐渐转化为信心和满足感。各阶段的具体情况如下。

第一个阶段——"开始"阶段，这是任务的初始化阶段。用户会在先前经验的基础上对要完成的任务进行分析，将其归属到一定的主题，这个阶段，因认知不确定的担忧是情感的主要特征。

第二个阶段——"选择"阶段，是用户对主题进行选择的过程，因为不熟悉相关主题，这种选择会有一定的迷茫，但也有一些可能达成目标的兴奋感。

第三个阶段——"探索"阶段，用户会摄入大量知识，而随着对主题有了基本了解和对目标的逐步掌握，对不熟悉知识的理解会引发新的疑问甚至恐惧，而且因为不能精确表达自身需求产生困顿感。

第四个阶段——"形成"阶段，是用户对相关主题有了基本认识的阶段，这个阶段用户因为明确了主题的要点，甚至产生了更深刻的联想，其情绪会变得乐观，对任务的完成充满信心。

第五个阶段——"收集"阶段，用户对信息进行了进一步查询、确定及扩展，包括开始对相关信息进行组织，这一阶段用户完成任务的信心及能力增强，查询的兴趣也开始增加。

第六个阶段——"结束"阶段，用户开始收尾，可能会对主题进行个人化的综合性思考，情感开始处于放松状态，充满满足感。

这些信息搜寻行为理论均强调了信息搜寻是一个聚焦搜索和探索式浏览的交叉组合。这些理论也说明，信息服务产品与用户的信息搜寻行为是相互作用的，信息服务所构建的信息环境如果能够适应用户的认知和体验，就可能使得用户信息搜寻行为顺畅开展，同时，信息服务也可以通过主动的信息供应作用于用户的信息搜寻行为过程，使得其认知发生良性转变，更深入地使用信息服务产品所提供的功能和资源，更快地达成信息搜寻目标。

6.3　基于情境的信息行为

行为是人与环境相互作用的产物。人们采取何种信息行为与其信息需求产生的特定情境有关，因此，信息行为也具有天然的情境相关性。信息行为不仅在特定情境下产生，而且会随着情境的改变而改变。信息服务产品设计需要结合人们的特定情境去观察和理解人们的信息行为，尤其在今天，信息行为发生环境已经从计算机环境转变到富设备环境（包括各种智能设备、移动终端等），情境观点对信息行为及其转换问题的观察非常重要。

6.3.1　情境及其构成元素

行为活动总是在各种情境中发生的，情境是理解行为的关键。对信息行为的研究正在从以人为中心的方法向情境中的人这一观念导向下的多样化、整体论方法变迁。这种变化主要是在技术驱动下产生的，当前信息服务产品在技术上已经不同程度上具有了情境感知能力，能够感知用户信息行为发生时的物理环境、计算环境的状态、用户行为状态及人–机–环境交互的历史等，由此，对信息行为的分析和理解也扩展到对情境的分析。

所谓情境，指的是用户在信息行为过程中所处的特定环境和状态的总和，既包括相关的社会、技术、组织、文化等外部环境因素，也包括人的心理、经验、认知等内部因素。"情境（context）"一词有很多近义词，如场所（setting）、环境（environment）、信息世界（information world）和信息场（information ground）等。也就是说，情境主要是指信息行为的发生背景。还有一种关于情境的狭义理解，专指当时信息行为发生的具体环境，即你在哪，你同谁在一起，身边有何资源等。这种理解主要用来分析和预测即时性的信息活动。

不管对情境的广义理解还是狭义理解，情境都具有整合性地把一些活动结合起来的特征。所以，情境涉及多方面元素，大致可以将其分为 6 类：任务情境、时空情境、个人情境、社会情境、物理情境、技术情境。

1. 任务情境

任务情境是指与用户正在做的工作相关的目标、任务、行为或活动。工作任务经常是信息行为产生的动机。当用户基于组织需求或个人动机感知到自己需要特定信息时，就产生了工作任务，所以工作任务和信息需求是相伴相生的。人们通常从狭义和广义两种角度定义工作任务，狭义角度的工作任务被限定在与工作相关的任务，而广义角度的工作任务不仅仅局限于与工作相关的任务，而将其理解为任何促使信息行为产生的动机[16]。

2. 时空情境

时空情境描述的是与用户目前的时间、位置、方向等相关的属性。近年来，移动技术尤其是智能手机正在以前所未有的速度影响着人类的生活。移动用户的需求往往是由时空情境所驱动的：他们所要查询的结果不但与直接信息需求相关，而且与物理位置相关。所以情境感知早期的研究多集中在探测用户的位置并将其应用到服务系统中。空间的相关性也可以基于物理位置的可访问性来衡量，即到达某一物理位置所花费的时间，如根据用户的位置进行旅游景点推荐、线路导航等。而描述时间情境也较多，其中最直观的方法之一就是通过信息的"新鲜度"衡量相关性，即某一项信息越新，其相关度就越高。这种方法可以与空间足迹法结合起来针对用户当前的物理位置为用户提供最新的信息。

3. 个人情境

个人情境指用户的生理情境、精神状态情境、喜好、思维模式等。个人情境由人类学、心理学、认知、生理4种情境组成。人类学情境是指个人偏好属性，如种族、语言、性别等；心理学情境是指心情、专长、愤怒、压力等的信息；认知情境指用户短期或长期的专业知识水平和兴趣范畴；生理情境包括诸如脉搏、血压、体重等的生理信息。一些个人情境信息是动态变化的，如健康情况等。

4. 社会情境

社会情境指用户的社会角色、地位及与他人的关系等。社会情境元素对信息搜寻行为的影响主要体现在两个方面：一是信息搜寻需求的社会性，即用户的信息需求来源于在工作和社会生活中遇到的各种问题；二是信息搜寻过程的社会性，用户在进行信息搜寻时的社会角色、文化价值观都会对搜寻过程产生影响。一个支持性的环境会为信息行为提供大量的帮助，包括减少用户压力、提升其自我效能感等，因此，社会情境对用户信息行为作用显著。

同时，个体信息行为与群体信息行为通常也有所不同，而当前群体信息行为也已经成为常态。在社交媒体环境下，对情境的理解更加侧重于对社会情境的理解，学者甚至将情境定义为人们为了单一目的聚集在一起而临时性产生的社会交互环境，从该环境中呈现出社会氛围，促成信息的自发性和偶然性共享[15]。另外，隐私问题也日益成为社会情境重要构成之一。

5. 物理情境

物理环境指围绕在用户周围的实体，这些实体可以是空间、服务、温度、光照、湿度等，这种物理环境也包括用户信息行为的技术环境，如设备情况、信息系统情况、可访问的信息资源情况等。

6. 技术情境

技术情境指当用户信息行为发生时的技术条件，如所使用的技术设备、软件系统等。同样的技术环境对不同的用户作用可能不同。例如，当用户初次使用某软件系统搜寻信息时，可能会遇到熟手所不会遇到的问题，也会有与熟手不同的行为路径和行为感受。

不同情境下的信息行为各有特点，因此，对信息行为的研究有学术信息行为、健康信息行为、应急信息行为、合作信息行为、音乐信息行为、学习信息行为等细分领域。而且，由于不同技术情境下人们的信息行为差异较大，导致了对移动信息行为、协同信息行为、智能信息行为等问题的新关注。

6.3.2 信息行为情境关联

信息行为研究领域总是会将信息行为观察与其所在情境联系起来思考，因为信息行为的发生及变化通常由特定的信息需求引发，而需求源于特定环境和状态。从这个意义上说，信息行为与个体所处的情境密切相关，情境是所有信息行为的驱动要素，而且情境的改变必然也会影响到信息行为的改变。

因此，"信息行为的情境观点"成为当前信息行为研究领域的主流观点。该观点认为，任何信息行为都发生在情境中，情境决定用户对信息服务系统的使用目的和行为。特别是在对信息搜寻行为、信息检索行为等的认知框架中，情境与信息对象、检索系统、领域等相互嵌套并始终贯穿其中。

较早阐明情境观点的是 Wilson 的"信息行为一般性模型"（见图 6-4）。该模型聚焦于影响信息行为产生的具体情境因素，并按其作用方式进行了分类。

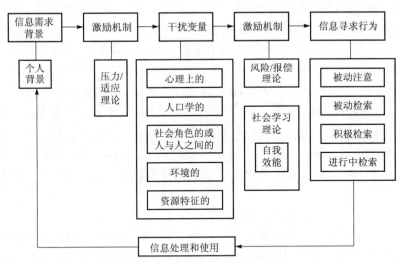

图 6-4　信息行为一般性模型

根据这一理论，人们的信息搜寻行为有多种类型，包括主动的检索、被动的检索，甚至被动的注意，同时，也可能是一种持续监控信息内容的"正在进行的检索"。而人们究竟会采取这 4 种方式的哪一种方式进行信息搜寻，以及其信息搜寻行为的强度如何，和许多情境因素有关，这些情境因素一方面来自信息需求，另一方面来自用户特定的环境。

信息需求导致了信息行为，而且信息需求有其产生的特定情境，这种情境将对信息行为产生直接影响，包括会给用户带来不同程度的压力。当信息需求带来的压力足够大时，就会促使用户花更多的时间精力展开信息搜寻，而当压力不是那么大时，人们可能就是采用被动应对的方式展开信息搜寻。所以，从某种程度上说，信息需求情境就是信息行为的启动机制。

除了信息需求的产生情境，用户开展信息活动时还存在其他情境。首先是用户个体的心理情境，如用户的生活观、价值观、对创新的态度、习惯、偏好、自我效能感等；其次是其人口统计变量，如其性别、角色、社会和经济地位、受教育情况、工作背景等；再次，包括其社会角色和人际关系变量，如工作角色、要求、行为标准和模式、在组织中的责任、级别等；同时，还有其所处环境情况，如立法情况、经济情况、社会稳定情况、信息文化；另外，还包括信息源特征变量，即信息资源分布、信息的流通情况、可靠性等情况。这些成为影响信息查寻行为的介入因素深度影响着用户信息查寻行为取向。

这些情境因素联合作用，可能导致用户将信息行为视为一种风险或将其视为一种报偿，这些理解直接影响其信息行为的积极性和对信息源的选择。同时，需求情境与其他情境的交互作用，也可能导致用户产生关于自我效能的认知，这些认知也会影响其信息行为的积极性。因此，作为一种动力机制，情境的作用可能是积极的，也可能是消极的。

该模型也显示，情境中主体（用户）的信息行为从信息需求开始，到信息处理和利用结束，形成一个闭环。而信息的利用会影响情境中的主体，导致主体发生变化，并使得需求情境随之发生变化，新一轮的信息行为重新开始，周而复始，循环不息。

Wilson 的"信息行为一般性模型"是信息行为研究的基础理论之一，它涉及心理学、决策学、交流问题、经济问题等多学科领域知识，尤其是引进了压力/适应理论、风险/报偿理论和自我效能理论等描述情境的具体作用方式。这 3 个理论的应用有利于形成对用户信息行为更为深刻的诠释：压力/适应理论对为什么用户没有针对自己的某些信息需求采取信息搜寻行动进行了解释；风险/报偿理论说明了用户具体采取哪种信息行为的内在原因；自我效能理论则描述了用户在完成信息行为过程中追求成功的相关心理努力。

另一个对信息行为的情境相关性的理论是 Taylor 等提出的信息使用环境理论（information use environment，IUE）[17]。该理论试图建构一个涵盖信息资源、用户信息行为过程的模式，将人与信息之间的互动过程进行系统化描述。他指出，信息需求的产生来自对环境中一些信息能够用来解决或处理问题的假设。同时，Taylor 等认为信息环境是许多变量的集合，这些变量影响信息流动，并决定了信息的价值标准。Taylor 等把信息环境分为以下 3 类。

（1）地理上的信息环境，体现了物理限制。

（2）组织上的信息环境，其中组织是一个为了完成某项目而设计的复杂社会单位。

（3）社会/智力/文化上的信息环境，一群彼此不认识的人，其专业或个人兴趣是各种信息服务与产品生产的基础。

按照 Toylor 等关于信息使用环境和信息价值的理论，信息只有在特定使用环境中才有价值，而用户的问题环境决定了哪些信息能帮助澄清问题，并加速问题解决，即具有价值。因而，研究用户的问题环境能发现用户的信息价值判断标准。Toylor 提出了信息环境四要素，即情境（setting）、问题（problems）、问题的解决（problem resolution）、个人背景（sets of people）。

6.3.3 信息行为情境的分析

如上所述，在真正的信息行为中，用户所存在的情境时时刻刻都在发生变化，用户的信息需求也随时都会发生改变，要经过多次的信息识别、信息决策及信息寻求。因此，在对用户信息行为进行观察和分析时，应当将情境分析纳入，才能更充分地分析和解释信息行为这一复杂现象。

情境信息的获取是情境分析的基础。在情境信息获取过程中，可以根据情境信息的作用情况将情境信息分为功能性信息和非功能性信息两类。用户身份、时间地点、活动等是功能性信息；社会、文化、经验、偏好等则是非功能性信息。早期情境信息获取主要是收集非功能性信息，用来分析用户特征和意图，如将用户的搜索引擎分为 3 种检索意图：信息性、导航性、事务性。寻找这 3 类意图的用户搜索提问特征，进而对用户搜索提问进行识别，预测用户意图。用户的书签、访问日志也成为推断用户偏好的常用线索。而今天对功能性信息的收集越来越常见，传感器成为功能性情境信息的重要来源。信息服务产品方通常需要将功能性信息和非功能性信息结合分析，形成对信息资源和信息服务个性化输出的准确判断。

对信息行为情境的分析一般服务于情境建模和情境推理。情境建模是将情境感知数据及用户行为信息表示成统一的、适当的、可识别的格式。情境推理则主要是从低层次情境信息推理出高层次情境信息，挖掘情境和信息行为之间的关系，形成用户行为模式。图 6-5 为移动情境感知环境下的用户行为模式挖掘框架。

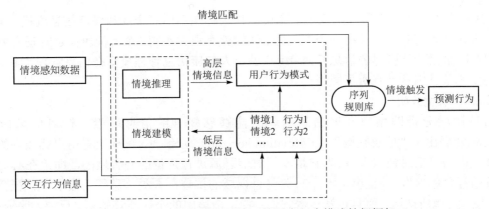

图 6-5 移动情境感知环境下的用户行为模式挖掘框架

资料来源：刘彩虹，郭崇慧. 移动情境感知环境下的用户行为模式挖掘算法研究 [J]. 系统工程学报，2020, 35（4）：433-445.

信息行为情境分析的内容依具体的情境分析对象有所不同。例如，人们在对任务情境、学习情境、健康情境、信息情境等展开分析时就有各自不同的分析对象和分析思路。

1. 任务情境分析

任务对信息查寻动机、查寻类型、资源选择、策略选择及调整起着至关重要的作用。在任务情境下，任务的类型、复杂度、性质、阶段、灵活度及任务间的转换等都会对人们的信息行为带来影响。其中，任务类型有事实型、理解型、探索型，任务类型不同，用户对检索系统、资源类型的选择也不同；任务的维度主要包括任务的性质、阶段、复杂度、灵活度等。由于任务的转换直接影响整个查寻检索目标的改变，为了了解用户的任务情境，在对用户进行调查的时候，通常要询问一系列相关问题，如：

- 用户的目标是什么？他们渴望得到什么？
- 用户为了达到目标通常做哪些任务？
- 哪些个人的、社会的、文化的因素会影响用户的任务？
- 用户是如何被他们的物理环境所影响的？
- 用户以前的知识和经验是如何影响他们对任务的理解及完成任务的流程的？

2. 学习情境分析

学习情境下的信息搜寻是信息行为研究中重要的部分。学习情境包括正式学习情境和非正式学习情境。正式学习情境是指正规的学校教育，非正式学习环境是指人们接受新知识所处的生活、社交等环境，如读书、创客空间等。可以将学习情境又具体细分为学习者情境、学习资源情境、领域知识情境、学习环境情境。学习者情境主要涉及年龄、兴趣、学习风格、学习目标和活动等情境元素；学习资源情境主要涉及资源的使用对象、知识点、该资源的访问统计信息；领域知识情境可以包括知识点的使用对象、关联知识点等；学习环境情境主要可分为设备、网络、场所等[①]。

3. 健康情境分析

健康情境分析主要关注健康情境下个人健康信息寻求行为和个人健康信息管理。在不同的健康情境下，用户在寻求健康信息的检索过程中情感、认知和信息处理存在较大的差异。

---

① 余平，管珏琪，徐显龙，等. 情境信息及其在智慧学习资源推荐中的应用研究 [J]. 电化教育研究，2016, 37（2）：54-61.

例如，疾病患者和护理人员之间或是一个用户在进行疾病信息查找和保健信息查找之间，他的信息查寻行为或是查寻过程中个人情感、认知就有很大不同。个人健康信息管理主要是关注用户在网络健康社区里的信息行为，用户的个人健康信息管理模型在信息管理工具、信息行为强度和激励因素上有所不同。

4. 信息情境分析

信息情境分析即用户开展信息活动时能够感知到的信息环境。针对信息情境，Sonnenwald 提出了"信息视域"（information horizon）理论[18]。该理论将用户感知到的这种信息环境称为"信息视域"，认为它是人们对信息源进行定位的心智地图，即"在心灵之眼前打开的假象领地"，并提出了 5 个有关信息视域的推理：人类信息行为被个体、社会、网络、环境、情境所塑造，而且也塑造着它们；特定情境中的个体能够感知、反映、评价他人、自身、环境之变化；处于一个情境中，这正是一个可能有所作为的信息视域；理想情况下，人类的信息搜寻行为可以被视为个体与信息源之间的协作；信息视域里包含各种信息资源，且这些信息资源拥有彼此的知识。这一理论被用来探测人们与信息源之间的关联，以及识别信息源利用偏好[19]。

Cool 和 Spink 把信息情境划分成 4 个层次：① 信息环境层，包括教育机构、各类组织或工作任务环境。② 信息搜寻层，包括搜寻目标、解决不同问题的任务所构筑的环境等。③ 信息检索交互层，信息检索交互本身创造了一种用户信息搜索的环境。④ 检索语句层，对于这一层来说，环境是指检索词所构筑的不同含义的语言环境[20]。

因此，在信息服务产品设计中也要将信息用户置于其生活世界的情境之中，要根据不同情境去观察和理解人们的信息行为。这使得情境式调查对信息服务产品设计也是非常必要的，例如，观察用户的工作空间，就可以发现他们所需要的信息资源范畴。同时，也要留意用户每天在做的事情，这些观察都使设计者具备一定的洞察力，了解到用户在生活中所扮演的角色和他的任务，进而设计出更能满足其需要的信息服务。

资料

新系统情境下的用户信息行为

所谓发现系统，即通过一个简单的查询结构，对预先索引好的元数据、全文或是其他图书馆资源进行查询和获取的服务。我们对 20 个新用户使用发现系统（discovery service system）的过程进行观察，分析其类型和特征，并构建信息搜寻阶段模型。

研究发现，新系统情境下的用户信息搜寻过程非常复杂，可将其分为 3 个阶段：搜索、扫描和验证。根据这 3 个阶段的活动分布情况，可将被观察用户分为 4 种行为模式。

第一种模式：用户会花更多的时间构建或重构检索策略，并下载更多的搜索结果，故可以称之为"检索–收割模式"。这种模式下的用户有强烈的探索激情，较多的时间用户用于检索阶段。

第二种模式：用户会花更多的时间浏览和处理搜索结果，也会下载较多的搜索结果。可以称之为"浏览–收割模式"。此类用户对自己发现有价值信息的能力比较自信，较少置疑自己的检索策略。

第三种模式：用户倾向于对检索结果进行处理，但下载的检索结果较少，可以称之为"浏览–拾穗型模式"。此类用户在使用学术检索系统方面缺乏经验，会花比较多的时间来熟悉系统，但仍然经常会误会系统的功能。

第四种模式：用户倾向于花更多的时间构建检索式，但下载的检索结果较少，可以称之为"检索–拾穗型模式"。这些用户对发现系统的感受是较难使用，在检索策略选择上效率也比较低。

结合有声思维观察和事后访谈，本研究发现新手在搜索、扫描、验证这 3 个阶段上也表现出自己的特征，具体如下。

在搜索阶段，新用户的目标是识别问题，探索各种可能性，所从事的活动包括观察、理解、建构、试错、浏览和识别。对系统的情感主要表现为好奇，并置疑这个陌生系统是否能完成自己的任务，因而会建构一些尝试性搜索策略，但总的情感体验是使用系统有些棘手。

在扫描阶段，新用户的目标是建立搜索路径，并构建关于主题的知识，所从事的活动包括发现、链接、建构、扫描、获取、跟踪等。如果用了合适的搜索策略，用户会对系统的功效感到惊喜，这会提高他们的自我效能感；但那些在发现有效搜索策略方面困难的用户则往往会感觉焦虑、失望，可能会转向使用其他更熟悉的系统或换一个主题再搜索。

在验证阶段，用户的目标是获取信息、收获答案，这一阶段将建立对这个服务系统、搜索策略和信息的最终评价，所从事的活动主要包括确认、评价、验证、收集、选择、下载等。用户往往希望获得丰富结果，如果系统与其期望一致，他们往往会达到一个较高的自我效能感并确认新系统的价值，而遇到使用问题的用户则又分两种情况：如果搜索的是一个熟悉主题，用户会将出现问题的责任归咎于系统，并拒绝再使用系统；如果搜索的主题自己不熟悉，他们可能会将问题的责任归咎于自己的搜索策略；那些对搜到的文献严重不满意的用户，则可能会有挫折感，否认自己的学习能力，或者对服务系统产生低评价，以后也不会再考虑使用这一系统。

总之，新系统下的用户信息搜寻行为与一般的用户信息搜寻行为还是有较大差异的，原因在于：第一，系统、策略和信息会交互作用于用户的活动和情感；第二，在较早的行为阶段，与系统相关的目标是用户的核心目标，这会导致一些特殊信息活动出现；第三，当用户需要使用一个不熟悉的系统和策略来解决问题时，可能导致用户的情感更加极化。

表 6-1 为新系统情境下用户信息搜寻行为各阶段特征。

表 6-1　新系统情境下用户信息搜寻行为各阶段特征

		搜索阶段	扫描阶段	验证阶段
目标		识别问题	开发搜索路径	验证信息
		探索可能性	构建主题知识	收集答案
活动	系统	观察、理解	发现、连接	确认
	策略	建构、试错	构建	综述、验证
	信息	浏览、识别	扫描、访问、追踪	收集、选择、下载
情感	系统	好奇、置疑	惊喜、失望	信任、否认、放弃
	策略	困惑	充满希望的、挑战的	自我效能感、挫折感
	信息	充满希望	渴望的、失望的、肯定的	令人满意的、令人失望的

资料来源：GUIHUA LI，LONGLONG WU. New service system as an information-seeking context[J]. Journal of documentation，2017，73（5）：1082–1098.

6.4　眼动实验法在信息行为研究中的运用

6.4.1　眼动实验基础

　　眼动技术方法发展至今已有 60 多年的历史，已成为一项成熟的技术，近年来被广泛应用于信息行为、用户心理、网站界面设计等信息服务研究领域。实验室中观察用户信息行为的方法有多种，如屏幕跟踪法、录屏法、有声思维法、脑电波方法等。相比之下，眼动实验法在观察细致度、准确度上都能达到较高水准，是成本效益比较好的一类观察方法。

　　简而言之，眼动实验法是指利用眼动追踪设备对人的眼球运动进行记录并分析人们在注视过程中的各项眼动指标，以此揭示人们的心理加工过程和规律的一种研究方法。眼动追踪技术用于记录眼睛在视觉刺激物（如文字、图像、视频等）上移动的情况，可以提供与明显的视觉注意相关的信息。因此，眼动追踪技术能够直接测量参与者的注意力，不易受到参与者和研究人员的主观影响，因而更加可靠。

　　目前在信息行为研究中使用的眼动追踪设备主要有 3 种类型：远程眼动仪、头戴式眼动仪和开源资源。眼动仪是一种使用红外线和摄像机记录人们注意到刺激物时眼球活动的设备。其基本原理是：红外光线照射眼睛，产生瞳孔和角膜反射；摄像机通过计算瞳孔反射与角膜反射之间的距离确定眼球的注视位置。其中远程眼动仪的优点是刺激物有固定的位置，有助于观察和数据收集，缺点是刺激物只能呈现在显示屏上，也限制了研究的范围，而头戴式眼动仪适用于自然环境下的眼动研究，实验者可以随意移动，便于研究者收集更广泛的场景数据，但是对实验设计的要求更高。开源资源一般是研究者开发的可记录眼动数据的算法和脚本等，可以通过计算机、手机等设备的摄像头记录眼动数据，此类资源一般可以免费获取，但无法保证数据收集的精确度[21]。

　　眼动即眼球运动，更准确地说是注视点的移动。眼动有 3 种方式，即注视、眼跳和追随运动。眼睛停留在目标区域 100 ms 以上称为注视，注视伴随细微的眼动，通常在 200～300 ms，是获取信息的主要途径。注视点或注视方位的改变称为眼跳，眼跳过程中基本不获取信息。当视觉目标发生位移时注视点跟随其移动称为追随运动。人们想通过视觉获取信息，要伴随 3 种眼动方式，不断将目标信息调整移动到中央凹内进行获取。

　　眼动实验通常包含以下 4 个步骤[22]：

　　（1）确定实验任务。根据研究目的和研究问题，设计实验任务，用于触发参与者的相关行为。

　　（2）设计实验材料。根据实验任务，设计实验材料，通过提供刺激物引起参与者的注意从而产生眼动。实验材料包括传统的文字及可视化的图片、视频、网页等。

　　（3）实施眼动实验。在实验过程中利用眼动仪采集参与者的眼动数据，一般还会结合其他手段和工具捕捉他们相应的物理行为，如点击行动等。

　　（4）处理眼动数据。对采集到的眼动数据进行加工和分析过程。由于佩戴眼镜、化妆等多种原因，眼动仪可能无法成功捕捉到所有参与者的眼动情况，通常都会有至少 5%～10% 的失败率，因此需要排除不符合要求的眼动数据，然后才能进行数据分析。

6.4.2　眼动指标

眼动有注视、眼跳和追随运动 3 种方式，眼动追踪指标是对这 3 种方式的表征，包括了时间维度变量、空间维度变量。其中时间指标包括注视时间（如单一注视时间、总注视时间和平均注视时间等）、凝视时间、眼跳次数、眼跳时间、眼跳潜伏期、追随运动时间等，而空间指标包括注视点、眼跳间距、注视次数、注视位置、回视次数等。这些指标能够从不同的角度来描述用户的眼动注视行为，不同的实验根据不同的研究目的选取合适的指标进行测量。表 6－2 为眼动跟踪指标分类。

表 6－2　眼动跟踪指标分类

类别	指标	指标含义
注视	单一注视时间	第一次阅读时，兴趣区内有且只有一次注视的时间
	首次注视时间	首次注视兴趣区内注视点的时间
	第二次注视时间	第二次注视兴趣区内注视点的时间
	凝视时间	注视点移动前，兴趣区内注视点的总注视时长
	总注视时间/总停留时间/总阅读时间	注视兴趣区内注视点的时间总和
	平均注视时间	兴趣区内注视点注视时间的平均值
	注视位置	兴趣区内注视点所处的位置
	注视次数	兴趣区内注视点被注视的总次数
	注视点个数	兴趣区内注视点的总数
	平均注视点个数	被研究者在兴趣区内注视点的个数平均值
眼跳	眼跳距离	从兴趣区内一个注视点到另一个注视点的跳动距离
	眼跳时间	从一个注视点跳到下一个注视点所需的时间
回视	回视时间	回视到兴趣区的注视时间之和
	回视路径阅读时间	从兴趣区的首次注视开始，到注视点落到该兴趣区右侧的区域为止
	回视次数	回视出次数与回视入次数的总和，前者指注视点从落到某区域开始发生回视的次数，后者指回视落入某个区域的次数
阅读	第一遍阅读时间/第一次通过总时间	注视点首次调向另一个兴趣区之前的所有注视点注视时间之和
	第二遍阅读时间/回看注视时间	首次阅读之后，再次回到该兴趣区的注视点的持续时间之和
	重读时间	回视路径阅读时间减去第一遍阅读时间后的持续时间
	总阅读时间	兴趣区内所有注视点的阅读时间之和
瞳孔直径	瞳孔直径	瞳孔直径的数值

资料来源：许洁，王豪龙. 阅读行为眼动跟踪研究综述［J］. 出版科学，2020，28（2）：52－66.

眼动仪通常可以直接输出一些眼动测量指标，眼动测量指标可分为两类，分别是直观性指标、统计性指标。

直观性指标包括扫描路径、蜂群图、焦点图和热图这些能够直观表征观察者眼动的指标。

扫描路径又称为注视点序列，即眼球在实验材料上呈现的扫视－注视－扫视序列，这一项指标常用于评价用户界面的效率。通过对被试扫描方向的分析，可以确定其扫描策略。此外，在搜索任务中，理想的扫视路径是一个直接朝向目标的直线并且扫描路径也是有规律可言的，一旦标准"扫描路径"确定后，如果被试出现偏离现象，说明被试没有经过训练或设计没有达到既定目标。蜂群图以彩色圆点表征被试群体的注视点，一个点代表一个被试。通过观察蜂群图的集体运动趋势来初步观察被试群体对所观察区域的兴趣取向与关注程度。焦点图以亮度的变化来显示位置、时间的动态变化。热图则以颜色的暖色度来显示注意位置、时间的动态变化，颜色越红表示眼球注视该目标的时间越长。热图可以快速可视化哪些元素比其他元素更受关注。可以在单个受访者和参与者组之间比较热图，这有助于了解不同人群如何以不同的方式查看目标刺激的。

统计性指标包括注视类指标、眼跳类指标等基本指标和凝视时间等合成指标。注视类指标包括注视次数和注视时长。注视次数是被试在特定区域内留下的注视点数量和停留时间，注视时长包括首次注视时长和平均注视时长。注视类指标一般与兴趣区结合使用，兴趣区是研究人员根据研究需要在实验材料而人为划分出来的区域。眼跳类指标包括眼跳次数、眼跳潜伏期、眼跳幅度。眼跳次数越多表明搜索过程越长；眼跳潜伏期是指刺激呈现到第一个眼跳开始的时间，潜伏期越长，表明当前目标的加工越困难；眼跳幅度越大，表明新区域有更多的意义性线索。合成类统计指标主要统计凝视时间，凝视时间是指被试眼睛注视屏幕上的某一个兴趣点的时间。

6.4.3 眼动数据分析

应用眼动追踪实验法，通过指标值的对比能够追踪和分析用户行为的变化。在用户信息行为研究中，较多研究者利用眼动技术方法对相关性判断、浏览、凝视、选择、检索、阅读等行为表现进行研究。研究内容包括信息行为的眼动特征和规律、基于眼动实验的信息行为影响因素等。其中影响因素的研究主要包括信息元素的属性和位置、对信息界面的熟悉程度、搜寻阶段、性别、搜索任务、搜索引擎等。

现有研究主要使用 3 种方法分析眼动追踪数据。第一种是兴趣区分析。在眼动行为研究中，为了方便研究者对不同研究区域进行观察记录，往往要事先确定一个"兴趣区"，兴趣区可大可小，方便针对不用范围的兴趣区进行针对性的测验和观察，也可具体分析不同研究对象对于兴趣区的关注程度差异。通过统计各划定兴趣区的注视指标可以识别用户感兴趣的界面区域。第二种是热点图分析，利用色谱生成界面上用户注视的强度分布图来揭示用户注意的分布。第三种是轨迹图分析，通过连接注视点坐标生成用户的注视时序模式。

相对于其他方法而言，眼动追踪对捕获用户的行为和偏好更客观和真实，它将人类视觉获取信息的行为显性化，让我们有机会去观察用户是如何从网页界面上获取信息的，通过对信息行为的眼动特征和规律的总结去判断界面元素被注意的程度、去探究信息行为的影响因素。眼动追踪还可应用于网页的可用性研究，如了解用户的关注点（图标、文字、视觉元素等）、在浏览各模块时的顺序是否流畅，或者是了解用户完成某项任务时受到了哪些阻碍，又或者是了解对比两个版本的设计，哪个更符合用户的浏览习惯；在设计元素的布局上，使用眼动追踪可以得到用户对某个特定元素的位置期望。因此，眼动实验法在信息服务产品设计设计方面大有可为。

◇ 本章小结

　　用户信息行为是信息需求的指征，也是信息需求的衍生，并且可能促成信息需求的动态变化。信息行为是人与信息相关的活动，是人有关信息资源和线索的行为综合，历经信息搜寻、选择、搜集等过程，并将信息吸收、纳入用户思想库的连续、动态、逐步深入的过程。信息行为有 5 个构成要素，即行为主体、场所、信息内容、驱动因素、对象和时间。信息行为有目的性、经济性、习惯性。

　　信息行为主要分为 3 种：信息搜寻行为、信息选择行为、信息吸收与利用行为。信息搜寻行为是用户为了填补自身知识差而获取信息的有意识的努力。消费信息搜寻行为中存在有两种类型的信息搜寻过程，即内部信息搜集与外部信息搜集。消费者内部信息搜集过程中的重要认知活动是对品牌进行归类，品牌信息需要进入用户的"意识域"，并进入"激活域"，而避免品牌被打入"排除域"。消费者外部信息搜寻行为主要涉及信息源维度、品牌维度和时间维度 3 个维度。学术信息搜寻行为领域也已产生了丰富的理论成果。采莓理论认为用户的每一个搜寻阶段都包含通过信息选择和吸收不断调整需求并逐渐向目标递进的过程。信息觅食理论从认知的角度审视用户信息行为的获取过程，主要包括信息斑块模型、信息菜单模型、信息线索理论 3 个模型。信息搜寻过程模型将信息搜寻视为一个建构的过程，并将其分为 6 个阶段。这些信息搜寻行为理论显示了信息搜寻又是聚焦搜索和探索式浏览的交叉组合。

　　信息行为与个体所处的情境密切相关，情境是所有信息行为的驱动因素，因而，信息行为的情境观点成为信息行为研究的主流观点。情境是用户在信息行为过程中所处的特定环境和状态的综合。情境作为一种整合性的特征涉及多方面元素，包括任务、时空、个人、社会、环境等。Wilson 的"信息行为一般性模型"引进了压力/适应理论、风险/报偿理论和自我效能理论等描述情境的具体作用方式。对信息行为情境的分析以情境信息收集为基础，一般服务于情境建模和情境推理。信息行为情境分析的内容依具体的情境分析对象应有所不同。在信息服务产品涉及中也要将信息用户置于其生活世界的情境之中，要根据不同情境去观察和理解人们的信息行为。

　　在研究用户的信息行为过程中，应用实验室方法非常必要，尤其是眼动仪等观测设备为观察计算机端或手机端的信息行为带来了极大便利。眼动实验法是利用眼动追踪设备对人的眼球运动进行记录并分析人们在注视过程中的各项眼动指标，以此揭示人们的心理加工过程和规律的一种研究方法。眼动有注视、眼跳和追随运动 3 种方式，眼动追踪指标是对这 3 种方式的表征，包括时间维度变量和空间维度变量。眼动测量指标可分为直观性指标和统计性指标两类。应用眼动追踪实验法通过指标值的对比能够追踪和分析用户行为的变化。现有研究主要通过 3 种方法分析眼动追踪数据：兴趣区分析、热点图分析、轨迹图分析。在信息行为研究中，研究者利用眼动技术方法对相关性判断、浏览、凝视、选择、检索、阅读等行为表现进行研究。研究内容有信息行为的眼动特征和规律、信息行为影响程度等。

◇ 本章基本概念

　　行为　信息行为　信息搜寻行为　信息选择行为　信息吸收与利用行为　意识域　激

活域 采莓理论 信息觅食理论 信息斑块 信息线索 信息搜寻过程模型 情境 信息
行为的情境观点 信息行为一般性模型 信息视域 眼动实验法

◇ 练习与作业

1. 调查你的 3 位同学，了解他们在完成课程作业过程中是怎样进行信息搜寻的，分析
他们为了完成作业的信息搜寻行为具有怎样的特点。

2. 请设计一个调查方案，调查消费者在购买图书过程中的信息搜寻行为，并据此提出
改进购书网站的策略。

3. 你认为短视频信息选择行为中用户会考虑哪些因素？

4. 请选择一个听书类 App，设计一个眼动实验来测试其新用户引导服务设计。

◇ 本章参考文献

［1］冬青. 揭开行为的奥秘：行为科学概论［M］. 北京：中国经济出版社，1987.

［2］TIAN Y，WANG X F，YAO H，et al.Occlusion handling using moving volume and ray
casting techniques for augmented reality systems［J］. Multimedia tools and applications，
2018（77）：16561－16578.

［3］CASE D O. Looking for Information: A survey of research on information seeking, needs,
and behavior. 4th ed. Bingley：emerald group publishing，2016.

［4］ENGE, SPENCER, STRICCHIO LA，等. SEO 的艺术［M］. 姚军，等译. 北京：机械工
业出版社，2013.

［5］PETERSON, KERIN, ROSS. Book review: an information processing theory of consumer
choice. Journal of marketing，1979，43（3）：124－126.

［6］ALBA J W. HUTCHINSON J W，LYNCH J G.Memory and decision making.//ROBERTON
T C，KASSARJIAN H H. Handbook of consumer behavior［M］. Egnlewood：Prentice Hall，
1990.

［7］KIEL G C, LAYTON R A. Dimensions of consumer information seeking behavior[J]. Journal
of marketing research，1981，18（2）：233－239.

［8］李桂华，余伟萍. 信息视角的消费者－品牌关系建立过程：SCPRUC 模型［J］. 情报杂
志，2011，30（7）：190－195.

［9］PIROLLI P. Information foraging theory：adaptive interaction with information[M].Oxford：
Oxford Universtiy Press，2007.

［10］STEPHENS D W，KREBS J R. Foraging Theory［M］. Princeton：Princeton university
press，1986.

［11］杨阳，张新民. 信息觅食理论的研究进展［J］. 现代图书情报技术，2009（1）：73－79.

［12］邓小昭. 学术用户网络信息查寻行为研究：行为生态学与认知科学整合视角［M］. 北
京：科学出版社，2020.

［13］LI GUIHUA, LIN SIYAN, YU WEIPING，et al. An empirical study on the cueing effect of the emotional post title in a virtual community [J]. Data and information management. 2020，5（1）：208－227.

[14] KUHLTHAU C C.Inside the search process：information seeking from the user's perspective [J]. Journal of the American society for information science，1991，42（5）：361－371.

[15] PETTIGREW K E. Lay information provision in community settings: how community health nurses disseminate human services information to the elderly[J]. The library quarterly，2000，70（1）：47－85.

[16] 郭桑，李桂华. 任务情境及其对信息查寻行为的影响研究. 情报理论与实践，2012，35（11）：12－16.

[17] TAYLOR S，TODD P. Assessing IT usage: the role of prior experience [J]. Management Information Systems Quarterly，1995，19（4）：561－570.

[18] SONNEWALD. Information horizons//FISHER K E，ERDELEZ S，MCKECHIE L. Theories of information behavior[M]. New Jersey：Information Today，Inc.，2005.

[19] 李桂华. 基于美国大学参考咨询提问的当代社会科学信息需求研究 [J]. 情报学报，2015，34（10）：1079－1087.

[20] COOL C. Issues of context in information retrieval（IR）: an introduction to the special issue [J]. Information processing and management，2002，38（5）：605－611.

[21] 李晶，陈志燕，陈明红. 眼动追踪实验法在信息行为领域的应用研究 [J]. 情报学报，2020，39（1）：90－99.

[22] 姜婷婷，吴茜，徐亚苹，等. 眼动追踪技术在国外信息行为研究中的应用 [J]. 情报学报，2020，39（2）：217－230.

[23] 王琳，熊颖，江雨薇，等. 眼动技术方法在图书情报学中的应用研究述评 [J]. 数字图书馆论坛，2020（8）：63－70.

第 7 章

用 户 画 像

理解用户画像的产生背景及适用场景，能够进行科学高效的用户细分和用户画像构建，明晰不同类型用户画像的区别，尤其是理解传统用户画像和基于大数据用户画像的差异。

- 深刻理解用户画像的应用目标；
- 掌握用户细分的属性和方法；
- 能够采用科学的方法构建用户画像；
- 理解基于大数据的用户画像的逻辑和方法。

7.1 用户画像及其功能

7.1.1 什么是用户画像

Alan Cooper 在 20 世纪 90 年代后期将人物角色（Persona）观点引入体验设计领域，他认为，设计师需要认识到他们不是在为自己设计这个系统，因此设计师需要创建角色，这样他们可以清楚系统将为哪些人群服务，也就可以站在相应用户的角度看问题。这一观点已被信息服务领域广为接受，而我国相关行业领域更多地将其称为用户画像。

那么，具体什么是用户画像？目前对用户画像的定义主要有 3 种看法。Alan Cooper 等指出用户画像是对产品目标群体真实特征的勾勒，是真实用户的综合原型。强调人们拥有不同类型的目标——经验目标、最终目标、生活目标，这些应该在所开发的用户角色中表现出来，并主张通过对产品用户的目标、行为、观点等进行研究，将用户分类并形成典型的角色，每个角色都代表一群真实的人物，以精准描述用户和用户想要完成的任务。而 Larry Constantine 认为，用户画像是个抽象的概念，是对一类用户及其问题之间关系的定义，包括需求、兴趣、期望和行为模式等。Amato、Quintana 等则将用户画像描述为“一个从海量数据中获取的、由用户信息构成的形象集合”，通过这个集合，可以描述用户的需求、个性化偏好及用户兴趣等。这些观点尽管有一定区别，但其拥有一个共性，即都认为用户画像来自对真实用户的理解。

同时，用户画像来自用户，但并不等同于用户，具体如下。

第一，用户画像与用户的含义不同。用户画像是一个信息服务产品的典型用户，是与之互动的某类用户的代表。这种用户画像被用来描述代表真实用户需求的虚构任务。用户画像的构建通过赋予一张人物的面孔和名字，可以将用户调查及用户细分过程中得到的分散资料重新关联起来。

第二，用户画像不是任务、义务或责任的罗列，他们是典型的用户。用户画像代表真实用户来指导设计上的决策，他们的目标和特征代表了多数用户的需求。从信息服务产品设计者角度出发，信息服务供应方总希望自己做的产品能够很好地满足用户需求，但是每个人对用户需求都可能有自己的理解，尤其是当团队里每一个人都会把自己当作用户，以自己对于产品的理解当作用户对于产品的理解来定义用户需求，所以产生对用户需求认识的冲突是常见现象。为了给出关于信息需求的一致理解，用户画像这个工具就应运而生了。

第三，用户画像特征包括人口统计特征（如性别、年龄、职业等）、目标、动机及（或）应用行为等。尽管我们想创造一个能满足多样化用户需求的产品，但这种想法是有缺陷的，因为承载太多功能的信息服务产品会增加用户的认知负担及导航成本。所以，满足广大用户需求的最佳方式是为具有特定需要的特定个体类型设计[1]。所以用户画像不是对所有用户的反映，而是特定类型用户的反映。

因为对用户画像的以上理解，D. Travis 提出了用户画像的 7 个基本条件：基本性、移情性、真实性、独特性、目标性、数量和应用性，并将这 7 个特性的首字母组成 Persona 一词，即"用户画像"[2]。

7.1.2　用户画像的功能

为什么在信息服务产品设计过程中需要借助用户画像？因为用户画像有多方面用途，具体如下。

（1）用户画像使产品的服务对象更加聚焦，可以带来专注。信息服务设计者不应该期待信息服务产品适合所有人，面面俱到的产品往往一无是处，因为许多产品的用户类型不止一种，如果只是简单地针对每种用户添加功能，结果会一团乱麻。而使用用户画像则可以通过聚焦服务对象，有助于识别重点用户，以及需要重点考虑的用户体验，确保资源的合理利用，从而避免犯这种错误。

（2）用户画像可以引起产品设计人员与用户的共鸣。产品设计人员往往会认为用户的期望跟他们的期望是一致的，通过用户画像可以使用户变得更加真实，产品设计者可以清楚产品将为哪些人群服务，认识到他们不是为自己设计这个产品，在一定程度上避免草率地以自己代表用户，使得设计人员真正地"以用户为中心"，站在相应用户的角色看问题。这也是需要为用户画像起名并给出照片的原因，相关操作会使用户形象更加鲜明和生动。而如果面对的是抽象的人群，产品设计者的同理心则难以建立。

（3）用户画像可以促进意见统一。用户画像提供了一种精确思考和交流的方法，让每个人都优先考虑有关目标用户和功能的问题，理解特定情境下的用户目标。所以，用户画像是构思并确定设计概念的重要工具，有利于帮助团队内部统一思想，为同样的用户做产品，帮助大家心往一处想，力往一处使，避免不必要的争论。

（4）用户画像可以创造效率，并带来更好的决策。产品开发有大量需要解决的细节问题。

如果产品开发各类人员在产品原则和用户画像上达成共识，解决问题的效率会更高，而且用户画像关注的是用户的目标、行为和观点，也就是说，在一定程度上将决策权赋予用户，确保从开始就是用户视角，避免设计失误，浪费资源。也因此，用户画像的使用也有助于市场营销和销售规划等与产品相关的其他工作。

总的来说，用户画像使得用户不再是被动的服务接收者，而是成为能够积极与产品和服务互动的主体，可以减少产品设计者的主观臆断，使其更好地理解用户，更好地为不同类型用户服务。而要实现以上功效，需要以研究为基础来构建用户画像，使用户画像建立在对现实世界的观察基础之上。

7.1.3　用户画像的使用场景

在信息服务领域，用户画像常被用于产品设计、产品运营、推荐系统、行业报告和用户研究等各种场景。

1. 用户画像用于产品设计

为产品构建用户画像，有助于对产品进行用户分析，更透彻地理解用户使用产品的心理动机和行为习惯，并形成项目优先级排序依据，基于用户画像筛选重要的产品功能，提升产品质量。在这个过程中，人们经常基于用户画像开发脚本帮助思考产品和用户的交互过程。所谓脚本，是关于人们使用技术的一系列活动的故事。脚本又分为4种类型：故事、概念脚本、具体脚本和用例[4]。故事是现实世界中人们的经历、想法、轶事和知识，由多个活动的小片段和发生的情境组成。概念脚本是对故事的抽象，将故事中的情境剥离出来，形成对各种类似故事的共有元素的抽象。每个概念脚本可以产生许多具体脚本，具体脚本规定了人机交互设计和具体功能分配。用例则用来描述用户画像和设备之间的交流，描述了用户做了什么和系统做了什么。

2. 用户画像用于产品运营

用户画像可以将产品和服务思维延展到产品的整个生命周期。用户画像适合于各个产品周期阶段：从新用户的引流到潜在用户的挖掘、从老用户的培养到流失用户的回流等。而且，用户画像的种种特征和描述延伸出来的是用户生活工作的环境，是他们日常的心理状态，也有他们的认知能力等[4]。当我们理解了用户画像后，就很容易构想一个产品或服务该有的工作方式，这种真实感对产品运营策略的提出和选择也非常有益。可以根据用户的属性、行为特征对用户进行分类后，统计不同特征下的用户数量、分布，分析不同用户画像群体的分布特征，琢磨交互流程，形成产品运营方案。如某些导航设计对首次使用者是适用的，但对于那些期待更高效率、更好操控性的及有经验的使用者来讲就成了问题，这种分析有助于发现产品运营的思路。

3. 用户画像用于数据挖掘

用户画像可以用来挖掘用户兴趣、偏好、人口统计学特征，还可用来提升营销精准度、推荐匹配度，终极目的是提升产品服务，起到提升企业利润的作用。很多产品一旦上线都沦为了功能加工厂，通过制作补丁修补缺陷，或者一味地增加新功能。但是，一旦明确了用户画像，就可以设定一定的用户体验指标，关注这类用户的使用流程和体验，分析改善产品的可能性，可以以此为基础构建推荐系统、搜索引擎、广告投放系统，提升服务精准度，并使产品优化过程不再是一个被动的过程。

4. 用户画像用于行业报告和用户研究

通过用户画像分析还可以了解行业动态,如人群消费习惯、消费偏好分析、不同地域品类消费差异分析等,进而形成行业报告;而且通过用户画像可以完成与竞品的深度对比分析,采取差异化的市场定位。如果用户研究所选择的样本以用户画像为依据,研究结果也会更有实践指导性。

7.2　用户细分

用户画像是为了专注于更重要的用户,进行更合理的资源分配,因此,用户画像的关键在于选择能代表关键用户的、正确的用户对象为之构建用户画像,并能够将这些用户画像进行合理的优先级排序,以便确保满足最重要人群需要的同时,不会损害次重要个体需求。要完成这些目标,就需要开展高质量的用户细分工作。因此,用户细分是构建用户画像的基础步骤。

7.2.1　什么是用户细分

所谓用户细分,是通过分析用户的属性、行为、需求等,寻求用户之间的个性与共性特征,对用户进行划分与归类,从而形成不同的用户集合。

用户细分最早是 20 世纪 50 年代中期由美国学者温德尔·史密斯提出的,其理论依据主要有两点。第一,用户需求的异质性。并不是所有用户的需求都相同,只要存在两个以上的用户,需求就会不同。由于用户需求、欲望及购买行为是多元的,所以满足用户需求的方式也应当是有区别的。第二,有限的资源和有效的市场竞争。任何一个企业不能单凭自己的人力、财力和物力来满足整个市场的所有需求,这不仅缘于企业自身条件的限制,而且从经济效应方面来看也是不足取的。因为企业应该分辨出它能有效为之服务的最具有吸引力的细分市场,集中企业资源,制定科学的竞争策略,以取得和增强竞争优势。而在信息服务实践过程中人们还发现,对用户进行细分还有其他原因,包括:用户群不仅有不同的需求,而且有时候这些需求甚至是彼此矛盾的,信息服务产品提供者无法提供一种方案同时满足不同用户的需求,要么选择针对单一用户群设计而排除其他用户群,要么为执行相同任务的不同用户群设计不同的方式,无论选择哪一种,都会影响日后与用户体验相关的每一个选择[5]。

特别是,当用户发展到一定规模后,信息服务产品方有能力提供更丰富的功能和服务,这时候就更有必要做用户细分了。到用户规模更大或有能力提供更个性化服务的阶段,就不仅仅需要分析用户群体去提取特征,而是需要从每个维度都拆分出不同的群体。这就形成了特征和用户群体的多维矩阵体系。产品设计者在做任何一个判断时,需要观察某一个或多个特定的维度,以便迅速定位不同的群体。

所以,用户细分是非常重要而且必要的一项工作。通过用户细分,可以将用户分成更小的群组,每一群用户都是由具有某些共同关键特征的用户所组成。这就像设置了一个初始过滤器,把大量的用户需求划分成几个可管理的部分,然后可以更好地权衡各类用户的重要性,进而确定用户画像的对象。因此,可以说,用户细分是用户画像的手段,用户画像是用户细分的产出物。

7.2.2　用户细分属性

在用户细分过程中,确定细分属性是最关键的工作。只有科学地确定细分属性,才能做有效的用户细分。所谓有效的用户细分，就是用户细分结果要切实能够运用于用户画像、用户运营等各项工作。例如，如果将用户按其所带来的利润分为高、中、低级客户，可能这种细分方法未必能够给相关工作带来直接的依据。所以，单靠一个维度进行分层是不够的，还需要更多分类维度，做更细致划分。

每个行业在进行用户细分时的侧重是有差异的，应当根据自己目标及实际来确定具体的细分属性，也就是具体要看想分析什么，想要达到什么目的，为了达到目的需要了解哪些必要信息和辅助信息。用户细分一般从运营目标出发，通常应选数据来源可靠的维度或运营可以影响的维度，以及分层差异明显的维度。

根据用户细分各类目标的共性，有 3 类属性经常被用来作为用户细分属性。

（1）基础属性。即用户的年龄、性别、职业、学历、爱好、城市、家庭成员、收入情况等基础信息，这类因素一般比较准确且稳定，不会有太大变化。

（2）产品属性。如果产品的用户是多样化的，可以根据用户与产品间的角色不同而分类。例如，对于淘宝来说，可以将用户分为买家、卖家、第三方服务商、平台方，这些不同角色的用户群体其需求场景差异非常大。

（3）行为属性。有时候用户"做事的方式"比他们"所做的事情"能解释更多的关键差异点，因而行为属性越来越多地被用来作为细分标准。例如，根据用户的卸载安装行为、浏览点赞评论行为、消费行为、是新用户还是老用户、是付费用户还是免费用户、是活跃用户还是潜水用户等来区分用户的行为倾向。

RFM 模型就是 Hughes 提出的一种基于用户消费行为的细分方法，常用来衡量用户价值和用户创利能力。RFM 是从用户的业务数据中提取的 3 个重要指标：最近一次消费时间（recency）、消费频率（frequency）、消费金额（monetary）。这 3 个指标可以衡量用户的活跃度、忠诚度和贡献度。如图 7-1 所示，根据这 3 个维度，可以将用户分为 8 类：重要价值用户、重要发展用户、重要保持用户、重要挽留用户、一般价值用户、一般发展用户、一般保持用户、一般挽留用户[6]。

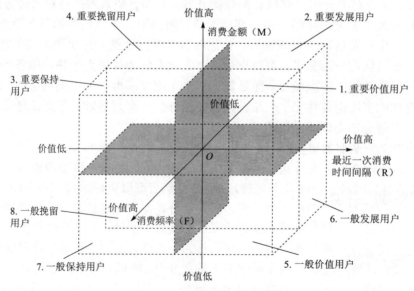

图 7-1　RFM 用户细分模型

除此之外，还有一类常用用户细分属性，即观点和心态。不同用户对同类产品的诉求不同，如按照消费心态档案对电子商务用户展开细分就是一种常用的方法。消费心态档案是用来描述用户对于这个世界，尤其是与产品有关的某个事物的观点和看法的心理分析方法。虽然消费心态与人口统计特征密切相关，但是在很多情况下，按人口统计特征划分出来的方法并不与消费心态相一致，因此，根据其观点和心态构建消费心态档案就成为必要。

7.2.3 用户细分原则和步骤

用户细分应遵循一定的原则：第一，可操作性。用户细分必须有对应的策略，以及配备相应的资源，包括人力和资金等。第二，具备运营规模。细分的用户群体必须有一定的规模，才具备细分的价值，因为这样对信息服务供应者来说才是经济的。第三，具备稳定性。细分的用户类别在一段时间内需要有一定的稳定性，否则就不具备细分价值。如果一个用户群内部的用户特征总是在变化，那么这样的用户细分需要不断调整，而对企业来说往往意味着过高的运营成本。为达到这些要求，用户细分必须基于扎实的用户研究，而且通常需要对用户数据展开深入分析。

实施用户细分通常要采取以下 5 个步骤。

（1）细分前的准备。首先要明确细分的目的。即明确为什么要细分用户？细分之后能带来什么好处？

（2）确定细分指标。细分指标的确定取决于进行用户细分的目的，以及目标用户的预期情况。用户细分的属性指标有很多，实际操作中可以根据实际需求进行设置。

（3）采集用户信息。常见的用户信息采集来源主要有信息服务组织日常运营所积累的用户数据、相关调研活动所采集的用户信息及第三方数据来源等。

（4）制定细分标准。有了指标和数据可以尝试对分类标准做切分。但需要思考每个分类维度切几段，分多少类合适等问题。例如，对于年龄这一指标，要如何划分年龄段。

（5）细分用户描述。用户细分完成后，需要根据其代表的特征为这群人起一个能够代表他们特征的类名称，并对其判别因素及具体特征进行详细的说明。

完成了用户细分后，就可以对各类细分群体分别做研究，并根据研究结果分别提供具有针对性的服务，如网易云音乐把他们的用户群分为 3 类：资深音乐爱好者、影视动漫用户、大众。他们为这 3 类用户分别设计了能够给他们带来惊喜感的音乐推荐对象，例如，为资深音乐爱好者推荐冷门小众音乐、为影视动漫用户推荐影视动漫 BGM、为大众用户推荐能够勾起他们回忆的音乐[7]。

7.3 创建用户画像过程

7.3.1 用户画像的类型

创建用户画像是一个研究过程，这个研究过程起点于定性研究。因为构建一组用户画像的目的，是用其代表各种各样观察到的动机、行为、态度、能力、约束、心理模型、工作或活动流程、环境，以及对现有产品和系统的不满之处[1]。所以，对用户展开深入研究是创建用户画像的基本过程。

在信息服务产品开发过程中，服务于不同目的会产生不同类型的用户画像。可以从两个基本维度认识用户画像的类型。

第一个维度是用户画像的价值维度。Lene Nielsen 在其文章中描述了 4 种不同类型的用户画像，包括目标导向型、角色视角型、角色吸引型和虚构型[8]，这 4 种用户画像类型其实就对应着不同的价值选择。目标导向型画像旨在检查用户更愿意使用哪些流程，以便在与产品或服务交互时实现他们的目标，所以它更关注典型用户想用产品做什么。角色视角型画像关注用户在组织中的角色。因为担当不同角色的用户往往需求不同，因此，产品设计经常需要反映用户在他们的组织或更广泛的生活中所扮演的角色，这种情况下创建的用户画像就是角色视角型。而角色吸引型用户画像则关注用户的情绪、心理、背景等更复杂的因素，强调了用户画像故事如何让角色融入生活。创建这类画像需要大量参与者参与并使用，进而在画像中对虚构的人物进行生动逼真的描述，让使用它们的设计师能够更加投入其中。虚构型画像并不来自用户研究，而是来自设计团队的经验。它要求团队成员根据过去与用户的交互经验进行假设，并描绘出一个典型用户的画像。这种虚构型画像可能因为过于主观带来偏见，但它可作为早期设计的初始草图。

第二个维度是创建画像可依据的研究数据维度。用户画像并不是要事无巨细地记载每种可能用户类型，它的意义在于总结了不同受众群体的主要需求。依据不同的数据基础、不同的调研方式，可以通过 3 种不同的方式来创建用户画像，即初级用户画像、定性用户画像和统计性用户画像。初级用户画像一般并不是基于一个完整的新用户研究过程，它相对简单，意在快速调整团队关于用户的假设。这类画像是通过团队经验或是合理的猜想并建立在已有的用户数据基础上，来判断产品的用户应该是怎样的。定性用户画像是基于小样本定性研究，例如访谈，可用性测试或现场调研等，这也是创建用户画像常用的、相对较便捷的方法。因为这个定性研究过程不但可以创建用户画像，而且同时还可以深入理解用户需求。统计性用户画像是工作量最大的用户画像创建方式，它通过大量用户调查收集数据后再用统计分析的方法来找到相似回答的用户组。但这类用户画像事先需要一些探索性的定性研究来确定调查中应包含哪些问题。即最初的定性研究为收集大量样本的调查提供了初始信息，而用户画像从最终的统计分析中产生，是定性与定量的综合。

7.3.2　创建用户画像的步骤

一旦确定了要创建哪种类型的用户画像，就可以根据自己的需求和条件选择最合适、最有效的用户画像类型进行创建。

先看一下用户画像的内容。一个完整的用户画像通常包括两个构成部分：用户资料和使用场景。常见的用户资料主要包括 3 个部分，即个人背景（如年龄、性别、教育程度、家庭情况等）、专业特征（如职业、收入、兴趣、爱好等）、心理特征（如需求、动机、愿望等）。用户资料的作用是为画像增加真实感，在探索用户需求和目标时增强同理心。使用场景则描述了用户在一些重要场景下可能采取的具体产品使用行为。对场景的叙述，可以先提出一个问题或情况，然后描述用户对问题的反应，再描述在这种情况下用户如何与产品交互，用户为什么使用产品。由此定义产品在场景中的作用。用户画像中描述使用场景能提高用户画像的有效性，因此定义好的场景至关重要。

那么，怎样一步步完成一个用户画像呢？实践中信息服务产品开发者的具体路径有所不同，如果只是创建一个初级用户画像，其步骤比之创建统计型用户画像要简单得多。以常见的定性用户画像的创建为例来阐述用户画像的步骤。创建一个定性用户画像的创建用户画像通常包括 8 个步骤（见图 7-2）。

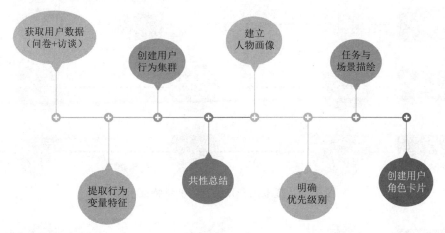

图 7-2　用户画像构建的 8 个步骤

（1）了解目标用户的行为与动机。用户画像创建起于对用户的调查研究。因此，需要通过多种途径获取用户数据，如亲历观察用户应用行为、与用户面对面访谈、通过网页分析工具统计结果等。这一阶段应收集尽可能多的用户信息，进而对目标用户组中的实际用户进行高质量的用户研究。为了更好地展开用户数据收集，可以根据角色不同对受访者进行分组。例如，根据家庭角色、态度、活动方式、兴趣等；或者可以借助田野调查、访谈、问卷等方式了解用户真实诉求；也可以通过用户静态数据结合海量的平台用户行为数据的方法。

（2）提取用户重要行为变量特征。在收集到充分的用户数据后，就要对用户进行分类，即上一节谈到的用户细分过程。那么通过什么维度、怎样分类才能够对后续的设计具有启发作用呢？如前所述，用户行为通常是最有价值的细分依据。因此，这一步骤需要提取用户重要行为变量特征，也就是抽取用户针对目标产品或服务的相关行为的差异特征，以及导致这种差异的因素。根据角色不同对受访者进行分组后，把从每种角色身上观察到的一些显著的行为列为不同的几组行为变量。每个项目的变量各不相同，但通常每个角色上可以发现 15~30 个变量。可以在提取重要行为变量特征后，列出观察到的所有行为变量的完整集合（见图 7-3）。

（3）创建用户行为集群。对于每一种行为特征，不同的用户有不同的表现，可以根据用户在各行为变量上的具体表现建立用户行为集群。实际上就是对用户进行聚类的过程。如果一组主体聚集在 6~8 个不同的变量，很可能代表一种显著的行为模式，而这个模式构成了用户画像的基础。图 7-4 为创建用户行为集群示例。

（4）总结相同集群用户的共同特征和倾向。在这一步骤可以根据行为属性矩阵中用户的行为特征总结出同类服务对象的共同特征及需求倾向。而前期调研的用户数量，将会直接决定这些特征的清晰度。若集群有效，那么在聚集的行为间就必然会有逻辑或因果联系，如爱跑步的人也更喜爱吃高热量食品。

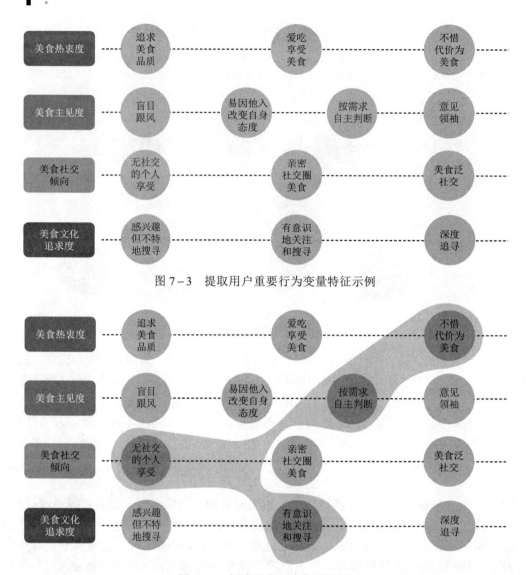

图 7-3　提取用户重要行为变量特征示例

图 7-4　创建用户行为集群示例

（5）为每一种行为倾向建立用户画像。完成了对各类用户集群的理解后，就可以将这些不同用户的重要特征描述出来，形成用户角色框架了。例如，描述用户的教育、生活方式、兴趣、价值观、目标、需求、限制、欲望、态度和行为模式的详细信息，添加一些虚构的个人细节，使画像成为现实的人物角色，可以给每类用户画像起一个名字，用于对该类用户画像的总结，方便理解的同时，也更容易复用。

（6）确立用户画像优先级别。确定用户画像的优先级是为了确定主要的设计目标。这一步是对所创建的所有用户画像按重要性排序，确定产品设计过程中其优先级别。优先级别的排列依据主要来源于之前的数据挖掘和问卷调研等数据，如每个类型占有的大致比例。

Alan Cooper 等按照优先级将用户画像分为 6 种：主要用户画像、次要用户画像、补充用户画像、客户用户画像、接受服务的用户画像、负面用户画像[1]。他们对 6 种用户画像的解释如下：主要用户画像是设计的主要目标，通常一个产品的一个页面只能有一个主要用户画像。选择一个主要用户画像是一个排除过程，如果没有发现明显的主要用户画像，可能产品需要多个页面，每个页面针对一个合适的主要用户画像。通常，主要用户画像的大部分需求与次要用户画像一致，但次要用户画像可能还存在一些额外的特定需求，可以在不削弱产品能力，服务主要用户画像的前提下得到满足。主要用户模型和次要用户模型二者的需求结合在一起完全可以代表补充用户模型。客户用户画像解决的是其他利益相关者而不是终端用户的需求。一个客户用户画像可能会成为自己独有的管理页面的主要用户画像。接受服务的用户画像所对应的并非产品的用户，却会直接受产品使用的影响。如拍照应用的被拍照人，其并非照相应用的操作者，但要受到拍照应用的影响。接受服务的用户画像提供了一个跟踪产品产生的二次社会和物理影响的途径。负面用户画像专门用来与利益相关者和产品团队成员沟通交流，告知产品不会为这类用户服务。所以，它们只是用来帮助和团队中其他成员交流，让大家知道某种用户画像不是产品的设计目标。

（7）拟就关键任务，描绘用户应用场景。这一部分完成用户使用场景的描述，相关内容主要包括：行为相关活动及动机；使用环境；行为相关的技巧、经验或能力；行为相关的态度或情感；同其他人、产品或服务之间的交互等。其中，最重要的是要定义用户的目标。用户目标是从前期获得的信息中综合分析得到的最关键细节。当通过各种行为表现及其逻辑关系做出分析后，通常可以推断出这些行为背后的目标。如前面所提到的，人们的目标可分为体验目标、最终目标、人生目标等，对大部分信息服务产品而言，用户的最终目标是非常有用的目标，而对消费型产品而言，人生目标可能是最有用的目标。目标越具体越好。

（8）创建用户角色档案卡片。作为创建用户画像的最后一步，可以将已得到的每一类用户的重要特征描述、应用场景等信息进行梳理，创建用户角色档案卡。用户角色档案应该综合了研究阶段所观察到的用户画像相关的最重要的细节。这个用户画像就成了沟通和交流的有效工具。为了方便使用，用户角色档案卡片一般不应长过 1 到 2 页（见图 7-5）。

图 7-5　用户角色档案卡片示例

"美食信徒"

方遥出生在香港，高中毕业后留学加拿大。现在在香港一家杂志社做摄影师。踏入职场已经四年，本来专业技术过硬的他已经对工作驾轻就熟，压力不大。

他个性开朗，为人大方随和。在工作之余喜欢看书、看电影、和兄弟们聚会，也偶尔给自己放一个假。出国旅游，现在的他已经去过法国、捷克等十几个国家，每到一处，他不去繁华的商业场所，而是去拜访小镇美食，与当地人交谈，试图探索美食背后的故事，他对此痴迷，他相信，每一道菜背后都蕴藏着当地人世代相传的文化基因，都值得尊敬和热爱。

方遥很会吃菜，也很会做菜，食材的新鲜、时令都十分讲究。方遥的朋友很多，他平时喜欢在社交软件上发布自己的动态，也关注美食、旅游等方面的信息，也会听身边朋友推荐有什么好吃好玩的地方。

个人信息
　　姓名: 方遥
　　性别: 男
　　年龄: 28岁
　　居住地: 香港
　　感情状态: 单身
　　兴趣爱好: 旅游、探索美食、看书、看电影
　　个性特征: 爱玩、爱自由、大方开朗、潇洒
　　消费偏好: 艺术品、旧物收藏
　　社交属性: 社交范围广，很容易与别人成为朋友

工作信息
　　职业: 摄影师
　　工作年限: 4年
　　工作压力: 较小

美食信息获取来源
　　美食杂志、社交软件上的推荐、朋友推荐

核心诉求
　　追求美食品质

"美食社交家"

作为年轻白领，婷婷在工作之余喜欢约闺蜜喝下午茶，也喜欢在餐桌上认识新朋友。她比较看重生活的仪式感，对于美食也要求一定的品质要求。婷婷向往播撒的生活，并不会特地去大街小巷寻找心仪的餐厅。她较容易接受别人的推荐并乐于尝试。她很在意人际关系，并且十分擅长通过美食为媒介和他人一起分享交流，是一位名副其实的"美食社交家"。她偶尔于参加一些大型活动，并且不会有社交随碍，闲暇时光也经常去一些茶话会等。

个人信息
　　姓名: 王婷婷
　　性别: 女
　　年龄: 31
　　居住地: 成都
　　感情状态: 有未婚夫，感情较好
　　兴趣爱好: 瑜伽、游泳
　　个性特征: 开朗、随和、乐于社交、善于打理人际关系

工作信息
　　职业: 大型私企员工
　　工作年限: 6年
　　工作压力: 较大

美食信息获取来源
　　主要来自身边朋友以及同事的推荐

核心诉求
　　吃什么无所谓，重要的是能在餐厅认识新朋友或巩固情谊

图 7-5　用户角色档案卡片示例（续）

7.4　基于大数据的用户画像

随着大数据时代的到来，对用户画像的理解也发生了一些改变，一种基于大数据的用户画像概念出现，这种用户画像与传统的用户画像既有联系也有区别。本节主要解析基于大数据的用户画像的概念及构建问题。

7.4.1　大数据下用户画像的新内涵

前面提及用户画像涉及的用户特征包括人口统计特征（如性别、年龄、职业等）、目标、动机及（或）应用行为等。这里面其实有两种类型的数据，一种是人口学特征、设备信息等相对稳定的数据，是一种静态数据。另一种是目标、动机、行为等可能随时变化的数据，实

际上是一种动态数据。传统的用户画像对这些动态数据的获取也采取静态数据获取的类似方法，选择的是相对稳定的那一部分行为来作为描述对象。但实际上这样得到的用户画像在信息服务产品运营过程中的作用有限。

进入大数据时代，人们对动态数据的获取和处理能力大大增强，能够实现对用户所有的数据的快速归类与聚合分析，并进行标签化、模型化处理，这种情况下形成的用户模型是另一种形式的用户画像，它赋予了用户画像新的内涵——用户画像是根据用户人口学特征、网络浏览内容、网络社交活动和消费行为等信息而抽象出的一个标签化的用户模型。而构建用户画像的核心工作，变成利用存储在服务器上的海量日志和数据库里的大量数据进行分析和挖掘，给用户贴"标签"。所谓标签，即一种关键词标记。传统的数据划分往往依赖分类，但分类是一种固化的划分方法，标签则是一种灵活的数据划分方法。大数据环境下，所谓用户画像，就是根据每个用户在产品、服务中的行为、观点等数据，生成描述用户的标签集合，所以这种用户画像的英文通常对应的是 user profile，而非 Persona。

尽管 Persona 和 user profile 都是对用户的描述和分析，但两者是有一定区别的：Persona 通常是研究人员基于主观经验或用户调研数据抽象出来的虚拟的典型用户，是对目标用户需求的定性描述，实践中构建的 Persona 并不一定能代表真实的目标用户群体，且难以对用户需求进行量化分析，但在产品开发阶段对形成统一的设计逻辑和提升开发过程效率非常有利。而 user profile 则是基于具体的场景结合产品积累的用户数据提炼出的描述真实用户属性及行为的标签集合。这些标签通常是抽象的、高度提炼的用户特征标识，各个维度的标签之间相互联系，从而完整地描述真实用户，在产品运营期对于发现产品设计中的问题，调试设计方案很有帮助。所以说，两种类型的用户画像用途有所不同。

研究表明，user profile 采用直接获取用户信息构建用户画像的方式比之 Persona 这种采取间接获取用户信息构建用户画像的方式得到的用户模型精度更高，基于大数据技术精准用户画像，并解构用户，形成用户与信息的匹配，最终在重点目标用户群体上形成突破。相关研究表明，二者间其实具有一定互补性，将直接获取和间接获取混合运用生成的用户模型精度大于单独采用直接获取方式[9]。

当前大数据企业的重要业务之一就是用户画像构建。其所使用的用户画像系统是有数据分析能力的用户画像创建系统，甚至为用户画像系统赋予一定的营销功能，可以通过直接生成标签分析用户的关系链，产出营销策略和预测结果。如图 7-6 展示的某用户画像系统就包括用户标签管理、用户分群管理、用户洞察分析、设置等功能板块。其中用户洞察分析包括用户群画像、单用户画像、相似人群扩散等。用户群画像可以对两个用户群的画像特征进行对照分析，相似人群扩散是通过智能算法，寻找与种子人群特征相似的用户群，针对相似用户群提出特定的运营策略。

7.4.2 基于大数据的用户画像构建方法

传统用户画像主要是依靠问卷、电话回访这种低效的模式，数据量很小，绘制速度慢，画像也不清晰，用户画像类似于个人档案信息，区分度和可用性都不强。但随着大数据的发展，数据量的爆发式增长和大数据分析技术的成熟使信息服务产品设计者可捕捉的行为数据越来越多，绘制用户画像的精确度也得到极大的提升。可以说，用户画像随着社会大数据信息的激增，变得越来越丰富，越来越精细。

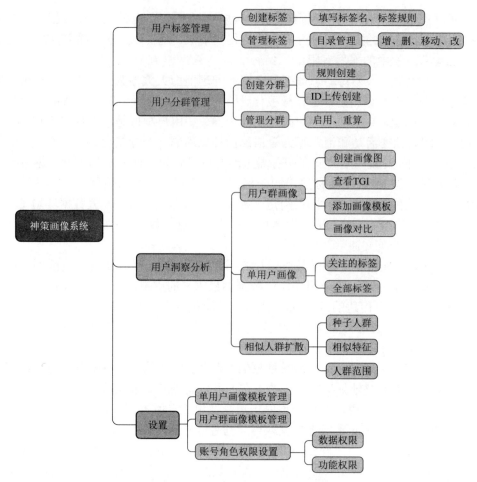

图 7-6　神策公司的用户画像系统

　　而基于大数据的用户画像构建方法有多种选择[10]：

　　（1）基于本体或概念。即利用本体或概念中定义的结构化信息和关系信息刻画用户，这种方式获得的用户画像有较强的语义表达和逻辑推理能力，可以弥补标签的不足。

　　（2）基于主题或话题。即通过主题模型或话题模型发现文本信息中隐含的主题或话题，进而刻画出用户。这种方式可以将用户和资源文本一起考虑，适用于对文本内容型信息服务产品的用户画像构建。

　　（3）基于兴趣或偏好。即利用用户经常浏览或关注的信息刻画用户，可以充分利用不同用户形似的兴趣爱好，克服过多的无关词语带来的负面影响。

　　（4）基于行为或日志。即利用丰富的行为、日志和点击历史记录数据刻画用户，可以利用丰富的用户个性化信息，并充分利用不同用户相似的行为模式。

　　（5）基于多维或融合。即通过多种特征类型的数据从多个维度对用户进行刻画，或者可以综合考虑多方面的特征，从多角度分析属性之间的关联信息。

　　这里列举两个比较典型的大数据用户画像：第一是用户的消费行为与需求画像。在电商盛行的时代，几乎每个人都会产生网上购物行为，而网上购物所留下的数据痕迹则是电商们了解人们的消费和购物需求的重要信息渠道。电商们通过对用户的个体消费能力、消费内容、消费品质、消费渠道、消费刺激的长时间多频次的建模，可为每个客户构建一个精准的消费画像。第二是用户的内在偏好画像。网络社会也是现实社会的真实映射，一个人的喜好在网络时代完全可以体现出来。常听的歌曲，经常浏览的新闻，翻阅的小说及视频聊天等信息，毫无遮掩地体现了一个人的内在偏好。

7.4.3　利用大数据构建用户画像的过程

不管是采用哪种具体方法构建用户画像，基于大数据构建用户画像与上一节所讲的"创建用户画像的步骤"逻辑过程基本一致。但大数据、互联网、机器学习等的发展为用户画像的创建提供了更海量的用户数据及更科学的技术工具和方法，如文本挖掘、自然语言处理、机器学习、预测算法、聚类算法等。因此，可以将基于大数据的用户画像创建划分为 3 个核心流程，即基础数据收集、行为建模及构建画像。

1. 基础数据收集

用户画像为产品开发、产品运营等提供决策支持和判断依据，因此，构建用户画像前需要先明确其目标。即：利用用户画像解决什么决策问题？如用户激励管理就是一个决策问题。然后再根据这一目标确定收集哪些用户数据。

确定数据收集目标后，可以基于大规模存储和机器学习计算平台定期对全量用户数据进行计算和挖掘。其实，可收集的用户数据非常丰富，如前所述，主要可分为静态数据收集和动态数据。静态数据比较稳定，指用户人口属性等较恒定数据，而动态数据则包括用户 48 小时是否活跃、消费偏好等可能时常发生变动的数据，描述的是动态特征，主要可以分为网络行为数据（如活跃人数、访问时长）、服务内行为数据（如浏览路径、访问深度）、用户内容偏好数据（如浏览内容、评论内容）、用户交易数据（如贡献率、客单价）4 类。

2. 行为建模

数据收集后就需要进行聚焦，发现用户的行为特征。而聚焦往往就是建模的过程。行为建模阶段是基于对上一阶段收集到的数据的处理，抽象出用户的标签。这个阶段注重的应是大概率事件，通过算法模型尽可能地排除用户的偶然行为。典型操作步骤如下。

第一步，针对不同的底层数据类型设计特定的挖掘算法，挖掘用户的行为特征，形成底层标签。这一步常涉及文本挖掘、自然语言处理、机器学习、预测算法、聚类算法等方法的运用。基于大数据的用户细分往往是以特定属性的特定阈值为度量标准。如将潜在用户定义为年龄、居住地符合一定条件但从未注册过的用户，将新用户定义为注册但没有 7 个好友的用户，将老用户定义为有 7 个好友的用户，半个月内有登录行为，将流失用户定义为连续半个月没有登录过的用户。

第二步，综合考虑不同数据来源，形成更上层的抽象用户标签。这一步的工作包括为各类标签赋予权重、设定标签统计规则，以及基于标签算法（如神经网络算法、相似矩阵算法等）。标签权重通常涉及行为类型权重、时间衰减系数、用户行为次数等。行为类型，指用户浏览、搜索、收藏等不同行为有不同的重要性，需要主观设置。时间衰减系数指用户某些行为受时间影响不断减弱。随着时间的推移，用户对某一资源的兴趣及关注程度都会发生变化，产生用户兴趣漂移的情况。用 TF－IDF 计算标签权重，指根据标签被标记的次数来赋权，次数越多权重越大，TF 即考虑该标签在所有标签中的比重。而 IDF 指标签在所有标签中的稀缺程度，越稀缺越不重要。

第三步，据此建立完善的用户画像标签体系结构，从不同维度、粒度对用户进行描述。标签具有概括性，凝练了用户属性特征中的关键信息，标签的内容和形式多种多样。

3. 构建画像

该阶段可以说是第二阶段的一个深入，需要把用户的基本属性、购买能力、行为特征、兴趣爱好、心理特征、社交网络等大致地标签化，这样用户画像基本成型。同时，用户画像既应根据变化的基础数据不断修正，又要根据已知数据来抽象出新的标签，使用户画像越来越立体。

所谓对用户画像的修正，又称为用户画像更新。用户画像的更新需要考虑一个关键问题，即如何设置用户画像更新的触发条件？用户画像更新的触发条件有两种设置方式，即设置更新周期和设置更新阈值。无论是设置更新周期还是更新阈值，都需要在掌握用户属性特征随时间变化的规律与特点的前提下展开。例如，可以利用时间序列分析来掌握用户属性特征随时间变化的规律，进而确定用户画像更新周期和更新阈值。

◇ **本章小结**

用户画像是对产品目标群体真实特征的勾勒，是真实用户的综合原型。用户画像是一个信息服务系统的典型用户，是与之互动的某类用户的代表。承载太多功能的信息服务产品会增加用户的认知负担及导航成本。所以，满足广大用户需求的最佳方式是为具有特定需要的特定个体类型设计。用户画像需具备 7 个基本条件：基本性、移情性、真实性、独特性、目标性、数量和应用性。用户画像有多方面用途：用户画像可以带来专注，它使产品的服务对象更加聚焦；用户画像可以引起产品设计人员与用户的共鸣；用户画像可以促进意见统一；用户画像可以创造效率，并带来更好的决策。用户画像常被用于产品设计、产品运营、推荐系统、行业报告和用户研究等各种场景。

用户细分是构建用户画像的基础步骤。所谓用户细分，是指通过分析用户的属性、行为、需求等，寻求用户之间的个性与共性特征，对用户进行划分与归类，从而形成不同的用户集合。其理论依据在于用户需求的异质性、企业有限的资源和有效的市场竞争。有 3 类属性经常被用来作为用户细分属性：基础属性、产品属性、行为属性。用户细分应遵循一定的原则：可操作性、具备运营规模、具备稳定性。实施用户细分通常要采取 5 个步骤：细分前的准备；确定细分指标；采集用户信息；制定细分标准；细分用户描述。

创建用户画像是一个研究过程。可以从两个基本维度认识用户画像的类型：价值维度和研究数据维度。从价值维度可将用户画像分为目标导向型、角色视角型、角色吸引型和虚构型；研究数据维度可将用户画像分为初级用户画像、定性用户画像和统计性用户画像。

用户画像通常包括两个构成部分：用户资料和使用场景。创建一个定性用户画像通常包括 8 个步骤：了解目标用户的行为与动机；提取用户重要行为变量特征；创建用户行为集群；总结相同集群用户的共同特征和倾向；为每一种行为倾向建立用户画像；确立用户画像优先级别；拟就关键任务，描绘用户应用场景；创建用户角色档案卡片。Alan Cooper 等按照优先级将用户画像分为 6 种：主要用户画像、次要用户画像、补充用户画像、客户用户画像、接受服务的用户画像、负面用户画像。

　　用户画像涉及的用户特征包括动态数据和静态数据,进入大数据时代,人们对动态数据的获取和处理能力大大增强,用户画像有了新的内涵:根据用户人口学特征、网络浏览内容、网络社交活动和消费行为等信息而抽象出的一个标签化的用户模型。用户画像,就是根据每个用户在产品、服务中的行为、观点等数据,生成描述用户的标签集合,所以这种用户画像的英文通常对应的是 user profile,而非 Persona。基于大数据的用户画像构建方法有多种选择:基于本体或概念;基于主题或话题;基于兴趣或偏好;基于行为或日志;基于多维或融合。可以将基于大数据的用户画像创建划分为 3 个核心流程,即基础数据收集、行为建模及构建画像。

◇ **本章基本概念**

　　Persona　标签　用户细分　RFM 模型　初级用户画像　定性用户画像　统计性用户画像　用户角色档案卡片　主要用户画像　次要用户画像　补充用户画像　客户用户画像　接受服务的用户画像　负面用户画像　user profile

◇ **练习与作业**

　　1. 请选择一个内容型信息服务产品,针对该产品某部分内容为其构建标签体系。

　　2. 什么情况下需要利用 Persona,什么情况下需要 user profile? 谈谈你对二者应用场景的区别的理解。

　　3. 请将所在学校微信公众号的用户进行细分,并对各用户族群进行优先级排序,即确定主要用户画像、次要用户画像、补充用户画像、客户用户画像、接受服务的用户画像、负面用户画像。并尝试创建主要用户画像。

◇ **本章参考文献**

［1］COOPER A, REIMANN R, NOESSEl D, et al.About Face 4:交互设计精髓:纪念版［M］. 倪卫国,刘松涛,薛菲,等译. 北京:电子工业出版社,2020.

［2］TRAVIS D. E-commerce usability: tools and techniques to perfect the on-line experience[M]. Boca Raton: CRC Press,2017.

［3］贝尼昂. 用户体验设计:HCI、UX 和交互设计指南［M］. 李轩涯,卢苗苗,计湘婷,译. 北京:机械工业出版社,2016.

［4］刘飞. 产品思维:从新手到资深产品人［M］. 北京:中信出版集团,2019.

［5］GARRETT. 用户体验要素:以用户为中心的产品设计［M］. 范晓燕,译. 北京:机械工业出版社,2016.

［6］HUGHES AM. Strategic database marketing［M］. 4th ed. New York: McGraw Hill, 1994.

［7］王诗沐. 幕后产品:打造突破式产品思维［M］. 北京:电子工业出版社,2019.

［8］NIELSEN L. Engaging personas and narrative scenarios: a study on how user-centered approach influenced the perception of the design process in the e-business group at AstraZeneca ［D］. Copenhagen: Copenhagen business school，2004.

［9］ QUIROGA LM，MOSTAFA J. Empirical evaluation of explicit versus implicit acquisition of user profiles in information filtering systems ［P］. Digital libraries，1999: 238－239.

［10］ 高广尚. 用户画像构建方法研究综述 ［J］. 数据分析与知识发现，2019，3（3）: 25－35.

第 8 章

信息内容设计

学 习 目 的

　　树立适应新技术环境和应用环境的信息内容设计新思想，认识信息内容设计中所包含的服务因素，理解各层次信息内容设计的用户依据，并形成对信息内容设计相关操作方案的系统认识。

学 习 要 点

- 熟悉信息服务产品内容层次；
- 理解需求表述与信息内容设计间的关系；
- 掌握信息集合的形成及其设计依据；
- 深入了解信息架构目标和方法；
- 了解信息组织体系功能及组织方法。

8.1　信息内容设计的逻辑

　　信息内容设计是信息服务设计的首要对象。因为，从服务概念上来看，如果按照用户需要进行信息内容设计，信息产品就具有了服务特征，也就成为了一个服务产品；而且对信息服务产品而言，也只有拥有了具有服务功能的足够丰富的信息内容，其信息服务功能设计及管理能力才具有价值实现的基础。

8.1.1　信息内容设计以提升服务性为目标

　　信息内容设计的基础逻辑是要通过设计来赋予信息内容服务性，促成信息内容的价值转化。信息产品的内容主要指信息服务产品中的原创信息，或者二次、三次及四次信息等加工后信息，如经描述报道、序化控制、揭示开发、浓缩增值、聚焦重组等生成的信息。不管所提供的是原创信息还是加工后信息，信息服务产品都需要考虑信息内容与用户认知之间的匹配性，促进信息内容与用户产生认知互动，并使用户对信息符号、信息含义和信息结构三者的理解达到和谐统一，促进信息价值的实现。也只有达成这个目的，信息内容才具备服务性，信息产品也才能成为信息服务产品。也就是说，信息内容服务性是通过对信息内容进行适应于用户的转变来获得的。这一点要结合"知识非常态"理论来理解。

　　5.2 节已经对知识非常态理论做了初步介绍。根据该理论，个体在搜寻信息的过程中，需要表达自己的需求，但对所搜寻的信息又不了解，所以其表达其实是"关于未知的已知"。

这一理论的另一层含义是，信息生产者的世界图形与用户的世界图形是不一样的，导致二者的知识概念状态也不一样，信息生产者在估计用户的知识、目标的前提下用文本的形式表达自己的概念，这种表达对用户而言就是信息。而用户方也会用语言表达自己的搜寻请求，形成的需求表达是一种"知识的非常态"。所以说，因为用户和信息生产者所了解的知识的概念不同，用户的信息需求表达误差既可能是认知层面的，也可能发生在语言层面。

知识非常态理论将信息科学的核心问题确定为"促进信息生产者与信息使用者之间需求信息的有效沟通"。这就是为什么即使有了符合用户信息需求的信息内容，也要对其进行更好的组织和揭示，以便信息与信息用户的需求和需求表达更好地匹配，与信息用户更快地连接，与信息用户的知识结构良性互动，促进其理解。图8-1就是知识非常态理论关于用户的知识状态与信息生产者的知识状态之间的匹配过程的描述。用户和信息生产者各自有不同的知识的概念状态，信息生产者给出的文本与用户给出的请求之间需要一定的转化才能得以匹配。

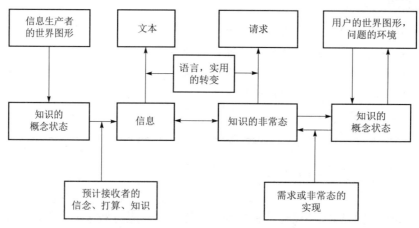

图8-1　信息检索中的知识非常态

8.1.2　需求表述与信息内容设计

从信息的表现和利用的角度来看，信息产品内容包含以下几个层次[1]。

（1）信息符号，是表现信息内容的最基本形式，如文字、数字和数学符号、线条、色彩、乐谱符号、电磁信号等，这些符号的组合构成信息内容元素。

（2）基本语义元素，即一定信息编码符号的集合，表达一定的目的和语义，如一段文字、一幅图片、一段影像、一张图表等。

（3）逻辑信息单元，指按照一定目的和结构组织起来，且体现为一定载体形态的信息内容集合，如文件、图书、录像等。

（4）信息集合，指若干信息单元按照一定目的和结构所组成的集合。包括物理的集合和虚拟的集合，如网站、搜索结果、图书馆馆藏、数据库等。

（5）信息组织体系，通常是指一定应用领域内根据该领域对象和概念的内在联系所形成的结构化集合，如一个电子商务平台等。

体现服务特征的信息产品设计最关注的内容层次是信息组织体系和信息集合，因为它们是用户需求更直接的延续。而信息产品内容设计的主要任务是使产品的功能、特征及组织适应和配合用户对特定信息的需求特征，并促成用户与信息产品所含信息在认知水平上的交流。

需要强调的是，按照以用户为中心的设计思想，面向用户认知的信息服务设计理论上应该采取倒推模式（需求—服务—资源）。也就是说，在对一个全新信息产品进行设计时，应当首先考虑信息组织体系设计，然后才依次是信息集合设计、逻辑信息单元设计及基本语义元素与信息符号设计。但事实上，大多数信息服务所供应的信息产品是基于现有信息的加工或聚合，因而是先有一次信息资源，才有进一步的信息服务产品。因而，本部分内容编排遵循传统逻辑，从底层内容设计对象到高层内容设计对象依次讨论。

虽然信息服务更关心信息集合和信息组织体系的生产问题，但在信息集合和信息组织体系生产过程中，往往需要运用信息符号、基本语义元素来表征信息对象，因而，信息服务所面对的信息产品内容设计任务需要囊括针对信息符号和基本语义元素的设计。

在信息服务过程中，用户对服务利用的过程是与信息内容深入交流的过程，这种交流包括文本/语言符号水平上的交流和认知水平上的交流两个方面，前者是后者的基础，但如果交流只发生在第一个层次，将意味着信息不能与用户的知识结构产生交互作用，即信息服务失败。

这一点与用户需求表述的构成因素一致。用户要想从信息服务系统获得所需信息，必须完成的一项任务是表述其信息需求。在表述之前，由于用户问题解决阶段中存在知识结构缺陷，其信息需求最初通常潜藏于思想过程之中，表现为一种内在需求，需求的表述是内在需求经解释、语言筛选的外在显示，因而成为信息需求最初的可观察行为和形式。这一形式包含领域知识和语言知识两种知识结构[2]。

所谓领域知识，是指在每个信息需求陈述中必须存在的用来描述信息需求产生世界和环境的知识及其结构。例如，提出"怎样克服地震后的焦虑情绪"这一问题的人通常认为自己的焦虑情绪与地震有关，而且是一种不良情绪，需要克服，即提问者将自己一定量的知识结构注入需求陈述之中。但是，从另一方面看，该陈述又是不完整的，因为其陈述前的知识是有缺陷的知识。所以，信息服务系统如何反映具有缺陷的用户的领域知识结构直接关系到信息服务产品能否把握及满足信息需求。

同时，信息需求表述采取的语言形式也是一定知识结构的产物。语言是人们表达信息需求的工具，但又凌驾于信息需求。表述过程的心理因素、语言习惯、语言知识掌握情况等方面都可能会影响人们语言的运用，从而影响用户与信息服务系统之间的交流。

8.1.3 领域知识设计

1. 用户的领域知识

信息学认知观认为，任何信息的处理，无论是感官信息，还是符号化信息，都是以某种范畴或概念体系为中介的，而对于信息系统来说，这种范畴或概念体系就是其世界模型（认知模型）。按照这一观点，信息被视为一个概念系统的补充或互补，而该概念系统则反映信息需求者对周围世界的知识。

由于信息需求产生的根源是个体的知识结构、认知状态相对当前问题状况的不充分、断代、异常，用户的信息需求表述正是利用现有领域知识对这种缺陷的描述，这使得信息服务系统通过该表述建立信息内容与需求之间的准确联系绝非易事。

同样，用户在提问中所注入的知识结构因其领域知识的巨大差异，而呈现出一种复杂局面。因不同类型用户群体的领域知识结构不同，其信息需求内容结构显著不同。鉴于各种学科背景、知识水平下的领域知识有其不同特点，一些研究者提出应从学科领域类型的角度满足信息需求，认为主题领域的类型决定需求的类型，甚至建议不同的专题领域采用不同的信息检索策略（见表8-1）。例如，目前智能信息检索领域往往以专题为研发对象。

表8-1 各类用户信息需求的区别

信息需求 典型用户群体	所解决的问题	信息需要的内容结构				
		信息内容	信息类型	信息质量	服务方式	服务质量
科学研究人员	是什么，为什么	专深、理论性强及学科相关	论文、报告	完整、可靠	检索	连续性、系统性、方便性
管理决策人员	做什么	综合广泛，有战略性、全局性和预测性	三次文献	精练简明、完整、准确、客观	信息分析	针对性、适时性
工程技术人员	怎么做	专业方向集中，涉及多学科领域和技术范围	数据、事实及有关技术文献	具体、经过验证、新颖实用	咨询	及时性、经济性
学习者	怎么样	系统、与某主题相关，以及协作与竞争情况，市场环境信息	理论、案例	权威、易于理解	传递	集中供应、水平适应、组织合理

2. 系统的领域知识

交流的另一方，即信息服务系统，其信息资源也被一种信息内容架构下的信息描述和组织体系所规定。这种信息体系往往对应于特定专业，也是有领域范围的知识体系，即由信息供应方的领域知识构建。例如，医学专业领域对外科的外延理解为包括普通外科、矫形外科、神经外科、胸心外科、泌尿外科等在内的大类，也就是说，外科既涉及损伤方面，又包括感染、肿瘤、功能障碍等方面病症。但很多病人并不了解这一外延，经常按照字面理解仅将外伤性病症划入外科。由于这种对知识的认识不同，导致医学系统和病人对相关信息分类体系的理解有所不同。而在用户与信息服务系统交流前，信息服务系统的信息内容往往是预设的，事实上，信息内容设计阶段就决定了信息服务产品与用户领域知识的可能匹配水平。

因而，在信息服务系统进行信息内容设计之初就需要考虑系统领域知识与不同用户领域知识的匹配问题。这种匹配涉及两个方面，一个是知识内容的匹配，另一个是知识深度的匹配。两个匹配要求信息服务系统建立一种能够根据用户领域知识水平调整匹配的机制，要求在一定信息加工水平基础上，进一步扩展和深化对信息对象的表征加工，使表征既能反映信息内容，又能反映接受者的知识水平。

3. 用户介入的领域知识设计

在新信息技术环境下，越来越多的信息服务开始采用用户介入的方法来进行系统领域知识设计，从而提高系统与用户的交流水平。

一些信息服务机构采取用户附加信息的方法将用户领域知识加入系统。例如，让用户给阅后的文章予以评论、赋主题词、加标题及建立文摘等，并将这些内容作为制作二次文献时的参考，或者直接附在文章后作为其一部分，供其他用户了解文章的观点，判断文章的价值和相关性。网络上常用的用户自制标签，在尊重用户个体价值基础上用高效的方法实现信息内容的智能呈现。这一方法由用户提供对信息对象的描述，赋予信息更多的附加价值，实际上是一个信息增值过程，或者说是为信息产品赋予服务特征的过程。

另一种用户介入方式是允许用户明确建立信息之间的联系。用户可将自己认为与某一信息具有紧密关联性（论题、观点、方法等）的其他信息罗列出来，由系统在这些信息之间建立联系，并对联系的性质作标引处理。使用者可以利用从其他用户视角建立起的联系，查找与某一已知信息具有特定性质联系的其他文献。例如，目前一些网上书店使用该方法实现图书链接和聚类，不但很大程度上节约了用户劳动，提高信息易用性，而且起到了显著的营销作用。

除此之外，用户的背景信息和使用信息具备"领域描述"功能，也是可资利用的工具。Ingwersen 认为，用户当前的问题、工作任务、课题、目标、研究领域、问题的领域、个人倾向等导致信息需求的产生并与信息需求有着本质的联系，而这些因素相对稳定，易于被用户准确描述。因此，对用户信息需求背后的这些用户属性的描述，加上表述出来的信息需求，更能反映用户完整的信息需求。因而，信息服务系统应尝试从多角度、多渠道取得与信息需求有关的信息，并建立基于用户背景信息和使用信息的推荐机制。

4. 多元表示原则

根据对用户领域知识的认识，一些学者提出了多元表示原则。较早倡导该原则的 D. Ellis 指出，简单依据文献主题的检索经常命中大量不相关、不适用文献，用户判断文献适用性最重要的标准除了文献的实质性主题外，还有文献采用的方法、视角或立场，文献的质量、深度或类型等。由于对于特定领域的用户来说，确定包含某些观点、立场、深度和质量文献的信息源相对容易，因而她建议进行与此相关的内容反映。所应达到的效果包括能将检索限制在选定的信息源或信息源类型之内；能从检索中排除某些类型的信息源；检索结果的输出顺序能基于信息源或信息源类型。

事实上，多元表示原则是作为交互式信息检索的认知理论成果提出的，不仅意味着以各种形式进行的与信息内容有关的主题检索，还意味着对主题之外的信息内容检索。例如，可以通过以下角度检索：格式、颜色、结构要素、参考文献或链出结构、引用或链入，以及不同的元数据元素，如作者、单位或期刊名称等。多元表示原则意在表明，指向文献的信息内容表示在认知和功能上越不同、越多样，文献与用户提问、信息需求、用户感知的任务情境相关的可能性越大；通过认知上不同的信息表示所产生的认知重叠，能够赋予信息更完整的相关性标识。该认识已在越来越多的信息内容设计过程中被接受。

8.1.4　语言知识设计

1. 专家语言与用户语言

语言是思想的表征，信息描述语言是对信息内容进行表征的外在形式。大多数信息服务系统设计采用专家语言来表征并组织对信息的利用。例如，直接将文章中出现的重要词语（如标题中的实词）抽出作为索引方式，或者利用受控词赋予信息标引词等。随着全文检索系统的发展，这种倾向更得到进一步的加强。

但是，专家对信息内容的表征是一种选择结果。这种选择受到个人主观条件（理解和表述能力、词汇驾驭能力、语言习惯）的限制，又受到客观因素的限制，即为了节省空间和提高可读性，不允许著者在表述中包容全部可以用来表述其思想的概念或词汇。因而，这种表征只是创作者在各种可能的表征样式、语词符号集合中所做的一种有限选择。

信息资源以专家语言为主的特征与用户提问以用户语言为主的特征之间存在显在矛盾。一方面是信息的著者（专家）熟谙领域知识，并进行了语言的有限选择；另一方面是信息的需求者处于有缺陷的知识状态，经常缺乏必要或恰当的概念和词语符号准确表达自己的需求。这种信息创作者的知识结构（领域知识的相对完整）与用户知识结构（有缺陷的领域知识）之间的差距，造成两者进行信息表征时选择一致语言的机会很少，其信息表征往往是错位的。为了达到信息查找的目的，用户不得不调整自己的语言，以缩短与专家语言的距离，负担完全放在了用户一边。

2. 词汇表

信息服务系统对信息的表征语言一般来自其预设的词汇表，来达成对信息进行有序控制的目的。这种词汇表包括以下几种类型。[1]

（1）规范词表，主要通过经非规范词语规范词连接来控制特定领域内词汇的各种变化形式，如规范人名、规范地名、规范题名、规范机构名表等。

（2）词汇表，多附带词汇定义，用以描述某一专业领域所用词汇的专门含义，如计算机词汇表、环境保护词汇表等。

（3）字典，按字顺排列的词汇及其定义。其定义往往不局限于一个专业领域，常常列出词汇的各种变形，从语言学意义上进行进一步解释。

（4）地名表，地理名称和名称表，每个词汇下往往包含有关的地理定义信息。

为了调整信息描述语言，使之更容易实现与用户语言的匹配，一些信息服务系统在改造词汇表方面作了很多努力。表 8-2 即是来自美国地质勘探局的关于生态过程的辞典示例。该词汇表不但对词汇"生态过程"进行了语义描述，而且对不同层次的相关术语进行了描述，从一定程度上能够促进用户查找过程中向"生态过程"这一词汇的逼近。

表 8-2 "生态过程"辞典示例

描述	生物圈的生物和非生物成分之中和之间发生的动态生物化学反应
扩展术语（BT）	生物和物理过程
收缩术语（NT）	藻花、生物累积、生物地球化学循环、生物生产率、污染物运送、散布（有机体）、生态竞争、生态系统功能、富营养化、灭绝和根除、生境改变、迁移（有机体）、授粉、演替（生物）
相关术语（RT）	生态、人口和群落生态学
用于（UF）	环境过程、生态模型

3. 面向用户语言的信息内容设计

提高系统词表与用户语言知识的匹配性可以从对用户语言的处理入手，也可以从信息系统入手。

对用户语言的处理常用方法是，通过叙词表等受控词表的受控词汇对用户需求陈述、检索式做同义词补充及词形处理，以增加用户表征与文献表征之间匹配的机会。但如何建立叙词表与用户需求表征用词之间的联系是其中的关键问题。目前，依据词频统计（如词共现方法）或机器学习方法自动确认相关词对或词群的提问词自动补充是搜索引擎领域的常用方法。该方法致力于通过帮助用户调整语言来适应信息服务系统的方式。

从信息系统入手的角度实际上是采用用户参与的方法来完成信息内容设计。

信息系统在交互作用过程中提取用户语言知识的方法有许多种，其中之一是要求利用过某一信息的用户用自己的用语描述它的主题领域。用此方式获得以用户的语言知识对文献的表述集合，并建立起用户语言表征集合与既存专家语言表征和结构之间的联系。这种联系将成为信息需求陈述与专家语言之间转换的基础。有些系统采用心理学领域的联想试验方法来获取用户对信息的语言表征。

第二种方法是提取用户检索过程用词。信息查找过程是用户通过与系统交互作用，使自己的需求主题与著者主题磨合、匹配的过程。整个检索过程中用户在不同阶段写成或输入信息提问的用语，反映了用户对最终获得的相关文献主题的认识及就这一主题具有的语言知识。因此，构成各信息提问的词语集合是用户信息需求的体现，其中每个词都以某种方式、程度与每一相关文献存在对应关系。如果用户提问用词均出现在与用户需求相关信息主题表征中，将意味着著者主题性与用户主题性的一致或耦合；如果没有出现在信息表征中，说明两者不一致，需要将不一致部分纳入信息表征。随着信息表征中来自用户用语表征的积累，信息表征体现的不再只是专家语言知识，同时还反映了一般用户的语言结构。这些用词也应成为系统词表的词源之一，收入词表。

但是，更常见的方法是获得用户关于词表的反馈意见。例如，社会科学信息网关（social science information gateway，SOSIG）为了引入 HASSET（人文科学与社会科学电子词典），举行了 5 次关于词表使用的用户座谈会，让用户做出相关的评论，统计并分析评论数据，以获得关于 HASSET 的使用效果和改进意见。

4. 基于领域知识和语言知识的信息服务产品设计应用

2002 年，Vakkari 基于一系列的长期实验研究提出了一个检索模型（见图 8-2）[3]，该模型显示，在完成检索任务时，基于用户领域知识和信息系统领域知识之间的区别，首先需要对用户的检索任务进行分析，了解其阶段特征、心智模式及对信息的利用模式；然后展开

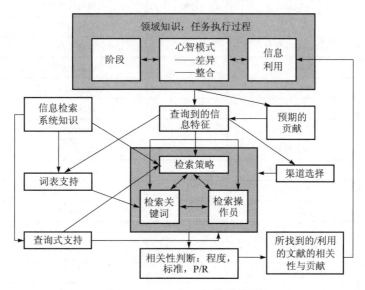

图 8-2　Vakkari 的检索模型

两个方面的领域知识辅助，一方面应当通过信息检索系统知识支持、词表支持、查询式支持等丰富对系统领域知识的表达，另一方面，通过对预期的贡献、渠道选择等用户方信息的摄入来对查询到的信息特征、检索策略等进行辅导。基于这些操作，产生关于被检出信息的相关度判断。

资料

在线医患沟通中的知识不对称

在线医患沟通是网络医疗健康服务的主要形式，深度分析其中的医患知识不对称规律有助于消除医患沟通障碍。本研究选取"春雨医生"在线沟通数据，从关键词主题、概念和语义关系 3 个维度探索知识不对称规律。结果表明存在以下知识不对称情况。

首先，主题不对称。根据就医行为，对医患主题和关键词分布进行分析发现，在线医疗咨询中，医生和患者对话也遵循医患互动的 6 个阶段，即开始阶段、主诉阶段、检查阶段、诊断阶段、治疗或建议阶段、结束阶段，对主题进行归纳，结果见表 8－3。即：医患关键词主题存在阶段差异，患者多关注"症状描述""询问治疗"等主题，集中于主诉和治疗阶段，医生多关注"疾病解释""治疗建议"等主题，集中于诊断和治疗建议阶段。

表 8－3　医生和患者间的主题不对称

阶段	医生主题	主题数量	患者主题	主题数量
开始阶段	—	—	—	—
主诉阶段	—	—	生理症状描述	7
			心理症状描述	2
检查阶段	检查	4	询问检查报告	1
			询问检查费用	1
			检查结果描述	2
诊断阶段	疾病相关解释	3	询问疾病原因	1
	疾病病因	2	确认疾病种类	1
治疗或建议阶段	化疗放疗	1	询问治疗方式	2
	手术治疗	1	询问化疗放疗	1
	药物治疗	1	询问治疗药物	1
	混合治疗	1	询问治疗宽泛	1
	其他方法治疗	1	询问择医建议	1
	心理建议	1	询问生活习惯建议	1
	生活习惯建议	1	询问预后	1
	择医建议	1		
	复查建议	1		
	预后	1		
结束阶段	结语	2	结语	1

其次，概念知识不对称。医生和患者关键词（见图 8-4 与表 8-5）主题特征差异揭示了双方关注焦点的不同，因此在词汇语境中，双方会以关注的背景知识为依靠，从不同角度理解同一概念，导致概念知识不对称。对关键词进行去重操作，得到 367 个医生关键词、423 个患者关键词及 222 个医患共同关键词，以这 222 个共同关键词为分析对象，医生和患者在同一关键词表达的概念范畴上存在不一致现象。在共同关键词的使用语境中，医生上下文词多为医学专业词汇，对医学概念表达得更为准确；患者上下文词中多为日常生活词汇，对医学概念表达得较为模糊。在概念理解上，医生的用词专业性更高，知识表达更准确。

表 8-4　关键词的医生上下文词表（部分）

关键词	医生上下文词							
治疗	放化疗	减瘤	化疗	BEP	放射	手段	同步	射频
疾病	癌症	倾向	病	肠癌	符合	宜行	无蒂	恶性肿瘤
胃癌	肺癌	食管癌	结肠癌	临床	小细胞	乳腺癌	若能	胰腺癌
直肠癌	食管癌	鼻咽癌	肝癌	原发性肝癌	甲状腺癌	宫颈癌	靠前	待瘤体
乳腺	囊肿	锥切	甲状腺	纤维瘤	乳科	腺叶	或亚	增生
位置	子宫颈	淋巴	腹膜	肺门	胸膜	肾上腺	纵隔	中央型肺癌
反应	骨髓	抑制	副反应	胃肠道	副作用	疑似	不良反应	掉头发

表 8-5　关键词的患者上下文词表（部分）

关键词	患者上下文词							
治疗	方案	最佳	后续	第三线	合理	更改	NP	选择
疾病	小细胞癌	推断	尿毒症	大细胞	来源	好治	B1	家族史
胃癌	食道癌	乳腺癌	中晚期	肝癌	直肠癌	回报	早期	子宫癌
直肠癌	乳腺癌	结肠癌	宫颈癌	胃癌	肺腺癌	罹患	卵巢癌	1a
乳腺	鸡蛋黄	甲状腺	中叶	cm	结节	显示	右肺	提示
位置	筋膜	根有	习	地方	校医	腋下	腹股沟	摸不到
反应	不错	滴定	很差	饿个	经受	受得了	停止	差

最后，语义关系知识不对称。共现词对间的语义关系也是体现知识不对称的重要知识单元。因此，以关键词共现词对为分析对象，研究医生和患者沟通中的语义关系不对称规律。分析医患共现频次差值最大的词对，得到医生、患者在沟通时的用词偏好习惯。对分词后的医患对话文本进行语义依存分析，得到医生高频共现关键词对语义依存关系 5 324 种，患者 4 310 种。总体上看，医生句子间各语言单位关联强度大于患者，其词汇间语义依存关系种类也多于患者。见表 8-6。

表 8−6 医生和患者间的语义关系知识不对称

患者		医生	
共现关键词对	频次差值	共现关键词对	频次差值
现在−化疗	−451	治疗−建议	522
现在−手术	−450	肿瘤−治疗	522
检查−医院	−405	治疗−手术	484
现在−检查	−383	治疗−化疗	479
现在−已经	−313	治疗−效果	474
现在−是不是	−286	担心−不用	408
现在−感觉	−230	靶向−治疗	407
是不是−化疗	−228	靶向−药物	397
医院−化疗	−225	目前−治疗	383
手术−医院	−217	检查−建议	376
是不是−手术	−215	药物−治疗	356
现在−之前	−205	建议−复查	337
检查−是不是	−198	转移−淋巴结	336
现在−有点	−195	转移−肿瘤	331
肿瘤−是不是	193	手术−建议	330
转移−现在	189	问题−以后	327
现在−发现	−188	病理−术后	322
现在−切除	−183	药物−化疗	318
现在−放疗	−179	需要−治疗	295
有点−感觉	−178	确诊−病理	284

资料来源：陆泉，李畅，刘婷，等.在线医患沟通中的知识不对称研究.信息资源管理学报，2021，11（1）：90−97.

 资料 ▶▶

"汉典重光"的古籍资源数字化探索

"汉典重光"项目由阿里巴巴公益基金会、四川大学、美国加州大学伯克利分校、中国国家图书馆、浙江图书馆合作开展，旨在寻觅流散海外的中国古籍并将其数字化、公共化，让普通人也能亲近古籍，通过古籍与先贤对话，与优秀传统文化对话。

美国加州大学伯克利分校提供古籍的扫描图片和编目数据，阿里巴巴达摩院将其全部文字化。古汉语常用字仅有几千个，但中国古籍全部字符约有几十万个，绝大部分不仅没被现代字库收录，也几乎找不到样本供 AI 学习。面对海量无标注的数据，如何让 AI 快速批量识别古籍，始终是古籍数字化领域的技术瓶颈。阿里巴巴达摩院技术团队与四川大学专家联手研发了一套全新的古籍识别系统。利用单字检测、无监督单字聚类、小样本学习、主动学习等机器学习方法，构造了一套边识别古籍、边训练模型的系统，以 97.5% 的准确率完成对 20 万页古籍的整体识别。

古籍上面每个字都有不同的写法。如"鄉"字就有各种写法。此外，还有字体的变化。在雕版印刷古籍中，即使是同一拓片，在不同季节、气候、地点印出的书也完全不同，而那些人工抄录的古书，更是千人千面。每一个字形，即使表意可能相同，对于 AI 来说，也是一个需要重新学习记忆的新知识。再次，古书版式复杂。除了不同于如今的从右到左，从上到下的排版，在每行字中间还常常夹有批注，这就使得常规使用的行识别方法失效。最后，由于年代久远，古书保存状况也各有不同，在 AI 看来，纸张破损、污渍等等相当于大量的人为噪声。

该项目团队专门为古籍识别开发出了新的系统。主要分为两大步，一是聚类数据生产识别，二是主动学习数据生产识别。用到了单字检测、无监督图像聚类、少样本分类、主动学习等一系列机器学习方法。

首先是全书检测，把古籍正文中的每个字都抠出来，作为单独的一张图。

其次是聚类。一本古籍总字数可能有 10 万字，但其中有很多字是重复的，如"之、乎、者、也"，聚类所做的事就是让机器自动把字形笔画一致的字归为一类，接着再由人工进行标注。也就是说，原来要人工标注全部 10 万字的书，经过聚类，只需要对全部两三千字类进行标注，一类字只标注一次。聚类和人工标注，不仅完成了每一类文字的认字过程，还收获更多新的训练样本，可以继续喂给机器学习（见图 8-3）。

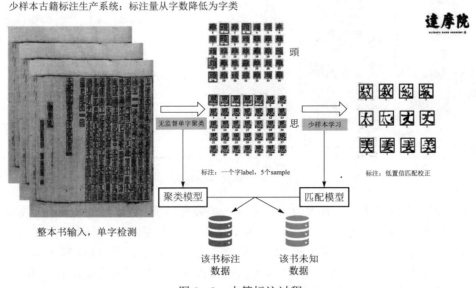

图 8-3　古籍标注过程

一般来说，数据越多，越有利于模型的训练。但古籍里有很多异体字、生僻字，出现概率极低，根本无法寻觅这么多的样本。该项目采取让机器自动生成样本的方式。使用字体迁移方法来合成数据，机器自动为每个字合成几个新的样本，确保单字样本量达到 10 个。这样，就有足够数据训练少样本识别模型。

得到少样本识别模型之后，就能投入使用，把第一步全书检测获得的所有图片进行重新标注。不同于上一轮聚类+人工打标，这次是识别模型的自动标注，如果识别打标的数据与前一轮聚类的结果一致，就可以认为这张图片当前标签是对的。如果不一致，那就让这个字回到聚类步骤，继续迭代。

从聚类打标到少样本模型打标走完一轮，全书70%左右的文字可以被打上正确的标签，余下的30%，从头开始再来一遍，第二轮迭代，又能解决余下文字中的70%。

经过两轮迭代，一本书的91%的文字可以被打上正确的标签。它们不仅沉淀为机器的字典，也是更丰富的训练数据。通过前期一本书、一本书地学习，产生的训练数据越来越多，机器的认字能力也越来越强。

最后，就是训练最终模型，能对100本以上的书进行批量识别的单字分类模型。这个模型一出手，对批量数据的识别准确率就高达96%。随着模型的优化和迭代，目前系统对20万页古籍的整体识别准确率已经达到97.5%。

图8-4为古籍数字化流程。

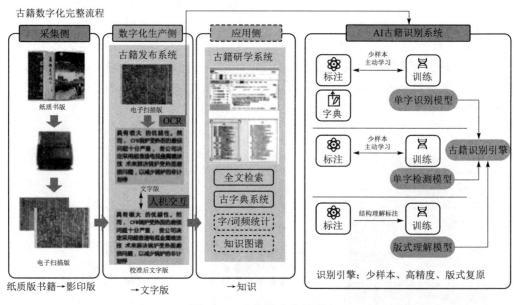

图8-4 古籍数字化流程

AI识别完绝大部分文字，剩下的需要专家人工补充标注。以往，人工标注通常需要"两录一检"以达到99.97%的出版要求。以一本100万字的古籍为例，如果全靠专家录入，按每人录入1000字/天，需要1000天。该项目的古籍识别算法，用AI替代人工，在两个环节大幅压缩了专家标注的工作量。在机器为主进行识别的97.5%的内容中，约有1%（1万字左右）需要专家录入；机器不能识别的余下2.5%（2.5万字）的文字，全部交给专家做后期标注。两部分相加，人工的工作量占全书的3.5%（3.5万字），还是按照每人1000字/天算，需要35天。因此，相比人工专家录入，百万字书籍的数字化工作量从1000天降低到了35天，效率比人工专家录入方案提升近30倍。

"汉典重光"项目的 AI 古籍识别算法,为中华古籍的回归提供了另一种可行可期的思路。
资料来源:https://wenyuan.aliyun.com/home.

8.2　信息集合及其生成

信息服务的市场价值在于实现信息单元与用户的连接。这种连接并非简单的信息传递,而是对信息进行整合后形成信息集合,然后以信息集合形式提供用户利用。因而,信息集合的生成是信息内容再生产过程,也是信息服务产品形成的主要环节之一。

8.2.1　信息集合:重组信息碎片

1. 信息碎片化

不管是在网络上还是在现实生活中,人们经常能感觉到所需信息的存在,但它们分散在浩瀚的信息海洋里,这种分散让人畏惧。因而,只有在必要的时候,人们才会去寻找这些分散的信息,并本能地对这些信息片段进行加工,找出其内在的逻辑关系,对其进行重组,为己所用。

其实,信息之间本身具有连通性,只是在信息生产和传递过程中被人为地分散了,使之成为信息碎片。例如,在网络环境下,为了加快信息的传播速度和检索效率,信息设计者会人为地对信息进行格式化,即碎片化。超文本结构和超链接形式组织的方式更加剧了信息的碎片化,使人们在利用信息时就不得不重新启动关联思维。但是,由于网络上信息日益丰富,当用户急需信息时,他们已不再甘于面对信息碎片,对用户而言,一个完整可用的信息一定是分散后又重组的信息。信息服务产品的基础工作内容之一就是信息重组,把信息通过技术手段有效地组合起来,让信息碎片之间连通起来。

降低信息碎片程度有利于提高信息的价值。有学者认为,信息的价值与信息碎片化程度有关:当信息碎片化程度很低的时候,其价值较高,但由于传播效率的低下,使得信息本身对人的价值也偏低。信息对人的价值最大值是信息的碎片化程度和传播效率的一个最优值。

有用的信息是将大量离散的信息按一定结构或模式加以组合而得出的。因而,信息供应者需要考虑的重要问题之一正是如何将信息碎片进行组合的问题,甚至可以说信息服务机构的信息组织过程就是对信息碎片进行连接的过程。如图 8-5 所示,这一过程从对信息的理解开始,通过信息聚集,将信息片段重组为信息集合,然后再利用特定组织方式赋予其一定结构,最后进行界面设计,将其展示于一定的信息空间。

其中,"各种信息或自然或人为地聚集在一起,聚集在某种信息容器中,就构成了信息集合"[4]。这种信息集合既包括图书目录等单媒体的信息集合,又包括网站等多媒体的信息集合。从信息碎片到信息集合,能够解决信息资源分散性与用户信息需求追求高效、强调综合的矛盾。因此,信息集合生成将提高信息资源的利用价值,实现信息增值服务。

2. 对信息单元的认识

信息集合是对信息碎片的聚集,但这种聚集并非简单而直接的聚集,而是将信息碎片在内容及形式认知基础上的聚集,被认知的信息碎片就是信息单元。信息单元是已经有基本含义的信息模块,如数据库的记录、网站上的网页等。人们对信息单元的认识是一个渐进的过

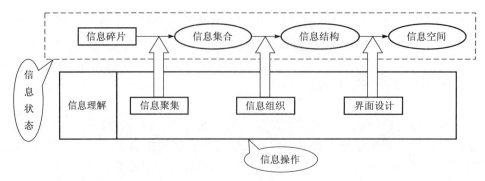

图 8-5　信息产品形成的过程

资料来源：周晓英. 基于信息理解的信息构建［M］. 北京：中国人民大学出版社，2005.

程，可以把这一过程分为 3 个阶段：文献单元、（狭义的）信息单元及知识单元。

1）文献单元

文献单元又称为"知识的物理单位"或"专门记录和传递知识的人工载体单元"[5]，主要指网站的字、行、页，图书的册、本、卷、套，论文的页、篇、期、卷等物理载体单位等。文献单元由知识、表意方式和载体 3 个方面组成，其彼此之间并不是孤立和毫无关系的，对文献单元间关系的认识可以从其知识内容、表意方式和载体三维度出发，但对文献单元的集合通常基于其外化的物理形式，即表意方式、载体形式等，如目录、索引等。

文献单元的整合受到物理载体和线性、固化的主题限制，因而建立在文献单元基础上的信息碎片整合其功能主要在于为用户提供文献线索，用户通过这些线索获得原始信息后，需进一步理解分析后才能获得所需内容；因而，基于文献单元的信息集合仅有限地降低了用户信息利用成本。

2）（狭义的）信息单元

狭义的信息，作为信息集合的对象之一，是"在媒体上按空间顺序排列的字符序列"[6]。而信息单元是以有形知识的某些属性特征功能作为管理对象的基本单元。具体包括文献外形特征信息（如题名、著者、出版社等）、内容特征信息（如摘要、主题词、关键词、参考文献等）。信息单元之间不是独立的，可以通过其出现频率反映其在知识体系中的重要程度，通过主题关联发现信息单元之间的学科关系、主题结构、关联程度，通过信息单元的不同组合还能发现新的知识单元。基于这些信息单元的认识，人们建立了数据库、字典、指南、搜索引擎等信息服务产品等。

3）知识单元

知识单元是指文献中相对独立的、表征知识点的一个元素。往往直接指知识产品中的概念、观点、论据、论证、结论等知识核心和知识创新点。一方面，知识单元具有多维性。每一个知识单元都可以同其他知识单元通过多种多样的形象、属性、关系相连，如超媒体就是对知识单元的集合。另一方面，知识单元之间还可以分层次与嵌套。从知识单元层面描述信息，揭示某知识单元与其所在领域中知识结构的链接关系，能够更好地与用户信息思维拟合，如主题网关作为对知识单元的一种集合形式，其主要功能，是在网络中搜索某一学科或主题领域的相关信息（知识单元），然后将这些网络信息（知识单元）按照知识关系加以组织，并嵌放在固定的网页上，供用户浏览或查询。

信息服务一直以文献单元、信息单元为信息集合对象，随着技术的进步和用户信息利用习惯的变化，信息服务的目光已推进到知识单元的层次上。如维基百科将概念、数据、公式、事实、结论等独立的知识单元作为集合对象，进而产生极大的信息增值[7]。

8.2.2　从信息单元到信息集合

各种信息或自然或人为地聚集在一起，聚集在某种信息容器中，就构成了信息集合。对信息服务产品而言，它的一个任务就是制造这种容器。事实上，所谓信息容器就是按照不同语义关系、知识体系、时序结构和应用，多角度、多层面地组织包含众多信息单元的方法。从离散的信息单元到基于利用的信息集合的嬗变，是对表述事实关联的信息资源进行搜集、鉴别、建模、处理、组织与利用的过程。图 8-6 所示为从信息单元到信息集合。

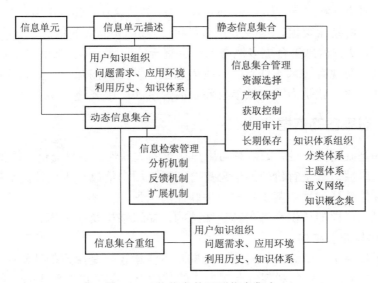

图 8-6　从信息单元到信息集合

1. 静态信息集合和动态信息集合

信息集合包括静态信息集合和动态信息集合两种。

1）静态信息集合

静态信息集合是指为了保证信息资源得到更好的利用，根据用户的需要，对既有各个相对独立的信息源中的数据对象、功能结构进行融合、类聚和重组，重新结合形成新的有机整体。静态信息集合往往在用户使用前就预先进行信息收集，并把信息根据联结的需要进行形式变换，再按用户需求进行组织，以用户方便使用的形式供应给用户，其目的是实现信息资源的整体利用价值。常见的静态信息集合形式有图书、报纸、杂志、地图等传统形式，又有数据库、主题信息网关、跨网关门户及其他信息系统和网站形式等。

2）动态信息集合

动态信息集合是对信息碎片根据用户的需求即时组合所形成的信息集合。这种动态信息集合有特定适用性和短时效用。所以，其本质上是一种服务机制，如常见的信息检索机制等，动态信息集合作为服务机制就是对信息集合与需求集合的适时匹配与选择，所形成的信息集合体因需求变化进行适时生产而非预设，因而也具有动态性。动态信息集合的实现往往依赖于信息抽取。所谓信息抽取，是把蕴含于信息源（专业技术文献、网页等）中的信息通过识别、理解、筛选、归纳等抽取出来，以便建立信息集合。这一抽取过程通常是基于信息资源的语义相似性和相关度。其中，语义相似性指概念词汇的可替换度和词义的符合程度，如"医生—大夫"。而语义相关度则指语义间的关联度，如"医生—病患"，其形似度很小，相关度却很大。

2. 信息整合的广度和深度

从信息碎片到信息集合的过程既要考虑信息整合的广度问题，又要考虑信息整合的深度问题。信息整合的深度从内容上反映了信息整合的程度，显示了信息资源价值链的延伸。提升信息整合的深度需要从知识单元角度对信息及信息之间的关系进行深度描述，构建本体及本体之间的关系是其必要步骤；而信息整合的广度需要更多的信息资源拥有者共享资源和服务合作，提高整体信息利用率，如 Google book 与图书馆合作，Google scholar 在不同文献数据库之间建立统一的搜索渠道，这些措施都有利于促进 Google 的信息整合广度。

一般情况下，动态信息集合更多地考虑信息整合的广度，而静态信息集合则更便于提高信息整合的深度。在现有技术条件下，一些信息服务供应机构开始了更高的信息整合追求，如搜索引擎的智能化，就是力求兼顾信息整合的深度和广度来建立动态信息集合。

8.2.3 建立信息集合的依据

信息集合的基础是关联性，如信息与用户需求的关联性、信息与信息间的关联性，甚至用户与用户的关联性。真正有价值的信息集合应当是用户信息行为过程的支持系统。因而，信息集合对关联性的认识需要基于用户对关联性的认识。

用户对信息关联性的认识来源于其认知结构、知识结构及推理模式。

1. 认知结构与知识结构

信息是处于情境中的信息，其中，用户方的基本情境也就是用户的认知结构和知识结构。所谓认知结构，是个体在感知和理解客观现实的基础上，在头脑里形成的一种心理结构，它由个体过去积累的知识和经验组成。在认知过程中，个体新的感知与已形成的认知结构发生相互作用，从而影响对当前事物的认识。而知识结构指知识领域内事实、概念、观念、公理、定理、定律等的组合方式，是组成个人世界模型的概念关系集合。个体知识结构为个体头脑中知识的构成状况，表现为各种门类、各种层次知识的比例及相互关系。

知识结构常被看作是充满信息的复杂的蜘蛛网。信息被放在各个节上，节与节之间由知识结构的联想线相联结。在某些方面具有相似特征的信息片被堆在一起，放在更抽象的一层。新的刚进来的信息一定要经过编译以便与已有的结构相一致。根据等级处理模型，信息是以金字塔形的方式被处理的，处理开始于一个很基础的层面，并受到其他要求更高认知能力的处理层面的约束。如果某一层面的处理未能激发下一层面，信息的处理就此中止，剩余的能力被分配用于完成别的任务。

由于信息在交流过程中，信息的接受方（用户）和传递方（信息系统）都需要与认知结构和知识结构发生作用，并以认知结构和知识结构的改变和完善为目的；尤其是用户要应用知识结构和认知结构，然后才能感知、理解、调适修正或实现信息价值转换。因而，信息集合对信息内容的采集，只有以用户的认知结构和知识结构为依据，才能促进其价值的深层次实现，个性化信息服务正是一个基于用户认知结构和知识结构的信息集合建构过程。

2. 问题解决

能够为用户解决问题提供支持的信息集合，才对用户有更大价值。这种支持不仅在于内容上对用户的知识结构和认知结构的适应，还在于在过程上与用户问题解决行为的协调。

问题解决（problem solving）原本是认知心理学中的一个专门术语。认知心理学从信息加工观点出发，将人看作是主动的信息加工者，将问题解决看作是对问题空间的搜索，并用计算机来模拟人解决问题的过程，以此来检验和进一步发展对人解决问题的研究。

认知心理学认为，多数问题都含有 3 个基本成分：给定（已知）、目标和障碍。其中，问题的条件和目标之间有内在联系，但把握这种联系不能简单通过知觉或回忆来实现，其间存在障碍，需要进行思维活动，而思维需要启动内外部资源。此外，心理学家还按照提问者对回答结果的期望，把问题分为归纳结构问题、转换问题和排列问题三大类。

问题解决过程包含许多相继的步骤，但大体上可以归纳为以下 4 个阶段[8]。

首先是问题表征。在这个阶段，问题解决者通过搜集信息，认识问题的给定条件和目标，从而将任务领域转化为问题空间，实现对问题的表征和理解；这期间，人的知识经验和信息获取将影响问题空间的构成，对同一问题，不同的人可形成不同的问题空间。

其次是选择算子。在这个阶段，问题解决者需要选择用来改变问题起始状态的算子。但问题解决策略不同，其选择的算子不同。人类解决复杂问题主要应用启发法，即凭借经验的解题方法。利用启发法解决问题有几种主要策略，如手段－目的分析、逆向工程、计划等。

手段－目的分析是将需要达到的问题的目标状态或总目标分成若干子目标，通过实现一系列的子目标最终达到总目标的过程。因而，手段－目的分析是一种从起始状态到目标状态的正向工作法，而逆向工程与之相反，往往采取从问题的目标状态往回走，倒退到起始状态的方法，如常用的假设分析法就是如此。而计划是指在解决问题中，先抛开某些方面，只抓住一些主要结构，把问题抽象成简单的形式，先解决这个简单的问题，然后利用这个解答来对整个问题进行解决。

任何问题解决策略在选择算子时，都需要信息或知识资源，但是，其所选择的具体策略不同，问题解决者信息需要也不同；即便是同一问题解决策略，在实施过程中不同解决者也会根据特定阶段的要求采取不同的信息策略，如手段－目的分析的目标分解阶段需要采取深度优先的方法来搜索信息，而寻找手段的过程，则需要更加强调广度优先的信息搜索。

再次是应用算子。即实际运用所选定的算子来改变问题的起始状态或当前状态，使之逐步解决并达到目标状态。应用算子的过程中可能会出现新的困难，需要信息加以辅助。

最后是评价当前状态，包括对算子和策略是否适宜、当前状态是否接近目标，问题是否得到解决等做出评估，该评估可能导致算子和策略的更换，从而开始新一轮的问题解决过程。在很多情况下，评估过程是一个复杂而漫长的过程，评估效果往往因信息获取难度而不同。

因而，如"日常信息搜寻"理论所阐述，问题解决的过程也是一个信息运用和信息积累的过程。同时，根据问题解决的迫切性的不同，对相关信息需求的需求强度不同，人们愿意付出的成本也不同。不管是怎样的问题解决过程，如果信息内容能够与这一过程中各阶段认知相匹配，信息服务将嵌入到这一过程中，更大程度上实现其价值。因而，信息集合（尤其是动态信息集合）的内容收集和供应都需要考虑用户的问题求解过程。

8.3　信息架构

8.3.1　什么是信息架构

信息架构（information architecure）是对信息集合结果形式的把握。万尼瓦尔·布什（Vannevar Bush）认为，信息架构就是一种以计算机为中介的信息空间，这个信息空间的所有工具和资源都必须支持"思维的逻辑过程"。而今天，对信息架构的需要来自普遍存在的用户信息焦虑综合症，因此信息架构这个词更多的是强调用户与信息交互过程中对信息环境的设计。

Wurman 提出，信息时代人们对信息的吸收呈平方级数增长，然而人类的思维模式尚未较好地调整到可以接受如此大量信息的阶段。由此产生的信息焦虑正是数据和知识之间的黑洞，而不确定性和不明确性是造成信息焦虑的根本原因[9]。

目前对信息架构有许多不同定义，可将其分为广义和狭义两种。如美国信息科学技术学会 2000 年在 IA 峰会上提出，信息架构是组织信息和设计信息环境、信息空间或信息体系结构，以满足需求者的信息需求的艺术和科学，目的是帮助人们成功地发现和管理。这种理解认为信息架构既包括信息内容构架，又包括信息界面安排、信息系统设计等全局性问题，因而，是一个对信息架构的广义理解。

另一种理解是狭义理解。如 Wurman 认为，信息架构提供了一个信息结构或信息地图，以让其他人能发现他们个人通往知识的途径[9]；林奇（Patrick Lynch）认为，信息架构就是用空间组织体验。架构师的工作就是使信息模型化，在任务中设计导航，创建详细的网站地图；荣毅虹认为，信息构建的主要活动是信息的组织和结构建构系统的设计[10]；而用普尔·柯蒂斯的话来说，信息架构是一个结构，它为不同信息类型指定范畴和为信息元素确定关系，使其能促进人的理解和服务于人的目的[4]。这种理解将信息架构视为对信息环境的结构化设计，是提高信息可理解性，降低用户信息焦虑的一种设计操作。它通过对信息的整理来建立一种结构，搭建用户与信息之间的桥梁，使用户更快速地找到想要的信息。所以从这个意义上说，信息架构既是结构与分类的科学，也是一种艺术。对信息架构不管是广义理解还是狭义理解，一致的看法是，信息架构的目的是提高信息的可理解性，把用户的信息需求成功地转换成行动，最终完成他们的目标。用户、信息内容、情境是信息架构的基本三要素。信息架构正是根据特定的情境对信息内容进行组织，以方便用户理解的一种设计过程。

人们理解信息主要有两个层次上的目的，一个层次只是理解其信息的含义，另一个层次是要理解信息发送者的思想。信息服务产品通过 3 方面的工作来促成这两个层面的理解：第一方面是通过对符号的选用，选择符号要考虑符号所包含的语言知识和领域知识；第二方面是通过使用的信息表达手段，对信息进行多层面的揭示，使用户能够全面、深入地理解信息；第三方面是通过对信息的组织，通过合理的信息布局和传递，使得用户更容易到达他所需要的信息和信息源。这 3 种对象的设计相互支持和补充，最后达成信息用户对符号、含义、结构的全面理解。

8.3.2　信息架构的目的、要素和方法

1. 信息架构的目的

多数信息服务提供者视信息架构为信息内容的静态反映，将更多的注意力集中于分析信息架构与信息内容之间的关系，然而，这种分析角度会导致信息架构无法促进用户对信息的理解，甚至将信息内容屏蔽于有相关需求的用户面前。这些信息架构问题一般表现为：以机构为中心而不是以用户为中心；广度深度失衡；技术密集型设计；自然堆积式发展；逻辑结构、版面格式和语言风格等在不同层面不断变化；过分偏向基于内容或基于任务的架构并不能在两者间方便地转换；没有清晰的浏览或检索逻辑，不提供说明或辅导；不注意可用性[1]。显然，相关问题的出现主要在于对信息架构目的认识不够深刻。

关于信息架构的目的，Wurman 在其《信息饥渴：信息选取、表达与透析》一书中形象地描述道："我发现，在编写城市访问手册和编写医药、金融和运动入门书籍之间存在相似性。在任何一个领域，只要找到一个结构，即那个主题特有的一种最简便的正确的组织格式，能够使读者发现他们所感兴趣的东西，并且不为忽略他们不感兴趣的东西而产生负罪感的结构，就可能会使那本书具有可访问性。"因而，根据当前用户对信息的选择标准，信息架构主要应该达到以下 5 个目标：① 减少用户查找信息所需的时间；② 让信息能被用户发现并尽快地被找到；③ 减少用户在网站信息查询时的点击次数；④ 促进用户对信息整体构成的把握；⑤ 信息符号、含义和结构的和谐统一。

因而，信息架构的任务就是给用户提供一个逻辑清晰的结构，来形成用户信息环境中的背景知识，帮助用户进行联想和学习，并了解信息的内容和信息位置特征。简而言之，就是使合适的信息出现在合适的地方，从而提高用户查找效率和促进其对内容的理解。对于信息服务而言，也只有达成以上目的才能使信息架构成为一个增值过程。

2. 信息架构的要素

莫维尔（Morville）和罗森菲尔德（Rosenfeld）指出，网络环境下的信息架构包含 4 个核心要素：信息的内部组织系统、信息的标识系统、信息的导航系统、信息的搜索系统。这些要素的整合，形塑信息产品和体验，从而实现可发现性和可用性[11]。从这点意义上说，信息架构就是指组织、标识、导航和检索系统的设计，目的是帮助用户查找和管理信息。

内部组织系统确定信息资源的整体框架或者说组织形式，即通过一定的体系组织与展示信息，使之符合用户的心智模型。相关操作包括对信息资源间关系进行梳理，形成其关系模型，并根据用户心智模型为信息资源进行分类，以更好的结构来展示这种关系。这个过程涉及对数据关系模型的构建，以及怎样通过合适的外在组织表达将之与目标用户的心智模型匹配。

一旦我们确定了信息组织系统，就要考虑怎样给每个模块制作标识。也就是说，标识系统是信息资源的表征形式，通过使用合适的图形、词汇，方便用户理解和实施内容访问。网络环境下的标识系统通常涉及标签文字、标签背景和标签说明等具体内容。标签文字设计是指选用匹配概念，且用户易于理解的词语或短语来作信息分类的类目，以使用户知道该标签下有些什么信息。标签背景设计主要是指标签块的背景颜色的选择。标签说明，提示用户该标签下有些什么信息；当鼠标移动到某一标签上时，就会出现一小段说明文字。标签系统应该保持一致性。易辨识的标识是信息组织体系和导航体系发挥作用的重要保障。

导航系统呈现信息服务产品的信息分组内容，为用户提供信息定位。导航结构揭示标签（或者叫类目）与标签之间的逻辑层次关系。为用户提供背景信息及在信息空间中切换的灵活性。

搜索系统提供给用户直接查找信息的方式。它根据关键词，通过内置元数据与检索表达式，匹配用户需求。相关设计对象包括 3 个要项：输入和修改检索条件的搜索途径、限定检索范围的搜索功能、呈现检索所得的搜索结果。其中搜索功能背后则涉及索引、算法、查询式构造工具等的建设工作。搜索系统是对组织、导航系统的补充，帮助用户快速定位自己较为明确的目标信息。

3. 信息架构的方法

信息架构设计一般需要分析信息集合中各信息之间的关系及其关系重要性，以确定描述的优先级，基于此展开对信息间关系的描述，并将这种描述反映在用户界面上，从而决定了用户找到信息的路径或方式。从这个意义上说，各类信息单元或信息集合就是信息空间中的节点，通过对节点的关系表达来形成信息架构。

因此，信息架构的关键任务是寻找一种结构，即一种简便地表达主题的、正确的、特有的表述框架。这种表述框架应当让用户清楚信息的整体空间格局，知道信息各构成部分的逻辑关系，并知道自己身处何处，可以在目前这个信息空间中完成什么样的任务。信息结构分析工作一般需要具备高度的抽象概括能力，而且这种抽象概括能力的行为对象往往不是信息本身，而是用户信息视图。因而，尽管信息结构是信息架构者的语言，信息架构者们用它实现与信息用户的交流；但信息结构必须是一个用户认可的结构，它应该有着用户能够理解的逻辑而不是信息发布者自己的逻辑。

信息架构方法主要分两类："自上而下"的方法和"自下而上"的方法。

"自上而下"的方法是从战略层考虑，根据产品目标和用户需求直接进行结构设计。其常用方法包括层次结构法、自然结构法、线性结构法等。

（1）层次结构法。层次结构有时也称为树状结构或中心辐射结构。即强调信息单元间的层级关系。传统信息集合形式一般通过层次方法建立一种等级结构，如图书目录、主题词表等。目前，一些专业网站对网络资源按照主题词表、叙词表进行标引，并建立浏览目录体系，形成知识化资源门户，如英国的网络资源组织与查询计划（Resource Organization and Discovery in Subject-based Services，ROADS 计划）所建立的 ROADS 系统，即旨在提供基于主题面向用户的资源发现系统，并致力于提供可供查询和浏览的 Web 资源的目录和索引系统。图 8-7 为层次结构信息架构示例。

（2）自然结构法。自然结构不会遵循任何一致的模式，节点之间被连接，但没有太强烈的"分类"的概念。这种结构更鼓励用户对内容的自由探索。在网上通常通过超链接方法来表达自然结构，即将按照某种结构（主要是用户知识结构）形成的信息与其他某个信息链接，从而使用户在使用信息过程中，可以方便地利用这些信息体系来了解具体概念、链接相关概念、链接相关资源、析取和集成相关资源。其链接层次可以是概念词汇、信息内容元素、信息单元等。链接方式可以是静态链接（有关链接事先已嵌入信息单元中，一般不能修改）或动态链接（在需要时由系统析取词汇和链接相应知识组织体系）。常见的如基于导航的超文本方式、引文方式、社会网络、语义网络等。该方法与人们的认知结构更为相似，容易引导

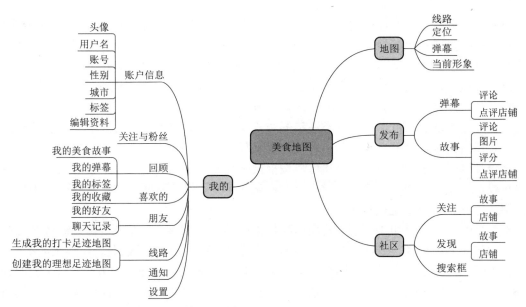

图 8-7 层次结构信息架构示例

用户对信息的深度理解。而且，这是一种反结构模式，内容间关系呈现网状关系而非层级关系。当前很多社交媒体采取这种方式，由用户自由发展其结构和结构间关系，但因为用户知识结构、用户认知结构及用户需求等存在的相似性，即便没有层次关系，这种超链接模式依然能够帮助用户发现他所需要的信息。

（3）线性结构法。线性结构则是连贯的流程，多用在具体事务的完成过程。例如，排序就是根据一些线性结构来组织信息片段的一种方法，排序的依据包括时间、贡献度评价、相关度、字顺等。博客、搜索引擎检索结果、电子商务网站等均主要采取排序方法为架构方法。Wurman 提出，排序能够赋予信息更多内容。他举例说，如果按照字顺法、地序法、时序法和层次法对狗进行排列，其结果显示，每种组织方式都给用户带来了额外信息，帮助他们理解"关于狗的信息"[9]。

"自下而上"的方法则是根据对"内容和功能需求的分析"开始，逐渐构建出能反映产品目标和用户需求的结构。常用方法如路径概略图法、自由列表法、卡片分类法等。

（1）路径概略图法。路径概略图是指调查用户对象面对不同目标可能的行事方式和行事路径，并将相似性评定矩阵转换成由节点和连线组成的概念图来反映概念元素之间的关系（路径搜索网络图），直观揭示个体的知识结构，并以此为依据建立节点之间的关系。以路径概略图为依据有助于实现对信息内容整体的关联。

（2）自由列表法。自由列表法是在设定情境的前提下采取开放调查的方法让用户自由列出下属信息类别及关系。这是一种采取用户自我表露模式观察用户、完成信息结构分析的方法，通常用于理解某一定义域的内容和范围。其操作过程如下：先采取开放调查的方式收集人们针对某一定义域自由列出的下属信息类别；然后将所得到的罗列进行定量统计，依据所得到的平均次数来确定信息架构中的核心区、中间区和外围区的信息类别，从而建立平面格局；然后通过对开放调查过程中信息类别的共现情况统计，建立共现矩阵，从而分析类别与类别间的深度关联性，并基于此建立信息类别间的链接关系及层级关系。

（3）卡片分类法。卡片分类法，顾名思义，就是将信息（概念、条目、内容、小分类等）分别写在一张张卡片上，然后让用户归类。通过用户的卡片分类，了解用户的心智模型，并基于此制订信息组织方案。卡片分类法在操作中一般鼓励用户按照他们认为有意义的方式对卡片自由分组，并让他们对每组卡片制定标志；其后往往辅之以询问调查，了解用户分组理由。通过卡片分类，可以了解用户所想，更好地完成信息集合的信息架构。卡片分类法分为开放式卡片分类法、封闭式卡片分类法和混合式卡片分类法 3 种。开放式卡片分类法一般对用户没有任何约束，由用户自主形成分类框架、分类方案和类名；封闭式卡片分类法通常会先规定分类框架和顶层类目名称，让用户按框架把信息对象分到相应类目中；混合式卡片分类法一般是先收集用户分类意见，形成分类框架和类名，然后再要求用户按照该分类框架和类目将卡片分到各个给定类目中去。

不管是哪一种信息组织方法，其操作结构都应该产生两种分析成果：信息服务产品的层次结构图和内容模型表。层次结构图是这样的信息服务产品的关系地图。在层级的概念中，类与目之间的关系是父子关系。层级结构呈现出扁平型和锥型两种不同方式。扁平型的顶层有很多类目，但层级数较少，锥型的顶层类目较少，但层级数目较多。而内容模型表则将主要内容对象的相关描述用表格形式展示出来，包括关联对象、涉及的元数据等。

8.3.3　信息架构的过程与参与者

1. 信息架构的过程

信息架构过程主要包括以下 4 个主要阶段。

（1）调查用户需求情况，明确用户特征。该阶段需要对用户展开调查，以进行明确的需求定位。如果前期信息需求分析已形成一定的成果，那么，此部分需要通过探测性调查来了解细节。其面对的问题有：用户涉及的范围有哪些？他们需要什么样的内容？他们在何种情形下需要这些内容？其研究方法包括焦点小组访谈、在线调查、个案调查、用户参与会议等调查方法，理解最终用户的信息需求、信息行为和对信息内容、结构的评价，并确定哪些需求最重要，以及哪些可能在稍后处理。该阶段以系统检查用户的思想、行为、使用产品和服务的目的为目的，其成果往往是基于用户需求分析的对信息架构组成元素的认识。

（2）定义信息服务目标。该阶段主要用来明确信息服务供应情况，通过访谈、观察、背景调查、工作会议等接触手段，理解信息服务供应的领域特点、目标和任务，以及现有可获取信息资源状况，从而确定信息服务的目标，使其与信息服务供应者更为广泛的战略目标联系起来，并进而明确用户对象，选择具体信息服务设计策略。

（3）分析信息内容。该部分将以用户为中心确定信息之间的关系、规定主要的信息类型、类型标志，以便形成一个满足各方面要求的、易于更新修改的、清晰的信息结构模型。这一阶段的主要工作是分类，即对已有的信息，通过已知的属性，进行分组、分类。最终所选择的分类必须支持用户快速定位最相关信息的能力。而卡片分类法、路径分析法是常用的分析方法。该过程将发现全局性公共信息属性，并确定类型的优先级，同时建立一个内容模型，形成对信息边界的可操作性认识。

（4）规划信息架构实现过程。通过工作流程图、开发标准和进度安排等手段安排后续的设计实施过程，确保信息架构活动能高质量地实现其具体目标。

而第（4）步骤又需要细致展开，对此，Eric Enge 等介绍了一个网站的架构实现过程，他们把这个过程细分成了 6 个步骤[12]：

- 列出所有必需的内容页面。
- 创建足以包含网站内容的顶级导航（或顶级菜单）。
- 从底层详细内容开始，自下而上创建能够涵盖每个页面的组织结构。
- 填补中层的内容，包括增补子导航，使其合理地将顶级页面和详细内容联系起来。
- 加入辅助性页面，如版权、联系信息等非实质性内容。
- 构建展示网站。

2. 信息架构的参与者

信息架构是信息用户、信息内容与信息组织三者的交织融合，因而，信息架构的过程也是设计者与用户的合作过程，而合作的用户包括很多类型，有终端用户、推荐者、评论者、汇总者、再生产者、捐助者[13]。这些用户参与信息架构的程度不同，形式也不同。

如图 8-8 所示，信息架构的前期阶段特别需要更多的合作，甚至需要用户自主完成。随着信息架构过程的推进，信息设计的视野也会越来越收敛，因而后期主要由设计者独立完成。

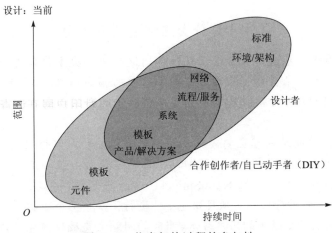

图 8-8　信息架构过程的参与性

资料 〉〉

INSPEC 数据库

INSPEC 数据库可谓是一个覆盖物理、电子电机工程、计算机与控制工程、信息技术、生产与制度工程 5 个学科的综合数据库，以其 100 余年的资源积累成为目前科学技术领域回溯年限最长的数据库。INSPEC 的检索体系中体现其知识服务功能的检索字段分别为分类代码与处理代码。分类代码通过收入数据库源文献的学科与主题属性的标志与抽取，可实现对每一文献的知识归类。在提交的检索结果范围内，用户使用分类代码的知识归类功能，可得到系统提交、显示各学科和主题在总检索结果中所占比例的完整分析。基于对检索结果的学科属性归类处理，从而对各个学科和主题、各分支学科与下位主题的文献集中度进行定量测评，进而得出特定学科与主题领域的研究重点、热点及薄弱环节等信息，为用户研究方向的确定提供定性信息。

处理代码是 INSPEC 数据库提供的一个更具特色的知识服务解决方案：在对收入该检索系统的源文献进行知识组织时，将每一文献归入应用、书目与文献概述、经济或市场调查、综述或评论、最新进展、理论、实验等 9 个知识层面。对于归类的条件系统设定了严格的初始值，如书目与文献概述用于界定原文中参考文献超过 50 篇的文献。这种知识分面的原理与方法类似于分面分类法，是一种极为典型的面向文献单元中知识单元的知识组织方法。

INSPEC 数据库中类似的知识服务解决方案还体现为：对检索结果的作者分析帮助用户了解特定主题与学科领域最具影响力的作者；检索结果的作者所在机构分析向用户提供了特定研究机构科学研究阶段性重心；以期刊为单位的源文献标题分析帮助用户了解特定研究主题及相关内容在期刊上的分布状况作为文献收藏机构引进文献的参考等。

资料来源：凌美秀，李雯，全丹丹. 当前数据库知识服务方案评析［J］. 图书馆，2006（5）：58－61.

 资料

运用卡片分类法确定网页架构

Ginny Redish 为国家癌症研究所癌症预防部门进行了一次卡片分类研究，她描述了她怎样以顾问身份展开工作，来获取处理卡片分类法必要的领域知识。该过程主要应用了放声思考法（thinking aloud）引导分类，因而提供了一个独特的研究视角。

1. 接触了解

此前，这个部门的网站内容主要集中于揭示它的任务和内部的组织。

Ginny Redish 作为一名顾问介入部门网站项目研究帮助小组修正站点。该部门知道网站需要改变，并且新通讯部门的经理 Kara Smigel Croker 理解该网站现在并没有公众所需要的焦点。Ginny Redish 先帮助部门网页项目研究小组进行了一个两个小时的会议，同时讨论并且列举站点的目的和站点必须服务的用户群体。当时的网站主要反映该部门的机构组织受资金支助，而讨论使项目研究小组开始同意将网站定位为"人们了解防止癌症信息的主要场所"。

当列举用户群体时，该项目研究小组发现了很多潜在的用户，有学生、研究人员、公众、医学专业人士等。除列举目的和用户外，团队的第 3 项活动是理解用户加入到网站的情节（scenarios）。Ginny Redish 分发索引卡片，研究项目小组的每名成员写下样品脚本。项目研究小组的 18 名成员中有 17 名写下的脚本是关于公众关注防止癌症的信息。其后交给卡片归类法来进一步确定，利用卡片归类法探测公众用户和医学专业人士利用网站会寻找怎样的信息。

2. 为卡片归类法做的计划和准备

项目研究小组成员为主题编写卡片。主题除从每个科研小组和相关部门获取之外，还增加了癌症类型和能链接的很多国家癌症研究所网站里存在的文章主题卡片。

3. 需要多少卡片

卡片数量规划是 300 张。对于一个小时的用户访谈时间而言显然太多，项目研究小组决定使用例子而不是有某种话题或文件的卡片。例如，虽然有很多类型的癌症，但是把卡片限

制在大约 10 种类型。筛选后大约剩下了 100 张卡片，其实，这对用户来说仍显太多，理想的卡片归类法通常在 40～60 张之间。

图 8-9 所示为卡片的样例。每个主题被单独写在了一张 3×5 英寸白色的索引卡片里。然后给主题编号，并写在每张卡片背面。

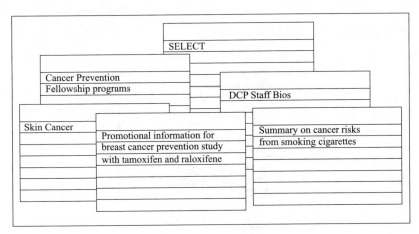

图 8-9　卡片样例

4. 为卡片归类法招募用户

该研究选择了两组用户：一组是同一小时内来自外部的 8 个人；一组是来自项目研究小组内部的 12 个人。8 个外部用户包括来自国家癌症研究所与招募公司合作招来的癌症病人/生还者，癌症病人/生还者的家庭成员、对癌症信息有兴趣的公众成员、医生和其他健康专业人士。研究要为外部用户的时间损失支付报酬。

5. 进行卡片归类法会议

卡片归类法需要大的桌子。研究小组在一个空办公室用一张大书桌举行会议，而另一个办公室有一张环形的会议桌，参加者围桌而坐。

开展这一过程除了需要主题卡片外，还需要做好以下几方面：

（1）为增加的主题准备额外的白色卡片；

（2）注明交叉连接的粘贴便签（当参加者想要将一个主题同时放在两个地方时，要求他们把它放进主要地方并且写一张粘贴便签表明与其他组有一定关联）；

（3）赋予每组一个带颜色的标志卡片，并写上给该组的命名；

（4）最后将每组卡片用橡皮筋捆上。

卡片归类法的操作非常简单：先把第一张卡片放在桌子上，然后观看第 2 张卡片并且决定是否该把它和第一张放在同一组。如果是，把两张卡片放在一起。如果不是，开始第 2 堆。以此类推。在操作理解方面参加者没有什么困难。研究小组也解释了正为一个网站建造主页和导航，以便给参加者大约多少堆（组）的概念，从而使分类结果更有操作意义。

6. 告诉参加者他们能做什么

（1）当他们进行时，告诉他们主题为什么在单独的卡片上，以及需要重新安排卡片；

（2）丢弃卡片——把卡片放在一边或把它扔在地板上——如果他们不知道它的意思或他们认为它不属于网站；

（3）如果他们认为缺少了一个主题，那么写一张新卡片；

（4）如果他们把一张卡片放进一个组，而且有别的组与它存在联系，那么写一个粘贴便签。

研究小组鼓励那些参加者一边做一边说出自己的考虑（即放声思考），研究人员做笔记。当那些参加者已经归类完全部卡片时，研究小组给他们彩色卡片并且要求他们为每个小组命名（见图8-10）。同时，要求他们按近似网站主页的组的构造形式将卡片放于桌子上。

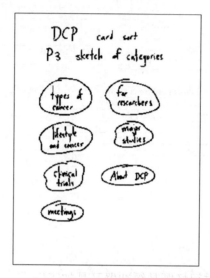

图8-10　一个用户关于布置、命名和类目的草图范例

分析

卡片归类法能归纳出关于一个主页应该看起来像什么的高度共识。会议结束后，研究小组发现，用户关于种类、名字和安排上有惊人的一致。因而，在这项研究过程中，研究者发现自己不需要做正式数据分析就可以在高层次上去理解用户所需要的主页类目。

用卡片归类法还能查明用户不明白的话语。所有外部卡片分类者结束后，在一大堆卡片里包括"我不能分类，因为我不知道它的意思"的卡片。

此外，还有意外收获，在那堆最普通的卡片里有类似ALTS、STAR、SELECT的首字母缩略词。其他单词是类似"biomarkers"和"chemoprevention"。这对国家癌症学会大多数研究人员来说是巨大的惊奇。

资料来源：改编自 COURAGE, BAXTER. Understanding your users[M]. LA: Morgan kaufmann, 2004.

8.4　面向用户的信息组织体系

8.4.1　信息组织体系的功能

信息组织是对无序信息资源的序化操作。而信息组织体系通过对信息表示、加工、存储、重组、提供、共享、利用、控制等一系列过程，形成能满足用户需求的直观的、可操作性强的系统化知识，提供给用户检索和使用的一种内在机理及表现形式。

传统信息环境下信息组织体系的功能主要是提供信息查找路径，其组织对象主要是文献单元和信息单元，是一种以信息为中心的信息组织；在现有信息环境中，为了有效实现信息服务，信息组织体系需要具有全面支持对用户信息利用和知识创造过程中检索、处理和组织信息的各方面各层次需要的功能。

更确切地说，信息组织体系的作用在于通过提供一种环境，支持用户对语法元素、语义概念、逻辑关系、知识体系等方面的搜索、析取和转换需要。为实现这种功能要求，信息组织体系应当是一种以用户为中心的动态的结构体系。而这一结构体系的建立主要基于对信息或信息集合间关系的分析，通过在不同信息单元、信息集合及其内容元素之间建立关联，展示信息之间的逻辑关系，使其与用户信息接受习惯一致。从这一点看，信息组织体系正是对信息及信息集合的集成，是对信息内在知识逻辑和外在结构逻辑的综合体。

8.4.2 用户信息结构

只有当某一结构与用户认知结构和知识结构有一定的一致性时，用户才能对其产生整体印象。就其本质而言，面向用户信息组织的内在机制是对人脑记忆机制的一种模拟。如美国国会图书馆的数字图书馆"美国的记忆"就是直接将该信息组织体系类比于人类记忆。

1. 记忆结构

记忆不是一个单一对象，对于其结构有两种学说，一为"两种记忆说"，另一为"三级加工模型"。"两种记忆说"认为记忆是由短时记忆和长时记忆构成的一个系统，信息经由短时记忆而进入长时记忆，短时记忆既是缓冲器又是加工器。"三级加工模型"认为记忆不应从短时记忆开始，而应有与感觉、知觉紧密联系的更早的加工阶段或更为基本的记忆结构，即感觉记忆。该模型目前已占据主导地位。

作为"三级加工模型"的典型代表，Atkinson–Shinffrin 记忆系统模型认为，外部信息最先输入感觉登记，并以不同感觉通道形成视觉的登记、听觉的登记等，即图像记忆和声音记忆等。感觉登记有丰富的信息，但可以很快消失，其中有些信息进入短时贮存。进入短时贮存的信息（短时记忆）可具有不同于原来感觉的形式，既要进行变换或编码，编码的形式有听觉的、口语的、言语的，并且信息也能较快丧失。在没有复述条件下，信息在短时贮存中可保持 15～30 s。短时贮存是感觉登记和长时记忆之间的缓冲器，也是信息进入长时贮存的加工器。长时贮存是一个真正的信息库，信息有听觉的、口语的、言语的及视觉的编码形式等。长时贮存中信息提取出来，就转入短时贮存了。该模型还认为，信息从一个贮存转到另一个贮存多半是受人控制的。

2. 长时记忆及其组织

1972 年，加拿大心理学家 Tulving 在其和 Donaldson 共同主编的《记忆的组织》一书中，依据所贮存的信息类型，将长时记忆分为两种：情景记忆和语义记忆。按照他的说法，情景记忆接受和贮存关于个人的特定时间的情景或事件及这些事件的时间—空间联系的信息；语义记忆是运用语言所必需的记忆，它是一个心理词库，是一个人所掌握的有关字词或其他语言符号、其意义和指代物、它们之间的联系，以及有关规则、公式与操纵这些符号、概念和关系的算法的有组织知识。自该观点发表以后，语义记忆成为研究的重点，相关研究把记忆、语言、思维更加紧密地连在一起，在更加广阔的人类知识表征和组织领域得到运用。而认知结构正是对长时记忆内容组织机制的一种理解。

认知科学有一种"同化理论"，即认为主体的认知结构如同一个"书架"，用户对信息的摄入（如阅读）是把知识材料分类放上"书架"（简称书架 1；就是编码），使材料有序化，形成知识；这一"书架"因人而异，其知识结构也各异。在客观知识中，人们根据认知需要也设计了知识存取、表现的书架，如维基百科分类系统的"书架"（简称书架 2），它和图书分类法不同，但更适合用户。许多著名的搜索引擎向用户学习，研究用户的认知模式（书架 1），然后形成书架 2。也就是说，主体（书架 1）是本原，知识客体（书架 2）根据用户主体建构；书架 2 是书架 1 的物化形式。因而，知识是用户自己"建构"出来的，不是机械地把客观知识移动到用户的脑海[14]。

8.4.3 面向用户的信息组织方式

传统的信息内容组织主要目的是实现信息的有序化，但在新型信息环境下，信息内容组织体系必须以用户为中心展开设计，这就要求信息内容设计兼顾准确高效的信息传递和优质的产品使用体验。而以用户为中心的信息内容组织，不可避免地要适应当前信息使用环境、用户需求环境和任务环境。当前，信息环境越来越能够适应人类的思维习惯，在这个环境里，用户期待在信息服务产品中既能获得足够的信息支持，又能享受充分的自由感。为满足这种需要，信息组织体系设计不断演进，主要演进路径表现为以下几方面。

1. 从平面信息体系到立体信息网络

传统的信息载体主要是平面载体，如图书、报纸等，而人类大脑中的信息系统是立体的，在这一立体的空间里，信息和知识单元都是空间中最基本的点，而信息和知识单元有着内在秩序，这种有序正是人类智慧的来源。进入网络时代，网络信息本身也具有天然的空间特征，网络把信息按单位分布式存放在不同节点，具有共性的可以认知的空间特征与空间秩序，且对其节点链接具有可选择性，尤其是文本与信息单元以链接的方式被不同空间存取，在查询时又构成一定的空间秩序。这些特点使网络可以实现自组织、跳跃、发散和解构等操作，形成一种立体的信息网络。

事实上，过去用户查找信息的主要障碍是空间障碍，现在网络环境下的立体信息网络仍然存在着空间障碍，只不过过去主要是空间距离障碍，而现在换成了空间混乱问题。信息组织需要建立一种空间组织方法来解决信息组织结构与用户特殊的知识需求之间的矛盾，从而解决空间混乱问题。这种方法包括建立空间规范、空间结构与空间路径。

建立空间规范主要是把各种类型的资源特征一般化，构建元数据就是常见的空间规范方法。所谓元数据就是关于数据的数据，主要是构建一套机器可理解的编码体系，用于信息资源的统一描述，以方便信息资源的定位、选择和检索。构建元数据需要定义基本的描述元素，如标题、作者、URI、日期、主题等，并给出相应的语义。

建立空间结构主要是建立信息对象特别是概念的语义关系，当前的主要操作方法是构建语义网。语义是对概念或数据抽象化的逻辑表示。语义网的本质是一种能理解人类语言的智能网络，由节点和弧构成，节点表示概念，节点间的弧表示节点间的关系。用语义网能够直接明了地表达概念间的语义关系，还可以从节点中推导出相关事实。在语义网中，知识表示和推理实现的基础是本体（ontology），本体作为一种知识组织工具，提供了对特定领域的共同背景和理解，旨在实现领域内用一种通用语言。本体是树状结构的信息关系，相邻层次的节点（概念）之间具有严格的"IsA"关系，这种关系有助于知识推理。当前，万维网联盟（W3C）推荐的本体描述语言包括 RDF、RDFS、OWL。本体即领域的选定概念化。本体在描述粒度方面有粗细差异。细粒度的本体会产生许多对象类型，每种类型的实例更少，因此会得到一个结构；粗粒度本体产生的类型更少但实例更多。本质上说，卡片分类法也是寻找本体的一种方法。信息空间的大小由对象的数量控制，又与本体相关。

建立空间路径则是通过促成信息对象的连接来实现信息利用自由，当前主要操作方法是构建关联数据。关联数据（linked data）是（W3C）推荐的一种用于万维网联盟发布的连接各类数据、信息和知识的规范。它采用资源描述框架（resource description framework，RDF）构建数据模型，利用统一资源定位符（uniform resource identifier，URI）命名数据实体，在此基础上发布和部署实例数据与类数据，并允许通过 HTTP 协议揭示并获取这些数据。

2. 从单一标注到协作标注

信息组织体系应当使用户成为轻松的用户，而不是拿知识武装的用户。信息服务产品设计的关键是解决用户语言与系统语言的沟通问题，因此，信息标注环节是信息内容设计的一个基础环节。传统信息组织（如分类法）主要面向专业信息工作人员，信息服务内容描述主要通过叙词表来做标注。叙词表以概念为中心，以概念关系为依托，是一种计算机可读的知识库。这种标注方式不仅受到昂贵的维护费用和漫长的更新周期局限，更受到用户学习成本和复杂使用过程的局限。

因为用户之间更易于沟通，今天，为了解决用户语言与系统语言的沟通问题，让用户参与标注成为一种常规操作，而基于用户标签更衍生出了公众分类法这种新的信息结构方法。所谓公众分类法（folksonomy），是指由网络信息用户自发为某类信息定义一组描述标签，并最终根据标签被使用的频次选用高频标签作为该类信息类名的一种网络信息分类方法。

公众分类法有以下几个特点。首先是分类面向大众，拥有大量异质用户。这里的异质是指用户在认知能力、知识结构和兴趣领域上具有一定差异，每个用户都可能用自己的语言对社区中现有或尚未添加的内容提供与众不同的标签，每一个内容都存在相当多的标签来描述。因而，该分类体系提供了一种工具，能够了解用户的用词习惯，抽取准确的受控词。其次，动态更新是公众分类法有别于传统分类法的又一个重要特色。如前所述，该方法的分类是由用户群体定义的频率决定，而网络信息资源处于一种动态的环境中，由于用户需求也是多方面的，各标签的使用频率几乎总是变化的。所以，信息分类也随之而动。具体表现是，随着用户关注热点的转变，各个热点类目位置也将调整。一些使用频率低的标签将逐渐"淡出"人们的视野，而那些使用频率高的标签会在标签云图以字号变大的形式反映出来，这种更新可随时发现当前人们关注的"热点"和"走势"。

实际上，标签机制作为一种公用平台，高效率地集中了网络用户注意力，并加速了用户需求与信息资源匹配。标签利用者——具有一定需求的用户，与标签提供者——已具备相关信息利用经验的用户，两者均直面信息资源，但标签使两者知识发生链接，关于信息的知识资源得以传递，从而促进了标签利用者与信息资源的匹配。

其实，专家标注和用户标注各有其优缺点。为了实现它们之间的作用互补，传统的单一标注已发展为协作标注。即用标签、关键词、本体术语等不同类型的描述元数据，协作标注来共同描述信息资源。其中，关键词主要是行业专家语言的表征，主要用于与叙词表匹配。标签来自用户，而本体术语则来自信息管理专家。基于关键词的标注缺少语义支持，概念间关系相对松散独立，主要借助字符串匹配的方式实现服务。本体术语能够通过概念、属性、关联、公理等元素为其赋予语义信息，而标签能够为其扩展术语、并建立用户关联[15]。图 8-11 显示了协作标注的 3 个阶段，即杂乱无章的初级阶段、以形成局部共识为主的中级阶段和达成全局共识的高级阶段。

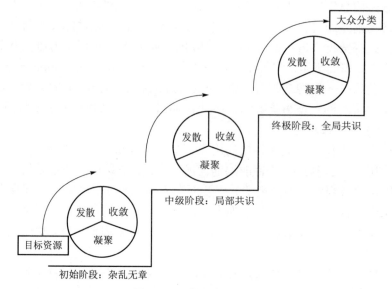

图 8-11 协同标注行为

资料来源：易明，冯翠翠，莫富传，等. 基于群体智慧理论的协同标注信息行为机理研究：以豆瓣电影标签数据为例 [J]. 情报学报，2021，40（1）：101-114.

3. 从前组织到后组织、自组织

传统的信息组织体系往往是前控式的，通过叙词表、分类体系等工具来形成信息结构。本体也仅能解决静态知识和相对知识的组织问题。但是用户需求是动态变化的，这种信息组织体系适应性不足，传统的信息组织体系对于动态知识能力不足，并不能满足以用户为中心的信息服务需要。

针对这种情况，当前的信息组织技术开始向后组织、自组织演变。

所谓后组织，即跟踪用户使用行为，并利用用户行为轨迹对已经建立的用户需求模型进行筛选和更新，进而进行二次信息组织并给用户反馈结果。例如，对搜索引擎而言，可以让用户先进行检索，再对用户检索的结果进行组织，然后反馈给用户。而传统的是前组织，即先对信息进行标识、组织、存储，然后形成导航、搜索引擎等信息检索系统供用户检索使用。两种方式的本质区别是，前组织以信息为中心，后组织以用户为中心。

如知乎在线知识问答社区，其知识组织和管理体系就颇具特色（见图 8-12）。一个话题代表的是一个主题，具备共同或相似主题的问题和回答共享一个话题领域，所有话题通过父话题-子话题的结构，形成一个允许局部交叉的有根无循环的有向图。上层部分的 3 层话题结构已预先由知乎设置好，包括根话题，6 个一级话题和 5 104 个二级话题。话题结构的下层部分则对用户开放，用户除了能进行话题标注外，还允许拥有 5 位获得 5 个赞的答案的用户参与公共编辑，创建新的话题或编辑现有话题，通过赋予话题别称、添加描述文字或图片，指定话题父子关系等方式，对话题之间的关系进行编辑。知乎还会将那些用户需求不大或兴趣不高的话题设置为弱节点，通过弱关系来控制它的显示。

所谓自组织，是对用户行为痕迹进行语义关系分析，包括较早时候利用机器学习方法挖掘公众分类法模式下的标签之间的语义关系，以及当前较新的后结构主义，即基于对人类网络和非人类网络的交织互动关系分析，形成对信息内容的自动组织。用户自组织使每个人都成为信息世界中一个能动的节点，信息不再简单地以供和求的方式流动，这种社会化的信息组织方式方兴未艾，并将产生不可思议的能量。

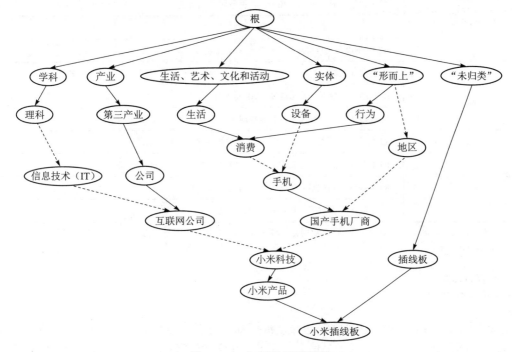

图 8-12　知乎的话题结构

资料来源：刘亚希，秦春秀，马续补，等. 在线社区知识资源的分类体系进展分析 [J]. 情报理论与实践，2018，41（10）：47-53.

资料 ≫

科学数据的 FAIR 原则

2014 年 1 月 13 日至 16 日，在荷兰莱顿的劳伦兹中心举办了一场主题为 *Jointly Designing a Data Fairport* 的研讨会，本着确保能方便地发现、获取、适当集成、再利用和充分引用当前数据密集型科学产生的大量信息的目的，来自学术界、企业和政府部门的代表商讨形成了一套彼此都能接受的指导原则。随后，FORCE11 社区（一个由学者、图书馆员、档案管理员、出版商和研究资助者组成的旨在促进知识的创造与分享的非营利性组织）对这个原则进行了改进完善，并于 2016 年发布，该原则即 FAIR 原则。FAIR 原则包括 4 个主要原则：可发现、可访问、可互操作、可重用。每个主要原则又包含若干具体细则，各部分既相互关联，又各有侧重。

表8-7 FAIR原则具体内容

可发现 （findable）	F1 数据（元数据）被分配全球唯一且持久的标识符
	F2 使用丰富的元数据描述数据
	F3 元数据清楚明确地包含所描述的数据的标识符
	F4 数据（元数据）在搜索应用服务中注册或索引
可访问 （accessible）	A1 数据（元数据）可以使用标准化通信协议，通过其标识符进行检索
	A1.1 该协议是开放的、免费的，并且可普遍实施
	A1.2 协议允许在必要时进行身份验证和授权过程
	A2 即使数据不再可用，也可以访问其元数据
可互操作 （interoperable）	I1 数据（元数据）使用正式的、可访问的、可共享的和广泛适用的语言来进行表示
	I2 数据（元数据）使用遵循FAIR原则的词汇表
	I3 数据（元数据）包括对其他数据（元数据）的合法引用
可重用（reusable）	R1 数据（元数据）用多个准确且相关的属性进行充分描述
	R1.1 发布的数据（元数据）包含清晰且可访问的数据使用协议
	R1.2 数据（元数据）包含详细的出处信息
	R1.3 数据（元数据）符合领域相关标准

资料来源：邢文明，郭安琪，秦顺，等. 科学数据管理与共享的FAIR原则：背景、内容与实施［J］. 信息资源管理学报，2021，11（2）：60-68.

◇ **本章小结**

信息产品设计过程也是信息服务过程。根据知识非常态理论，信息生产者的世界图形与用户的世界图形是不一样的，因此，信息产品设计过程需要促进信息生产者与信息使用者之间需求信息的有效沟通，需要考虑信息内容与用户认知之间的匹配性。

信息内容框架包括信息符号、基本语义元素、逻辑信息单元、信息结合、信息组织体系等5个层次。设计过程应由高到低进行。用户的需求表述是信息符号设计和基本语义元素设计的重要参照。而用户的需求表述中包含着两类知识：领域知识和语言知识。信息内容设计应当考虑系统领域知识与用户领域知识、系统语言知识与用户语言知识的匹配问题。而这两方面的匹配问题的解决都需要采用用户介入的方法。因而，多元表示原则成为一个基本共识。

网络环境加剧了信息的碎片化，降低信息碎片程度有利于提高信息的价值。各种信息或自然或人为地聚集在一起，聚集在某种信息容器中，就构成了信息集合。信息集合是对信息碎片的聚集，对信息碎片的认识（信息单元）是一个渐进过程，分为三个阶段：文献单元、（狭义的）信息单元、知识单元。信息集合包括静态信息集合和动态信息集合。建立信息集合的依据包括用户认知结构与知识结构，以及用户问题解决过程两方面。

信息架构是提高信息可理解性，降低用户信息焦虑的一种设计操作，是对信息集合结果形式的把握。信息架构包含四个核心要素：信息的内部组织系统、信息的标识系统、信息的导航系统、信息的搜索系统。常用的信息架构方法主要有两类："自上而下"的方法和"自下而上"的方法。"自上而下"的方法是从战略层考虑，根据产品目标和用户需求直接进行结构设计。其常用方法包括层次结构、自然结构、线性结构等。"自下而上"的方法则是根据对"内容和功能需求的分析"开始，逐渐构建出能反映产品目标和用户需求的结构。常用方法如路径概略图、自由列表法、卡片分类法等。

　　信息架构应该达到 5 个目标：减少用户查找所需时间；让信息能被用户发现并尽快地被发现；减少用户在网站信息查询时的点击次数；促进用户对信息整体构成的把握；信息符号、含义和结构的和谐统一。信息架构的过程包括 4 个主要阶段，信息架构是信息用户、信息内容与信息组织三者的交织融合。

　　信息组织体系的功能体现在对用户信息利用和知识创造过程中检索、处理和组织信息的各方面各层次需要的全面支持。面向用户的信息组织的内在机制是对人脑记忆机制的一种模拟。人的记忆包括感觉记忆、短时记忆、长时记忆 3 个层次，长时记忆包括情景记忆和语义记忆。

　　新型信息环境下，信息内容组织体系必须以用户为中心展开设计，这就要求信息内容设计兼顾准确高效的信息传递和优质的产品使用体验。为满足这种需要，信息组织体系设计不断演进，主要演进路径表现为几方面：从平面信息体系到立体信息网络；从单一标注到协作标注；从前组织到后组织、自组织。

◇ 本章基本概念

　　信息集合　信息组织体系　领域知识　语言知识　多元表示原则　专家语言　规范词表信息碎片　文献单元　知识单元　静态信息集合　动态信息集合　认知结构　知识结构问题解决　信息构建　信息架构　路径概略图　自由列表　卡片分类法　语义记忆　同化理论　元数据　公众分类法　本体论　语义网　关联数据　协作标注

◇ 练习与作业

　　1. 分类练习：下面 20 个随机词汇有助于说明每个人的心理图像如何影响信息的分组。利用该单词列表（使用新华词典生成的随机词汇），并在单独的一张纸上写下每个词汇。现在，尝试将所有 20 个单词组织到合理的结构中。先独自尝试该练习，然后在小组中重复该练习。冲突将不可避免地出现，因为每个人都尝试断言自己的方法是"最佳"的。最终要旨在于，创建受控词汇表的最有效方法是与许多其他小组进行协作。协作往往会矫正个人的偏见。

　　裱糊　体裁　赶场　奢侈　锤炼　答复　灯火　订单　夺标　范本　否定　甘心　工程　关门　函授　哄闹　环抱　获得　冀望　兼职

　　2. 罗列你所在学院网站可能的各类来访者，并对其展开路径概略图分析。

◇ 本章参考文献

[1] 张晓林. 走向知识服务 [M]. 成都：四川大学出版社，2002.

［2］细野公男，邹永利. 情报需求及其表述中的知识结构与情报系统设计［J］. 图书情报工作，1999（1）：1－7.

［3］张新民，化柏林，罗卫东. 认知信息检索研究的发展与展望［J］. 图书情报工作，2007（10）：6－9.

［4］周晓英. 基于信息理解的信息构建［M］. 北京：中国人民大学出版社，2005.

［5］王知津. 知识组织的研究范围及发展策略［J］. 中国图书馆学报，1998（4）.

［6］王知津. 知识空间：知识组织的概念基础［J］. 中国图书馆学报，1999（5）.

［7］文庭孝. 知识单元的演变及其评价研究［J］. 图书情报工作，2007（10）：72－76.

［8］王甦，汪安圣. 认知心理学［M］. 北京：北京大学出版社，1992.

［9］WURMAN R S. 信息饥渴：信息选取、表达与透析［M］. 北京：电子工业出版社，2001.

［10］荣毅虹，梁战平. 信息构建（Information Architecture, IA）探析［J］. 情报学报，2003（2）.

［11］MORVILLE P，ROSENFELD L. Information architecture for the world wide web: designing large-scale web sites［M］. Sebastopol: O'Reily Media, Inc.，2006.

［12］ENGE, SPENCER, STRICCHIO LA，等. SEO 的艺术［M］. 姚军，等译. 北京：机械工业出版社，2013.

［13］袁昱明，王效良. 论理论读者学［J］. 中国图书馆学报，2006（5）：88－91.

［14］易明，冯翠翠，莫富传，等. 基于群体智慧理论的协同标注信息行为机理研究：以豆瓣电影标签数据为例［J］. 情报学报，2021，40（1）：101－114.

［15］楚林，王忠义，夏立新. 网络问答社区的知识生态系统研究［J］. 图书情报工作，2016，60（14）：47－55.

信息服务传递设计

9.1　信息服务传递及其要素

　　信息服务产品的价值很大程度上取决于是否能够有效嵌入和支持用户信息行为流程，越是能够深度嵌入和支持用户信息行为流程的信息服务越可能逐步发展为主流产品。因此，信息资源服务产品必须围绕用户信息行为过程，将自身服务功能设计为用户信息行为"过程中"的有效元素，实现信息资源服务更自然、更有效的传递。

9.1.1　什么是信息服务传递设计

　　Jochen Wirtz 和 Christopher Lovelock 从服务对象角度把所有服务分为 4 类：人体服务、所有物服务、精神服务和信息服务。并认为，尽管这些服务有很大区别，但其核心特性，即过程性特征是基本相同的。信息服务也需要通过一定的过程将其价值传递给用户。所谓信息服务传递，就是对信息服务价值的转移过程。通过信息服务传递过程，信息服务供应者向用户传递信息服务各方面的价值：信息的价值、信息系统的价值、服务的价值及服务管理的价值。从这个意义上来说，信息服务传递是将信息服务产品与用户连接起来的一种机制。

　　对信息服务传递也需要先期进行设计，才能达成预期的价值转化效果，从广义上来说，信息服务传递设计包括交互内容及形式的设计和内外部工作流程设计，其设计对象既包括前台的信息服务技术系统，也包括相关信息服务操作及后台支持系统。但由于前者设计成果主要影响用户的心理感受，目前对其认识主要基于信息技术系统这一微观管理对象，所以将其放到了下一章体验设计的部分；而后者将直接影响用户任务完成状况，且涉及包括组织管理等中观管理问题，因而本章对信息服务传递设计的讨论集中于工作流程的规划与设计问题。

需要强调的是，信息服务的生产和传递具有同时性，因而信息服务传递设计并非独立于信息服务生产的另外一个过程，而是对信息服务生产系统性、完整性的更高追求。

9.1.2 信息服务传递设计的理论基础

1. 服务传递的剧场理论

由于服务传递涉及用户经历的一系列事件，所以 Grove 和 Fisk 用剧场来比喻服务生产系统的服务和服务体验，认为剧场中的参与者都要熟悉自己所扮演的角色和脚本[1]。所谓角色，就是为了最大限度地实现目标，个体在社会互动、沟通中获得并表现出来的行为模式集合。在服务中，服务提供者和服务对象对各自角色的理解应具有一致性，以减少服务的不稳定性，保持服务质量的一致性。

剧场理论将服务系统、服务者和用户放到同等的地位，把服务比作一场戏剧，而服务拥有与舞台产品一样的构成要素：演员、观众、设施、前台、后台与表演。演员（服务人员）是那些为观众（用户）生产服务的人，设施（服务环境）是表演活动或服务的展示地。演员在前台面对用户所开展的服务活动，需要后台的大力支持。后台行为虽然一般不为用户所知，但针对服务体验所从事的大量计划与执行工作却发生于此。设施的设计，既要考虑演员需要，又要考虑观众需要。设施或能保证演员与观众的面对面交流，或者为他们提供远距离交流的路径。演出的整体表现是演员、观众与设施之间动态互动的结果。

服务剧场模型对信息服务传递设计的启示在于，在信息服务环境下，除了信息内容、信息表达会影响用户对信息服务的感觉；同时，服务的界面、风格与完成必要工作的能力，都会影响用户对信息服务的期望及其对信息服务的评价。而且，信息服务传递设计是一个将多种信息内容、信息用户、系统界面、服务者、时间资源、空间资源等综合运用的过程，对它们的运用应将用户视为能动的中心点，只有信息服务系统对用户角色的理解与用户保持一致，才能实现信息价值的有效传递。

2. 感知控制理论

用户在服务接触过程中要有控制感，所以感知控制对用户与信息服务系统发生相互作用的过程质量非常重要。控制属于心理学概念，是影响主体行为的关键驱动因素，人们的行为活动的主要目的就是追求对情境的控制（Bateson）[2]。Schutz 在 1966 年研究发现，控制感是主体行为获得满足的关键因素。感知控制是对个人实际控制的主观感受，是基于实际控制的一种心理状态（Czepiel, et al.）[3]。学者们的实证研究纷纷证明了感知控制和人们的心理与生理变化是有一定的影响的：Idsoe 研究证明，感知控制与满意度有紧密关系，越是高水平的感知控制越导向高程度的满意度，感知控制在一定程度上，能激发个体在决策过程中的生理与心理反应[4]；Schutz 证明在与他人的交流中，控制感正向影响满意感；Jewell 研究表明感知控制在获取服务的过程中对用户有很直接明显的影响[5]。基于这些原因，感知控制已被广泛运用于消费者行为的解释当中。

感知控制比起人们对事物与情景的真实控制有更高的重要性，那么，怎么提升用户在信息服务过程中的控制感呢？Averill 在 1973 年指出[6]，控制可以分为 3 类，分别是：行为控制、认知控制及决策控制。其中，行为控制指用户在服务过程中可以改变服务情境，或者要求服务提供者提供定制化的服务，即主体所进行的行为对形势发展的直接影响情况。认知控制指主体是用户要了解某些事件是否可能发生、发生的可能原因，以及接下来要发生的事情，通过获取的相关信息分析周边环境，从而达到控制的目的。在认知控制中，包含信息获取与评估两个认知成分，前者侧重于对事务情境的推断与预测，后者侧重于将事务情境进行评估、衡量与比较。而决策控制，是指主体在预期的一系列具有可能性的结果与目标之间做出判断选择，意指用户可以在两种或更多服务方案中进行选择。当主体认为自己有选择时，主体便经历了感知决策控制，这一感知过程与实际主体拥有的选择范围无关。

对感知控制三方面的理解为信息服务传递设计指明了具体方向，即信息服务设计需要向用户赋权，使其能够左右信息服务的走向，并通过必要的导航设计，予以用户清晰的、充分的过程信息，使其能够理解自己所处的情境和方向，而不至于迷失，而且，应当给予用户更多选择，使其充分享受信息服务过程中的自由。总的来说，由于用户对自身控制权已有更高要求，对新技术环境下的信息服务产品而言，提升用户的感知控制是一个艰巨的任务。

9.1.3　信息服务传递设计要素

按照服务管理学家格鲁诺斯对服务过程的研究，服务传递过程由 3 个基本要素构成，即服务的可接近性、供需双方的相互作用、用户参与情况。

所谓服务的可接近性，指服务能够方便地被用户接触、使用的程度。在其他传统服务行业中，服务的可接近性一般涉及服务人员的数量和技能、工作时间安排、地理位置、参与服务的顾客数量等，这些方面有充足的配置和保障，用户才能接触到服务、使用到服务。在信息管理领域，该概念以兰卡斯特在其名著《情报检索系统——特性、试验与评价》中的分析影响最为深远。兰卡斯特列举了 Rosenberg、Allen、Gersberger、Soper 等若干调查与研究，指出"用户对信息源的选择几乎是唯一地建立在可接近性的基础之上的，最便于接近的信息源（渠道）将首先被选用"。

按照兰卡斯特的思想，信息的可接近性可以从 3 个层次来理解：物理可接近性、智力可近性、心理可近性。所谓物理可接近性，指用户能够知道该信息服务产品、接触到信息服务产品。通常，信息服务产品主动通过常用的信息传播渠道让用户遇到，这是提高物理可接近性的最有效方法。智力可近性，指信息服务产品的信息架构、服务功能、信息内容容易与用户的认知结构和认知能力契合的程度，让用户能够轻松理解的程度。心理可近性，则指信息服务产品的设计能更多地考虑用户的需求和体验，能够让用户更放松、更愉悦地完成信息服务过程的程度。因而在信息服务系统设计过程中，可接近性是一个综合指标，用户对可接近性的判断符合"最小代价原则"。

再看"供需双方的相互作用"。是指信息服务提供者和信息服务接收者二者之间有渠道进行互动，一方面，使得信息服务提供者能够将信息服务准确传达给用户，另一方面，信息服务接收者，也就是用户，也能够通过这些渠道充分表达自己的需求，掌控服务过程。在服务过程中，服务系统和用户的相互作用有多方面的体现，其中主要包括服务人员和用户之间的信息沟通情况、用户与服务系统各种物质和技术资源的相互作用、用户与规章制度之间的相互作用等 3 方面。当前，信息服务产品经常会开辟多种渠道来实现产品设计者、运营者与用户之间的互动，其中最基本的渠道就是在产品设计中配置更多、更便利的交互环节，使得用户在信息服务过程中拥有自由感。

用户参与则是指信息服务产品应鼓励用户在信息生产、服务生产、服务运营、服务评估等各环节参与其中，成为信息服务产品的剧中人，提升其对信息服务产品的归属感，并促进产品的良性成长。由于网络用户的外部性，用户参与对信息服务的成长影响巨大。用户的有效参与取决于用户对服务的期望和用户对服务的掌握程度。

由于网络用户的外部性，用户参与对信息服务的成长影响巨大，图9-1为网络环境下各类信息用户不同的服务参与程度。用户的有效参与取决于用户对服务的期望和用户对服务的掌握程度。从目前一些网络信息服务机构的实践成果上看，大量用户参与信息服务也可以实现一种长尾效应，因而目前已有不少信息服务降低服务人员门槛，开始让广大用户参与到信息服务过程中去，而不是仅仅依靠一些专业人员。

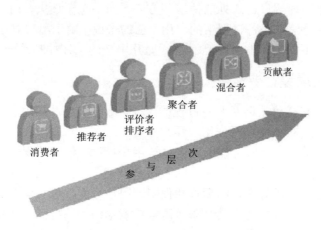

图9-1　不同类型用户的信息服务参与程度

豆瓣网信息组织中的用户参与

豆瓣网是一个关于书、电影和音乐的评论网站，主要提供大众抒发观感的场所，充分体现了对群众智慧的尊重和个人价值。豆瓣没有编辑、没有专职作者、没有特约文章，豆瓣的藏书甚至没有强加给用户的"标准分类"。这里所有的内容、分类、筛选、排序都由用户产生和决定。给一本书一个"有用"评论，它的排位会自动上升。其网页设置了"我的豆瓣""我读""我看""我听""我上""我的友邻"等，并提供了专门的分类标签和标签搜索渠道。如果查找"万象"这一标签，会发现《人间世》《说来话长》《文化苦旅》，甚至《魔鬼经济学》都被用户标以该标签。显然，这种基于语境的相似性选择文学语言标注文献内容的方式在传统标引过程中是难以实现的。

9.2　服务蓝图设计

9.2.1　"真实的瞬间"与服务蓝图

1984年，瑞典学者诺曼（Nomann）提出了"真实的瞬间"（true moment）管理理论。

该理论提出，在特定的时间和特定的地点，服务供应方抓住机会向顾客展示其服务质量；这种机会作为可观察事件，对形成满意的或不满的服务体验有显著的影响；它是一种真正的机遇，一种一旦时机错过，就没有办法补救用户感知中的服务质量。按照诺曼的阐述，信息服务的"真实的瞬间"是指用户与信息服务中的各种资源（人力资源、实物资源、制度资源、资本资源等）发生接触的那一时刻，如用户访问门户网站、搜索资料或提出咨询问题等一系列活动。无数个真实的瞬间构成了信息服务及其组织的声誉、信誉和形象。

在信息服务过程的任一环节都有"真实的瞬间"，在相应服务环境下用户产生对信息服务质量的感知，抓住这些服务瞬间，才能够最终建立用户感知中的高服务品质。相应环节都需要展开设计，即信息服务传递设计应当基于一个断面（界面），也应当基于过程。

图 9-2 描述的就是用户初次进入一个虚拟社区可能经历的几个"真实的瞬间"：初次接触社区的浏览者最先接触的是社区帖标题列表，帖标题列表的信息特征将形成一种总体印象，引导浏览者对社区价值产生期望。而其中特定帖标题由于其内容和形式特征（包括社区推荐），更激发浏览者对相关帖价值的良好预期，并点击阅读。由于精华帖总是被优先推荐，也更容易引起注意和被先行阅读，浏览者对精华帖阅读后可能形成对社区更具体的看法和认识，进而决定是否继续阅读其他发帖。当浏览者阅读多篇发帖后，社区价值评价会逐渐清晰，并影响其是否回访。因而，用户在虚拟社区中要经历"接触—点击阅读—继续阅读—再访"的一系列行为过程，而这一系列动作的推进者往往是前期阅读的信息。其中，尤其是帖标题和精华帖是两个关键先期信息，更可能推动用户后续信息行为。

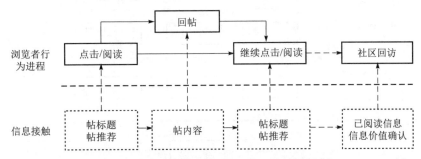

图 9-2　用户初次接触虚拟社区的关键时刻

资料来源：李桂华. 虚拟品牌社区文本情感线索效用研究［M］. 北京：中国社会科学出版社，2019.

要设计好用户与信息服务产品接触的"真实的瞬间"具有相当的难度，因为信息服务设计所面对的元素是非常复杂的，很容易产生思维混乱。服务蓝图就是帮助人们理清楚这些元素的关系，使各种元素变得有序的一种工具。

服务蓝图是详细描画服务系统与服务流程的图片或地图，是服务表现的关键构成要素的图形表现，可以称之为服务体系的"说明书"。它借助于流程图，将服务提供过程、员工与顾客的角色和服务的有形证据直观地展示出来，建立起一个整体的网络架构，通过前后台工作人员关系与用户行为的梳理对接、第三方机构的合作、不同人员的职能分工等内容，使顾客同服务人员的接触点在服务蓝图中被清晰地加以识别，从而达到控制和改进服务质量的目的。

服务蓝图不是记录用户体验，而是以用户的体验作为起点，揭露组织如何支持该过程。对于服务方而言，服务蓝图是一种准确地描述服务体系的工具，它借助于流程图，将服务提供过程、员工和顾客的角色与服务的有形证据直观地展示出来；经过服务蓝图的描述，服务被合理地分解成服务提供的步骤、任务和方法，使服务提供过程中所涉及的人都能客观地理解和处理它。更为重要的是服务蓝图把相关服务要素当作一个整体来描述，并使顾客同服务人员的接触点在服务蓝图中被清晰地加以识别，从而达到控制和改进服务质量的目的。

因此，在进行信息服务传递设计中，要利用信息服务蓝图发现能够完善服务内容设计、优化服务体验的对象，也能利用服务蓝图更好地进行团队沟通，激发更多的讨论。所以这是一个非常常用和高效的管理工具。

9.2.2 服务蓝图的构成

1. 服务蓝图的内容

服务蓝图由 4 个主要行为部分和 3 条分界线构成（见图 9-3）。4 个主要行为部分包括用户行为、前台服务行为、后台服务行为和支持过程，3 条分界线分别为互动分界线、可视分界线和内部互动分界线。用户行为部分包括用户在接触和使用服务过程中的步骤、选择、行动和互动。这一部分紧紧围绕用户接受服务过程中所采用的技术和评价展开。与用户行为平行的部分是服务行为。那些用户能看到的服务产品表现出的行为和步骤是前台服务行为。这部分则紧围绕前台服务资源与用户的相互关系展开。那些发生在幕后，支持前台服务行为的服务行为称作后台服务行为。它围绕支持前台服务的活动展开。

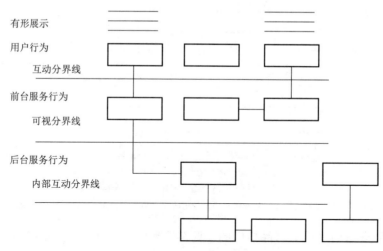

图 9-3 服务蓝图构成

资料来源：泽丝曼尔，比特纳，格兰姆勒. 服务营销［M］. 张金成，白长虹，等译. 北京：机械工业出版社，2002.

前、中、后台是一个复杂的组织问题，前台是离用户最近的部分，核心能力是能深刻洞察试产和用户行为，开发创新型服务和精细化运营。中台是为前台业务运营提供专业的共享平台。后台提供基础设施建设、服务支持与风险管控。没有中、后台的支持，前台体验提升非常困难或难以持续。

蓝图中的支持过程部分包括内部服务和支持服务人员履行的服务步骤与互动行为。

这 4 种行为由 3 条分界线隔开[8]。

（1）互动线：互动线由用户和服务之间的互动点构成，它代表顾客和服务企业之间的直接相互作用，一旦有垂直线和它相交叉，服务遭遇（顾客和企业之间的直接接触）就发生了。

（2）可视线：超过这条线就是用户看不见的服务。通过分析发生在"可视线"以上及以下的服务数量，就可看到为顾客提供服务的情况，并区分哪些活动是前台接触员工行为，哪些活动是台后接触员工行为。

（3）内部互动线：它把接触员工的活动同对它的服务支持活动分隔开来，是"内部顾客"和"内部服务人员"之间的相互作用线，如有垂直线和它相交叉则意味着发生了内部服务遭遇。在这条线以外，内部业务终止了，取而代之的是合作者的介入。

通过服务蓝图，可以清楚地知道服务在运转过程中用户、服务提供者、其他利益相关者的每一步行动，从而分析服务过程，提出改进方案。更能够理解用户可见的信息服务与后台不可见的服务行为之间的关系，建立更好的服务环节支撑体系。

需要指出的是，在各类信息服务传递设计中，网络环境下的信息服务的服务蓝图设计有一定的特点。对于网络环境下的信息服务而言，服务蓝图的"互动线"和"可视线"经常能够合二为一，服务蓝图似乎得以简化，但是，另一方面，由于用户与服务的接触面扩大，互动线拉长，服务的纵向链路却更为复杂，乃至后台支持人员的工作量大大增强，需要更多的对纵向链路的分析。因而，事实上，信息服务的服务蓝图更为复杂，其服务蓝图的各步骤也将包含更多的变量或柔性选择。

2. 服务蓝图的关键点与核心要素

服务蓝图的接触点即服务的关键点，是服务管理的重要环节，指的是客户与服务提供方之间的动态互动过程。通过服务关键点提高服务质量是服务蓝图的主要功能之一，服务质量的提高既是对服务过程的设计和改善，也是通过寻找关键接触点，对关键接触点进行管理和改善。

服务蓝图的关键点通常包括以下几部分。

（1）决策点（D）：需要服务人员进行判断和做出决定的环节，是加快服务流程与排除无附加价值步骤的管理重点，例如，在图书馆网站，当用户在选书环节，需要对是否为用户推荐图书及如何推荐做出决策。

（2）失败点（F）：存在不足，可提升服务质量的环节。

（3）用户等待点（W）：造成用户长时间难以获得反馈的地方。

（4）体验点（E）：最有可能增加或强化用户的体验的环节。

图 9-4 是对用户使用网上银行自助服务的服务蓝图分析。其中涉及 14 个用户体验点、2 个用户决策点、1 个用户等待点和 1 个失败点。

服务蓝图关键点的多少取决于服务性质，不同性质的服务蓝图其关键点也不一样。

此外，服务蓝图分析还应该考虑 3 个核心要素：忍耐底线、峰值和终值。

忍耐底线指的是用户的底线在哪里，做到什么样的程度用户是可以接受的，什么样的程度用户是无法忍受的。在 PC 时代，等待一个页面打开的时间是 7 s，如果没打开，将会失去 99%用户，在移动互联时代，抖音内容如果在 3 s 内没能抓住用户，就会丧失 80%的播放度。所以要求进行服务流程设计的时候，在用户的底线范围内去控制成本。

峰值和终值是由 2002 年诺贝尔奖得主、心理学家丹尼尔·卡尼曼提出的。他发现大家对体验的记忆由两个核心因素决定。第一个是体验最高峰的时候，无论是正向的最高峰还是负向的最高峰，一定是感触最深，最能记得住的。第二个是最后时或结束时的感觉。这就是峰终定律。

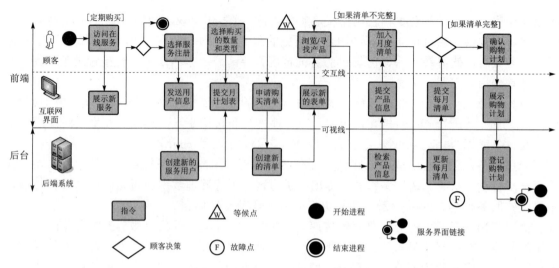

图 9-4 网上银行自助服务蓝图

资料来源: PATRICIO L. Multilevel service design: from customer value constellation to service experience blueprinting [J]. Journal of Service Research, 2011, 14 (2): 180-200.

基于有限的资源配置下，让资源如何配置给不同节点和给到不同角色的支持非常重要。服务蓝图，就是把有限的资源，配置到对的地方，避免资源浪费的同时满足峰终定律。保障整体服务不崩溃，尽量不挑战用户忍耐底线，打造峰值，做好终值收尾。

9.2.3 信息服务蓝图设计步骤

信息服务机构建立服务蓝图一般需经过以下 6 个步骤。

（1）确定需要制定服务蓝图的关键信息服务过程。服务蓝图设计的前提是要理解服务过程中的关键活动，并组织信息来支持这些活动。因此，服务蓝图设计的首要步骤就是研究信息服务系统的业务特征，分析其中有哪些活动产生，以及各个活动相互之间的关系如何，是否可以取消或合并某些活动。由于服务蓝图设计是一个具体的、细致的工作，一般可以先选择其中的核心信息服务过程进行该项工作。

（2）基于用户需求细分展开对用户信息服务经历的分析。由于不同任务类型、不同认知基础、不同行为习惯的用户信息行为往往具有差异，需要基于对需求差异的分析形成对用户类型的认识，并逐一对各类用户分别描述其信息行为路径。考虑工作量的问题，当然也可以选择最具代表性用户进行对其信息行为路径的分析。同时，这一步骤应确认用户在哪些步骤中会介入信息服务，以及用户参与该步骤中的可能形式和过程。

（3）从信息用户角度描绘信息服务过程。由于信息服务设计应当是以用户为中心的设计，对信息服务过程的认识也应基于用户认识。因而，该步骤将描述设计所服务用户对信息服务过程的认识，从而形成信息服务基本流程。包括这一步骤应发现信息服务过程中可能的瓶颈，分析矛盾的原因和解决的方案。

（4）描绘可见部分和不可见部分员工行为或系统功能。基于既定流程框架，具体描述流程各"关键时刻"员工行为内容，而基于信息系统的服务，则是描述各"关键时刻"的交互功能。同时，这一步骤需要确认过程各阶段信息服务供应需要的资源和支持活动。对于信息服务产品而言，每一个部分都不但应有相关活动，还应给出相关的支持信息或技术。也就是说，服务蓝图中包括两个构成：业务流程和信息流程。

（5）把信息用户行为、信息服务人员行为与支持功能相连。信息服务设计并非聚焦于单一触点，或者单一阶段，而是需要立足于全局和整体，关注各个触点和各个环节在整体中的作用和位置。该步骤将建立各种联系：用户与具体系统功能的联系、前台服务功能与后台服务功能间的联系等。

（6）在每个用户行为步骤上加上信息服务有形展示。作为最后一个步骤，这一环节将补充各关键时刻有形展示要素的相关设计，使相应服务趋于完善。

当前，对信息服务的创新通常基于信息服务流程的创新开展。皮特斯在《第六项修炼》中提出了一种名为"7R"的创新流程。"7R"包括：重新思考（rethink）、重新组合（reconfigure）、重新定序（resequence）、重新定位（relocate）、重新定量（reduce）、重新指派（reassign）、重新装备（retool）。"7R"的核心思想是通过流程创新来实现组织的创新功能。新的信息服务可能就将在这种修炼过程中快速产生。

 资料 >>

<h2 style="text-align:center">短视频平台场景式服务过程</h2>

短视频平台场景式服务的运作，需要对用户情境的获取与过滤，需要不断积累用户情境信息，为用户按场景细分、情境配置、用户的连接和拓展奠定数据基础；在此基础上，基于对用户在不同场景的情境感知和行动轨迹的分析进行画像，进而实现与用户的深度连接。这个过程是"发现接入—及时交互—情感分析—深度连接"的层次递进、渐次满足的循环往复过程（见图9-5）。

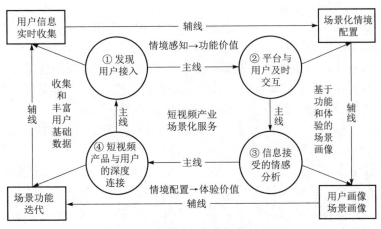

图 9-5　短视频场景式服务过程

（1）发现用户接入：借助定位系统来实时地感知用户的接入。

（2）平台与用户及时交互：发现有用户接入场景后，通过对用户浏览历史、实时未知、当下的时间点等信息进行分析来感知用户当前所处的场景和情境，准确理解用户的实时需求与偏好，并及时整合到能够满足用户当下需求的内容产品。

（3）信息接受的情感分析：基于场景功能价值和用户场景体验价值，通过情感的极性分析对场景进行画像，以此确定特定场景的情境配置方案，并给予用户体验反馈，进行场景的动态迭代。

（4）短视频产品与用户的深度连接：平台与用户及用户与短视频产品在特定场景下基于生活场景进行深度连接。

资料来源：毕达天，王福，杜小民，等. 短视频产业场景式服务及其价值创造路径研究［J］. 情报理论与实践，2021，44（2）：71-76.

9.3　导航设计

9.3.1　导航设计及其类型

1. 导航设计

如前所述，用户使用信息服务产品的过程经常是一个采莓过程，一路上都在收获信息，并逐渐弄清楚自己的信息需求。所以，过去的行为路径和未来的行为路径对其来说都很重要。因此需要帮助用户建立一种联结"上下文"的情境，这种建立情境的方法就是导航。在物理空间中，人们可以在某种程度上依靠天生的方向感给自己定位，但是这些能够帮助人们在真实世界中找到方向的大脑机制，在信息空间中却完全失效，因此，对信息服务产品设计而言，导航设计总是必要的。

在服务于用户的信息行为过程的各类辅助功能中，导航设计越来越重要。每一种环境下的信息服务都应有它独特的表达方式，为用户提供最好的浏览帮助途径。一方面，使用者初次接触某一个信息服务产品，通常也会预期看到一个熟悉且友善的视觉系统，指引他们在茫茫的信息海洋中找到方向。导航就是这样的一种帮助体系，它并不提供一个能够遍历所有服务信息的解决方案，而是提供从一个信息展示空间到另一个信息展示空间的自然过渡途径。另一方面，信息技术环境的日益人性化更使得用户对信息服务产品的使用体验期望提升，人们希望获得使用过程中的自由感和控制感，希望尽量快速地达成使用目标。也因此，在发现信息服务功能的过程中，用户更喜欢用导航而不是搜索功能，因为使用导航功能是做选择题，而使用搜索功能是做填空题。这也进一步强化了导航的重要性。

有许多设计方法能为用户提供最适当的导航。例如，一个公司的网站可能会用简单的图像和标题来介绍公司，让人随意地浏览。而一个较复杂或范围较广泛的产品可能需要更多角度的浏览结构，提供多层次的信息，以便用户可以依他们所需要的细节程度来浏览。不管哪一种导航设计，都着眼于通过设计来回答用户浏览过程中的3个基本问题，即：我在哪里？我去过哪里？我可以去哪里？而导航设计基于对用户行为的系统理解，通过界面中各种提示物和提示机制为其提供全面的帮助，能够高效地回答这些问题。导航设计方法主要有静态导航设计和动态导航设计两种。其中静态导航设计包括结构化导航、非线性导航、任意性导航、功能性导航、索引性导航等操作，主要解决"如何从 A 点到 B 点的问题"；动态导航设计则包括时间性导航、判断性导航、测试性导航、智能型导航等，往往能够随时告诉用户"目前离目标点的距离""理想的目标地应该是哪里"。

所以，导航设计本质上是对用户行为的分类组织体系，并基于此在节省屏幕空间的前提下，以更直观的方式，提供更多、更有价值的信息，帮助用户寻找想要的信息或完成期望的行为或任务。

2. 导航设计的目标

一个好的导航设计将大大简化用户的行为路径，提高信息服务产品使用效率。具体而言，导航设计有以下功能。

（1）导航设计可以简化信息搜寻过程，帮助用户更快地到达目的地。一个恰当的导航信息可以创造出最少的层次数目，给出在任意两点之间最简单、最短的路径。这种简化深度的方法大大提升了用户效率。合理的导航系统和顺畅的任务路径，能够让用户快速地达到目标，形成畅快的用户体验。

（2）导航设计可以提升产品内容和功能结构的层次性感知，引导用户正确地与产品互动。导航是产品的骨架，支撑着整体的内容和信息，让内容按照信息架构有机地结合起来，从而使零碎的内容变得充实而有序，结构化的同时也增强了生态感，使得用户产生沉浸体验。

（3）导航设计可以让用户掌握自身行为与产品之间的关系，从而提升用户的控制感。优秀的导航设计可以让用户随时知道产品当下的状态和每一步操作后的结果用户，并且避免创造多个从同一个屏幕链接到同一个地方的路径，从认知上提升用户的控制感。

（4）导航设计可以重点展示核心功能，召唤用户实施期望行为，提升信息服务产品的运营绩效。信息服务产品的立身之本在于自己的核心功能。所谓行为召唤，即通过导航设计刺激用户去做出一些行为，培养用户的使用习惯。包括通过导航能够很好地突出核心，使用户更早接触核心功能并正确地加以使用，进而达成信息服务产品的运营目标。

3. 导航系统的类型

根据导航系统的功能指向，可以把导航系统分为3类：全局导航、瞬时导航和推荐导航。图9-6为手机界面常见的导航形式。

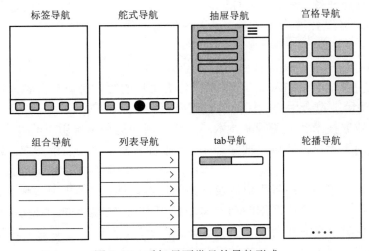

图9-6　手机界面常见的导航形式

1）全局导航

全局导航是对信息服务产品功能和信息内容架构的系统展示，通常反映了信息服务产品的分层组织体系。全局导航设计主要基于建构主义学习理论，该理论认为导航应面对各知识点之间的内在联系，这样将有利于形成浏览者的认知结构。全局导航和传统信息系统的功能菜单有一致性，主要目的是让用户更快找到目标功能或目标内容。全局导航的设计常常使用结构化导航、功能性导航、索引性导航等静态导航设计方法。

全局导航设计的一个关键问题是深度和宽度的平衡问题。导航的深度指的是导航层级结构的数量，宽度指的是在层级结构的一个层次上可选项目的数量。研究显示，导航的深度会影响用户的认知，较浅的导航深度需要的认知努力也较少[9]。

2）瞬时导航

瞬时导航是指在用户行为过程中，通过记录用户的行为过程为其解决记忆有限性问题而提供的位置提示信息。如面包屑导航就是常用的瞬时导航设计。所谓面包屑，是对行为痕迹的形象说法。面包屑导航通常通过动态显示用户的当前位置或页面属性、到达页面经过的途径让用户了解当前行为进展。瞬时导航主要应用的是认知学习理论，该理论以认知超载为认识基础，认为应利用一定的导航策略给予浏览者指引与帮助。瞬时导航可以采取显式方式，也可以采取隐式方式，在必要时才显示。瞬时导航设计常常采用时间性导航、判断性导航等动态导航设计方法。

瞬时导航往往需要对用户的行为路径做出记忆和展示。本书第 8 章提到记忆的三级信息加工模式，记忆可分为感觉记忆、短时记忆和长时记忆。其中短时记忆是介于感觉记忆和长时记忆之间的、对感觉记忆的信息进行加工，使其有机会进入长时记忆的短暂停留过程，因此又称为工作记忆。

短时记忆具有以下特点：首先，保持时间非常短，只能保持在 1 min 以内，在无复述的情况下只有 5～20 s，最长不超过 1 min；其次，容量比较有限，通常仅能容纳 5～9 个组块。但用户在使用信息服务系统时有连贯性，需要结合前面的一些活动来规划后续行动，当用户使用信息服务产品过程中时间稍长一般就需要瞬时导航的帮助；最后，短时记忆容易受到干扰，一旦需要同时处理多个任务，短时记忆的内容就会丢失。由于网络信息服务系统通常是一个超链接结构，用户会频繁跳转，就易于丢失前期信息，迷失在网络里。因此瞬时导航成为必要。

3）推荐导航

推荐导航是内容型平台的常见功能，是在分析用户的行为规律和内容偏好后为用户进行的内容推荐，将最可能符合用户目标的功能或内容展现给用户，使用户更高效地使用信息服务产品。因为大数据技术和人工智能技术的广泛应用，这种引导用户的方式已被广泛使用。推荐导航尤其适用于无目标的信息搜寻行为。推荐导航常常采用智能导航、测试导航等动态导航设计方法。

推荐导航兼顾用户的当前行为痕迹及产品的功能设计，并基于用户画像情况，在恰当的时刻给用户提供最可能与之相匹配的功能和内容，所以是情境化的一种动态导航方式。需要采集当前用户的信息，包括其当前所处的状态，如位置、时间，也需要结合其他类似用户的信息和各类功能的利用数据，而具体的推荐规则因人而异。

当前的信息服务产品往往构建了大量的推荐规则去适应不同的用户群。如基于内容的推荐、基于协同过滤的算法、基于关联规则的推荐、基于知识的推荐、基于社交关系的推荐等。

9.3.2　导航设计的逻辑

所有设计都是产品的一部分，最终目的都是为让用户使用产品的体验更好，导航在这方面起到的作用是举足轻重的。因而，导航的设计需要遵循一定的产品逻辑，要能够将其纳入到整个产品的规划之中。

从用户角度而言，用户使用信息导航的活动主要有 3 种：寻路，即使用导航进入到已知目的地；探索，即发现一个环境及和其他环境的关系；对象识别，即理解和将环境中的对象进行分类，包括查找类别、群集和对象配置及其所包含的内容[10]。其行为则表现为以用户信息需求为目标的信息搜寻活动。因此，基于用户体验的信息导航设计首先要分析用户所处的情境及这种情境下的信息搜寻行为模式，然后才能得到与其对应的导航模式和设计方法，并从优化导航模式和促进结构理解出发，设计能够提高用户浏览体验的导航系统。

因此，对用户情境的分析就是导航设计的核心。以"寻路"这种活动为例来解释。事实上，"寻路"的用户分为两种人，一种是目标明确的，另一种是无目标的。为了更好地说明导航的作用，这里讨论目标明确的情况。用户往往是知道自己的目标但经常不知道怎么逼近它，他们可能知道怎么找，或者不知道怎么找，也可能是知道从主页开始怎么走，但到了另一个页面后，就迷失回不去了。也可以将其比喻为逛商场，这 3 种情形如下。

（1）知道怎么找。如用户表述"我很清楚商场的商品分类、每个分类的位置，我要找一条最近的路径直接走过去"，其心理活动表现在产品使用上就是这样的：我用过这个产品，知道怎么用，我也知道我的目标位置（要操作的功能或要阅读的文章等），我知道要先去哪个页面再点某个按钮，我希望快速地到达我的目标位置。因此，针对这种情况，导航设计应该从以下两方面入手：优化产品的信息结构，避免层级过深；调整页面布局，提高常用功能的曝光度。

（2）不知道怎么找。如用户表述"我第一次来商场，并不知道商场里的各种商品是分类摆放的，甚至不确定我要买的东西属于哪一类。我需要先搞清楚这个商场里的东西都是怎么放的，要找的东西在哪儿，还要看下地标找到过去的路"。这个心理活动表现在产品使用上就是这样的：我对这个产品很陌生、我得先看下这个产品都能干什么、我要找的功能有可能在哪一个模块或页面、我怎么操作才能找到这个功能。针对这种情况，在导航设计时应遵循以下要求：页面标签明确与用户心理预期一致；清晰展示产品的框架结构，让用户对产品的功能范围一目了然；适当地使用交互效果来引导用户快速地学会使用产品，如在搜索框旁边显示一个放大镜的图标，多数人一看就明白这里可以搜索。

（3）中途折回寻找。如用户表述"我现在刚刚吃完了美食，突然想去看电影。我记得是在二楼，我先看下我现在在几楼就可以了。但是不巧这个商场设计得太差了，根本没有标注清楚现在的楼层，但是我记得刚进来的时候是怎么到那里的，我可以先回到大门口再过去"，这种情况表现在产品使用上就是这样的：我刚看完了一篇科技类的文章，现在想去看一看教育类的文章，我得看下我现在在哪个分类，怎么去教育分类。如果知道返回的路径的话我能不能直接一步就跳转过去，如果不巧产品的信息结构设计得很乱，用户随便跳几个页面就迷路了，用户很可能会希望先重新返回首页再找教育分类。因此，针对这种情况，在进行导航设计时要考虑以下几点：明确用户的当前位置和返回的路径；考虑采用悬浮导航：不管用户在页面的哪个位置都能快速地通过导航切换到目标位置；明确首页位置；要尽力去设计一个扁平的导航结构。

清楚了用户使用产品时的不同情境、在不同情境下的不同需求，并结合开发目标和导航设计的普遍性经验，才能建立起导航规则体系和设计最优路径。在此基础之上，再考虑导航视觉方面的设计。

9.3.3 导航设计的可视化

可视化是导航的重要方法。顾名思义，可视化即把本来用文字、数字等表达改为用图形、图像、动画等方式表达，以促进从语言/信号的层次到认知的层次的转化。海量的数据只有通过可视化变成形象，才能激发人的形象思维，才能在表面上看来是杂乱无章的海量数据中找出其中隐藏的规律，为用户信息行为提供依据。因此，Aldous Huxley 指出，能够看清楚往往是能够想清楚的结果，他用一个公式总结道：感觉+选择+理解=观看。

在所有感觉中，人脑的神经细胞有一半以上用于处理和理解视觉输出，人类日常生活中接受的信息 80%来自视觉，即人的视觉感觉效率最高。为了达到最佳的数据理解能力，人们必须最大限度地利用极为重要的人的视觉器官。如前所述，人的感觉记忆每次能收录的信息有限，无法记住全部刺激项目。而且人的知觉具有选择性和组合性，表现为，习惯于接受某一部分信息，忽略其他的信息。结构具有优势效应，人们对不同信息组合的整体加工过程和加工效率呈现巨大差别，其间甚至会产生对信息的歪曲，即错觉。因此，人们很难通过感官来预期信息系统操作结果。Alan Cooper 将这种现象称为"认知摩擦"。

比之一般的视觉信息，图形图像信息是整体性最强的一类视觉对象。研究表明，人是一个拥有强大力量和精细图案的搜索者。人类具有高效的、大容量的图形、图像信息输入通道，其知觉系统对于图形、图像的把握和感知能力远胜于对于文字符号的处理能力。在视觉所接受到的各种信息形式中，图形图像是加工能力最强的一类形式。可视化一般需要 3 个转换，首先，从原始数据中抽取数据形成数据表，这是一个数据交换的过程；其次，按照可视化结构的需要，提取数据表中具有空间属性的信息，并将这些信息组织在一个可视化结构中，这是一个可视化映射的过程；最后，利用可视化结构中的可视化形式形成用户视图，这是一个从数据视图到用户视图的视图变换过程。如图 9-7 所示，即一种直观的论文作者关系地图，

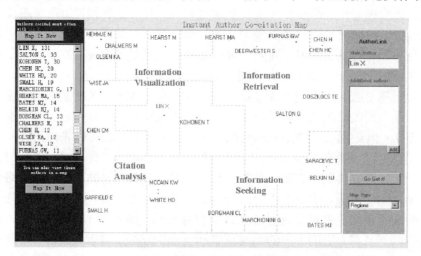

图 9-7 论文作者互引地图

通过论文作者之间的互引情况来形成对作者间距离的描述，方便用户理解各文献与自己关注主题之间的相关性，选择更合适的文献进一步了解。

9.3.4 隐喻在导航设计中的运用

隐喻是网络信息服务界面设计中用来提高可用性和用户体验的常用方法，导航本身就是一种隐喻。导航设计以图标、路线、按钮等元素为主要对象，而且经常采用导游线路、书签、导游图等导航策略，这些对象都是隐喻的产物。

所谓隐喻（metaphor），即通过另一件事（主要是用户熟悉的事）来理解、说明某事（目标对象）[11]吗。隐喻是减少认知负荷、帮助用户利用自己内心的认知模型的工具，是把未知的东西变换成已知的术语进行传播的方式。认知科学认为，知觉广度和知觉储存之间存在微妙的平衡，外界刺激只有和大脑中的记忆模式结合，才能够感知到自己有用的信息。同时，研究发现，人们倾向于注意以前看见过的东西，以及倾向于注意易于理解和易于定向的东西。人的视知觉在社会文化环境中，受到以往经验的影响，并形成一定的视知觉经验和视觉选择倾向。例如，将电脑界面称为"桌面"就是一种隐喻，而桌面上的"资料夹"是目录的隐喻，"垃圾桶"则是被删除文档的隐喻。

Alty、Ward Mitchell Cates 等一些研究者提出了隐喻在界面设计中的一些应用模型，认为隐喻传的两件事物之共有信息有：特性（P）、操作（O）、术语（P）、图像（I）、类型（T）和声音（S）6 个方面[11]。事实上，使用生活中的物件作为模型，已经变成信息服务内容的组织与呈现中最受欢迎的导航模式了。这种导航经常选择的隐喻形式是地图、书及房间等。经过设计一些具有日常生活提示的界面元件，可以让用户更轻易地了解如何在一个信息空间中行动。因为，这些贴近日常生活的隐喻系统使得人们将生活中的经验应用到与屏幕上信息单位的互动之中，更直接地预见后续操作。

然而，隐喻只有在用户对之熟悉，并且与文本之间有一套很好的映射概念时，才能发挥功效，因此，在利用隐喻进行导航的过程中应注重的不是创造形象，而是定义要介绍给用户的概念。正确的隐喻在利用前需要考虑：它能否让用户更了解下一步要做什么？它适合用来表示此内容吗？内容中是否有某一部分显然不能套用这套隐喻系统？这套隐喻系统是否会让用户产生一些你没想到的预期？例如，如果用户按下一个信箱的图像，他会预期这个目录打开，列出里面的信件。如果它只是发出一点声响，什么都没出现，那用户就会不明白：为什么这里用了信箱的图像？因而，设计者必须注意符合用户对可能结果的预期。

导航设计中几乎处处在利用隐喻方法描述信息元素。例如，人们往往用按钮提示用户对系统发出指令并得到预期反馈的元素。提示用户发出命令，因此有较高的视觉识别性。其形式包括汉堡按钮（后面隐藏一个菜单的按钮，点开后即可展开一个菜单）、加号按钮（用户可以添加某个内容）、分享按钮等。而往往用条来表达一组用户可以点击的元素，以加速互动过程或让用户知道事件的进程。其形式包括载入条、进度条、标签条等。

其实，隐喻对于帮助人们理解"新"的对象可能是最快、最高效的方法，而这种隐喻式表达一旦被用户接受和熟知后，人们甚至会忘记它曾是隐喻。例如，视窗、粘贴、收藏夹等，甚至它会代替原来的那个隐喻来源的本意，被隐喻对象的属性所取代。

但依赖隐喻进行导航设计也面临很多问题。首先，没有足够多的隐喻可以准确对应到所有信息服务元素，如为进程、关系、服务等元素找到对应的隐喻比较难。其次，隐喻主要应用物理世界的事物来表达虚拟世界的事物，会使物理世界的机械系统思维自然带入，从而约束用户的认知扩展。另外，隐喻也会缺乏弹性，当信息服务产品有新的发展，会受制于隐喻。因此，有学者提出，与其使用隐喻的方法引导用户，不如通过帮助用户学习简单的视觉表达、培养用户的行为习惯来训练用户，使他们适应于信息服务产品，也使新的产品界面、新的使用路径逐渐被用户习得和接受。

9.4 可用性测试

信息服务传递的目的即建立用户与信息服务价值的连接。目前，信息服务领域实现这一目的的主要指征包括可接近性、可发现性等，而这些概念在网络时代的信息产品设计领域被称为"可用性"，并衍生出了可用性设计这一概念。

用户对信息的选择和利用受到寻找及接触它们所需要的时间和精力的影响。为此，用户至少需要 3 个方面的努力：体力（如寻找信息源）、智力（如学习某种分类系统或应用程序）和心力（如应付某种不如意的信息源）。而可用性设计正是致力于减少用户这三方面成本的一种设计努力。

9.4.1 可用性的概念

按照国际标准化组织 ISO 9241-11 的定义，可用性是指"产品在特定使用环境下为特定用户用于特定用途时所具有的有效性（effectiveness）、效率（efficiency）和用户主观满意度（satisfaction）"。其中，有效性是指用户完成特定任务和达到特定目标时所具有的正确和完整程度；效率是指用户完成任务的正确和完整程度与所使用资源（如时间）之间的比率；满意度是指用户在使用产品过程中所感受到的主观满意和接受程度。

W3C 组织指出，之所以需要强调可用性，是因为用户存在各种信息行为困难：可能不能看、听、触摸或不能容易地处理一些信息类型；可能在阅读或理解文本方面存在困难；可能没有或不能使用键盘或鼠标；可能只有一个文本显示屏或连接速度缓慢；可能不能顺利地理解文献所用的语言；可能各器官都很繁忙或被其他因素所干扰；可能只有一个旧版的浏览器，一个不同的操作系统甚至一个完全不同的浏览器。为此，他们提出了比较详细的可用性设计框架。

信息服务的可用性内容涉及多个方面，其中，首当其冲的是可获得性。由于用户需要信息的目的是解决问题，因此在今天的信息环境下，对信息载体的拥有可能并不是最重要的，取而代之的是用户与信息内容的连接，即信息的可获得性。其次是内容的易理解性。它反映了用户知识结构与信息的知识基因之间的易接近程度。用户的信息需求来源于用户知识结构中的欠缺，信息的作用即在于改变用户的知识结构或填补其知识结构欠缺，因此用户也往往以信息的适用性作为对信息的评价标准；而由于信息系统的利用过程经常是一个智力付出的过程，这个过程中所需要的信息同样要求与用户知识结构相适应，如当选择一个信息系统时，用户往往不会选择需要长期专门培训才会使用的系统，而会选择操作简单的"傻瓜"型系统。信息服务的可用性还涉及情感上的亲切性。这与信息系统的服务界面、服务能力、服务气氛密切相关。

因而，可用性作为一个全面的设计要求，是整个信息传递设计过程中必须被持续考虑到的部分。

9.4.2 可用性设计原则

基于可用性的重视，人们甚至认为信息服务产品的信息服务传递设计就是一种对可用性的设计，于是，出现了可用性设计这个用词。

那么，怎样开展可用性设计？W3C 从信息系统角度提出了一些指导性原则，即信息系统的可用性设计宗旨，具体包括：可维护性（maintainability）、模块化（modularity）、可访问性（accessibility）、设备独立（device independency）、国际化（internationality）、可扩展性（extensibility）、可学习性（learnability）、可读性（readability）、有效性（efficiency）、可实现性（implementability）、简单性（simplicity）、长效性（longevity）、向后兼容性（backwards compatibility）、互操作性（interoperability）、最小冗余原则（minimum redundancy）、稳定性（stability）等。这些原则从技术平台角度描述了信息服务系统的可用性宗旨。但是，对于一个完整的信息服务设计而言，这些远远不够，还需要在应用层面进行具体规划。

对信息服务产品的可用性设计应当基于以下原则。

1）移除浏览障碍

一个优秀的信息服务系统不会阻碍用户：它不会使用太详细的规则架构及符号，也不会为解释自己或是引导用户的动作而刻意增加信息元素，除非用户要求或确实需要。为了更充分地排除障碍，通常会让用户尽可能地直接和文本内容互动，让他们点选他们要看的东西，并且让他们以最简单的方式找到他们要寻找的信息。

2）省力

如克鲁格（Krug）强调可用性设计最重要的原则是 "别让我思考"，这也是在设计中判别什么有用、什么没用的终极法则。也就是说，设计者应该做到，当用户看一个页面时，它应该是不言而喻、一目了然、自我解释的，能够让用户明白它是什么，怎么使用它，而不需要花费精力去思考。应当将用户最常需要的相关功能和工具集中于一处，让他们可以轻易地找到，以减少他们"陷入"屏幕的时间。例如，在信息产品展示过程中，应当将"下一页"和"前一页"等翻页按钮放在右边的醒目位置，因为这样可以使用户在单击时需要移动的距离最短。同时，创造更多的链接路径，以使用户的跳跃性思维不受空间的阻隔。

"别让我思考"除了要求产品设计得不言而喻之外，还要求产品避免强迫用户思考的地方。诺曼把人们的行为分为两类，一类是直觉行为，就是看到某客体不用思考就能直接发生的行为。如看到按钮人们就会下意识地去按。另一类是反思行为，就是看到客体后人们要反思下我能够怎么用它，应该怎么用它才行动。一个流畅的、高效使用过程应该更多的是人们的直觉行为。

3）反馈

反馈不但能够改善用户体验，而且能够切实提高信息服务系统的可用性。通常用户通过观察交流对象的动作特征来判断对方是否产生了理解，所以需要让服务人员和系统界面对每一个用户表达都有反应。同时，反馈应该是适当且迅速的，例如，可以用"点下去"（或其他）的提示，以及将所选项目做反白的处理方式，来应对一个滑鼠点选的动作。

4）清楚

Nelson 认为，新用户应能在 10 min 内学会如何使用系统，如果达不到这一点，这个系统就是失败的，即"10 min 法则"。这使得一个导航系统对于可用性设计是必不可少的组成部分。同时还需要强调把屏幕上什么是可点选的、什么是不可点选的标示清楚；如果一个图像有点选区，就要把它们与图像的其他部分区隔开来。

5）灵活

用户会希望产品提供捷径，从而能够跳过他们已经看过的部分，直接到达他们想看的地方，他们也会希望可以马上摆脱那些他们不感兴趣的东西。应该让所有的多媒体内容（包括声音、电影、动画）都是可被打断的，可以在任何时候、任何段落以计算机的标准键盘通用捷径退出。

6）宽大

用户会希望产品能让他们无限制地做想做的事，并且不会受到惩罚。他们会犯错、改变心意并希望有补救的空间。因而，如果创造出一个用户"做对了才能动"的条件，会降低用户使用系统过程中的自我效能感；所以，最好能够理解用户的错误，如对用户的文字输入错误进行修正性提示。

9.4.3　可用性测试及其标准

可用性测试是指在设计过程中被用来改善可用性的一系列方法。具体而言，可用性测试是让一群具有代表性的用户按照指令对产品或设计原型进行典型操作。通过观察，来直观地记录用户的感受和体验，从而改善及提升产品可用性的方法。

要对产品的可用性进行测量，就必须参照一定的标准，测量具体的参数。当前确定可用性测试的标准主要有两个参考依据：① ISO 9241 – 11：主要对应 3 个因素，即有效性、效率和用户满意度；② ISO 9241 – 10：主要对应 7 条因素，即适合任务，能够自我描述，用户可控制，符合用户期待，容错，适合个性化，适合学习；当前大多可用性测试围绕 ISO 9241 – 11 的 3 个因素展开确定可用性测试的评估模型及标准。

设计人员也可以按照用户模型，自己建立可用性测试标准，然后确定测试什么因素（参数）。如 Nielsen 认为网站的可用性是由以下 5 个因素决定的。

（1）易学性：产品是否易于学习。

（2）易记性：用户搁置某产品一段时间后是否仍记得如何操作。

（3）交互效率：用户使用产品完成具体任务的效率。

（4）容错性：操作错误出现的频率和严重程度如何。

（5）用户的满意程度。

9.4.4　可用性测试的类型及方法

1. 基于测试目的的可用性测试分类

根据进行可用性测试的目的，可以把可用性测试分为以下 3 种类型。

（1）探索性测试。当产品设计尚且处于早期阶段的时候，可以使用探索性测试方法。设计师为用户展示产品的线框图或低保真原型，并观察他们的反应。探索性测试旨在发现用户对于产品概念的理解，以及他们面对产品的时候心理变化的历程。所以，该类测试常用在寻找用户感到迷惑、工作延迟和犯错误的地方。适合用于系统开发生命周期的全过程，特别适合在系统实施的早期。

（2）评估性测试。当产品已经拥有了比较完整的原型之后，就可以采用评估性测试。这种测试方法有助于评估信息服务产品设计的有效性，以及用户对于产品的满意度。该测试方法经常用于考察系统针对预定目标的执行特征，回答诸如"使用该系统，用户在多少时间内完成了任务，犯了多少个错误"这样的问题，检测系统是否满足发布的标准。

（3）比较性测试。当设计师需要在几种不同的设计方案之间作出选择的时候，就可以采用比较性测试来评估，然后和创意团队分享数据，作出决策。让专家来评判各种方案之间的差异和优缺点，选择最适合用户的方式。

2. 基于测试形式的可用性测试分类

在研发过程中的可用性测试要么以专家为主，要么以用户为主。以专家为主的测试方式又称为分析法，主要包括有认知预演和启发式评估；以用户为主的测试又称为实验法，主要包括用户测试法、问卷调查法和焦点小组法等。分析法与实验法的主要区别在于：是否有用户参与其中。分析法的参与者是具备可用性知识的设计师与工程师；而实验法的参与者是目标用户或新用户。从某种程度而言，分析法和实验法是一种互补的关系。通常的可用性测试是指以用户为主的测试方法。

可用性测试对过程设计要求较高。通常是测试人员要求用户完成一系列设定的任务，观察和记录用户在操作使用过程中出现的问题和失误，在任务结束时对问题和失误点进行追问，从而快速地发现及判断产品中的不足，进而进行修改。它是基于用户的真实数据进行的评价，因此更具有说服力。

按照测试进行的形式，可用性实验又分为一对一测试、远程测试、面对面测试、A/B 测试、走廊测试等不同形式。A/B 测试是指为网站或应用程序的界面或流程制作两个（A/B）或多个（A/B/n）版本，在同一时间维度，分别让结构相同（相似）的用户群组随机地访问这些版本，收集各群组的用户体验数据和业务数据，最后分析评估出最好的版本正式采用。走廊测试是使用随机的用户来测试网站，而不是那些在测试网站方面训练有素和经验丰富的用户。这种方法对于在开发过程中首次测试新网站特别有效。

在用户测试中，比较具有代表性的数据获取方法有发声思考法、回顾法等。发声思考法就是让用户一边说出心里想的内容一边操作，操作过程中用户能够说出"我觉得下面应该这样操作……"。观察测试人员在整个测试过程中被要求客观全面地记录用户所说的每一句话，不能打断用户的行动和表达，以便全面把握用户关注的是哪个部分、他是怎么想的、又采取了怎样的操作等信息，这样才能了解为什么会导致不好的结果。回顾法，是让用户在完成操作后回答问题的方法，无须用户做任何特殊操作，因此可以在一种自然的状态下进行操作。

资料

Google——创新驱动下的品牌管理

在 Google 公司里，没有截然分开的研究部门和产品部门，所有工程师的头上都戴着 R（研究）和 D（开发）两顶帽子。Google 为每一位员工提供了 20% 可以自主支配的时间。这 20% 的时间其实是 Google 的创新模式中至关重要的一环。一旦有了这 20% 可自由支配的时间，蕴藏在工程师头脑中的创意就会层出不穷地"奔涌"出来，在创造力和想象力的指引下，工程师们的价值可以得到最大的体现——许多令 Google 引以为傲的产品, 如 Gmail 和 Google News, 就是由工程师在 20% 的时间里创造出来的。

Google 在公司内部建立了拥有评比和排序机制的"点子库"。员工们可以将自己想到的产品或技术创意放到"点子库"里, 然后由其他员工投票评选。公司从"点子排行榜"中选出未来的研发方向, 并根据每个"点子"受欢迎的程度决定该项目的规模和重要性。对每个具体的项目, 工程师们不仅可以在"点子库"中用手投票, 还可以直接用"脚"投票, 即亲身参与到该项目的研究与开发中去, 与同事一起实现自己的技术梦想。

Google 的产品研发几乎可以被称为"实时"的过程: 工程师们有了新的创意, 就立即动手实现产品的最初版本, 然后将它放在 Google 实验室里接受用户的检验。就在第一批用户试用产品的同时, 用户对产品的感受和建议已经通过网络源源不断地反馈到工程师那里; 工程师总是能利用实时获取的信息修正或升级产品, 让实验室中的产品尽快成熟; 而 Google 则会根据用户的反馈决定哪些产品可以从实验室中"毕业"。

这种研发一体的做法彻底消除了创新与实践之间的隔阂, 同时也最大限度地节省了管理和沟通成本, 提高了工作效率。

资料来源: 李开复. 网络创新模式与"时代精神"[EB/OL].(2007–12–17)[2021–10–08]. blog.sina.com.cn/s/blog-4ad4f696010084nd.html.

◇ 本章小结

信息服务传递是将信息服务产品与用户连接起来的一种机制, 相关设计对象包括前台的信息服务技术系统, 也包括相关信息服务操作及后台支持系统。根据剧场理论, 应将信息服务传递当作一场演出, 根据感知控制理论, 应从行为控制、认知控制、决策控制三方面提升用户在信息服务传递过程的控制感。信息服务传递过程由 3 个基本要素构成, 即信息服务的可接近性、供需双方的相互作用、用户参与情况。

为了使服务机构了解服务过程的性质, 需要构造服务蓝图。服务蓝图使对服务过程中"真实的瞬间"的逻辑描述, 使各种服务元素有序化的一种沟通工具。服务蓝图主要是由 4 个主要的行为部分和 3 条分界线构成。服务蓝图的接触点即服务的关键点, 是服务管理的重要环节, 指的是客户与服务提供方之间的动态互动过程。信息服务机构建立服务蓝图一般需经过 6 个步骤。对信息服务的创新通常基于信息服务流程的创新开展。

导航系统是为用户建立情境提供帮助的机制。导航设计本质上是对用户行为的分类组织体系, 并基于此在节省屏幕空间的前提下, 以更直观的方式, 提供更多、更有价值的信息, 帮助用户寻找想要的信息或完成期望的行为或任务。导航设计可以简化信息查找过程, 帮助用户更快地到达目的地; 可以提升产品内容和功能结构的层次性感知, 引导用户正确地与产品互动; 可以让用户掌握自身行为与产品之间的关系, 从而提升用户的控制感; 可以重点展示核心功能, 召唤用户实施期望行为, 提升信息服务产品的运营绩效。根据导航系统的功能指向可以把导航系统分为三类: 全局导航、瞬时导航和推荐导航。可视化、隐喻都是导航设计的重要方法。

可用性是指产品在特定使用环境下为特定用户用于特定用途时所具有的有效性、效率和用户主观满意度。信息服务的可用性主要体现在可获得性、易理解性和情感上的亲切性等方面。规划可用性要做到：移除浏览障碍、省力、反馈、清楚、灵活、宽大。当前确定可用性测试的标准主要有 ISO 9241－11 和 ISO 9241－10 两个参考依据。根据进行可用性测试的原因，可以把可用性测试分为 3 种类型：探索性测试、评估性测试、比较性测试。根据测试的形式，可将可用性测试分为一对一测试、远程测试、面对面测试、A/B 测试、走廊测试等。

◇ **本章基本概念**

信息服务传递　剧场理论　感知控制理论　服务的可接近性　真实的瞬间　服务蓝图峰终定律　导航　全局导航　瞬时导航　推荐导航　短时记忆　可视化　隐喻　可用性静态导航　动态导航　隐喻　可用性测试　探索性测试　评估性测试　比较性测试　A/B 测试　发声思考法

◇ **练习与作业**

1. 选择一个你常使用的信息服务系统，指出你认为它的哪个方面存在可用性问题，应做怎样的改进？

2. 在你使用你最喜爱的网站过程中，对方有哪些为你导航的手段？

3. 回想一下你在图书馆借书时所发生的服务遭遇，并尝试完成简单的服务蓝图，列出与用户满意程度相关的三大环节。

◇ **本章参考文献**

［1］GROVE S J，FISK R P. The service experience as theatre［J］. Association for consumer research，1992，19（1）：455－461.

［2］BATESON J E. Self-service consumer: An exploratory study［J］. Journal of retailing，1985，61（3）：49－76.

［3］CZEPIEL J A，SOLOMON M R，SRUPRENANT C F，et al. The service encounter: managing employee/customer interaction in service businesses［J］. Journal of consumer affairs，1986（20）：149－152.

［4］IDSOE. Job aspects in the school psychology service: empirically distinct associations with positive challenge at work，perceived control at work，and job attitudes［J］. European Journal of Work & Organizational Psychology，2006，15（1）：46－72.

［5］JEWELL R D，KIDWELL B. The moderating effect of perceived control on motivation to engage in deliberative processing［J］. Psychology & Marketing，2005，22（9）：751－769.

［6］AVERILL，J. R. Personal control over aversive stimuli and its relationship to stress［J］. Psychological Bulletin，1973，80（4）：286－303.

［7］泽丝曼尔，比特纳，格兰姆勒. 服务营销［M］. 张金成，白长虹，等译. 北京：机械工业出版社，2002.

［8］操雅琴，郭伏，刘玮琳. 考虑用户认知的电子商务网站导航设计研究［J］. 工业工程与

管理，2015，20（1）：159－62.

[9] 贝尼昂. 用户体验设计：HCI、UX 和交互设计指南［M］. 李轩涯，卢苗苗，计湘婷，译. 北京：机械工业出版社，2020.

[10] 郭建恩，许百华，吴旭晓. 国外隐喻的理论研究与实践应用［J］. 心理科学进展，2004（4）：615－621.

用户体验设计

在理解信息认知心理规律的基础上，明晰用户体验设计的目标与任务，掌握交互设计的原则与方法，并具备相应的实践能力。

- 了解信息认知心理规律与信息服务体验设计间的联系；
- 能剖析用户体验设计的目标与构成；
- 掌握用户体验分析方法和用户体验旅程图设计方法；
- 熟悉交互设计的原则，能完成相关设计任务。

10.1 用户体验设计及其原则

用户体验是信息服务产品设计阶段的重要价值取向。信息服务产品设计者在分析人们对产品的期望时往往将人假设为一个理性的个体，其实这个假设经常是错误的。经济学领域认为，人是"认知的吝啬鬼"，对处理复杂信息的有限能力迫使他们奉行"认知的经济学"，即形成简单化的思维模式。因而 Simon 提出替代期望效用理论的"有限理性"模型，认为个体决策不是完全建立在数学和逻辑基础之上的，而是建立在人的情感、理念和体验基础上的。用户体验设计就是将用户视为一个"有限理性"主体，并以提升其整体体验为目的展开的分析和设计活动。

10.1.1 用户体验

体验是指人们用一种从本质意义上的个人化方式来度过一段时间，并在获得过程中呈现出的一系列可记忆事件。体验从哲学上理解既是知–情–行心理三因素的统一，也是心理过程与心理结果的统一，还是"身"与"心"的统一。20 世纪 70 年代，班杜拉（Bandura）在新行为主义理论的影响下将赫尔（Hull）和斯金纳（Skinner）的思想相融合，又吸收了认知主义心理学和社会心理学的思想，形成环境、人和行为三者相互作用的交互决定论[1]。根据这一理论，用户对信息服务产品的体验即产生于信息服务产品、个体和信息行为的相互作用过程。

当前，人类社会已经从产品经济时代、服务经济时代发展到体验经济时代。约瑟夫·派恩（B. Joseph Pine）与詹姆斯·吉尔摩（James H. Gilmore）1998 年在美国《哈佛商业评论》上发表的《欢迎进入体验经济》一文指出，体验经济时代已经来临。体验设计作为一种新的设计方法，将作用于用户感知、注意、记忆、推理等一系列心理活动，通过加强传统设计中的情感化和体验关注，提升产品价值，给信息服务设计带来新的活力。

"用户体验"这一术语最早由唐纳多·诺曼（Don Norman）在 1993 年提出。国际标准化组织将用户体验定义为：用户在使用一个产品或系统之前、使用期间和使用之后的全部感受。简单来说，就是用户在使用产品和服务时的主观感受。这个定义显示了以下几个要点：用户体验的主体是用户；用户体验是在使用时产生的；用户体验是主观感受。而且这一概念将用户体验描述为一个整体感受，不仅包括人机交互，还包括在整个产品呈现过程中的所有用户感知[2]，包含使用前、使用时及使用后所产生的情感、信仰、喜好、认知印象、生理学和心理学上的反应、行为及后果。因此，用户体验具有具身性、整体性、主观性等特征。除此之外，另一个较为通俗的理解是，用户体验是指用户对使用或期望使用的产品、系统及服务的认知印象和回忆。也有研究将用户体验抽象地定义为：用户体验指产品如何与外界发生联系并发挥作用。

为了解释用户体验设计的逻辑，Alan Cooper 等提出了一个解释理论，该理论认为，事实上存在 3 种模型，即实现模型、表现模型和心智模型（见图 10-1）。涉及软件如何工作的模型称作实现模型；用户认为必须用什么方式完成工作及软件如何帮助用户完成工作的方式称为用户与软件交互的心智模型；设计师将软件运行机制呈现给用户的方式称为表现模型。设计者的一个重要目标是努力让表现模型尽可能地匹配用户的心智模型，也就是说，用户界面应该基于用户的心智模型，而不是实现模型[3]。正如 Kapor 等所说的"什么是设计？设计就是一只脚踩在两个世界上，即技术的世界及人类及其意念的世界，设计师努力要做到把两者结合到一起"。

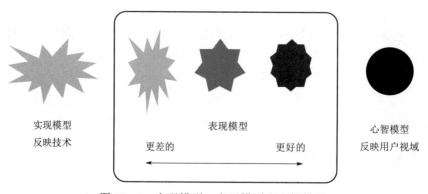

图 10-1　实现模型、表现模型和心智模型
资料来源：FACE4.

根据该理论，表现模型就是用户体验设计的对象，而表现模型越接近心智模型，用户就越容易了解产品功能、容易与之交互。表现模型越接近实现模型，用户就越难理解产品，产品越难使用。特别是对于依赖技术系统来实现的信息服务而言，更是在设计过程中就决定了用户后面使用的感受。

10.1.2 用户体验设计的五个层次

当人们使用产品的时候，通常不需要做太多思考，但当与产品的互动与期望不符的时候，就会注意到产品本身。这种期望不符可能超越人们的期望，也可能低于人们的期望。所以，关于体验的质量往往受制于产品设计阶段，设计的高于期望还是低于期望，或者等于期望，这决定了人们的体验是好还是坏。基于这个逻辑，要确保产品有良好的用户体验，就必须考虑到用户有可能采取的每一个行动的每一种可能性，并且去理解在这个过程的每一个步骤中用户的期望值。这显然是非常困难的庞大工程。为此，杰西·J. 加瑞特（James J. Garrett）将用户体验设计的相关工作分解成战略、范围、结构、框架和表现 5 个层次，为用户体验设计实施提供了一个可行的参考框架[4]。

这 5 个层次自下而上是：战略层、范围层、结构层、框架层、表现层（见图 10-2）。每一个层面都是根据它下面的那个层面来决定的。也就是说，表现层由框架层来决定，框架层则建立在结构层基础上，结构层的设计基于范围层，范围层是根据战略层来制定的。各层级的设计决策要与上下层保持一致，否则就会出现较差的体验。而越底层的决定越可能带来"连锁效应"。

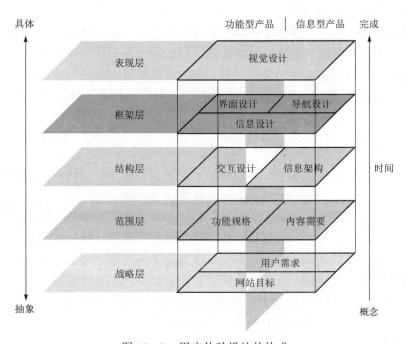

图 10-2 用户体验设计的构成

资料来源：GARRETT. The elements of user experience[M]. Berkeley: New Riders, 2010.

1. 战略层

这一层次的设计主要需要确定产品经营者想从产品上得到什么利益，以及用户想从产品中得到什么利益，进而明确产品的定位。完成战略设计通常基于从用户需求分析出发。第 5 章信息需求、第 7 章用户画像两部分的知识和方法主要服务于战略层体验设计。

2. 范围层

范围层主要指对产品的特性、功能等的定义。信息服务产品总的来看可以分为两种类型：功能型产品和信息型产品。所谓功能型产品，就是指主要纯技术类信息产品；所谓信息型产品，就是指内容控制型信息服务产品。功能型产品在范围层的设计主要侧重于对产品的"功能组合"的描述，也就是服务包的描述。而信息型产品则主要是对各种内容元素的要求的描述。第 8 章信息内容设计重点讲的是范围层的设计。

3. 结构层

结构层确定了产品的各种特性及最合适的组合方式，也就是说，结构层决定了各内容板块和功能板块涉及的界面资源和服务资源配置。这一层级的设计涉及用户如何到达某个页面，以及之后能去什么地方。在第 8 章、第 9 章都涉及这一层次的设计任务。

4. 框架层

框架是结构的具体表达方式，它定义了各元件的排列方式。在第 9 章信息服务传递设计和本章重点学习的是结构层和框架层的体验设计。

5. 表现层

由图片和文字组成。主要是视觉表现部分的设计。

这 5 个层次在信息服务产品设计中通常是自下而上逐级完成，每一个层次都是由它下面的那个层次来决定的。也就是说，每个层面中可用的选择，都受到其下层面中所确定的方案的约束。但是，这并不是说"较低层面"上的决策都必须在设计"较高层面"之前做出。在具体设计实施过程中可以采取并行路线展开，同时，当高层次设计中发现问题，必要的话也会返回低层次部分进行重新思考。其实，信息服务产品设计就是这样一个不断迭代和优化的过程。

10.1.3　用户体验测量

事实上，"设计－评价－设计"的高频率迭代化设计流程已经被越来越多的产品开发者所接受，用户体验评价可以有效地帮助设计师改善产品的设计质量。那么，怎样测量一个信息服务产品是否达到一种良好的用户体验？用户体验测量需要基于对用户体验构成的理解。

关于用户体验构成的理解多样，包括三元素说、六元素说、三层次说等。

1. 三元素说

Barjnik 认为用户体验是包括用户所有感知的满足程度（一种审美体验）、产品对用户的意义（意义体验）及所产生的感觉和情感（情感体验）。

2. 六元素说

Peter Morville 设计了一个六边形用户体验模型，描述了包含有用性（useful）、可用性（usable）、满意度（desirable）、可找到性（findable）、可达到性（accessible）、可靠性（credible）、价值性（valuable）等 7 个方面的原则内容。

3. 三层次说

Jordan 描绘了一个金字塔分层形式的用户体验维度模型。在该金字塔研究模型中，从下至上分别代表着"功能性""可用性""愉悦性"3 个层次。Jordan 认为愉悦感的实现，必须建立在功能性和可用性的基础之上；Taylor 也认为用户体验分 3 个层次，但这 3 个层次是功能体验、技术体验和美学体验[5]。功能体验描述信息"能否帮助用户完成任务"的属性；技术体验描述信息"能够帮助用户高效率地完成任务"的属性；美学体验描述信息"能否使用户身心愉悦地完成任务"的属性，包括视觉享受的"好看"、听觉享受的"好听"及满足心理需求的"好感"。用户对情境的美学体验是随感觉宽度和感觉深度增加的，从体验的角度而言，所涉及的感觉越多，所感知的体验就越生动。

基于以上探索，Konstantakis 提出了用户体验的三级测量指标：一级指标包括实用性和享乐性；二级指标是效用性、可用性、社交方面及享乐；三级指标包括有用性、可靠性、是否轻松使用、高效性、可用性、身份识别性、快乐与刺激性。

用户体验测量还可以用任务表现测量方法和生理指标测量。任务表现测量方法主要是通过为用户布置任务，测量任务完成中的效率、感受等。生理指标则通过对眼动、脑电反应、皮肤电反应、呼吸、心率、血压等指标来测量产品给用户带来的情感刺激。

用户体验具有动态性，并且是基于某种环境产生的。在用户使用具体产品的过程中，体验的前期、中期、后期，短期体验和长期体验，时间类别或逻辑的变化，都可能造成截然不同的用户体验结果。因此，用户体验测量应该被持续地进行。

 资料 >>

阿里巴巴产品的用户体验测量体系

支付宝 UED 团队提供以用户为中心的 UBA（用户行为分析）+APM（应用性能监测）闭环下的体验洞察，让产品体验可量化、可优化、可监控。该体系是在 Google 的 HEART 模型基础上改造而来的。HEART 模型由 5 个维度组成：愉悦度（happiness）、参与度（engagement）、适用度（adoption）、回访率（rentention）、任务成功率（task success）。

而支付宝的体验测量体系的特点为：首先，强调用户主观满意度：将常用的净推荐值改为用户主观满意度，因为对于企业级中后台来说，往往由于企业产品的封闭内环、用户基数等众多原因，可能还是满意度来的更加有效。其次，不强调留存率：企业级产品用户往往没有太多的可选余地，因此留存率未必适合用来衡量用户对于产品的喜好。最后，将参与度和接受度指标合并：对于企业级中后台系统，用户使用的目标性更强，他就是来完成某个任务或完成工作的，因此活跃度基本和产品能否满足用户的需求强相关。基于此，支付宝形成了包括 5 个维度的 PTECH 模型——性能体验、任务体验、参与度、清晰度、满意度。

UES（user experience system）是阿里云设计中心通过多年设计实践中沉淀下来的云产品使用体验度量系统，阿里云的体验度量模型是从达成阿里云平台产品的设计体验"一致性"为目的所诞生，在之后的发展中又增加了易用、任务效率、产品的满意度、技术的性能。UES 不仅是一套方法论，更是一套可运行的体系。

五度模型是阿里巴巴 1688UED 团队在 Google 的 HEART 模型的基础上，结合国内互联网的特点，加上多年的设计经验总结出来的。五度模型是按照用户使用产品的整个生命周期过程来组织的，从用户的行为与态度和当下与未来这两个维度进行分解，五度分别为吸引度、完成度、满意度、忠诚度和推荐度。相比阿里云和支付宝的模型较为适合 B 端产品，五度模型的应用场景更加适合 C 端产品。

资料来源：ALIBABADESIGN. 体验设计度量，看这一篇就够了［EB/OL］（2021-02-18）［2021-10-08］. https://mp.weixin.qq.com/ s/UDNeOcp—7-n66-rKj2dwg.

10.2 信息认知与体验设计

10.2.1 认知心理学与体验设计

尽管信息服务产品设计很多方法来自软件工程，但其理论基础则主要来自认知心理学，尤其是用户体验设计作为"以人为中心"的设计思想实现，更以认知心理学作为其基本思想来源。在信息渠道越来越多的今天，心理因素越来越成为左右用户使用的主要因素。而信息服务体验设计即围绕用户心理感受的信息服务设计角度。人的认知规律将左右其对信息的接受、选择和利用，用户的认知能力则常常决定他们利用信息元素的能力。因此，学者 Dervin 和 Nilan 在 1986 年提出，需要关注用户的认知行为和采用认知的范式分析用户的信息行为。

认知心理学是研究人类认知机制及机器模拟的科学，涉及心理学、人工智能、社会学、语言学等学科，并借用信息论的基本原则来描述和解释人的认知过程。将认知心理学中的认识引入信息用户的研究，对探索用户行为控制方法不但是适用的、合理的，而且是具建设性的。

20 世纪五六十年代，A. 纽厄尔和 H. A. 西蒙把人类所具有的概念、观念、表征等人脑的内部过程看作是物理符号过程，提出人脑是一个物理系统，人脑的活动是对这些符号的操作。而计算机也是一个物理系统，其工作原理是对磁场的模式或符号的操作。任何物理事件只要能用符号形式表示，就能用计算机模拟出来。因此，人类思维中的概念和符号操作可以比拟一个计算机物理系统对符号的加工处理。这就是当代认知心理学中极为重要的物理符号系统假设。这一假设在人脑的思维活动和计算机的信息操作之间架起了一座桥梁，从而在信息加工心理学的研究基础上，可以设计计算机程序来模拟人的心理过程，特别是思维、问题解决等高级心理活动。后来，认知心理学和计算机科学相结合，产生了人工智能这一新学科，并广泛影响信息学研究诸领域。

认知心理学的实质在于它主张研究认知活动本身的结构和过程。例如，汽车司机在十字路口看到红灯而停车，依照认知心理学看来，这个事件经历了一系列连续的信息加工过程：先是红灯及其他有关刺激的信号进入视觉系统而被登记；然后是在注意的作用下，红灯信号得到识别并被转到短时记忆，与长时记忆中提取来的红色交通灯的信息相匹配；最后根据已经掌握的遇红灯停车的交通规则来作出停车的决定，进行停车的实际操作[6]。

10.2.2 信息认知心理

在认知心理学研究中，涉及信息服务的主要心理活动包括 3 方面：信息识别心理、信息整合心理、信息推理心理。

1. 信息识别心理

表现层的用户体验设计目的主要在于保证用户对所展示的内容有良好的识别，因为基于此才能对信息内容进行正确的整合和理解。而人们对信息的认识，总是从对信息的感知和识别开始，感觉和知觉是人识别信息的起点。

1）感觉

感觉是人的感官对于光、色和声等基本信息刺激的直接反应。外界的信息刺激或感觉输入可通过多种渠道获得，而通过感觉系统接收到的信息决定了用户对信息服务产品作何反应。

人脑的信息输入具有显著的特征：人脑接受信息十分灵敏，可以感受很弱和很强的刺激，能根据情况的变化及时改变对刺激的选择，能在变化和模糊的信息中识别出特定的图形。虽然感官能让人们形象、精确地了解外界环境，但由于生活在一个感觉泛滥的世界中，人不得不应付各种信息干扰，其方法则主要是注意某些刺激而摒弃其他刺激，即信息刺激对人感觉效果有所不同。造成这种选择的原因有来自客观限制，也有来自主观意向。

认知心理学发现，信息刺激的强度是感觉效果不同的基本因素之一。信息刺激达到一定强度才能产生感觉，这一刚能引起感觉的最小信息刺激量，称为刺激阈限。其中，能被感觉渠道觉察的刺激的最小量称为绝对阈限，而感觉系统辨别变化或是两种刺激之间差别的能力称为差别阈限。刺激阈限依刺激强度的不同而不同，该值越低，感觉越灵敏。进一步加大刺激，达到一定程度后再加大也不会感觉有变化，或者说刺激后没有感觉，或有其他感觉。这种感觉变化的上限称为刺激极限。

研究表明，各种感觉刺激都具有一定的信息意义。如颜色具有象征价值和文化意义，其所引起的知觉预期能够影响用户对服务产品的感受，甚至一些颜色组合日渐与某个公司联系紧密，以至于它们被看作是这个公司的商标外衣；许多消费者在选择颜色时都受当年色彩流行趋势的影响。而声音的许多方面也会影响用户的感情和行为，如背景音乐对情绪的作用和讲话速度对于态度变化及信息理解的影响。

2）知觉

关于信息刺激的粗糙的、原始状态的信息要经过一个转换，才能变成某种对人来说有意义的东西，这种过程的起点是知觉。

整体性是知觉区别于感觉的重要特征。对信息的感觉是具体的、特殊的，而多信息的知觉则是抽象的、一般的。在通常情况下，人脑所反映的并不是客观事物的各种孤立的个别属性，而是具有多种属性的整体。正是通过知觉的过程将感觉信息组成有意义的对象，在已贮存的知识经验的参与下把握信息刺激的意义。因此，选择性也是知觉的重要特征。知觉是对基本刺激选择、组织及解释的过程。

人的感知能力是有限的，在人们所接触的大量信息中，99%以上的信息被摒弃，只有不到 1%的信息进入意识水平。由此可以看出，人脑不是被动地接受信息，而是主动地选择信息。同时，警惕性是知觉选择的一个因素，用户更易于注意与他们当前的需要有关的刺激。这些需要可能是有意识的或无意识的。

除此之外，知觉还具有适应性特征。当某一信息刺激常见以至于无法再引起用户的注意时，知觉的适应性就会产生。同时，在信息社会中，用户常处于一种感觉超负荷的情形中，即被施加的信息过多，已超出了他们能够或愿意处理的范围。因而，知觉的选择性特征日益突出。

因此，认知学家认为，知觉过程就是一个信息处理过程。而知觉对信息的处理要经过分析、比较和解释几个环节，最终完成对信息的识别。这一过程需要启动人的记忆。

2. 信息整合心理

信息整合过程需要对信息进行更深入的选择和加工，从而使其进入意识甚至知识领域。而注意和记忆是相关认知活动中的基础活动。

1）注意

注意是用户在其接触范围内对信息刺激的关注，是心理活动对信息对象的指向和集中。一方面，注意的产生是因为人们缺乏对同时出现的所有事物进行干预的能力；另一方面，注意是获取并理解信息需要的关键性步骤。尽管注意不允许人们同时去了解几方面信息，但是，可以对同时发生的几件事情都保持某种程度的警觉。当某一信息对用户来说感兴趣的程度增加并且超过了其当前正在参与和注意的信息时，用户的注意中心就会很快地转移到该信息上来。

注意也是一个人的心理对外界信息加工的过程，关于这一过程的具体机制，认知科学方面产生了过滤器理论、资源分配理论等不同理论。如资源分配理论认为，人类信息加工系统和一般信息加工系统一样，在它的内部存在各种各样用于加工外界信息的资源，这些资源在数量上是有限的，这种资源的有限导致了人们注意分配的有限。其分配策略受到持久倾向、短时意向、信息理解难度等方面因素的影响[7]。所谓持久倾向，指用户更倾向于注意其曾经关注或一直关注的对象；而短时意向指与用户某一时刻任务有关的对象更可能被注意；信息理解难度也与注意有关，对简单对象的注意更易于保持。

正因为注意资源的有限性，部分经济学家认为，在知识爆炸时代，最稀缺的资源是注意力，而互联网的出现，更强化了注意力的稀缺性，因而提出了注意力经济这一概念。其基本认识包括：注意力与信息相比较，信息是可以准确计量的，而注意力的计算是模糊的；信息是由信息的产生者不断创造的，而注意力对于信息的浏览者却是有限度的；信息产生后能创造多少价值是不确定的，而注意力却能直接产生价值。信息服务业对注意力稀缺的最初结论是要"尽可能地占有注意力"，但现在越来越意识到，提升用户体验的更好方法是帮助用户节约其注意力资源，并通过产品创新以吸引用户对产品的长期关注。

2）记忆

记忆是指习得信息的储存，它包括录入信息并把信息储存在头脑里以备将来使用等过程。认知心理学认为，记忆包括录入、储存、检索等阶段。录入阶段，信息以系统能够辨认的方式进入；储存阶段，输入的信息与记忆中已有的知识融为一体；检索阶段，消费者获得想要的信息。如图 10-3 所示。

图 10-3　记忆的过程

如前所述，人存在 3 种明显的记忆系统：感觉记忆、短期记忆与长期记忆。用户可能只是从感觉方式获得信息刺激，如当其看到信息刺激的图片时，其颜色或形状就会触发感觉。但在信息服务环境下，信息通常是以一种抽象的方式进入的，即语义方式。语义信息的处理过程是以金字塔型方式处理：信息处理开始于一个很基础的层面，如果某一层面的处理未能激发下一层面,信息的处理就会终止。用户若想方便地从自身的记忆系统中检索出特定信息，需要提供有助于了解其类别的提示。对知识的学习过程通常遵循这种等级处理模型。

但在用户的无意识信息自我检索过程中，一个意义可以间接地被激发。因为能量可以在不同层面的节点之间传播，只要有一个节点被激发，其他与之相连的节点也开始被激发，信息在联想网络中的位置，以及被编入的抽象层面，这些都有助于确定将来信息被触发的时间和方式。而信息服务体验设计需要建立特定的记忆激发元素，并促进信息及其服务被纳入用户长期记忆。这种激发元素，一般是人们熟悉的图形对象或文本对象。

3. 信息推理心理

信息交流的过程中包含一系列信息推理和创造过程。信息解释和信息学习是信息推理心理中的代表性活动。

1）信息解释

解释是指人们赋予信息刺激的含义。心理学发现，人们不是孤立地对待一种刺激，而是倾向于通过刺激与其他事件、感觉或形象的关系来对待它。由此甚至产生了"完型心理学"。完型心理学提出了人们理解信息的图形–场地原理、闭合原理、连续原理、相似原理等。该理论在信息服务的运用中鼓励了用户的参与，增加了人们处理信息的机会。如图形–场地原理认为，刺激的一部分作为图形居主位，则其余部分将退为背景，而信息服务提供者在设计时依需要考虑怎样将信息刺激设计成信息的中心或是陪衬性背景。

用户的信息解释与用户的心智模型密切相关。所谓心智模型，就是指那些在人类内心已经形成的固定思维模式。心智模型有 4 种结构要素：操作任务理解、界面功能理解、任务与界面的匹配理解、用户信念[8]。对信息服务产品设计而言，一方面要理解其心智模型，才能知道怎样与用户更高效地互动。另一方面有时也要考虑设法改变用户的心智模型，使其适应本产品环境。

理解用户的心智模型主要通过解构用户自然状态下的语言、文字及草图等非结构数据，探索用户心理活动的形式、演变路径及逻辑结构。例如，人们经常用概念图法来记录用户的心智模型。所谓概念图法，是用图形化的方式描述一个主题的概念及概念间关系。主要内容是在一张空白画板上构图，首先呈现最一般的概念，然后逐步勾勒其中的细节部分来完善概念图。然后用聚类方法等方法对概念图做出分析，对心智模型进行分类。例如，可以采用这个方法来看网易云音乐的音乐分类体系用户体验如何，通过给用户布置任务操作，然后画出概念图，通过对概念图的聚类得到用户心智模型类型，再看网易云音乐的音乐分类体系是否与这些心智模型匹配。这种比较结果可以为分析用户转化率数据背后的原因提供逻辑支撑。

2）学习

学习是指由于体验而引起的具有意义的个人行为或行为潜能的持续性改变，一个人的学习是通过驱使力、刺激物、诱因、反应和强化的相互影响而产生的。由于信息服务环境不断变化，新服务产品不断涌现，用户利用信息服务的过程往往是一个学习的过程。而认知心理学关于学习的理论对信息服务设计大有裨益。

对学习的类型有多种不同认识。

（1）相关研究显示，人们除了主动学习外，偶然的、无意识的知识的获得也是其学习的方式，即内隐学习。与此相关的暗示理论认为，暗示具有直接渗透性、自动性、快速性、灵活性、明确性和经济性，会成为促成内隐学习的刺激物[9]。相关理论为信息服务设计提供了新的切入点。新产品使用习惯的养成通常需要更多地启动人们的内隐学习潜能。

（2）根据学习的依据，可以将学习分成4类：根据被编制的程序而学习；根据指示进行学习；根据观察样品而学习；根据发现而学习。因此，可以将学习视为一个包括各类学习的嵌套式的层次结构系统（见图10-4）。为促进人们对新型信息服务的学习，信息服务设计应提供用户进行各类学习的资源和渠道。

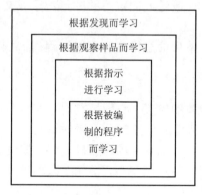

图10-4　学习的层次结构

（3）根据学习的突破性，可以将学习分为维持性学习和创新性学习。维持性学习功能在于获得已有的知识和经验，培养对现实社会的适应能力；而创新性学习"是一种可以带来变化、更新、重建和重新系统地阐述问题的学习"，它的功能在于通过学习提高人们发现、吸收新信息和提出新问题的能力，使个人和社会做好准备，以便在行动上与新情况协调一致[10]。创新性学习具有预见性和参与性。其中，预见性激发了学习者的主动性，如用户对新型网络信息服务产品的利用就是一种自我建构的学习过程。而参与性就是扮演角色，如计算机游戏就以其参与性深深吸引着广大青少年。多媒体引出的多感觉，再加上扮演角色的交互性，使体现参与性学习特征的计算机游戏为游戏者带来了极度的愉悦。

用户对某一新型信息服务的认识是随着对该服务的接触和接受到过去的信息反馈而加以调整的，这一学习过程是一种创新性学习和内隐式学习，需要信息服务设计者通过设计因素来激发、支持和促进这一学习过程。

学习包括获得、转化和评价3个过程。新知识的获得是与已有知识经验、认知结构发生联系的过程，是主动认识、理解的过程。转化是对新知识的进一步分析和概括，使之转化为另一种形式，以适应新的任务，并获得更多和更深刻的知识。评价是对知识转化的一种检查，通过评价可以核对处理知识的方法是否适合新的任务，或者运用得是否正确。因而，新型信息服务产品的呈现应考虑与用户已有经验的联系，适合学习者认知发展水平；用直观的形式显示内容结构，应该让学习者了解内容中各类知识元之间的相互关系，方便用户的认知转化；并提供认知反馈，以确认其正确知识和纠正他们的错误学习。

10.2.3　认知与情感

尽管用户体验设计将认知活动作为最基本的分析对象，但其实这种认知活动并不是与情感活动完全分离的。早期的心理学认为情感是认知的反应，但今天研究越来越支持情感具有独立作用这一观点。

1. 愉悦感：用户体验设计的重要维度

如前所述，用户体验包括愉悦感和审美体验等，并将保持设计的愉悦感与保持交互的可用性一样重要（Patrick Jordan）[11]。Tiger 认为愉悦感存在 4 个维度：生理愉悦感、社会愉悦感、心理愉悦感、思想愉悦感。生理愉悦感指涉及身体和感官，来自触摸、操作或是嗅觉的愉悦感；社会愉悦感指来自和他人的关系的愉悦感，如社会地位或形象的提升带来的愉悦感；心理愉悦感指认知或情感上的愉悦感，如获得新技能的满足感；思想愉悦感指与人的价值、人所珍视的有意义的事物及愿望有关的愉悦感，人们总是更加希望使用符合自身价值体系的事物。

其实，也可以将用户体验设计所追求的愉悦感理解为一种 "有价值的愉悦感"。这种"有价值的愉悦感" 有 3 个维度。第一维度是出现的快乐。指的是消费者向他人呈现自己的方式和看待他人的方式。特定的情境赋予用户出现的特定意义。第二维度是拥有身份的愉悦感。特定的情境赋予消费者真实性的特定意义。第三维度是持有价值和目的的愉悦感，与人们对于正确和错误的判断有关。因此，在信息服务接触过程中用户会追求出现、拥有身份和追求价值和目标的愉悦感。

要理解人们的愉悦感，其基础是度量人们的情感。对此，Wundit 提出情绪的三维度说，即愉快–痛苦维度、紧张–松弛维度、激动–平静维度。其中愉快–痛苦维度指示了心理能量的变化，紧张–松弛维度表明了心理能量的充实水平，激动–平静维度则指示了心理能量的变化。后来，人们对三维度说进行了扩展，如 Izard 提出的四维度说，即愉快度、紧张度、激动度和确信度，Russell 等将其简化为两个维度，即愉悦维度和唤醒维度，这一说法被广为应用。唤醒维度是指个体的激活或活动水平，即个体是处于怎样一种警醒或活动反应状态，唤醒维度又包括活力和紧张两个方面。

一次良好的信息利用体验应当是愉悦的感受加巅峰的工作状态。在这种状态中，人们很少受到打扰，集中精力面对挑战且相信通过现有的资源能够解决问题。其间哪怕遇到障碍，相关服务对障碍的反馈也应是及时的，其方案应当是有效且能够快速实施的。有学者将这种理想的信息利用体验称之为心流体验。Csikszentmihalyi 将心流体验定义为个体完全投入某种活动的整体感觉，当个体处于心流体验状态时，他们完全被所做的事深深吸引，心情非常愉快并且感觉时间过得很快[12]。

2. 认知–情感关系的理论解释

要深入地理解用户体验，特别是用户的情感性体验，必须深入理解认知和情感的内在关系。其实，认知和情感是相对独立的系统，又是密不可分的两个过程，它们随时随地地相互影响着，认知加工过程不可避免地有情感介入。与此相关的有两个重要理论：情绪–信息等价说和注意的情感偏向理论。

1）情绪–信息等价说

"情绪–信息等价说"认为情绪可以作为一种信息线索直接影响判断。对刺激物的情绪反应常常比认知评估来的既快又及时，这种即时的情绪反应为生物体的行为选择提供了线索和依据，使生物体的快速行动成为可能。

事实上，随情感发生变化的心理范围非常广泛，如同情的唤起、注意的唤起、感性分析能力的提高、行为的激活等。Cosmides 和 Tooby 认为，情绪一旦被激活，就具有大范围改变大脑程序的能力。例如，改变知觉和注意的方向，改变目标和动机的权重，改变概念结构，改变沟通方式，激活行为决策规则，当然还有生理上的一些变化。

因此，情感对认知的影响具有双重作用，既影响人们想什么，又影响人们怎么想。Thaler则提出决策行为的"心理账户"理论。该理论认为人们会在心理上无意识地把财富划归为不同账户进行管理，而不同的心理账户有不同的记账方式和心理运算法则。而且，这些心理账户彼此不可替代。根据这一理论，情感可能被放在单独的账户中，作为一种独立的、重要的、不可替代的因素影响个体决策。

2）注意的情感偏向理论

如前所述，注意是加工能力和认知资源的集中。注意是以一定的阈限为境界的一个有限领域，任何心理对象只有进入这个领域才有被领会的可能。因为只有进入这个范围狭小的中心区域，心理对象才会获得最大的清晰性和鲜明性。这个中心区域即被称为"注意焦点"。而且，视觉系统加工能力的有限性决定了个体不可能，也没有必要对所有信息都一一进行加工，因而，注意选择成为必然，而注意转移也成为可能。

一般来说，注意筛选信息的原则受两个方面因素的影响：一是当前任务；二是外界信息性质。也就是说，某些信息虽然可能跟当前的任务无关，但是由于这些信息本身的特异性，个体的注意还是不自觉地被它所吸引。大量研究发现，信息刺激的情感质量将引起注意偏向性选择。与不带情绪色彩的刺激相比，具有情感含义的刺激更能吸引注意或展用注意资源。情感性信息刺激比中立性信息刺激更早地捕获注意。

而且，注意对情感信息的偏向性具有定向、具体化、自动化、控制等方面的具体特征。定向是将注意力转移到一个情感对象的过程；具体化指信息的注意加工可能被一些特定因素所调节，如情感材料本身的信息刺激内容；自动化指个体对情绪信息的加工是一个自动化的过程，所需资源较少；控制是指个体可以通过使用精确工具将注意力转移到情感上。

10.3 用户旅程分析

10.3.1 场景观点

人们的信息行为与行为发生的各种情境密切相关。用户体验设计是基于社会情境的一种活动，其功能的实现是通过用户在特定的社会文化情境中进行广泛的符号联系来进行的[13]。在信息行为一章曾专门阐述了信息行为研究的情境思想，这种情境在具体的用户体验设计领域将其理解为场景。用户体验设计的场景观点认为，人使用产品必须有一定的行为，这种行为是在特定场景下进行的，行为的完成需要相关技术的支持，因而人、行为、场景和技术 4个要素（people，act，circumstances，technology，PACT）构成了交互系统。场景观点将用户体验设计定义为一种以场景为核心的系统设计方法，这一方法将用户包含在系统设计中，从用户出发详细地给出交互过程的全部角色、各种场景的假设、剧情的描述及某种形式的人际对话，为系统设计的参与者提供了大量的共享知识和信息，设想系统用户未来可能的任务[14]。研究特定场景下的用户行为，针对相应场景对用户行为逻辑进行规划和设计，是用户体验设计的重要目标。

场景描述了关于用户、使用环境的背景信息、用户的目的或目标、用户的一系列活动和事件等内容。有学者把用户面对信息服务产品时的场景类型进行了细分，将其分为自然场景和用户场景两类。

其中自然场景又分为环境场景和设备场景，环境场景包括不同的时间、空间，设备场景涉及相关的设备状态和网络状态等。同一个用户在不同的自然场景下使用特定产品的体验可能是有区别的。对大多数信息服务产品而言，设备载体主要包括计算机和手机。计算机所处物理环境比较固定，要么是家庭，要么是办公场所，要么是图书馆、网吧等服务场所。但手机所处环境非常复杂，几乎可以在任何时间、任何场所使用。信息服务产品设计经常要考虑用户可能处于一个并不舒适的环境下，让用户能够做一些适应性调整，如调整其视觉效果等。

而用户场景又分为客观场景和目标场景。客观场景就是其遇到的产品的具体结构、功能、视觉表现等。目标场景则与用户目标涉及的细节、活动、信息、交互等有关。例如，可以将使用某个搜索引擎的用户分为两种场景，一种是寻找结果型，另一种是浏览型，通过观察，可以看到他们使用搜索引擎的情感体验是不一样的。所以说，用户体验分析需要结合场景来展开，用户体验设计也需要根据场景分析来寻找对象和机会展开设计。

用户旅程图的思想就是将用户信息行为分阶段处理，对每个阶段的 PACT 进行综合观察和分析，逐步消灭各阶段隐患，提升整体用户体验。其实 Kuhlthau 提出的信息搜寻过程模型就是一种用户旅程分析的思想，对用户在搜索学术信息过程中的心路历程进行了详细描述。又如 Ben Shneiderman 等提出的五阶段搜索框架[15]。

五阶段搜索框架如下。

1. 构想

- 使用简单和高级搜索；
- 采用结构化字段（如年、媒体或位置）对搜索进行限制；
- 识别短语以便能输入姓名；
- 放宽搜索约束条件，容纳更多的变化（如语音变化）；
- 控制初始结果集的大写；
- 仔细使用来源的范围；
- 提供建议、提示和常见来源。

2. 发起动作

- 用带有一定标签的按钮来触发显式动作（如"搜索"）；
- 通过改变参数和立即更新结果来触发隐式动作；
- 用自动完成功能引导用户重复以往成功的查询。

3. 评审结果

- 保持检索词和约束可见；
- 提供结果的概述（如搜索结果总数）；
- 采用元数据（通过属性值、主题等）对结果进行分类；
- 为每个项目结果提供描述性预览；
- 在结果中显示检索词；
- 允许检查选定的项目；
- 适当时提供可视化（如地图和时间表）；
- 允许调整结果集的大小和现实哪些字段；

- 允许更改排序（字母顺序、时间顺序、相关性排序等）。

4. 细化

- 引导用户逐步完善有意义的消息；
- 使搜索参与方便更改；
- 提供相关的搜索；
- 为错误校正提供建议（不强迫修正）。

5. 使用

- 在可能的情况下将操作嵌入结果中；
- 允许保存查询、设置和结果，并可对它们进行注释，将结果发送到其他应用中；
- 探索收集显式反馈（评级、评论、喜好等）。

10.3.2 用户旅程图

用户旅程图是通过梳理用户的服务接触点对用户体验进行微观观察的常用工具,用户旅程图的前身是客户体验图。2002 年,肖（Shaw）等以饭店服务为例创建了客户体验图,该图包括各个接触点、顾客期望、风险、满足感官期望的机会、满足情感期望的机会及激起情感的路径等。后来客户体验图发展成为包含更多元素的用户旅程图。其中一个关键案例是2011 年赖森（Risdon）所创建的欧洲铁路客户旅程图,其典型结构是"客户旅程+交互行为 + 体验需求分析+企业机会分析",在交互行为分析中嵌入了多种曲线图（见图 10-5）。

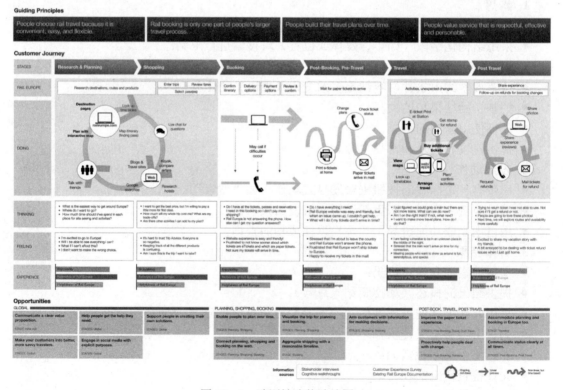

图 10-5 欧洲铁路体验地图

资料来源：http://www.uxforthemasses.com/wp-content/uploads/2017/01/RailEurope_AdaptivePath_CXMap_FINAL.pdf.

卡尔巴赫认为客户旅程图的基本构成要素包括客户旅程、客户行为、目标、情感、痛点、接触点、关键时刻、满意度和改进的机会等。在信息服务行业实践中，通常的用户旅程图主要构成包括阶段、行为、触点、用户期待、用户需求、用户体验情感曲线等部分。如图 10-6 所示，1 和 2 是场景、3 是行为阶段、4 是具体行为、5 是关键时间点、6 是情绪曲线、7 是机会（包括痛点、爽点等）、8 是用户其他内在想法等。

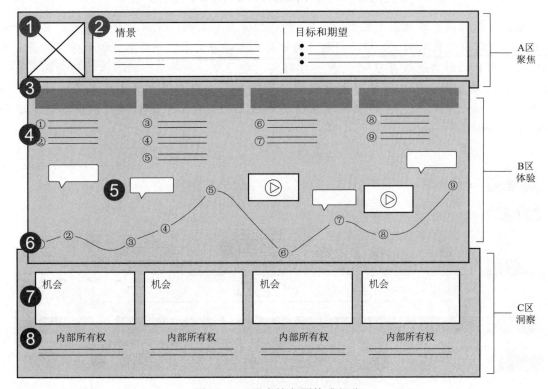

图 10-6　用户旅程图构成部分

资料来源：https://www.nngroup.com/articles/journey-mapping-ux-practitioners/.

用户旅程图和服务蓝图不同之处在于，它是从用户视角，以用户体验的时间为逻辑线条，用描述故事的方式展现用户经历的各个阶段和所有用户与组织产生交互的时刻。实际上，用户旅程就是目标用户在相应情境下行为体验的分析，它描述了用户在一个完整的服务体验过程中每个阶段的体验情况，用图形化的方式记录、整理并表现出来，有助于用户体验设计过程中的分析、讨论，设计师可以用以观察用户接触产品的每个点，并通过分析用户服务体验过程中的行为和情绪变化可以发现用户的痛点，从而发现产品的设计机会点并最终确定服务体验的设计点。

用户旅程图可以用于以下情况：首先，可以把用户旅程图作为框架，并在每个阶段进行用户费力程度测试，这样可以针对每一个具体的阶段和触点，更有针对性地降低用户的费力程度，细化单点体验，提升整体的体验。其次，可以利用用户旅程图拆解用户需求，形成关于用户使用产品的关键流程或主流程的分析。再次，可以利用用户旅程图来评估用户在每个服务接触点中经历的交互方式及情感。最后，可以利用用户旅程图来了解用户的理解障碍，发现可优化的机会点和视觉化表达的机会。

资料

对在线学习平台的用户旅程分析步骤

首先，根据用户旅程图（见图10−7）的各要素提取数据，完成用户旅程图。要素分析显示，用户需求是获取知识、解决问题。场景是产生学习需求，并具有足够的学习时间，开始学习。用户的行为阶段有 3 个阶段：学习前、学习中、学习后。而具体的行为环节有 6 个，从产生学习动机、选择学习平台到学习反馈等。这期间用户情绪经历了从兴奋，到疑惑，乃至愉悦的起伏，具体原因也在情绪曲线上面做了标注。针对这些情况还做了初步的痛点分析。

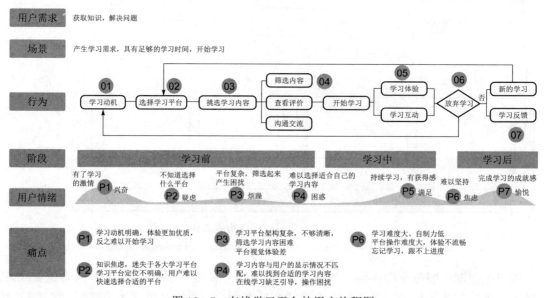

图 10−7　在线学习平台的用户旅程图

其次，完成了用户旅程图后，结合旅程中所反映的用户行为问题，梳理用户需求，并分析导致问题产生的原因。研究人员用了福格模型，主要从行为动机、行为能力、触发机制三方面分析（见表10−1）。

表 10−1　基于福格模型的用户旅程分析

用户行为问题罗列	用户需求	FBM 要素分析
知识焦虑，迷失于各大学习平台 目标不明确，缺乏学习动力 学习效果不明显，没有成就感 缺乏自制力，容易放弃 学习平台界面视觉缺乏吸引力	帮助明确学习目标 成就体验，提升学习动机 强化监督机制，督促学习 优质视觉吸引力	行为动机

续表

用户行为问题罗列	用户需求	FBM 要素分析
难以找到适合自己的学习内容 学习内容太难，中途放弃 平台复杂，操作烦琐 缺乏引导，学习过程中茫然	针对性地匹配学习内容 流畅简易的平台操作体验 加强引导，优化学习过程体验	行为能力
学习过程太枯燥，毫无激情 主动学习性差 忘记学习，跟不上学习进度	提升趣味性的平台体验 采取适当的激励措施 增加合适的学习提醒	触发机制

分析发现：第一阶段（学习前）的问题主要是行为动机缺乏问题，第二阶段（学习中）的问题主要是行为能力的问题，第三阶段（学习后）的问题主要是触发机制缺乏的问题。

最后，针对这三个阶段的问题，他们具体分解了怎样通过交互设计来逐一优化，形成了交互设计方法模型。当然，有了这些方法，还有待进一步的视觉设计落地。图 10-8 为在线学习平台交互设计优化方案。

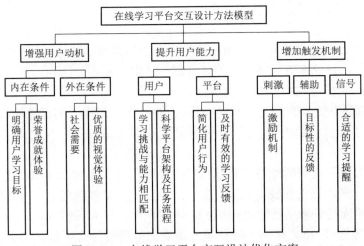

图 10-8　在线学习平台交互设计优化方案

资料来源：谭志，蒋晓. 基于 FBM 行为模型的在线学习平台交互设计研究［J］. 包装工程，2020，41（4）：189-194.

10.3.3　基于用户旅程分析重塑用户体验

开展用户旅程分析的目的是改善用户体验。当完成了用户旅程图后，可以在此基础上展开一系列的用户体验设计优化工作，黄蔚总结了基于用户旅程图进行用户体验设计优化的 8 种方法，并将这 8 种方法归为两种类型，即优化情绪曲线和优化排序[16]。

1. 优化情绪曲线

用户体验中最重要的信息就是情绪曲线，它是用户体验的基本表征，因此，改善情绪曲线是首当其冲的。而改善情绪曲线的操作可以有多种，具体如下。

第一，拔高峰值。只有具有高峰体验的产品才能给人以深刻印象，当缺乏高峰体验时，就需要制造一个环节来有所突破，放大用户的愉悦感，例如，大众点评的霸王餐就是一种对拔高会员用户的情感峰值非常有益的设计。

第二，填平波谷。负面体验的存在破坏性很强，需要改善相关环节，避免波谷的存在。

第三，优化关键时刻。寻找用户旅程图中能够给用户带来深刻印象的关键时间节点，对这些时间节点进行更深入的设计，往往会大幅度提升用户的价值感受。

第四，打造一个"美好的开始"。体验信息服务产品最开始的几分钟往往非常重要，会奠定用户体验的基调，因此，设计一个令人愉悦的开始非常重要。

第五，打造一个"印象深刻的结尾"。结尾时刻往往也会给人留下深刻印象，因此，丹尼尔·卡内曼提出了"峰终定律"，即峰值和终点时刻的体验，在很大程度上会影响用户对整个体验的评价。这也是宜家在顾客离开之前会提供一元的美味冰激淋给顾客带来深刻印象的原因。

第六，延伸用户体验旅程。用户的体验不仅产生于使用产品过程中，其实在使用产品前就已经在发生，在使用产品后仍然可能有进一步的产品体验。因此，要进行整体化设计，将使用产品前和使用产品后都纳入设计考虑。

2. 优化排序

对信息服务产品的价值感知其实始终是用户体验的最核心来源，而用户的价值感不仅来自视觉感知，而且来自效率感知等。而对信息服务过程中各环节活动的进一步优化可能会提升服务价值感。优化排序的方法包括以下两项。

首先，可以隐藏不加分的阶段和活动。对用户旅程图中那些人们印象不深刻的活动环节，只要用户不接触也不会引起明显的损失感，就可以将其隐藏在后台或自动完成，以免浪费用户的时间和精力。

其次，是对服务阶段和活动进行重新排序。即便各项服务活动环节都是必要的，这些活动的排序也可能带来不同的感受。例如，通过推荐让其更早接触信息，再让用户对信息的相关性进行判断，进而展开筛选（输出+筛选），让用户自己输入关键词搜索信息，进而选定自己所需的信息（筛选+输出）这两个过程虽然本质上似乎没什么区别，但会让人有不同的感受。有人对第一种操作能体验到一种惊喜感，但也有人没有这种感受，而认为后者会给自己带来一种控制感。

10.3.4 跨渠道用户旅程分析

今天，人们所处的是多渠道、多设备、多媒体的信息环境中。在使用这些渠道的过程中，用户的体验是混合的，能够跨越数字空间和物理空间，因此用户体验设计也需要支持用户的跨渠道信息活动，使其具有良好的综合感受。

之所以需要基于多渠道展开信息服务，主要是因为不同渠道之间具有互补关系，通过渠道融合可以显著提升产品价值。但要达成这一效果通常要做以下几步工作。

（1）分析渠道间的互补关系。所谓渠道间的互补，是指一个渠道优势对另一个渠道劣势的补充。例如，对线上、线下阅读服务渠道的研究显示[17]，线下服务渠道的优势在于能够触摸实物，通过所有感官现场体验服务综合环境，而且现场服务会得到快速反馈；但其劣势在于需要前往线下渠道获取服务，有时间限制，而且可接触的文献量有限。而线上服务渠道的优势在于随时随地获取服务，可以方便、快速地获取到丰富信息，但劣势在于无法现场触摸实物，对内容的质量无法快速判断，而且线上反馈响应较慢。

（2）基于各渠道的差异进行渠道分工，实现服务渠道的有机融合。要充分利用渠道之间价值的互补性可以从多方面着手。第一，实现渠道间的接入融合。应当让用户有多种选择，通过多种渠道都能够获取到信息服务。如通过 App、微信、支付宝、搜索引擎、官方网站等均可以接触到信息服务产品。第二，实现渠道间的流程融合。要允许用户根据场景和个人偏好可以选择服务渠道，并在使用过程中在多个渠道之间切换。第三，实现渠道间的资源融合。不同渠道信息资源之间需要合理配置，既要体现同一资源的一致性，又要实现资源分布的区别性。第四，实现渠道间的信息融合。不同渠道获取的用户信息应当进行中心化处理，为服务提供共同的信息基础。第五，实现渠道间的服务融合。如政务信息服务系统建设中，为了顾及老年人信息能力弱的问题，会在社区嵌入一定服务终端，协助老年人完成政务信息服务系统利用程序，而一些信息服务产品经常采用"线上操作、线下交付"的方式，也是一种服务融合的设计。

（3）充分利用各渠道提升用户综合体验。不同渠道所实现的信息交互功能对产品和用户间关系构建有多重效果：首先是资源层的关系构建。各渠道通过不同的资源吸引力来引导用户使用产品。其次是关系层的关系构建。不同渠道有不同的社交关系基础，信息服务产品所提供的高价值信息可能有助于巩固和拓展这些社交关系，扩展用户的社交圈。最后是结构层面的关系构建，通过各种渠道与用户建立互惠的多重关系，有助于使用户和产品间成为合作伙伴，建立稳固的结构性关系。因此，多渠道产品的用户体验设计应当致力于实现多种的效果，实现用户利益和产品利益的共进。

跨渠道用户体验设计更为复杂，但以用户为中心基于用户旅程展开分析更易于处理各渠道的复杂关系。Resmini 和 Rosati 提出了 5 个策略来指导跨渠道设计：帮助用户建立位置感和易读性；保持跨媒体渠道一致；有弹性空间并能适应不同用户；远离复杂和凌乱；帮助用户看到服务间的联系。

资料

多渠道阅读推广及对图书馆－读者关系构建的作用

通过对 50 个图书馆 2019 年世界读书日期间阅读推广活动展开调查，并对它们活动的渠道要素、渠道类型及渠道融合模式等展开分析，发现多渠道阅读推广情况广泛存在，其渠道融合的方式主要有以下 3 种。

第一，渠道并行。渠道并行指图书馆将多个不同类型的渠道同时应用于活动以实现同一效果。在此以国家图书馆世界读书日活动"印象数字：带你畅游数字图书馆"为案例。该活动的目的为鼓励及指引读者使用国家图书馆的数字资源，为此图书馆利用三个渠道的融合开展具体活动：① 由馆员带领读者现场参观学习，并给予讲解和答疑；② 利用微博对图书馆现场讲解等活动进行网络直播；③ 录制相关的数字资源公开课上传至学习强国 App，鼓励用户下载软件进行观看学习。如图 10-9 所示。

第二，渠道承接。渠道承接指图书馆在活动的不同阶段使用不同类型的渠道，渠道间具有承接关系，从而实现不同的活动效果，推动活动的开展。在此以大连理工大学图书馆世界读书日活动"假面书会"为案例，该图书馆首先选取 5 部经典文学作品中的 5 位人物形象以假面的形式呈现，每个人物配以原著文字描述，进行微信公众号推文，读者阅读文字描述并通过点击链接进行答案填写及提交，之后在世界读书日当天举办现场主题讲座以揭示答案，后续围绕五部作品的内容陆续开展系列读书分享活动。如图 10-10 所示。

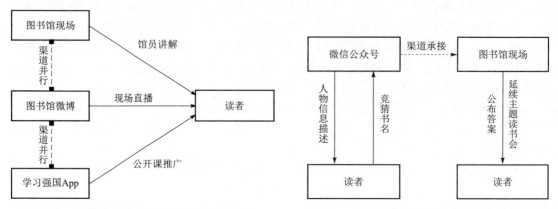

图 10-9 渠道并行（国家图书馆"印象数字：
　　　　带你畅游数字图书馆"）

图 10-10 渠道承接（大连理工大学图书馆
　　　　　"假面书会"）

第三，渠道派生。渠道派生指图书馆在开展某主题活动过程中，提供给参与活动的读者另一辅助渠道或由读者自发派生的用以延续该主题活动效果的渠道模式。在此以广东财经大学图书馆读书日活动"与微诗有个约会"为案例，该图书馆以"微诗"为主题举办线下讲座及线下沙龙，为保证读者在活动结束后依然能够继续进行阅读分享交流，建立了"广财大微诗"微信群。由于该微信群主要用以延续读书会活动效果，所以将其视为一种派生。如图 10-11 所示。

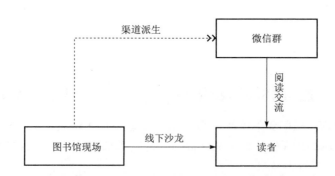

图 10-11 渠道派生（广东财经大学图书馆"与微诗有个约会"）

第四，复合渠道。复合渠道指图书馆在活动中灵活地将渠道并行、渠道承接、渠道派生等多种渠道融合路径进行整合配置，以实现更具丰富性、创意性、多样性的阅读推广活动。例如，东莞图书馆的"休闲学英语"世界读书日活动，该活动同时应用了渠道承接和渠道派生模式，即在第一阶段让读者先使用东莞图书馆 App 的有声在线课堂进行提前学习，后据此开展图书馆线下英语辅导进行承接，过程中派生出 QQ 群，实现读者课后随时随地沟通交流。如图 10-12 所示。

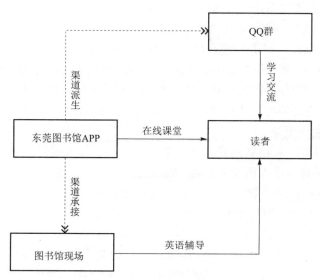

图 10-12 复合渠道（东莞图书馆"休闲学英语"）

总的来看，单渠道、多渠道、复合渠道模式均能实现单向资源获取、双向平台构建和多向空间塑造等功能，但不同的是，其实现的程度或质量有所差异。较之单渠道模式，多渠道模式和复合渠道模式均基于渠道融合展开，且多渠道模式在读者参与的广度、深度或持久度方面更具优势；而较之多渠道模式，复合渠道模式则更具兼顾性，即对"广、深、持久"三大优势的完美融合，由此相应的各渠道模式所实现的渠道功能的质量也便存在差异。

资料来源：黄琳，李桂华.图书馆阅读推广渠道融合路径及其对读者关系构建的影响[J].国家图书馆学刊，2019，28（6）：10-20.

10.4 交互设计

10.4.1 交互设计及其理论基础

在体验经济时代，精神体验成为人们追求的更高层面的享受。荷兰代尔夫特理工大学情感设计研究小组成员 Desmet 指出，产品情感并非特别形态的情绪，其与人们经历的社会互动具有相同的特性。所有情绪都蕴含一种关系，即人和物的关系。物并不必然是产品本身，也可能是有关联性的对象、事件或人[18]。

1. 什么是交互设计

交互设计是一个广义概念，对于人们日常工作与生活所使用的任何交互式产品的设计都可以进行交互设计。Riemann 和 Forlizzi 认为，交互设计是人工制品、环境和系统的行为，以及传达这种行为的外观元素的设计和定义。交互设计首先规划和描述事物的行为方式，然后描述传达这种行为的最有效形式。它通常特别关注以下内容：定义与产品的行为和使用密切相关的产品形式；预测产品的使用如何影响产品与用户的关系，以及用户对产品的理解；

探索产品、人和上下文（物质、文化和历史）之间的对话[19]。

在信息服务领域，交互设计是为解决人与信息产品之间行为关系的规划设计，它专注于描述"可能的用户行为"，同时定义"系统如何配合与响应"这些用户行为。从狭义的概念看，交互就是输入与输出。如用户通过触摸来控制手机就是一种输入，然后手机在屏幕上提供相应的界面就是输出。根据这一理解，盖睿特（Garrett）认为，人类在使用产品的时候，用户和产品之间就会产生类似舞蹈的步伐。用户移动，系统响应；接着用户再移动，来回应系统的响应。这就是交互设计要致力于完成的工作，即构建富有良好体验的人与产品的交互过程。

2. 交互设计的关键元素

由于当前信息服务产品更多的是基于计算机、手机等技术设备传递的，所以信息服务产品的交互设计往往面对的是人机交互问题。Suchman 有一个关于人机交互问题的具较大影响力的观点：需要时按照有序计划行事的认知模型不足以描述更丰富、更活跃的工作或个人使用世界，用户的行动是依照时间和地点而定的，即用户行为会对人和环境的偶然事件高度敏感。例如，如果用户在使用产品时卡住，会求助（取决于谁在身边）或查阅手册（取决于是否有手册可用）[20]。根据这一观点，与其预测用户的需求并基于其展开设计，不如将更多的重心放在对行动环境的关注上，因为用户的行动受到产品本身的设计影响更大。

用户的产品整体体验就是在一次一次的交互行为中，通过将产品与自己的目标和期望相对比产生的一个一个体验累积构成的。因此，可以说，用户与信息服务产品之间的行为互动及信息交换过程正是用户体验产生的过程。而交互设计就是要塑造顺畅的、愉悦的、有成效的行为交互，进而构建人们对产品的良好体验。

那么，怎样通过设计构建用户使用产品过程中的良好体验呢？需要在具体的交互元素上着手展开设计。Dan Saffer 提出交互设计需要考虑 6 个关键元素[21]，具体如下。

（1）运动：运动是行动的触发器，行为是由态度、文化、个性和语境所决定的运动。因此，需要关注在某个交互点上用户可能采取的运动方式，以及期望的运动方式。这种运动方式包括手势，也包括眼动。

（2）空间：运动发生于空间中。交互设计涉及物理空间和数字空间的组合。在特定的交互环节，人们的运动需要多大的空间，需要怎样的空间，以及会进行怎样的空间转移？这些是交互设计需要考虑的对象。

（3）时间：在空间中运动需要时间，所有的交互都是随着时间发生的。时间创造了节奏。用户某次特定交互能承受多长时间？怎样降低人们的时间感？交互设计需要基于这些思考展开。

（4）外观：包括比例、结构、大小、形状、质量、颜色等，这些元素都会对人们的运动和心理感受带来影响。

（5）质地：如震动、粗糙、光滑等。对审美体验、情感体验等带来深刻影响的方面。

（6）音效：如音高、音量、音质等。同样构成了人们对产品娱乐性、流畅度、新鲜度等方面的感受。

交互设计其实就是以促进用户体验为目的，以这些具体元素为对象而展开的设计活动。

10.4.2 交互设计的任务和流程

1. 交互设计的任务

交互设计主要有两类任务，一类是对用户使用流程的设计，另一类是对界面呈现的设计。

1）流程设计

流程设计的目的是通过合理的用户使用流程设计，既保证完整的业务逻辑和产品利益，又要让用户用以最小的交互成本完成任务。

交互设计实际上有 3 种思考模式：定位模式、结构模式和行为模式[3]。

（1）定位模式指概念层面的思考，通过界定产品对于用户的整体定位来帮助交互设计展开。对于交互设计而言，即使特定交互环节只是一个暂时状态，但也可以服务于一个高级目标，如产品的"年轻化"目标。

（2）结构模式解答如何在屏幕上安排信息和功能元素之类的问题。行为模式旨在解决功能或数据元素的具体交互问题。人们也经常把人机交互设计与建筑设计相提并论，因为都需要对各种功能性、结构性元素做出考虑，也都需要关注路径问题。这些都需要通过对界面元素的组织服务于这些考虑。

（3）行为模式。其实交互设计和一般的建筑设计有一个重要区别，就是它不仅关注结构和元素组织，还关注相应用户活动的动态行动与变化。因此，交互设计需要设计者理顺行为逻辑，包括描述用户可能的行为、区分行为的主次关系，以及用户行为的产品响应和产品呈现后的用户反应等，并分析用户到达某个页面的路径及完成任务后的去处。由于目前信息服务的用户参与度的提高，如何促进用户与用户间的交互也成为交互设计的一个重要方面，各类具社交性质的信息服务产品，其对用户与用户交互的设计需要考虑更多的因素，如通过信息链接为用户创造相遇的机会，提高相遇的可能性。事实上，许多社区网站同城搜索功能使用率相当高，显示用户间交互已成为信息服务的重要吸引力。

为理顺用户的流程，还有一项重要工作需要完成，即任务分析。任务分析是流程分析的重要构成部分。任务分析的方法较多，如 GOMS 模型致力于采用特定的设备完成目标所需的认知过程，该模型认为可以采用 4 个概念来描述任务。

目标：人们试图用系统做什么。

操作：系统允许人们执行的动作。

方法：子任务和操作的次序。

选择规则：人们为完成相同的子任务进行方法选择的规则。

高级别任务动作能够分解成多个中级别任务动作，进而细化为用户的具体原子动作。尽管一个原子动作可能就在分秒之间，但 Norman 将其分解为更细致的 7 个阶段，即形成目标、形成意图、制定行动、执行行动、感知系统状态、解释系统状态、评估结果。这 7 个阶段的理论将流程设计与界面设计联系起来。

流程设计的具体工具包括故事板、线框图（见图 10-13）、时序图（见图 10-14）等。其目的都是以时间为线索来创造一种逻辑，并组织各种交互元素促进用户使用流程的顺畅和高效。一些软件工具包可用来帮助开发设计线框图，如 AXURE 软件包等。

2）界面设计

用户界面是用户对信息服务产生最初和持续印象的地方，对其的设计相当重要。所谓界面呈现的设计，是站在易用性的角度优化微过程，即"人机交互过程"，使得用户交互成本更小，易用性更强。这种设计任务要求设计师细致考虑用户认知和使用场景，让表现模型与其心智模型相匹配。

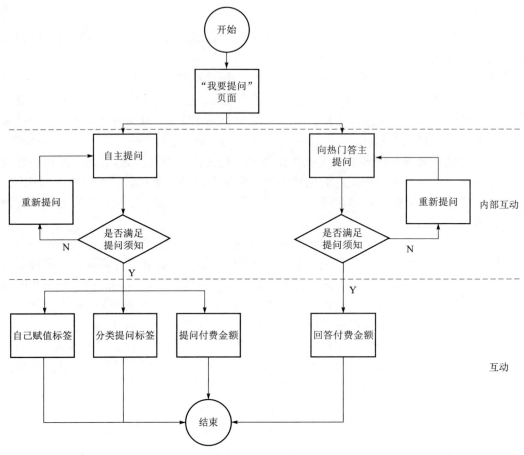

图 10-13　线框图示例（某知识付费平台"我要提问"页面主交互流程图）

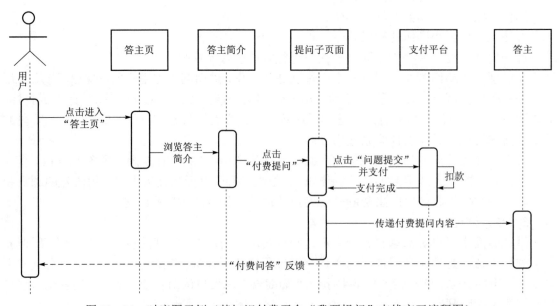

图 10-14　时序图示例（某知识付费平台"我要提问"支线交互流程图）

从设计过程上看，信息服务界面设计是流程设计的后续步骤。因为界面上的组件是为交互行为服务的，它可以更美、更抽象、更艺术化，但不能为了任何理由破坏信息服务产品的交互行为。信息服务界面经常被看作是一个静态的词，即在进行界面设计的时候，仅关心的是界面本身，如界面的组件、布局、风格等。但实际上，优秀的界面设计在于能够支撑有效的交互，即交互行为是界面约束的源头。一旦信息服务的交互行为被清楚定义，对信息服务界面的相应要求也就随之产生了。

从设计内容上看，界面设计负责的是信息服务系统外观设计及创意，即系统看起来如何，要传达给用户一种什么样的感觉，主要着眼于视觉和感觉效果。而流程设计负责的是服务行为的设计和创意，即用户如何与信息服务交互，以及信息服务系统如何响应用户的操作。如 Alan Cooper 所言：“交互设计的处理对象是人，实质是让技术为用户服务，而不是让用户服务技术。”[22]

从设计技巧上看，与交互行为有关的技术包括语音识别、图像和文字识别、多媒体、信息可视化、虚拟现实、网络、移动通信、各种传感器、光控和声控技术等。界面设计过程中对这些技术丰富而恰当的运用能够为用户营造出精神享受的环境。而且，当用户面对一个界面时，会下意识地思考：这里什么重要，这些东西有什么关联？所以，用户界面要创建层级和建立关系来回答这些问题。因此，界面设计既要传达风格和传播品牌，也要厘清视觉层级、视觉结构和路径。同时，还应当告诉用户能做什么，并设法把注意力吸引到重要事件上[3]。

2. 交互设计的流程

根据 Alan Copper 的观点，应按以下流程开展交互框架设计[3]。

（1）定义形式要素、姿态和输入方法。确定产品将会对用户投入的注意做出何种反应，即交互的形式。输入方法是用户和产品互动的方式，同时也受到产品外形和姿态、人物模型的态度、能力和喜好的驱使。这一环节特别要确定何种行为更适合产品的主要用户画像和次要用户画像。

（2）定义功能性和数据元素。需求分析阶段确定了产品的功能和数据需求，而交互设计要确定这些功能和数据的表现形式，如数据元素要符合用户的领域知识和语言知识（这一部分在第 8 章提及过）。功能元素是针对界面中的数据元素及其显示所作的操作。

（3）确定功能组和层级。按照不同功能分组工作，确定各自的层级，目的在于更好地在任务中和任务间疏通用户的流程。这部分涉及信息架构问题，还要根据产品平台、姿态、屏幕大小、外形要素和输入方法等条件考虑如何组织和安排。

（4）勾画交互框架。勾画大致的界面，即原型。原型既可用来验证早期设计的一个创意概念，也可对设计后期的创意细节进行测试，有时甚至还能成为最终产品的规范样本。原型分为高保真原型和低保真原型两类。高保真原型要在视觉外观和交互体验上与期望的最终产品非常接近。低保真原型更注重表现出设计理念各方面的基本组成部分。服务也可以制作原型，营造尽可能接近真实的场景，去测试和观察用户的反应。服务原型最重要的是要有互动性，让用户有沉浸式的体验。

（5）构建关键线路情境剧本。用户画像所代表的用户群体最频繁使用界面的主要路径通常是每天都使用的路径。关键线路场景以任务为导向，关注情境场景中广泛描述和暗含的任务细节。关键线路情境剧本必须在细节上严谨地描述每个主要交互的精确行为，并提供每个主要线路的走位。图 10-15 为关键线路设计示例。

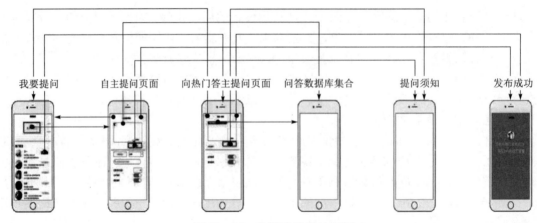

图 10-15　关键线路设计示例

以故事板为例。故事板是以用户为主要角色，以爽点、痛点或产品、服务与用户的互动为剧本发展的"场景分镜头"。它通过一系列绘图将不同的使用场景串联成故事的方式，可以将解决方案、核心服务流程、洞察思考和体验亮点等进行描绘[16]。通过呈现富有感染力的视觉素材使得使用流程中的各种信息清晰可见。图 10-16 为故事板示例。

图 10-16　故事板示例

（6）运用验证性场景来检查设计。需要考虑用户画像决策过程中关键路径某个点的替代或分叉点，包括常见的例外情形、补偿使用的工具和视图、基于次要用户画像需求和目标的其他场景或变体等。特别是需要考虑那些必须执行，但又不经常发生的动作；以及非典型情形（边缘情形场景）下一些产品必须具备却又不太常用的功能，如纠错过程。

10.4.3　交互设计原则

那么,怎样进行交互设计,才能实现它连接心智模型和表现模型的作用?针对这一问题,学者诺曼给出了交互设计五原则:示能、意符、约束、映射、反馈[23]。下面具体讲述一下这 5 个原则。

1. 示能

所谓示能,是指传达出人们与物品互动的信息。怎么理解呢?就是说产品的特性应当是能够被察觉到的,它应当告知人们能够与之互动的可能性和互动方式。交互设计应当致力于这种传达。如按钮形状已经显示应当采取的动作。示能通过对象的某个属性,可以启示用户如何操作这个对象,或者给出用户所应进行的下一步操作的线索。也就是说,交互设计必须反映信息服务的核心功能、可能的操作方法和反馈产品在某一特定时刻的运转状态。如栏目的命名与栏目内容准确相关;用于交互性的按钮必须清晰突出,引导单击;检索提交后,对该搜索结果中的相关字符以不同颜色加以区分。

2. 意符

示能决定了用户可以进行哪些操作,而意符则指需要点明操作的具体位置,所以说意符是一个重要的沟通手段。诺曼举例说,书签就是一个意符操作。如果不看书时,它就是一个摆设,但看书时,它代表很多,不但暗示了你看到哪个位置,还暗示了你还有多少内容有待阅读。而这些意味,可能才是读者喜爱书签的原因所在。

3. 约束

所谓约束,是指通过给出一些有力的线索,限定一系列可能的操作,以帮助用户轻而易举地找到合适的操作方法。如可以通过巧妙地使用形状、尺寸、位置来约束。汽车上前进挡和后退挡通常不放在一起,就是在制造一种约束,避免出错。约束包括对信息服务方自己的约束和对用户的约束两方面。其中,对用户的约束指在特定的时刻限制某些用户的某些交互操作,以防止用户选择不正确的对象,降低出错的概率。而对信息服务的约束包括:栏目的层级不要太多;每一个栏目应确保足够的信息量,避免因栏目无内容情况出现而导致的失落情绪等。另外,还需要对选择条件予以约束。例如,一些电话查询,提供了多层次的选择序列,似乎想让所有人的需要都可以满足,使大家都满意,但由于将所有的功能缠绕在一起,用户看到的是一个冗长、复杂的迷宫式系统,造成了"都不满意"。因而,对此类信息服务,需要事先规定选择项的范围宽度,或者各种各样分散的选择项应集成的程度,而不是提供给用户一个"无限的选择"。

4. 映射

所谓映射,表示两组事物要素之间的关系。如一组灯和一组开关,开关和灯的排列会有一定关联,以表明哪个开关可以关哪盏灯,当然,它表示的是一种空间关系。还有许多其他关系需要利用映射手段来表示。例如,内容关系、时间关系等。购物过程的进度条就标识的是时间关系。而学术数据库中的知识地图,其实经常展示的是内容关系。

5. 反馈

所谓反馈,是指针对行为结果所作的沟通。误操作会有一种报错声,这就是一种反馈。反馈一般要遵循一些基本原则:首先,一般情况下应当予以及时的反馈,否则会引起用户的不安,因为他难以想象自己的行为结果。其次,反馈的时候应当给出信息。如误操作后的报错声其实表达的是用户行为有误。当然，这样还不够，通常还应当告知用户他应当做什么。再次，反馈也不能过多。不断地提醒会让人忽略更关键的信息。最后，既需要反馈，又要以不显著的方式进行。特别是当确认人们的正常操作时，应当有反馈但不能打扰用户。

10.4.4　步进评估法在交互设计中的应用

其实交互设计的任务非常细致和琐碎，每一个任务结果都进行评估的话成本会很高。为了降低成本，经常可以用步进评估法简化评估过程。

步进评估法是假设用户在使用系统前会对他要完成的任务有一个大致的计划，而且通过3个步骤完成这个过程：首先，用户会在界面上寻找能帮助其完成任务的行动方案；其次，用户会选择并采用看起来最能帮助他完成任务的行动；最后，用户会解读系统的反应，并从中评估自己在完成任务上的进展。

基于这个认识，步进评估法就是让评审人员在评价过程中模拟这3个步骤，回答以下3个问题。

问题1：对用户来说，他能够在界面上发现明显的、关于正确行动的提示吗？

问题2：用户是否会把他想要做的事情与这个行动的描述联系起来？

问题3：在系统有了反应后，用户是否能够正确理解该系统反应？也就是说，用户是否能够知道他的行动是正确的还是错误的？

步进评估法是从用户学习使用产品角度来评估产品的设计，主要用来发现新用户使用产品时可能遇到的问题，特别适用于没有任何用户培训的信息服务产品使用评价。

资料 ﹥﹥

iOS 体验设计原则

审美的完整性（aesthetic integrity）

一致性（consistency）

直接操控（direct manipulation）

反馈（feedback）

隐喻（metaphors）

用户控制（user control）

资料来源：根据 iOS design themes [EB/OL][2021-10-08]. https://developer.apple.com/design/human-interface-guidelines/ios/overview/themes/#//apple_ref/doc/uid/TP40006556−CH20−SW1 整理.

◇ **本章小结**

用户体验是用户在使用一个产品或系统之前、使用期间和使用之后的全部感受。用户体验设计是指围绕人们的心理感受的信息服务设计角度。表现模型就是用户体验设计的对象，而表现模型越接近心理模型，用户就越容易了解产品功能、容易与之交互。表现模型越接近实现模型，用户就越难理解产品，产品越难使用。用户体验设计的相关工作可以分解成战略、范围、结构、框架和表现 5 个层次；用户体验的测量可以通过量表测量、任务表现测量、生理指标测量等多种方法。

信息服务体验设计的基础是人们的认知心理规律。涉及信息服务的认知心理学研究成果包括以下 3 个方面：信息识别心理、信息整合心理和信息推理心理。其中，感觉和知觉是人识别信息的起点；注意、记忆等心理过程则实现了对信息的整合；而信息解释、信息评价及学习等过程则是和用户接收信息密切相关的信息推理过程。同时，认知和情感是相对独立的系统，又是密不可分的两个过程，如愉悦感也是用户体验设计的重要维度。情绪－信息等价说认为情绪可以作为一种信息线索直接影响判断；注意的情感偏向理论认为信息刺激的情感质量将引起注意偏向性选择。

用户旅程图的思想就是将用户信息行为分阶段处理，对每个阶段的 PACT 进行综合观察和分析，逐步消灭各阶段隐患，提升整体用户体验。在信息服务行业实践中，通常的用户旅程图主要构成包括阶段、行为、触点、用户期待、用户需求、用户体验情感曲线等部分。

用户体验是一种纯主观的在用户使用一种产品（服务）的过程中建立起来的心理感受。为创造良好的用户体验，信息服务设计需要更多地关注用户的任务情境和信息行为过程。用户体验设计应当通过对各设计要素的把握来促进用户体验的完整性和思维的顺畅性。当完成了用户旅程图后，可以在此基础上优化情绪曲线和优化排序。用户体验设计也需要支持用户的跨渠道信息活动，使其具有良好的综合感受。

用户体验来自用户和服务界面的交互过程。交互是用户与信息服务提供者的产品之间的行为互动及信息交换过程。交互设计需要考虑 6 个关键元素：运动、空间、时间、外观、质地、音效，其任务主要有两类：对用户使用流程的设计和对界面呈现的设计。可通过 6 个步骤完成，并始终要遵循 5 个原则：示能、意符、约束、映射、反馈。可以通过步进评估法对交互设计的效果进行评价。

◇ **本章基本概念**

用户体验　表现模型　认知心理学　刺激阈限　资源分配理论　注意力　完型心理学心智模型　内隐学习　创新性学习　愉悦感　心流体验　情绪－信息等价说　注意的情感偏向理论　PACT　用户旅程图　峰终定律　交互设计　GOMS 模型　故事板　示能　意符约束　映射　反馈　步进评估法

◇ **练习与作业**

1. 如果用户进入一个博物馆网站，但不知道怎样利用它，试做一些交互设计，让人们发现博物馆网站中有可用的技术工具帮助自己，并能找到合适的技术工具。

2. 完成一个故事板，描述用户使用某线上挂号系统的可能流程。

3. 完成一个用户使用本学校官方网站的用户旅程图。

◇ **本章参考文献**

[1] 张厚粲. 行为主义心理学 [M]. 杭州：浙江教育出版社，2003.

[2] 刘飞. 产品思维：从新手到资深产品人 [M]. 北京：中信出版社，2019.

[3] COOPER A, REIMANN R, NOESSEl D, et al.About Face 4：交互设计精髓：纪念版 [M]. 倪卫国，刘松涛，薛菲，等译. 北京：电子工业出版社，2020.

[4] GARRETT J J. 用户体验要素：以用户为中心的产品设计 [M]. 范晓燕，译. 北京：机械工业出版社，2016.

[5] 赵珑. 网络经济下用户体验研究 [J]. 商场现代化，2006（20）：20-21.

[6] 王甦，汪安圣. 认知心理学 [M]. 北京：北京大学出版社，2006.

[7] 陈永明，罗永东. 现代认知心理学：人的信息加工 [M]. 北京：团结出版社，1989.

[8] 楚榕珍，吴鹏. 网站引导策略对用户操作中的心智模型变化的影响 [J]. 图书情报知识，2019（3）：91-100.

[9] 刘耀中. 内隐学习的理论研究及其对教育的启示[J]. 教育研究与实验，2000（6）：41-45.

[10] 叶平. 从新媒体特征看创新性学习模式 [J]. 教育理论与实践，2000（5）：46-49.

[11] JORDAN. Designing pleasurable products [M]. New York: Routledge Press，2002.

[12] CSIKSZENTMIHALYI M. Flow：the psychology of optimal experience. New York: Harpercollins, 2000.

[13] 罗仕鉴，朱上上，应放天，等. 手机界面中基于情境的用户体验设计 [J]. 计算机集成制造系统，2010，16（2）：239-248.

[14] 程景云，倪亦泉. 人机界面设计与开发工具 [M]. 北京：电子工业出版社，1994.

[15] SHNEIDERMAN B. 用户界面设计：有效的人机交互策略 [M]. 6版. 郎大鹏，刘海波，马春光，等译. 北京：电子工业出版社，2017.

[16] 黄蔚. 服务设计驱动的革命：引发用户追随的秘密 [M]. 北京：机械工业出版社，2019.

[17] 林思妍，李桂华. 面向复合阅读的服务渠道融合：基于深圳图书馆的案例分析 [J]. 图书情报知识，2019（3）：34-42.

[18] DESMET P，OVERBEEKE K，TAX S. Designing products with added emotional value: development and application of an approach for research through design. The Design Journal，2001，4（1）：32-47.

[19] 徐苏，林振荣. 交互设计在电子商务网站中的应用研究 [J]. 科技广场，2004（9）：12-14.

[20] SUCHMAN L A. Plans and Situated Actions.Problem of Human Machine Communication，Cambridge University Press，1987.

[21] 贝尼昂. 用户体验设计：HCI、UX 和交互设计指南 [M]. 李轩涯，卢苗苗，计湘婷，译. 北京：机械工业出版社，2020.

[22] COOPER. 交互设计之路：让高科技回归人性 [M]. 2版. CHNIS DING，译. 北京：电子工业出版社，2006.

[23] 诺曼. 设计心理学 1：日常的设计 [M]. 北京：中信出版社，2015.

第11章

信息服务运营

学习目的

　　明确信息服务运营的任务,具备系统地开展信息服务运营分析和决策的能力,对信息服务运营相关管理活动间关系有清晰的认识,并能从宏观、中观、微观等不同层次策划信息服务运营活动。

学习要点

- 了解信息服务运营与信息服务设计各环节之间的关系;
- 熟悉面向信息服务运营的数据类型及其获取方式和分析方式;
- 熟悉信息服务运营宏观、中观、微观分析的目标和方法;
- 理解信息服务运营的生态观点及相关运营观念。

11.1　信息服务运营及类型

　　紧随用户偏好的改变节奏对产品不断迭代,才是信息服务产品顺应市场的生长规律。产品快速迭代是互联网思维的产物,也是技术思维与管理思维共同作用的产物,而技术与管理的紧密结合,更催生了“产品运营”这个新业务范畴。今天,产品运营也已成为互联网行业的新劳动分工。

11.1.1　信息服务运营的定义及核心任务

　　信息服务产品不断优化才能满足不断扩大的用户人群及持续动态变化的用户需求。这个循环往复的过程是信息服务产品竞争力维护的过程,也是信息服务产品市场改变的过程。在这个过程中,既需要始终以用户为中心进行迭代,又需要兼顾其他利益相关者的利益,如投资者的商业利益。这个以信息服务产品迭代过程为对象的管理活动,被称为信息服务运营。

　　所谓运营,广义上的定义是对生产和提供的主要产品与服务系统进行设计、运行、评价和改进的管理工作。狭义上,可以将其定义为围绕某项业务,借由各类手段来建立与用户间的联系,最终实现用户增长、用户活跃度提升或是获得收入等各种特定目的的职能。信息服务产品设计过程主要负责界定和提供用户价值,而信息服务产品的运营过程则既要负责创造短期用户价值,又要协助产品完善长期价值。运营并不是新事物,但进入互联网时代,精细化服务运作和管理越来越可行,使得运营成为独立的互联网组织新职能。

　　运营有三大核心任务,即引流、保持用户黏性及流失管理。

首先，引流，顾名思义，就是把一些流量（人）从一个地方引导到另一个地方。引流通常是将富流量区的用户吸引到目标平台。引流的过程主要是通过各种推广、扩散、营销、活动，提升流量指标，流量通常是考核一个互联网产品的首要指标，对运营来说也是重中之重。运营的引流方法包括流量获取、流量分发、流量裂变等，如发红包、好友砍价就是流量裂变的方式。

其次，保持用户黏性。引流属于获取用户，而维系用户则要依靠提高用户黏性来实现。所谓用户黏性，是指用户对产品的参与程度和脱离产品的阻力程度。有了一定的用户基础之后，运营的核心工作就在于如何去持续有效地推动用户的活跃与留存，且从中发现有价值甚至高价值的用户，使这些用户持续地为信息服务产品带来价值，使产品能够继续维持甚至快速成长。

最后，流失管理。用户的流失是不可避免的，流失可以分为 3 类，第一类是刚性流失，包括新用户水土不服和老用户兴趣转移等，这部分流失用户无法挽留；第二类是体验流失，可能是用户在使用产品的过程中，其应用体验、服务体验、交易体验、商品体验不满意而导致流失；第三类是竞争流失，也就是用户已经转变到使用其他产品，其原因可能是竞争对手的体验更好或可能竞争对手推出了吸引策略等。

11.1.2 信息服务运营类型

进入互联网时代，信息服务产品的日常运营工作主要围绕几个焦点展开，根据信息服务产品运营工作的不同焦点，可以将信息服务运营活动分为 4 种类型：产品运营、用户运营、内容运营和活动运营。

1. 产品运营

产品运营是指以生产效能为中心，以产品优化为对象，使产品与市场、用户、用户反馈、销售、客服、产品线收入这一系列内容建立联系并对其有效管理的工作。核心在于拉升产品的特定数据，如安装量、注册量、用户访问深度、用户访问频次、用户关系对数量、发帖量等。产品运营的工作内容可以根据产品在其生命周期的不同阶段来进行划分，如在产品研发期要清楚产品的定位及目标用户，产品初上线要收集用户行为数据和相关的问题反馈，进而优化产品，在产品的成长期则要进行活动策划，在产品的衰退期要推出新产品等。如 2020 年新冠疫情期间，支付宝率先在首页放入疫情人数增长模块，其后尽管有许多渠道可以进行疫情信息查询，但因为先发优势，仍有一部分人群会选择支付宝平台作为查看疫情人数的渠道。"报道疫情数据"成为一个拉升产品数据的优秀运营举措。

2. 用户运营

用户运营是指以用户为中心，满足用户的多层次需求，并遵循用户的需求，设置运营活动与规则，制定运营战略与运营目标，严格控制实施过程与结果，以达到预期所设置的运营目标与任务。用户运营的主要目标是建立良好的用户生态，核心需要解决的问题是围绕用户的新增—留存—活跃—传播及用户之间的价值供给关系建立起一个良性的循环，持续提升各类与用户有关的数据，如用户数、活跃用户数、精英用户数、用户停留时间等。为了达成这些目标，用户运营的重点在于掌握用户结构，包括年龄分布、性别分布、职业分布、地区分布等，并了解用户的规模及增长或衰退情况。结合这些数据进行适当的用户分级，如新老用户各有多少、每日增长规模有多少等，并予以不同级别用户不同的激励机制，并使用户群成长为一个能够自我组织、自我发展的生态体系。

3. 内容运营

内容运营是指利用新媒体渠道，用文字图片或视频等形式将信息友好地呈现在用户面前，并激发用户参与、分享、传播的完整运营过程。其目标是通过生产内容满足用户需求，并提升用户活跃度和参与度。要核心解决的问题就是围绕内容的生产和消费搭建起一个良性循环，持续提升各类与内容相关的数据，如内容数量、内容浏览量、内容互动数、内容传播数。内容运营的主要工作包括创作内容、编辑审核、推荐和专题制作、把内容呈现给需要的人及根据数据和用户反馈进行调整和优化。

4. 活动运营

活动运营是指根据既定目标，通过策划并执行短期活动，在一定时间段内快速提升产品指标的运营手段。活动运营主要有 3 个目标，即吸引用户关注、拉动用户参与、强化用户认知。为了实现这些目标，活动运营以策划活动为核心工作，包括明确活动的目标，并持续跟踪活动过程中的相关数据，做好活动效果的评估。具体来说，包含了活动文案的撰写、活动流程的设计、活动规则的制定、活动成本的预估、活动收益的预期、活动效果的统计、改进活动的措施等。

 **资料** >>

薄荷阅读运营策略

薄荷阅读对用户阅读前、中、后分别展开运营设计促进用户对薄荷阅读的参与（见表 11-1）。

表 11-1　薄荷阅读场景设计与参与节点对照

	场景设计	用户参与节点
阅读前	1. 宣传推广，被目标学员知道 2. 在报名前，会进行入营前英语能力测试 3. 在报名时，提供 10 本可选书单（入门系列、经典系列、进阶系列、高阶系列共 9 个级别） 4. 制订合理易执行的学习计划，从时间和内容上进行双向把控，设计月度计划 5. 系统会为每个用户分配一位带班老师，带班老师为用户建立群组	1. 确认需求，关注并去了解这个项目 2. 参加测试，了解自己的英语阅读水平 3. 根据自己的阅读兴趣偏好和能力水平选择相应的阅读系列，付费报名 4. 设立相应的阅读目标 5. 加入社群，认识讲师和同伴，相互交流
阅读中	6. 课程把多本书共上万字的内容切分成每天的阅读内容，在每日早上通过微信进行推送（每日一句、今日词汇、今日阅读、人声朗读音频、课后习题） 7. 讲师每天在群内提醒学员阅读、发布讲义（背景知识、熟词生义、语法解析、短语彩蛋等）、讲解阅读材料中的知识点、答疑	6. 完成每日英语阅读（听读）任务，尝试理解文本意义和传达的情感，并通过课后测试检测自己的理解程度 7. 进一步阅读并吸收理解讲义内容，提问或参与群内讨论
阅读后	8. 及时更新阅读量、阅读进度，并将阅读情况进行可视化展示，时间表用不同颜色标示出已读、补读和未读 9. 成员每天坚持签到、打卡，根据时间可获得相应的物质奖励，如电子版回看权、代金券、实体书等 10. 颁发全英文阅读结课证书，包括电子版和实体证书 11. 向其他人推荐薄荷阅读（每推荐一人可获得 20 代金券及获得累积性现金奖励）	8. 明确自己的努力被量化的程度，提醒自己完成情况 9. 朋友圈分享、打卡，让他人见证自己的阅读历程，督促自己并获得成就感，获得原版书后再全文通读 10. 读者自发在各大平台总结阅读过程，分享自己参与薄荷阅读的体验感受 11. 向他人推荐，或推动自己报名新一期阅读训练营

阅读前，首先，薄荷阅读主要通过微信关系链结合其他宣传手段进行传播，与目标读者相遇；其次，通过词汇量测试实现分级阅读的科学划分，充分调动了目标读者的认知参与，增强读者的自我效能感及胜任感，助读者完成能力匹配和需求匹配，不会预设"我不会"产生阅读逃避的同时还有挑战感，实现对该阅读计划的价值感知；再次，在报名时，不同阅读级别分别提供给读者可供选择的数目，在提供自主性支持的同时，通过兴趣引入调动其情感参与；最后，目标读者受到认知参与和情感参与的共同影响，进而触发了行为参与，选择书目并完成报名；报名后，读者被拉入当期参与者的微信群中，形成即时互动的多方沟通渠道，和天南地北的人交流，产生新奇、奇妙的参与体验，相互影响，进一步强化了自己的阅读动机（社会性动机）。

阅读中，薄荷阅读以优质多元的内容提供为核心，把整本书进行适当优化后分成每日的章节，旨在给读者创造良好的阅读体验，排除了一定的阅读障碍，使其在阅读中的情感参与更易进入心流状态；通过音频、文字、图片等多媒体形态推送每日阅读任务，充分调动读者的感官；引入了讲师（班主任）这一角色，成为非常高效的人际触点，增强了读者与现实的互动，辅以策略指导，强化读者在阅读中的认知参与；同时还设计了定时提醒、多色日程进度等提醒跟踪功能，激发读者行为参与。

阅读后，薄荷阅读通过给予外在奖励的激励形式，引导读者打卡、分享、转发、推荐等行为参与，对读者来说这种行为参与一方面是为了获得奖励，另一方面是通过自我展示的方式对自己的阅读形成持续的内在激励；读者基于阅读中的情感参与和认知参与，也会自发总结自己的阅读经历和感受，也会在线下或线上社交平台上进行分享或评价，形成一个完整的全媒体时代阅读参与过程。

其主要运营策略可以归纳为以下几个方面。

1. 多点介入

首次，在注意力经济时代，薄荷阅读通过新媒体营销全方位进行信息推广，使此项目被读者感知到，融合了信息流、阅读空间等驱动因素，多环节唤醒其内在需求和兴趣；其次，在读者阅读习惯由传统的纸质文本阅读逐步向互联网阅读尤其是移动阅读转移的趋势下，扎根于微信公众号，建立阅读服务平台，主打跨媒体式视听结合的阅读，设置多个功能模块，从多个环节突破了传统阅读在时间、空间及表现形态上的限制；最后，薄荷阅读项目通过服务连接对话，多点激活读者认知参与、情感参与、行为参与，即服务主体在全媒体环境下读者形成与用户接触、信息输出、主动跟进、快速反应的全过程型服务模式。

2. 持续激励

薄荷阅读运用移动互联网产品和游戏产品中常用的用户激励方式，如签到、打卡、积分、任务、排名等，使阅读也有了"玩法"和反馈界定，用丰富的"游戏规则"鼓舞并激励参与者坚持阅读并自发向周围进行传播扩散，主要涉及挑战机制及奖励这一驱动因素，支持读者在阅读中的整体性参与行为及阅读后的评价、反馈与其他总结性操作。具体应用到以阅读为主题的场景当中，使薄荷阅读参与者表现出更强的目标感、更为专注、更多反馈，增加了参与者的角色活跃度，在参与者自我挑战、坚持、成长等多方面给予持续外在激励。

3. 内容提供

无论参与节点设计如何巧妙，游戏规则如何吸引人，回到薄荷阅读的本身，它的核心仍是基于线上的阅读内容服务，主要体现的是阅读资源这一外部驱动因素，充分调动读者的阅读积极性。随着新媒介的迅速崛起，信息早已不是稀缺资源，但是有价值的容易被接收的阅读内容变得稀有且珍贵。从内容提供的角度讲，薄荷阅读为读者提供了优质阅读资源，充分调动起读者的认知参与，帮助人们在信息碎片化时代持续、系统、高效地获取所需知识，解决大众知道要读什么、学什么、不知道怎么读的困惑。顺应碎片化阅读趋势，薄荷阅读将阅读文本拆解再重构，使加工后的碎片化阅读内容形成结构化张力，辅以讲解文案，变得更好理解，易读且有趣的同时也为参与者提供了在地铁、公交、茶余饭后等碎片化时间进行深度阅读和自我提升的可能性。

4. 阅读社群

薄荷阅读创立同期参与者的共同微信群，充分地融合了共读机制、反馈机制、互动平台等驱动因素。社群内以互动分享为动力形成群体型聚合，以归属认同为核心形成兴趣型聚合，强化了读者阅读参与中的互动、交流、分享等环节。阅读社群成员基于共同的阅读准则和阅读方法，在主动和被动的共同推动下，不仅要对自己的阅读负责，也要对社群其他成员负责，通过深度理解阅读文本与批判性思考、情感共鸣，相互生成并输出同一阅读主题的扩展性内容。这一个学习社群更是起到一个督促学习的作用，即使在群中默不作声，看到其他成员的积极态度，也很容易在这样一个氛围中被激励，从而坚持下去。

资料来源：李桂华. 复合阅读行为及阅读推广对策研究［M］. 北京：中国社会科学出版社，2021.

11.2　信息服务运营的数据基础

产品运营是"精细化管理"的产物，其焦点是"流量"。围绕流量的各类数据是产品运营绩效考核的主要依据，而且产品运营也是通过这些数据服务于其他设计环节，所以，从这个意义上说，产品运营就是一个围绕数据展开的工作过程。

11.2.1　运营核心数据

当信息服务运营面临不同的任务时，其核心数据也有所不同。

（1）产品运营的核心数据。产品运营的数据十分繁杂，不同类型、不同阶段、不同属性、不同规模的产品数据可能完全不一样。在产品的初创期，需要尽量控制风险，所有的运营工作都要帮助用户完成对产品的认知而展开。促进认知就是运营的核心工作，那么，信息到达率、知晓率、下载率等数据就是重中之重。在产品的发展期，需要加快节奏感，尽量提升用户的活跃度，而且尽量固定用户的使用习惯，因此，用户再访率、流畅度、参与度等数据就是运营关注的重点。当产品的发展保持在一个较为稳定的状态，就进入产品成长期，产品成长期关注的重点是忠诚度、流失率等数据。在产品的衰退期，重点是释放现有的用户资源，应围绕现有用户顺畅转移到新产品这个工作展开。不管是哪个阶段，产品运营都有几类核心数据：产品规模数据，如下载量、注册激活用户数；市场运营数据，如活跃用户比例、用户主要来源；商业效果数据，如日均流水、增值用户转化率等。

（2）用户运营的核心数据。用户运营的数据也是动态的、变化的，在不同时期会关注不同的用户运营的数据情况。包括但不限于用户注册数据，如注册用户的规模、增长速度等；用户留存数据，如用户注册-留存率、用户登录时间频率等；用户活跃数据，如用户登录后的行为统计、用户使用产品或网站的内容、频率等；用户付费数据，如付费金额频率等。

（3）内容运营的核心数据。对一个信息服务产品而言，内容运营核心数据主要包括 3 种类型：一是内容的展示数据，如内容点击次数、内容页面停留时间等；二是内容的转化数据，如内容中付费链接的点击次数、付费成功次数等；三是内容的黏性数据，如用户重复观看的次数等，以及内容的扩散数据，如用户的分享次数等。

（4）活动运营的核心数据。活动运营的数据比较复杂，要根据具体的活动类型来看，例如，要开展一次分享邀请的活动，旨在让老用户带来新用户，可以通过各种线上渠道复制链接进行邀请，被邀请者通过链接完成注册，进行新的分享。对于这一活动而言，渠道的分享数据、受邀请读者注册成功数据、进行阅读分享的老读者的参与数据等都是本次活动运营的核心数据。

这些运营核心数据的共性之处在于，都是以流量为基数，即 PV（page view，页面浏览量）和 UV（unique visitor，独立访客量）等数据。而流量的提升离不开流量池的深挖。如果单纯关注流量，通常会将获取流量然后将其转化为商业利益作为核心工作，但这种流量的获取往往是不可持续的。而流量池思维则是一个更具系统性的考虑，致力于通过获取流量并通过存储、运营和发掘等手段再获得更多的流量。

11.2.2 常用数据指标

运营的目的就是获得目标用户，通过研究用户的行为和心理特征，构建用户画像，并根据用户行为数据来完善产品，进而在产品的发展过程中不断提高用户引入效率、用户购买转化率、用户流失召回率等。在这些数据中，尤其以转化率、活跃度、留存率更为重要。

1. 转化率

运营的根本目标是引导用户完成某个期望行为或某个预设任务，从而尽可能地延长用户的生命周期，运营的每一项操作都应该为转化服务。因此，转化率成为运营工作的重要数据，转化率主要是用来衡量从当前一个页面进入下一页面的人数比率。在运营中有很多类型的转化率，如复购率、收藏率等。下面举例说明什么是转化率。一家淘宝店铺，在 1 小时内有 100 个用户进入店铺中，其中有 10 个用户完成了购买交易，那么成交转化率就是 10/100＝10%。可以通过观测转化率改变情况来发现转化原因，并采取针对性措施促进转化。

一般在运营过程中会存在很多层转化率。如从用户到访网站后到他充值，就经历了一系列转化，包括从到访行为到注册行为的转化、从启动注册到完成注册成为会员的转化、从注册到充值的转化。例如，有 432 位用户点击进入注册页面填写注册表格，但只有 130 位完成了注册表，其中 117 人完成了注册表上传（见图 11-1）。这个比率并不高，那么，可以在注册程序里收集相关环节的具体数据，看是哪一步出了问题，然后针对性地优化。

2. 活跃度

活跃度指产品的用户在线时长和使用频次。活跃度的具体定义取决于产品，有的产品只要用户在制定时间内登录或启动一次就算用户活跃。最常用的活跃度指标是日活，即当天登录的用户数与总用户数之比。如今天登录的用户有 300 人，总用户数是 10 000 人，那日活即 0.03。对于移动应用产品，用户活跃度还有另外两个关键数据指标：每次启动平均使用时长和每个用户每日的平均启动次数。

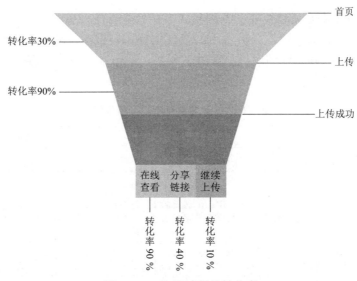

图 11-1 注册过程的转化率

活跃度可能与用户进入渠道有关。如百度贴吧中一个贴吧一周前访问量猛增，但在接下来的时间活跃度持续下降。原来是因为这些新增用户主要是微博某意见领袖引流过来的。做类似的各渠道活跃度分析，可以了解到不同渠道引流来的用户活跃度可能有明显差异。

划分高、中、低活跃用户，首先需要定义用户的流失周期，在流失周期内对用户进行活跃度的划分。例如，发现用户初次登录后再次回访行为逐日递减，100 天后回访率低于某个阈值（如 40%），就是说大部分用户已经流失。那可将 100 天划定为流失周期。在这个周期内根据用户的访问频次及占比，按照二八原则划为高、中、低活跃用户。例如，20%的用户每日访问次数在 5 次以上，那么这一群用户则为高活跃用户；30%的用户每日访问次数在 2～5 次，则可将这批用户设定为中活跃用户，其余 50%为日访问次数低于 2 次的，则为低活跃度用户。

3. 留存率

用户在某一段时间内开始使用产品，经过一段时间后仍然继续使用，即称为留存用户。留存用户占同期新增用户总数的比例即留存率。留存率是一个重要的数据指标，可用来衡量一个产品是否健康成长。如一个特定运营活动带来了一定的新流量，这是活动运营的效果问题，但这些用户是不是能够留住，也就是留存率的问题，反映的是产品体验问题。如果具体到特定时间期，则有次日留存率、第 3 日留存率、第 7 日留存率、第 30 日留存率等不同计算方法。而且还可以进一步细分，如功能留存率、品类留存率等，用来测量的是用户可能会反复利用本产品的什么功能，或者需要本产品的什么内容。或者，也可测量通过社交环境让用户持续接收到产品信息是否可以刺激其反复使用本产品。

从本质上看，用户留存也是一种用户转化。但留存率与转化率关注点有所不同。留存率更关注新用户的情况，而且关注的是群体而非个体的情况。一方面，可以通过把握一批新用户其产品生命周期长度来了解产品对用户需求的满足情况和用户体验设计实际效果。另一方面，通过用户留存率可以观察从各个流量池里获得的流量到底与产品的契合度如何，从而判断流量来源的质量。对留存率的观察需要在较长的时间线上进行动态比较，才能发现其隐形规律，以及其产品优化方案对其的可能影响。

除了以上 3 个指标外，运营分析常用的数据指标还有很多，包括访问量、绝对唯一访问数、平均页面访问数、网站停留时间、文件访问数、弹出率、最热门着陆页面、最热门退出页面等（见表 11-2）[1]。

表 11-2　网站常见流量分析指标

指标	定义	方法
访问量	某一段时间内网站被访问的总人次，体现了网站推广的总体效果	流量分析软件都可以按时间，如按每天或每星期，显示出访问数。很多软件还可以以图形方式显示，更加直观
绝对唯一访问数	在某一段时间内访问网站的来自不同 IP 地址的人数。每一个 IP 地址通常对应的就是一个独特的用户	这个数字通常都低于访问数，因为有一些人会多次访问一个网站，虽然访问数可能是每天 2~3 次，但还是一个绝对唯一访问者
平均页面访问数	平均页面访问数就是当用户每次访问网站时平均看了多少个页面。平均页面访问数代表了网站的黏度。黏度越高，用户看的网页越多，平均页面访问数就越高	改善网站易用性，撰写吸引目光、符合用户心理的网站方案，引导用户完成销售流量，以及良好的导航系统，这些都有助于提高网站的黏度
网站停留时间	用户每次访问在网站上所花的时间	网站易用性高，内容吸引人，用户自然停留的时间长，打开的页面多
文件访问数	在一段时间内所有调用文件的次数，包括网页文件、图像、JS、Flash 等所有文件	用户打开一个网页，通常浏览器都会访问多个文件，如果文件访问数过大，说明网站页面构成太复杂。从营销角度考虑，应减少文件数目，降低页面打开时间
弹出率	浏览者来到网站，只看了一个网页就离开的比例	如果用户来到网站，大部分打开第一个页面后，再也没有点击其他链接看其他网页就离开，说明用户在网页上没有找到他想要的信息，网站或易用性很差，或者内容很不相关，无法吸引用户继续看其他页面
最热门着陆页面	用户来到网站首先访问的那个页面	最热门着陆页面也列出了弹出率，也就是用户从这个页面进入网站，却只看到了这一个页面就离开了。这个指标清楚地显示了这个特定页面是否满足了用户的需求
最热门退出页面	用户离开网站前所访问的最后一个网页	页面本身访问次数不多，却使浏览者看完后立即离开网站比例比较高的网页，就很可能是网站上没有能满足用户需求的那些页面。可能是用户对文章内容不感兴趣，也可能是页面没有明确指示浏览者下面该怎么做

资料来源：戴鑫. 新媒体营销［M］. 北京：机械工业出版社，2017.

11.2.3　运营数据收集

运营相关的数据收集可以通过线上调查、线下调查等方法展开，但最常用的还是通过"埋点"来获得用户行为数据。所谓埋点，是在信息服务产品的前台或后台设置数据收集点，有针对性地获得特定数据。埋点通常出于以下需要：首先，通过埋点来监控某产品优化方案或运营方案的效果；其次，通过埋点观察不同产品版本表现差异；最后，通过埋点分析特定业务场景下用户的关键路径的监测，实现精细化运营。例如，当遇到特定转化率异常时，往往需要进行高密度的埋点来发现转化率变化情况及背后具体原因。

埋点所收集的数据主要涉及 3 个要素：人（主体）、事（做了什么）、场（刻画事件发生的时间、地点），得到的数据也往往采用这种表述结构，即：在某情况下某类用户通常会怎样。通过埋点，可以采集和还原用户的操作、行为甚至场景。

常规的埋点方案形成主要有以下 4 个步骤。

第一步，确定商业目标：考虑产品当前主要营收目标。是提升哪一种转化率？如可能营收目标是用户留存率。通常是业务方提出埋点需求。

第二步，将商业目标拆解为 KPI（key performance indicator，关键绩效指标）：确定了商业目标后，考虑该商业目标的主要构成要素及计算方法，以及各构成要素又包含哪些数据构成。于是，商业目标就落实为具体的可观测数据了。如可以把用户留存率确定为（注册用户数/到访用户数）。

第三步，让 KPI 转化为用户行为：这一步需要梳理用户交互流程，形成用户旅程图，看用户旅程中哪些交互环节与 KPI 数据有逻辑关联，这些交互环节就成为埋点对象。

第四步，生成埋点方案：这一步就需要梳理需要埋点的具体位置、埋点方式、触发条件、数据获取对象、与 KPI 的关联等，形成埋点需求表。这一步的关键是数据获取对象，也就是观察用户的具体行为属性，如停留时长等。埋点方式包括前端埋点、后端埋点等。

 资料

大数据服务平台用户价值识别与细分

随着数字经济的快速发展，数据资源需求的日益增加，大数据服务平台成为用户获取数据资源的主要渠道。研究大数据服务平台用户价值并加以区分，采取与之对应的、行之有效的服务策略，对提高服务效率和平台的经济效益具有重要意义。

然而，在大数据环境下，交易数据十分稀疏，导致传统 RFM 模型不再适用，而且 F 和 M 都是随时间积累的用户购买行为数据，但当有新用户加入时，这两个指标不能很好地反映出新进用户的价值。为此，对传统 RFM 模型指标数据进行填充，构建 ALC-RFM 模型，并结合聚类方法对平台用户价值进行识别与细分。图 11-2 为基于 ALC 的 RFM 修正模型。

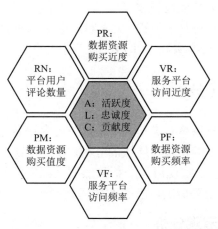

图 11-2 基于 ALC 的 RFM 修正模型

ALC 是以用户活跃度（activity）、用户忠诚度（loyalty）和用户贡献度（contribution）为核心用户价值分类指标。ALC-RFM 模型中的活跃度 A 指标主要包括数据资源购买近度和

服务平台访问近度；忠诚度 L 指标主要包括数据资源购买频度和服务平台访问频度；贡献度 C 指标主要包括数据资源购买值度和平台用户评论数据。

根据该模型，可以将大数据服务平台的用户价值进行以下划分。

类型 1（① A ↑L↑C↑；② A↑L↑C↓）包括两类用户，情景 1 类用户，是最近购买时间和访问平台服务内容的时间间隔较短，体现了对平台服务内容具有较高的认可度和活跃度；而且购买和访问频率较高，对平台服务内容比较关注且具有较高的忠诚度，同时，这类用户购买金额和评论数据较多，具有较强的积极性和贡献度。情景 2 类用户虽然购买金额和评论数量不及平台用户的平均值，参与性和贡献度步强，但最近购买和访问时间间隔较短，购买和访问频率高，已然体现出较高的活跃度和贡献度。因此，这两种情景中的用户都可以为平台提供高额利润，可将其认定为重要价值用户。

类型 2（① A↑L↓C↑；② A↓L↑C↓；③ A↑L↓C↓）：情景 1 类用户可能是具有较强的购买能力或积极参与评论的老用户，且存在近期购买和访问行为，但对平台服务内容的关注度步强，访问和购买的频率不高，体现出较明确的目的性。情景 2 与情景 1 正好相反，具有较高的忠诚度，但是活跃度和贡献度不足，可能存在较强的服务需求，但未找到匹配的服务内容。情景 3 虽然购买频率、访问频率、购买金额、评论数量都不高，但最近购买和访问的时间间隔较短，体现了新注册用户的行为特征。综上，可以将这 3 种情景下的用户认定为平台的重要保持用户，提高用户黏性、提升关注度，引导其获得所需数据资源，并将其转化为重要价值用户。

类型 3（① A↓L↑C↑；② A↓L↓C↑；③ A↓L↓C↓）：情景 1 类用户虽然购买频率、访问频率、购买金额和评论数量较高，体现了较强的忠诚度和贡献度，但是近期对平台服务内容的关注度和活跃度正在降低。因此，这类用户具有一定的流失风险。情景 2 类用户具有较强的购买能力或是积极参与评论的老用户，但其活跃度和忠诚度明显降低。情景 3 类用户最近访问的时间间隔较长，对平台服务内容的认可度和活跃度不高，购买金额和评论数量也较少，具有较弱的积极性和贡献度。因此，这 3 种情景下的用户是平台的重要挽留用户，他们存在极高的流失风险，但又可能隐藏重大价值。

资料来源：邢海龙，翟丽丽，张树臣. 大数据服务平台用户价值识别与细分研究：基于 RFM 修正模型 [J]. 情报理论与实践，2019, 42（10）: 131-136.

11.3　信息服务运营分析

获取数据是为了展开信息服务运营分析。可以把信息服务运营分析分为 3 个层次，即宏观层次的分析、中观层次的分析和微观层次的分析。微观层次的分析是日常的、高密度发生的运营分析任务，而中观层次、宏观层次分析虽然发生频率较低，但因为涉及更深层次的运营问题，也是需要随时监测相关情况，及时发现问题。

11.3.1　信息服务运营的宏观分析

尽管信息服务产品的优化提升主要是基于具体用户行为数据和体验数据展开，但对产品运转情况的宏观观测也是必不可少的。很多时候，通过宏观观测发现产品定位与市场不匹配，进而预见到产品的发展危机，快速采取措施，扭转局面。

那么，怎样进行产品运转的宏观观测呢？有两种有助于宏观分析的观测模型可供选择。

1. 数字资产分析

产品的数字资产是互联网上与产品有关的活跃内容的集合，是产品与用户的连接强度的综合。数字资产能够反映信息服务产品在数字时代的生存情况。2015 年，百度公司提出产品的数字资产情况可以从信息库存量、连接活跃度、口碑推荐量等三方面展开分析。

信息库存量主要包括数字内容量、网页好感度。数字内容量主要是产品在互联网上累积的网页信息量；网页好感度是网页信息中表现出的对于品牌的正面信息比例。信息库存量反映的是产品占有的注意力的面积和质量。

连接活跃度主要包括关注度、专注度。关注度指消费者与产品内容的连接次数；专注度是消费者与产品的连接专注程度（也就是使用本产品次数与使用此类产品总次数之比）。连接活跃度一般意味着产品对用户的吸引力，或者说用户黏度情况。

口碑推荐量主要包括口碑总评数、口碑推荐度。口碑总评数是互联网上用户对产品评论数量总和；口碑推荐度是评论信息中对产品的正面评论占比。口碑推荐量一般标示着产品的用户体验情况。

其实，这 3 个指标指示产品是否良性运转的间接反映，一旦这 3 个指标的增长曲线发生变异，说明产品的市场格局和市场效果可能已经发生了改变，需要对产品进行更深入的改变，具体怎样改变，则根据 3 个指标具体情况而定。例如，如果信息库存量小了，可能是产品的市场在消失，需要重新进行需求分析和产品定位。连接活跃度低了，可能是信息服务传递设计存在问题。而口碑推荐量出现问题，则要从体验设计上整改。

2.“时空关”分析

“时空关”分析是针对大数据环境下展开的运营分析思路（见图 11-3）。随着社会和商业运作逐渐网络化，企业也需要采用更加智慧的方法和策略来应对这些挑战，特别是要善于利用大数据来洞察顾客行为。“时空关”分析是指要采集时间、空间、关系三方面数据展开对运营现状的分析。时间，即利用来自移动终端和 GPS 等随时间变化的动态数据；空间，即利用来自互联网、物联网等与地域分布相关的空间数据；关联，即利用社会网络、社交媒体中的关系数据。“时空关”相结合的大数据，能够反映人类行为，包括地域文化特征、动态演变规律及社会网络特征，进而洞察商业机会，提升管理绩效[2]。

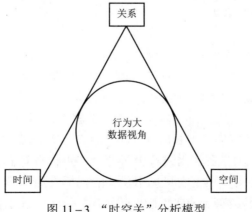

图 11-3 “时空关”分析模型

11.3.2 信息服务运营的中观分析

除了宏观观测能够帮助信息服务产品运营方案策划外，中观观测也非常重要。中观观测往往用来发现产品核心功能设置、整体使用流程规划等层面可能出现的问题。信息服务产品运营中可以基于用户生命周期来展开中观分析。

Newbery 和 Farnham 将信息产品的用户生命周期大致分为 7 个阶段：关注、考虑、购买、初次使用、持续使用、停止使用、回收再利用[3]。而阶段的数量则要根据产品或服务的本质等情况来决定。

1. 关注

关注是指用户意识到某个产品，以及用户开始意识到自己有这个需求。这其实是用户与产品发生关联的开始。对于信息服务产品设计而言，后者特别值得关注。理解这一点，才能把握住让用户注意到本产品的关键原因，并充分发展和利用这一原因。

2. 考虑

考虑阶段处理的是需求内容和权衡替代品的过程。用户考虑的结果可能是行动，也可能是放弃行动。这个阶段有两种思维模式：有些用户是出于感性冲动，所以行动果断，有些用户则可能需要一定的时间来建立一种逻辑支持自己的决定。考虑是个关键阶段，运营人员需要理解思考一些问题，包括：他已经得到足够多的关于产品的信息了吗？他了解其他替代品吗？他已经有了最佳选择了吗？他需要更多的信息做出决定吗？

3. 购买

购买指用户准备根据其决定做出行动的时候。这个阶段要让体验尽可能地简单、无缝，并能够树立客户的信心。如果用户没有强烈的需求、动机和信心，那么行动后可能会出现懊悔情绪，下一个阶段就可能会轻易放弃甚至取消服务。这个阶段要关注用户花费多长时间，中间可能有哪些可变因素？这些都是需要运营者思考的问题。

4. 初次使用

初次使用是用户在没有支持的情况下第一次使用产品或服务，他会期待会面对产品的真实情形。这个阶段经常被忽视，但其实是建立一个良好的客户关系、建立良好的品牌信念的关键。用户和产品相遇了，应确保产品实现其价值的过程尽可能短暂、顺利、直观。这一阶段要考虑可能有哪些支持可以提升产品的可用性，以及出现哪些问题用户可能会退回产品，这种情况下退回的可能性有多大。

5. 持续使用

持续使用是常规的持续使用阶段，或者也可能是因为新需求出现，用户再次将其付诸实现的过程。这一阶段用户的体验会积极或消极地影响其他客户的预期，因为用户会通过行为、语言与他人分享其体验。这个阶段可能会出现新的需求，或者用户可能会创造一些新的使用模式，帮助设计者识别未来可能的新需求。这样，了解人们的使用方式就非常重要了。这个阶段可能需要了解以下问题：客户多长时间使用一次产品？在哪种情境下使用？如何才能让用户更愿意使用该产品？用户在使用过程中可能会产生什么新需求？这些需求怎么来的？是因为原产品存在局限性吗？还是它可以用于新的情境？用户产生的这种新需求会改变用户的价值感知吗？用户分享其观点的可能性有多大？什么情况下他会分享有益的观点？什么情况下会分享不利的观点？客户的什么样的看法最有分量？

6. 停止使用

停止使用指用户可能因为过时、使用失败、或是缺乏兴趣、缺少感知价值，也可能是因为环境的变化等原因停止使用产品。运营者需要追问：用户停止使用与产品的表现有关系吗？是直接源于该产品本身，还是由于有其他新的选择可以为其提供更大价值？用户使用产品的需求改变，或者消失了吗？

7. 回收再利用

回收再利用是处理一个产品或再委托另一个服务的过程。这个过程可能有两种需求，一个是产品的处置问题，另一个就是产品可能再利用，包括通过翻新或重置利用，或者给他人利用。这时候就要询问一些问题：用户可能会如何处置该产品？有二手市场吗？为他们提供重装、重新激活的服务还有价值吗？

设置的目标是如何让客户从一个阶段走向下一个阶段。所以，分析用户生命周期中影响特定阶段转化的根本原因和用户决策因素，在产品运营中去促成这种因素，其结果可能不仅对一类用户有效，还可能带来整体的改变。

11.3.3 信息服务运营的微观分析

产品运营日常工作的核心是产品迭代，产品迭代能够帮助产品突破原有边界，将体验和价值的结合落到实处，从而促成商业模式的迭代。确定产品迭代的需要和目标需要基于对产品的微观分析，信息服务产品运营的微观分析将为产品优化提供直接依据和优化目标。

面向产品迭代的微观分析通常包括 3 个步骤：效果预判、效果度量、效果优化。

1. 效果预判

效果预判指对一个新信息服务产品而言，可以致力于判断产品的核心价值和用户核心体验，将其作为体验优化对象。对一个成熟的信息服务产品而言，则需要对用户体验优化方向做出综合判断。

2. 效果度量

效果度量指验证新体验的方案和判断是否奏效。这个过程通常通过最小成本尝试来完成。所谓最小成本尝试，指的是使用最简单可行产品（原型），一次只测试一个小改变，并测试这个改变带来的体验效果，而体验效果大致有两种：用户反馈和行为数据，效果度量用于判断特定优化内容有没有必要及是否可行。

在效果度量过程中，往往需要梳理出漏斗模型。

如前所述，转化率其实是针对用户和产品之间的关系发生转变的情况得出的。其实大量用户到访产品后通常只有较少部分用户与产品间关系会更进一层。多个层次之间的这种数量关系，就形成了一种漏斗形状的过程模型。通过转化漏斗可以了解到用户在哪部分出现了大量流失，哪部分需要优化，优化效果也可以用转化漏斗来进行衡量。

漏斗模型的概念最早由美国知名广告人 St.Elmo Lewis 在 1898 年提出的，叫作消费者购买漏斗（the purchase funnel），也叫消费者漏斗（customer funnel）、营销漏斗（sales/marketing funnel）等，是一种品牌广告的营销策略，准确地概括出了顾客关于产品或服务的流程。后来 Lewis 提出的这个策略被叫作 AIDA 模型（见图 11-4），即注意-兴趣-渴望-行动，再后来随着漏斗模型的推广，为了适应新的媒体平台，以及用户行为路径的改变，它经过多次的修改和扩展，产生了各种衍生版本。

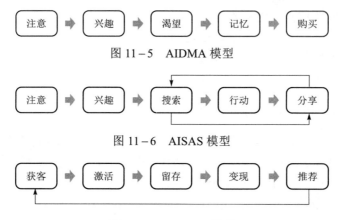

图 11-4　AIDA 模型

如 AIDMA 模型即注意（attention）-兴趣（interest）-渴望（desire）-记忆（memory）-购买（action），aisas 模型即注意（attention）-兴趣（interest）-搜索（search）-行动（action）-分享（share），AARRR 模型即获客（acquisition）-激活（activation）-留存（retention）-商业变现（revenue）-用户推荐/自传播（referral）。如图 11-5～图 11-7。

图 11-5　AIDMA 模型

图 11-6　AISAS 模型

图 11-7　AARRR 模型

不同产品的运营环节，其漏斗模型中的环节有所不同，需要针对其特定情况梳理具体流程。

3. 效果优化

效果优化即根据效果度量结果，完成形成迭代方案的细节设计。针对每一个可能的优化对象分别做效果预判-效果度量，进而形成综合的优化方案，完成迭代版本。漏斗模型阐明了各个环节用户的转化情况，运营工作要做的就是整理出路径中各个环节的数据，考虑用户流失的影响因素，进行对应的优化；也可以通过缩短用户路径来优化产品体验。

而利用漏斗模型优化产品的步骤主要有以下 3 步。

（1）画出流程图。在这一步需要考虑的问题是漏斗的长度是否可以缩短？节点顺序是否可以调整？流程的断离问题等。

（2）列出影响因子。以搜索关键词为例，其影响因子可以是搜索框本身还有哪些可以优化？操作是否顺手？模糊搜索程度如何？提示是否到位？搜索页面推荐是否合理？搜索历史是否可以再优化？搜索结果是否可以继续优化？等等。

（3）逐个优化因子。了解了影响用户转化的因子之后，接下来要做的就是根据影响因子进行对应的产品优化，以改善用户体验，提高用户转化率。

知乎的运营策略

知乎对内容生产进行了精心的控制。

2010—2013 年，知乎处于封闭阶段，它需要更多输出"硬核"内容的内容生产者，而对于内容消费者，它采取了限制策略。更多地倾向内容生产者，是当时的知乎必须要做到的事，用优质内容来吸引优质内容渴求者的关注。

2013 年之后，知乎开始走向开放，它需要平衡大量引入新用户带来的"非硬核"内容与老的优质内容生产者的"硬核"内容之间的权重，以及平衡用户引入的节奏——即使这个节奏是难以控制的，也必须要尝试。所以，在 2014 年和 2015 年，用户会在知乎上看到举报机制、防垃圾机制的强化，还会看到处于对社区氛围的考量，知乎团队尝试用友善度去控制社区氛围。2016—2017 年，越来越多的老内容生产者从内容生产转向内容消费。

知乎对忠诚用户的培养也有一系列策略。2010 年，知乎在开始内测时，通过控制用户流入的方式甄别其中的积极用户和高质量内容生产者，并予以情感维系。而从 2014 年开始，"盐 CLUB"线下聚会可以看作处于第二阶段的代表活动。此时，知乎通过扶持高质量用户提升用户忠诚度，处于这个阶段的知乎在慢慢转变，每年的颁奖典礼上，从聚焦原生的大 V 到推广新领域的勤奋小 V 与中 V，再到举办 2017 年的投票活动，知乎甚至允许机构作为候选人参与评选并获奖。

资料来源：张亮. 从零开始做运营 2：运营人的进化 [M]. 北京：中信出版社，2019.

11.4　面向生态系统的信息服务运营

信息是流动的，信息服务产品的用户也处于流动状态，互联网时代，数字经济就是这样运转在自由流动的河流中。信息服务产品必须顺应这一趋势，使自己成为新信息生态中的一个环节。可以说，生态思维也是互联网时代的生存思维。

11.4.1　商业生态系统观点

1993 年，战略学家 James F. Moore（穆尔）提出"商业生态系统"概念，认为商业生态系统是基于个人与组织之间相互作用的一个有机整体。

在互联网环境下，商业生态系统是产品关联的动态发展的整体。而互联网＋则通过大数据这个新纽带，将更广阔的市场参与者卷入信息服务行业板块。包括政府的数据开放、数字政府建设的兴起、智慧社会的构建等都推动需求市场的空前扩大，带来了越来越多的跨界合作，也使得市场参与者多样化，这些都给信息服务行业的商业生态系统带来新的冲击。

同时，信息产品有其自身特点，一方面，信息是一种公共产品，一条信息可以同时被人们所获知，甚至可能获知这一信息的人越多越有价值。也就是说，信息消费具有非排他性和非竞争性。另一方面，信息具有累积增值性，信息越多，其所蕴藏的规律越多，对规律的反映越准确，这使得信息服务行业参与者之间的关系更加紧密。因此，在互联网环境下，信息服务行业的竞争仅靠产品取胜越来越困难，产品竞争往往会变成生态系统的竞争。

因此，基于生态系统观点的信息服务产品运营创新是必然选择。信息服务产品应该分析其在商业生态系统中的角色，通过促进系统的良性发展来提供自身的影响力。

11.4.2 基于生态系统观点的信息服务运营路径

1. 开放

在互联网生态环境中，开放系统才更容易生存。所谓开放系统，是指与其环境进行交互的系统，UNIX X/开放联盟则把开放系统定义为"基于独立于开放商的普遍适用的标准系统和软件环境"。开放会使得信息由越来越多的产品提供，在生态系统内用户的转移成本降低，而用户向生态系统外转移成本提升。虽然这种竞争可能减少市场参与者的利润空间，但对开放者而言，则大大扩大了其用户基础和提升了用户忠诚度。因为这种开放为其创造了一个良性增长的市场环境。而且，一个日益开放的生态系统将持续扩大生态系统中开放的部分，直至其形成一个更大的实体，一个更加互通、强健及透明的实体[4]。

有学者归纳了在生态系统中的3类角色：网络核心者、支配主宰者、缝隙者[5]。网络核心者为其他物种提供了赖以生存的平台，其发展不但建立在整个生态系统良性发展基础之上，而且能够积极改进生态系统的总体健康。支配主宰者往往通过消除其临近小生境中的所有物种，然后通过纵向一体化或横向一体化来管理控制某一生态系统或业务领域，进而控制住其他小生境。

相对而言，支配主宰者更多地从自身利益出发，和网络成员之间更多的是一种零和博弈关系，并不利于产业的整体发展，而网络核心者往往秉持更开放的态度，和商业生态系统成员分享价值，创造整个系统的活力，并通过创造运营杠杆或运营资产共用优势，使大规模网络得以顺利发展。如国内的阿里、腾讯、百度、360 和新浪等企业都构建了开放平台，并不断扩大开放程度。这些平台通过开放界面和接口，不断引入互补产品和服务商，以壮大商业生态系统。尤其是腾讯，2011 年处于风口浪尖上的腾讯开展了 10 多场"诊断腾讯"的会议，推出"开放平台"战略，致力于推动合作伙伴共赢，2018 年，腾讯开始拥抱"产业互联网"，助力行业数字化转型，这些以打开边界、扩大格局为方向的战略转型为高速成长打下了坚实的基础。BRANDZ 的品牌价值计算指出，仅仅在 2020 年，腾讯品牌价值就提升了 60%。

资料

英国创新研究门户

英国创新研究门户（见图 11-8）由英国研究与创新局主管，2018 年 4 月正式运行，内容主要涉及英国政府资助的项目研究信息，包含项目、人员、机构、产出物等详细信息及分类，用于帮助中小型企业科技创新，也有助于学术机构和公众获取想要的项目信息。该网站不需要注册，重在关联，不提供下载。图 11-9 为英国创新研究门户的联结网络图。

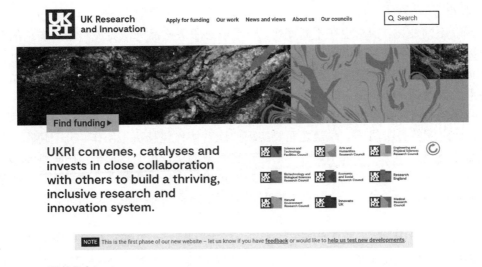

图 11-8　英国创新研究门户

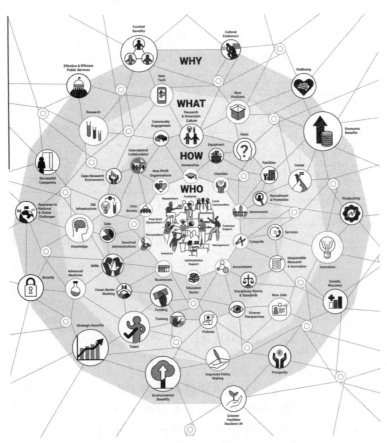

图 11-9　英国创新研究门户的联结网络图

资料来源：https://www.ukri.org/.

2. 联盟

市场在不断变化，需求也在不断变化。一个信息服务产品无法完成对用户需求的充分满足，也无法快速达到流量上升的拐点，需要通过建立联盟开展协作来共同完成。因此，线上产品的流量主要有 3 种：企业自有流量、媒体内容流量和广告采购流量。这使得产品之间建立联盟互为支持成为常态。

信息服务行业中联盟越来越普遍。信息服务产品开展的联盟式协作对象可能涉及企业、政府、社会组织等各类机构。联盟之间要实现的运营协作包括决策协作、分配协作、创新协作等。通过进一步细化协作环节，有助于建立更有效的协作机制。甚至，在网络环境下的信息服务行业越来越多地采用动态联盟形式，即成员以特定需求为纽带建立联盟，完成了需求后联盟即可解体的契约联盟。这种动态联盟以敏捷形态面对不同的市场机遇，更具有适应性和灵活性。

联盟有很多成因，这取决于联盟各方带来的资产。彭本红等把互联网环境下的商业生态模式分为种：终端+服务模式、"工具+社区+商务"模式、LBS+SNS+O2O 模式，其实这也正是联盟成员的几种协作方式[6]。

终端+服务模式是软硬件垂直一体化商业模式，这是最传统的一种联盟模式。如苹果公司就是利用 iPhone+App Store 的方式，打通了产业链。又如 GALILEO 系统是由美国乔治亚大学系统董事会建立的虚拟图书馆体系（见图 11-10），40 多个院校通过它可以检索多个检索商或图书馆的 100 余种检索数据库，可自动连接到众多出版商或其他资源提供者的全文期刊及电子版百科全书、指南或政府出版物，还可以检索和连接互联网资源，成为图书馆、检索商、出版商之间的联盟。

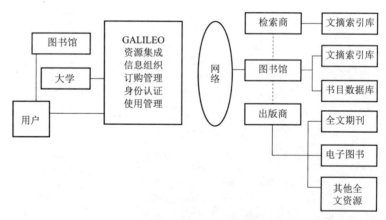

图 11-10　GALILEO 系统联结的对象

工具+社区+商务模式是通过社交工具作为流量入口，利用其强大的用户基础，加入分享、评论等社区功能，固化用户群，并建立满足用户需求的平台。例如，很多企业都基于微信建立微信公众号、小程序、微信群，将人际关系转化为商务发展基础。而亚马逊的 Kindle 生态系统的成功建立在联合主要的出版商提供互补的电子书得以实现。

LBS+SNS+O2O 模式是通过应用产品基于位置的服务功能，识别用户精确的地理位置信息，用户可以通过虚拟社区向用户分享位置及商品信息，并且用户也可以通过 O2O 平台收到周边商家促销信息。如大众点评就利用这种方式与地图、微信等合作，形成了非常具有优势的服务。

3. 合作

适应生态系统竞争最有效的方式是产品之间紧密合作。合作需要共享价值、共享想象力、共享承诺。信息服务产品间的合作也正朝这一方面努力。这里把信息服务领域的合作分为 3 种方式：面向产品创新的合作、面向数据供应链的合作、面向服务设计的合作。

面向数据供应链的合作，主要指合作伙伴通过以用户为中心进行数据供应链体系创新，使得信息服务产品上下游之间的关系更为紧密，对用户更好地识别和服务。企业需要与重要的合作伙伴建立关系网，一种合理的策略是，通过与那些能够最大限度利用数据的合作伙伴分享数据，改进商业关系，进而改善整个市场的产品或服务。程序化营销即程序化交易广告就是利用用户所访问网站的数据与特定产品提供者数据的契合，通过既定程序自动生成或执行交易指令的交易行为，主要特征是用实时竞价的方式实时得到广告候选，并按照其出价简单完成投放决策。这种合作，既节约了产品方寻找合适用户的成本，也节约了用户寻找合适产品的成本。

图 11-11 解析了数字化平台中各个合作伙伴与数据采集公司之间的关系。通常，数据采集公司也是数字化平台的主要拥有者和运营者，而且拥有与其他平台分享数据的能力和权力。如苹果手机的数据运营商和数据采集者就是苹果公司。而合作伙伴提供服务或产品，同时也收获更多宝贵的数据。数据采集公司分享给合作伙伴数据（并不是完整的、所有的数据），可以帮助它们优化自身产品或服务，并有助于不同类型的企业整合产品或服务。而对终端客户而言，经过整合的产品或服务优于任何组成部分[7]。如腾讯音乐就通过面向数据链的合作，将消费者、同业对手、唱片公司和音乐人整合入自己的商业生态系统，形成了一个单中心多主体的共生网络。它还与网易云音乐、阿里音乐等音乐平台签署了版权互授协议，实现版权资源的互通有无，降低数据成本。

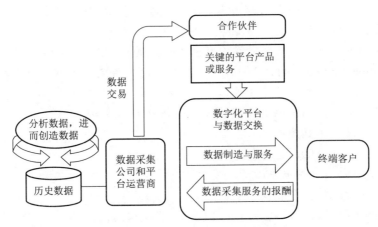

图 11-11　与合作伙伴交易数据

资料来源：沃克. 从大数据到巨额利润［M］. 广州：广东人民出版社，2019.

面向产品创新的合作往往是合作伙伴通过基于新资源的新产品和服务类别研发，增加用户价值，来提升市场规模和市场质量。生态系统伙伴关系不仅有助于技能优势互补，还可以提供更为多样化的数据，使得合作组织间业务逻辑紧密整合，共同完成以产品创新为目标的一体化发展。按照涂尔干的"社会分工论"，分工使组织之间的依赖越来越紧密，从而导致一种组织后天的"集体主义"意识。现代已有越来越多的组织致力于"合作增值"。信息服务机构之间也越来越开始展开合作活动。如支付宝和境外银行合作完成跨境汇款，扩展了其金融服务范畴，也因价格更具有竞争力，扩大了自身市场。线上、线下信息服务产品的合作也往往能够实现全渠道服务，创造全新的服务体验。

面向服务设计的合作，主要指将商品互补理念向服务合作理念转变，以满足用户需求为导向，从独立设计向整体设计转变，实现合作伙伴共同参与的全链路设计。这种合作其实是根据环境变化及时调整资源配置方式，提升运营弹性。在合作中链接价值将被重新定义，服务环节的传统单向价值链改变为以用户为中心的环状价值网，合作成员通过场景、互动、体验、定制来洞察用户需求，寻找体验点，与合作伙伴在全链路保持连接，共同创造服务价值。并沉淀多方数据形成数据洞察，优化投入产出。

 资料

程序化交易

程序化交易是指基于技术和数据进行广告的交易和投放管理。可以极大地提升广告交易效率、扩大广告交易规模和优化广告投放效果。2012 年，中国开始出现程序化购买，随着人工智能、区块链等技术的应用，程序化购买将进入智能加速发展期。

程序化购买主要涉及 3 类平台：广告需求方平台、媒介方平台和广告信息交易平台。广告需求方平台（demand-side platform，DSP）是整合广告主需求，为广告主提供发布服务的广告主服务平台；媒介方平台（supply-side platform，SSP）是整合媒介方资源，为媒介所有者或管理者提供程序化的广告分配和筛选的媒介服务平台；广告信息交易平台（ad exchange）是提供数据交换、分析匹配、交易结算等服务的数据处理平台。

程序化交易的方式可以分为实时竞价交易（real time bidding，RTB）与非实时竞价交易方式（non-real time bidding，RTB）两种。非实时竞价交易又具体可以分为担保投送优化、非预留定价交易、邀请制定价交易 3 种。

根据刘曦环的研究，RTB 的具体实施过程包括以下环节[8]：

● 用户连接网络并浏览某网站；

● 该网站向 Ad exchange 发出广告请求；

● Ad exchange 向用户数据中心请求用户信息；

● 用户数据中心返回信息查询结果；

● Ad exchange 使用已获取到的用户信息及广告位信息向各接入的 DSP 发出竞价请求；

● 各 DSP 分别使用用户信息与自身用户数据库进行映射查询；

● 用户数据中心向 DSP 竞价引擎返回匹配到的用户标签；

● DSP 竞价引擎根据匹配性决定是否参与本次广告竞价，若确定参与则向 Ad exchange 发送出价信息及广告代码；

● Ad exchange 从各 DSP 返回的价格中选取符合竞价计算规则制定的 DSP 信息发送给

网站，通常取出价最高的 DSP 广告进行展示；

- 网站向赢得广告展现机会的 DSP 发起广告物料请求；
- DSP 物料管理接口向物料数据库发起请求；
- 物料数据库根据物料管理接口发送的广告代码返回本次广告展现所需的物料；
- DSP 将广告物料发送给媒体网站；
- 媒体网站向用户展示广告，完成本次投放。

程序化交易过程如图 11-12 所示。

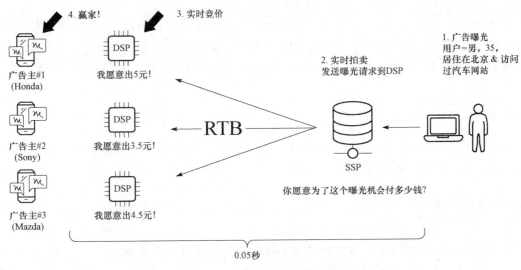

图 11-12　程序化交易过程图

◇ 本章小结

以信息服务产品迭代过程为对象的管理活动，称之为信息服务运营。运营有 3 个核心任务，即引流、保持用户黏性及流失管理。可以将信息服务运营活动分为 4 种类型：产品运营、用户运营、内容运营和活动运营。产品运营是指以生产效能为中心，以产品优化为对象，使产品与市场、用户、用户反馈、销售、客服、产品线收入这一系列内容建立联系并对其有效管理的工作。用户运营是指以用户为中心，满足用户的多层次需求，并遵循用户的需求设置运营活动与规则，制定运营战略与运营目标，严格控制实施过程与结果，以达到预期所设置的运营目标与任务。内容运营是指利用新媒体渠道，用文字图片或视频等形式将信息友好地呈现在用户面前，并激发用户参与、分享、传播的完整运营过程。活动运营是指根据既定目标，通过策划并执行短期活动，在一定时间段内快速提升产品指标的运营手段。

产品运营就是一个围绕数据展开的工作过程。当信息服务运营面临不同的任务时，其核心数据也有所不同。这些运营核心数据的共性之处在于，都是以流量为基数，即 PV（页面浏览量）和 UV（独立访客量）等数据。而流量的提升离不开流量池的深挖。在各项数据指标中，转化率、活跃度、留存率更为重要。运营相关的数据收集可以通过线上调查、线下调查等方法展开，但最常用的还是通过"埋点"来获得用户行为数据。埋点所收集的数据主要涉及 3 个要素：人（主体）、事（做了什么）、场（刻画事件发生的时间、地点）。常规的埋点方案形成主要有 4 个步骤：确定商业目标；将商业目标拆解为 KPI；让 KPI 转化为用户行为；生成埋点方案。

可以把信息服务运营分析分为 3 个层次，即宏观层次的分析、中观层次的分析和微观层次的分析。宏观分析的观测可以通过数字资产分析和"时空关"分析展开；信息服务产品在运营中可以基于用户生命周期来展开中观分析。用户生命周期大致分为 7 个阶段：关注、考虑、购买、初次使用、持续使用、停止使用、回收再利用；面向产品迭代的微观分析通常包括 3 个步骤：效果预判、效果度量、效果优化。

在互联网环境下，信息服务行业的竞争仅靠产品取胜越来越困难，产品竞争往往会变成生态系统的竞争。信息服务产品应该分析其在商业生态系统中的角色，通过促进系统的良性发展来提供自身的影响力。基于生态系统观点的信息服务运营路径包括开放、联盟、合作。

◇ 本章基本概念

信息服务运营　用户黏性　产品运营　用户运营　内容运营　活动运营　转化率　活跃度　留存率　埋点　数字资产　"时空关"分析　漏斗模型　程序化营销

◇ 练习与作业

1. 简述 AIDA、AIDMA、AISAS、AARRR 适用于哪些不同的情境。
2. 当你发现自己负责的信息服务产品在特定环节的闪退率爆升，你准备怎样获取和分析数据以判断其具体原因？
3. 请选择一个信息服务领域板块，分析其当前行业生态情况。

◇ 本章参考文献

[1] 戴鑫. 新媒体营销 [M]. 北京：机械工业出版社，2017.
[2] NEWBERY P，FAMHAM K. 体验设计：一个整合品牌、体验与价值的框架 [M]. 邹其昌，全行，译. 电子工业出版社. 2017.
[3] 秦先普. 程序化营销，如何改变中国广告的生态 [J]. 中国广告，2016（7）：72−75.
[4] 张梅芳，朱春阳. 由支配主宰者到网络核心者：腾讯商业生态系统的角色演进 [J]. 编辑之友，2018（8）：56−60.
[5] 彭本红，屠羽，张晨. 移动互联网产业链的商业生态模式 [J]. 科技管理研究，2016，36（17）：128−133.
[6] 沃克. 从大数据到巨额利润 [M]. 广州：广东人民出版社，2019.
[7] 刘曦环. 中国程序化交易广告产业链价值分配研究 [D]. 北京：北京邮电大学，2019.

第12章

信息服务品牌建设

学 习 目 的

　　理解信息服务的品牌管理思想及其战略意义，掌握信息服务品牌建设步骤、方法，具体对信息服务品牌管理实践的分析和评价能力，能够将用户体验设计等设计活动与品牌建设有机结合。

学 习 要 点

- 熟悉市场营销的思路和品牌管理理论；
- 掌握信息服务品牌建设中的要素和目标；
- 理解信息服务质量管理基本逻辑和方法；
- 了解信息服务品牌传播特征及发展趋势。

12.1　信息服务品牌

　　信息社会同时兼有"大世界"与"小世界"两种属性。一方面，网民、网页快速增长，使万维网成为全球一体的巨大网络；另一方面，每个人一天能接受的信息，受到生理带宽与生理精力的限制，又是一个不随时间变化的小世界。用户难以分别直接面对无限增长的信息，需要一种承大启小的"中间代理"。这种中间代理就是注意力的集结点，或者说，就是网民遴选出的"品牌"。因此，品牌成为信息服务行业流量的最稳定来源。

12.1.1　营销观念的导入

　　信息服务品牌是营销观念引入信息服务领域的产物。所谓营销，是以用户需求为出发点，运用一定的方法使服务提供方的产品或服务转移到用户手中，从而获得效益的一系列活动的总和。在商品经济的全面作用下，有市场就有竞争，有竞争就有营销，营销已成为各产业领域组织发展的重要战略组成部分。对信息服务产品而言，不仅应经营信息资源，也需要经营信息服务活动和经营信息用户。因而，需要通过市场营销工作，拓展用户群，提高社会影响力。

　　目前，营销已不再是物质生产类企业的专利，越来越多的行业，甚至政府机构、教育科研机构及其他社会公共机构开始运用营销管理来提高自己的知名度，推广自己的产品或服务。20 世纪 80 年代中期以后，市场营销领域对营销的定义进行了新的拓展，将营销对象——产品归纳了 3 种形态：有形的物质产品、无形的劳务（服务）、社会行为（观念、思想），这种对市场营销对象作出的新解释，使市场营销的理论、方法、手段与营销组合策略得以扩展。

对信息服务产品的营销，就是信息服务组织对其信息产品与服务进行分析、调研、计划、组织、促销、分销，实现与信息用户的价值交换，满足信息用户信息需要的一系列过程。这一过程始于信息机构对潜在信息消费需求的市场调查、分析，终止于最后满足目标用户（现实用户）的具体信息需求，实现价值交换。对于信息机构来说，营销活动有助于其充分实现信息资源的内容价值；对信息接收者来说，营销活动有助于其获得信息资源的使用价值，即获得信息资源的有用性。

营销观念的引入不是一个简单的思想和观念的导入问题，要使信息服务机构的一切业务活动真正以市场为中心，就要使营销观念贯彻到所有的经营活动中，即实现一种全面的、全员的、全过程的转变。

12.1.2 服务品牌

1. 品牌

品牌建设和管理是营销活动的核心。根据美国市场营销学会（AMA）对品牌的定义，品牌是一种名称、术语、标记、符号或设计，或是它们的组合运用，其目的是借以辨认某个销售者，或者某群销售者的产品及服务，并使之与竞争对手的产品和服务区别开来。而凯文·凯勒认为，品牌是扎根于顾客脑海中对某些东西的感知实体，根源于现实，却反映某种感知，甚至反映顾客的独特性。两个定义有一个共性的认识，即品牌具有独特性，能体现事物间的差异。

因为品牌中负载着大量内容，也有学者认为，品牌就是一种信息凝结，起着向顾客传递信息的作用。菲利普·科特勒认为品牌的丰富含义主要有 6 层[1]，具体如下。

属性：即品牌表征产品各方面的特点，如质量、款式、色彩、价格等。

利益：即顾客购买产品的理由。尽管某品牌价格昂贵，但人们购买它不是因为价格本身，而是品牌所表达的产品风格、产品质量等。

价值：即品牌向顾客传递的各种理念。包括产品与用户关系的理念、信息服务的价值追求等。

文化：品牌是社会物质形态和精神形态的统一体。

个性：品牌与众不同之处，用户对品牌的选择往往基于对品牌个性的认同。

用户：品牌的消费者群体也代表一种生活方式。用户选择某个品牌在某种程度上是寻求一种社会归属感。

其中，属性、利益和用户是形成一个品牌的基础，而价值和个性是在此基础上的浓缩和提炼，文化则是进一步的升华。品牌利益由产品属性转化而来，核心价值是对产品功能性特征的高度提炼[2]。

网络情景下人类个体被"符号化"，而且互动范围、速度都得到了极大提升，个体在网络所构筑的空间中需要筛选、接受更多的符号，因而不得不进行选择性理解。在这种情况下，品牌作为容易识记的、有意义的符号，就更为重要。

2. 服务品牌

服务品牌是指以无形的服务为载体的品牌，它高度概括了服务的质量、特征、性能和用途等。Chernatony 等研究发现，服务品牌和物质产品品牌化的原则在品牌概念层次上基本是一致的，但在实施方法上有不同的侧重：服务品牌与顾客有许多的接触点，面临服务质量不稳定的问题，这种情况可以通过"愉悦顾客"的文化，通过更好的培训及更开放的内部沟通得到改善；成功的服务品牌来自对关系的维护，来自员工和顾客对特定功能和情感价值的尊重[3]。

服务的无形性特征使得品牌在服务中扮演更加重要的角色。强大的品牌可以使顾客更形象地理解无形产品，它可以减少顾客对复杂服务中货币、社会或安全风险的感知，而这些在顾客购买服务之前是很难评估的。尤其是，信息服务属于经验类、信用类产品，加之网络经济的外部性，品牌能够带来高预期并产生网络效应，因而品牌对于信息服务是非常关键的，品牌优势具有更重要的价值。如亚马逊书店自称"世界上最大的书店"就被 Barnes & Noble 告上法庭，理由是该宣传具有很大的误导作用。其实也正是因为这一宣传所传递的品牌价值将会对用户心理带来巨大影响。

体验设计的一个重要因素就是激活企业的品牌。激活企业品牌的方法就是利用产品、服务，以及客户与企业之间的交互体验，Jevons 和 Gabbott 则提出了互联网可以改变品牌建设的另一个方法，即"品牌的亲身体验是比品牌认知更值得信赖的标志"。甚至如 Dayal 等所说，"在万维网上，品牌就是体验，体验就是品牌。"他们提出，要建立成功的网络品牌，组织应该建立以下承诺：便利的承诺、成就的承诺、娱乐和冒险的承诺、表现自我和认可的承诺、归属的承诺。

而 Chernatony 等这样描述品牌：一个可以确认的产品或服务，用这种方式，购买者或用户可以感知最符合他们需求的独特附加值。而品牌的成功源自于在面对竞争时能够保持这些附加值[4]。这个定义强调了成功品牌的 3 个必要特征：品牌取决于顾客的认知；认知受产品附加值特征的影响；产品的附加值特征要能够持续下去。因而，品牌基于顾客对产品的心理亲和力，而不仅仅是名称或品牌识别的符号。如天猫"双 11"就是一个成功的服务品牌，今天它已经成为电商折扣的代名词。2009 年天猫"双 11"还只是一次普通的折扣活动，全天交易额只有 0.5 亿元，2010 年，"双 11"全天交易额提高到 9.36 亿元，2012 年增加到 191 亿元，2014 年，天猫公告完成了对"双 11"的商标注册；2015 年则新增"消费+娱乐"的品牌诉求，举办"双 11"晚会，与消费者共同打造了一个天猫全球狂欢节，"双 11"当天销售额为 912 亿元，并使网购狂欢节的概念被植入所有消费者的认知中。2020 年"双 11"天猫销售额更突破 4 900 亿元。

流量的本质是对有用户信任感的时间的占据。越来越多的信息服务机构开始认识到，最有价值的资产之一是与服务相联系的品牌。强势品牌的价值无限，它是心智占有和信任背书，能够简化顾客决策，降低检索风险，并建立高期望值，同时，品牌能够得到更高的忠诚度和受到更少的竞争性营销的影响，能够获得更大的边际收益及更多的商业合作和支持。

12.1.3　以品牌为中心的信息服务营销战略

战略选择对组织而言是一个重要问题，信息服务营销也需要建立战略思维。战略思维本质上是一种系统思维，在理解所有的条件、影响因素及其依存关系的基础上对系统的所有成分展开梳理。营销也是一样，构建品牌是一个大致方向，因为复杂的网络机制使得用户价值与信息服务提供方的价值更紧密地捆绑起来，信息服务营销必须在判明趋势的基础上制定品牌管理的愿景规划，设定目标，并基于此展开方案设计、开发、执行与管理。

根据凯文·凯勒的论述，围绕品牌的战略管理过程通常包括 4 个步骤：识别和确立品牌定位和价值；计划和执行品牌营销活动；评估和诠释品牌业绩；提升和保持品牌资产[5]。

1. 识别和确立品牌定位和价值

创立信息服务品牌的独特价值，并以此形成品牌定位是第一步。前面介绍过信息服务包的价值定位，品牌定位与服务包的价值定位具有一致性，不同之处在于，品牌定位重点在于在用户头脑中占据一席之地。品牌理论认为，在潜在用户的头脑中存在一级一级的小台阶，这些用户会按产品的一个或多个方面在这些阶梯上进行排序，定位就是要找到这些小阶梯并与其中某一阶梯联系上，以此在潜在用户的大脑中树立起本产品的独特方面[2]。

关于品牌的价值，有两种视角，即组织视角和用户视角。组织视角更多地考虑组织的产品、条件、环境、资源，而用户视角则更多地考虑用户对这些对象的感知、认知、期望等。在统筹考虑这两个视角的基础上，才能更有效地开展品牌定位和品牌价值识别工作。

而对于信息服务产品而言，基于用户视角的考虑必须以"让用户成功"及"使产品成为用户生活的一部分"为起点[6]。

为什么要立足于"让用户成功"的思想？成功是指一种有利的结果或产出，如实现目标、获得荣誉等。过去信息服务机构往往把满足用户提出的信息需求作为服务宗旨。然而，从用户角度而言，他们对信息服务机构的认同是建立在服务的有效性上的，即建立在其是否能解决问题或有助于解决问题的基础之上的。由于用户知识结构的缺陷和其他干扰因素，用户对自己的信息需要的分析也经常是错误的。所以对用户所提出的信息需要的直接满足经常并不能帮助用户解决问题，不能让用户感受到信息服务的价值。因此，为了帮助服务人员建立正确的服务思路，以确保服务的有效性，应当将帮助用户成功地解决问题作为信息服务的服务宗旨。

"让用户成功"战略的实施将塑造一种新的服务形象，从而有力地促进用户对信息服务的归属感。"让用户成功"将意味着一种开放式的服务。因为该宗旨以提高用户成功率为根本目标和评价标准，其实现用户成功的方法必然是灵活的、不拘一格的，甚至是富于创造性的，因而是开放的。同时，"让用户成功"又意味着一种不断发展的服务。由于用户的知识体系不断调整，问题不断更新，为了让用户成功，信息服务产品只有与用户并行学习，甚至"向未来学习"，才能不落后于"问题"，才能实现用户的成功。因而这一宗旨又将推动服务产品的不断发展，使知识更新成为信息服务经营的一种方向，使创新成为信息服务设计的过程。

为什么要使信息服务成为用户生活的一部分？因为实现信息服务被用户所广泛接受，不只是一个吸引的问题，更是一个融入的问题。信息服务的抽象性和模糊性足以使人们望而却步，那么，怎样才能实现与用户初次连接乃至长期连接呢？根本的方法只有一个：使信息服务成为用户生活的一部分。

一方面，使信息服务成为用户生活的一部分，必须使信息服务机构在用户和社会群体的整个信息交流和管理中发挥战略性作用。信息服务的目光不能仅仅关注本机构内部的运营和机构所接触到的需求，还要走出去，走进用户的生活，走进社会，参与和辅助用户构造自己的信息系统，参与或主持对社会群体各类信息资源、技术和服务部门的管理与协调，从而在知识社会中发挥不可替代的功能性作用。

另一方面，使信息服务成为用户生活的一部分，要使服务内容与平常用户的平常需求相衔接。信息服务经常表现为一种知识服务，但不应仅仅以疑难问题、复杂问题、高价值问题为对象。应当看到，问题的复杂与否并不是一个简单的判断，而是相对的、不明确的。因此，对简单问题的解答既是信息服务的一个基本任务，也可能是信息服务初期阶段的主要任务，因为，正是这些需求的满足将成为信息服务机构开拓市场、树立形象的最佳时机。此外，为了使服务内容与平常用户的平常需求相衔接，可以为用户接触信息服务机构提供更多的"入口"。

2. 计划和执行品牌营销活动

计划和执行阶段首先是要选择品牌要素，围绕这些品牌要素产生品牌设计方案，形成品牌特征，使这些品牌特征逐渐成为品牌资产。

同时，对品牌的规划需要处理好不同产品、不同品牌之间的关系。信息服务机构可能具有多种产品，这些产品及其品牌之间具体是怎样的关系？它们属于同一品牌，还是不同品牌？不同产品的品牌之间的关系有多种选择，包括主、副品牌，联合品牌等。新产品与原产品之间是怎样的关系？是其原品牌的延伸，还是对原品牌的更新？这些问题都需要在计划品牌营销活动时进行解答。如今日头条作为字节跳动的一个品牌，它本身也在培育一系列的品牌，这些品牌以不同的内容载体和不同的分发方式各具特色，共同巩固"今日头条"这个主品牌（见图 12-1）。

今日头条的"一横一竖"

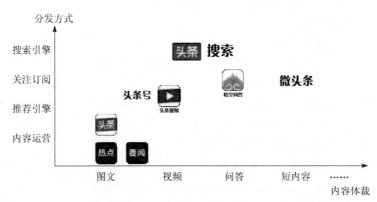

图 12-1　今日头条的品牌组合

一旦完成了品牌营销计划，需要选择品牌传播渠道并对它们进行整合。

3. 评估和诠释品牌业绩

信息服务组织需要随时追踪用户对服务品牌的了解程度，因此，需要开发评估程序来完成这个工作。而品牌业绩的最主要表征就是品牌资产。所谓品牌资产，即品牌的用户、渠道成员、母公司等对于品牌的认知、联想和行为，以及其对用户产生的差异化效果。对品牌的评估有两种方法，一种是直接方法，即通过考察用户对各种营销方案的反映来评估品牌资产的实际影响；另一种是间接方法，即通过识别和追踪用户的品牌知识结构，来评估潜在的基于用户的品牌资产来源。

关于品牌资产的构成，最经典的说法是戴维·阿克（David Aakeer）的 5 要素说，即品牌资产主要包括品牌认知度、感知质量、品牌联想度、品牌忠诚度和专有品牌资产（见图12-2）[7]。对信息服务产品而言，其品牌资产的核心包括服务信用、服务质量、知名度、美誉度、联想度等。品牌资产的数值即各要素测量值的总和。服务信用是用户对品牌可靠性、信誉度的感知；服务质量是对信息服务产品服务质量的感知；知名度指信息服务品牌被用户知晓、了解的程度，表明品牌为多少或多大比例的用户所知晓，反映的是用户关系的广度；美誉度指某信息服务品牌获得用户信任、支持和赞许的程度；联想度是用户在看到某一品牌时所勾起的所有印象、联想和意义的总和，如产品特点、使用场合、品牌个性、品牌形象等。

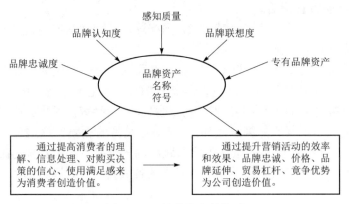

图12-2　品牌资产的构成

资料来源：阿克. 管理品牌资产［M］. 北京：机械工业出版社，2006.

4. 提升和保持品牌资产

即便已经建立了信息服务品牌，也需要考虑如何在不同的条件和环境下创建、维持、丰富品牌资产。如前所述，信息服务产品间有丰富的联系，往往具有生态系统之间的竞争，因而，在提升和保持品牌资产时，也需要考虑信息服务机构所拥有的机构内、机构外品牌的组合及品牌组合的广度和深度。所谓品牌组合的广度，主要是品牌组合所覆盖的产品类别；所谓品牌组合的深度，主要是品牌组合中每一品牌大类中涉及的品牌数量和性质；如果涉及的品牌数量较多，说明其市场覆盖率较高。

同时，品牌管理必须面临市场环境的变化，考虑到产品与品牌之间的互动关系。产品可以表现品牌，但也可能伤害品牌，品牌则可以助力产品。品牌认知与品牌形象的改变可能有助于或是伤害产品市场决策，因此，要随时关注品牌资产可能的新来源，积极地、全过程地维护品牌资产，才能在保持品牌一致性的基础上高效地进行品牌创新。

 资料

科技公司的品牌情商

CARAT 完成的《品牌情商报告——2020 年世界最具情商品牌》显示，在品牌情商方面，高居榜首的是科技品牌，垫底的也是科技品牌。该研究收集了 10 个不同市场的 1 万名消费者对大约 50 个世界最大品牌的看法。他们从 5 个角度测量品牌情商：自我意识（这个品牌

确实体现了它的宗旨）、自我规范（这个品牌诚实守信）、动机（这个品牌力求传递良好的体验）、共情（这个品牌了解大众及大众的切实需求）、社交技能（这个品牌总是能以清晰和有意义的方式进行自我表达）。

数据显示，多个科技品牌排名前 20 名，尤其是谷歌、微软霸占了冠亚军位置。其他前 20 名品牌还包括三星、苹果、亚马逊、松下、飞利浦和网飞。其中谷歌在社交技能、共情和动机方面领先，而微软在自我意识和自我规范方面表现更强。

在低情商品牌中，优步和 Facebook 令人瞩目。Facebook 仅排名第 41 位，优步则排第 45 位。

过去十年，高情商品牌的股价表现比低情商品牌高出 400% 以上，而且它们的薄弱环节在于自我规范（诚实守信）。尽管情商偏低似乎并没有动摇这两个品牌在行业的核心地位，但情商偏低可能会给它的发展带来问题。当向品牌核心业务以外的领域进军，需要获得消费者和监管部门的信任。如 2019 年 Facebook 试图推出加密货币，很快遭到各大央行和监管机构的强烈反对。

资料来源：CARAT. Carat brand EQ report[EB/OL](2020 – 11 – 16)[2021 – 10 – 08]. https://www.carat.com/thoughts-and-views/Carat-brand-EQ-report.

12.2　信息服务质量管理

对信息服务品牌而言，其品牌资产很大程度上来自服务质量感知，优质服务可提高用户感觉中的产品价值，提升用户的忠诚度，因而，服务质量管理是信息服务管理研究中的核心概念之一。

12.2.1　信息服务质量及其形成

1. 感知信息服务质量

所谓质量，根据 ISO 9000 定义，即具备满足顾客明确需求或隐含需求能力的产品或服务所包含的特征和特性总和。简而言之，追求质量就是要满足或超过顾客的需求和要求。用户服务质量评价来自其对服务质量的感知，而这种感知则由功能性服务质量感知和过程性服务质量感知两方面决定。用户是否下次寻求该信息服务，通常与其本次对信息服务的感知结果有关。

在对服务质量的各种评价中，用户服务质量评定是核心因素（见图 12-3）。而由于服务是无形的，故只有当服务发生时，用户方能检验其质量。其所关心的功能性服务质量主要侧重于信息服务的内容，即 "What"，包括信息内容的适用性、完备性，信息服务项目的多样性、合理性等方面。而过程服务性质量是指用户在服务过程中的感受，即 "How"，如信息服务速度、服务人员态度、服务系统便利性及友好性等。组织形象作为中间因素会对这两方面评价均产生影响：一旦用户对信息服务组织已形成一个良好的印象，即便是在服务质量上有一定的不足，用户都可能会将其作为偶然事件，并不会对服务质量评价带来很大影响；但相反，如果一个用户对某信息服务组织已形成恶劣印象，该信息服务组织服务中的微小瑕疵也会在用户感受中被放大，从而很大程度上影响其最终服务质量评价。

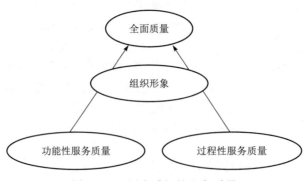

图 12-3 用户感知的服务质量

2. 信息服务质量的形成

信息服务质量的形成是一个包括开发、设计、控制的多环节过程，即服务质量环（见图 12-4）。这一过程起点于在用户与信息服务产品的接触点上了解服务需要，终止于在用户与信息服务产品的接触点供应服务结果。而从终点到起点通过评价和反馈又展开新一轮的循环，因而形成一个服务质量环。

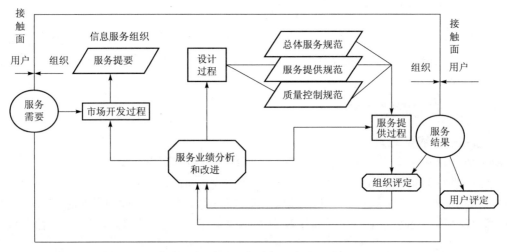

图 12-4 信息服务质量形成过程（来自：ISO 9004-2）

根据该服务质量的形成过程，信息服务质量形成的主要环节有：了解用户服务需要（包括信息需要和服务需要）、根据其需要形成服务设计、制定服务质量规范、管理服务提供过程、服务结果评价、服务业绩改善等。

服务营销学家 Parasuraman，Zeithaml 和 Berry 认为，服务性企业管理人员可使用"服务质量差距分析模型"来分析服务质量问题产生的原因，研究如何改进服务工作，提高服务质量[8]。该模型认为服务质量的形成是服务提供方对用户期望及其质量感知认识的结果，并进而通过一系列举措将其转换为服务质量实绩（因此又称为"期望-感知"模型）。而造成服务质量的原因可能是该转化过程中的 5 个差距（见图 12-5）。

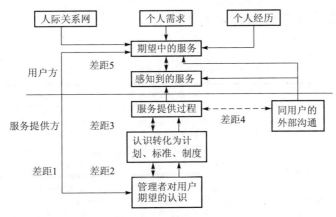

图 12-5　服务质量差距

（1）用户对服务质量的期望与管理人员对用户期望的理解存在差距（差距 1）。

（2）管理人员确定的服务质量标准与管理人员对用户期望的理解存在差距（差距 2）。

（3）管理人员确定的服务质量标准与服务人员实际提供的服务存在差距（差距 3）。

（4）服务人员实际提供的服务与企业在促销活动中宣传的服务质量存在差距（差距 4）。

（5）用户预期的服务质量与用户感觉中的服务质量存在差距（差距 5）。

做好服务质量差距分析工作，信息服务管理人员可以发现各类问题产生的原因，采取必要的措施，缩小并最终消除这些差距。

12.2.2　信息服务质量的评价

信息服务质量的评价方法多种多样，传统方法有投入评估法、职业标准评估法、任务评估法等。目前则出现了综合评估法、系统评估法、资料包络分析法、标杆评估法等多种方法。评估的目的转移到发现问题、诊断问题和解决问题，并由短期、一次性评估转向长期、连续性评估。其中，最重要的方向在于"以用户为中心"的服务质量评价理论的多种运用。以下是目前几种主流的信息服务质量评价体系。

1. SERVQUAL 模式

在众多服务质量度量方法中，SERVQUAL 评价模型得到了服务业界的广泛认可。

SERVQUAL 模型是 20 世纪 80 年代末由美国市场营销学家 Parasuraman，Zeithaml 和 Berry 依据全面质量管理（total quality management，TQM）理论提出的一种服务质量评价体系，其理论核心是前面所提到的"服务质量差距分析模型"：服务质量=服务满意度=所提供的服务–所期望的服务=感受到的服务–所期望的服务[8]。

该模型面向用户主观意识，服务质量评估采用差异比较分析法进行，使得服务组织能够利用其有限资源优先改进最关键的服务属性。多年来，该模型已被服务管理者和学者所广泛接受和采用。

利用 SERVQUAL 模式进行信息服务质量评价主要包括以下两个基本步骤。

（1）通过基于用户抽样的问卷调查法来收集数据。在调查中，用户被要求围绕服务属性的关键构面回答一系列问题。其关键构面主要有 5 个：有形性、可靠性、反应性、保障性、移情性。各构面分别对应若干分支问题，共形成 22 个问题（见表 12–1），每个问题都分别用于调查用户对信息服务的期望和用户在服务过程中的感受。用户根据自身情况对每个问题打分，分数从 1～7 分不等。

表 12-1　SERVQUAL 模式的 5 个构面

层面	有形性	可靠性	反应性	保障性	移情性
定义	服务中的实体	可靠地、准确地履行服务承诺	乐于帮助用户，提供及时的服务	员工所具有的知识、礼节及使用户信任的能力	对用户关心，为用户提供个性化服务
问题	● 设备外表具有吸引性 ● 具备完善的设施 ● 员工有清洁、整齐的外表 ● 服务机构的各项设备与所提供的服务相协调	● 能履行对用户的承诺 ● 当用户有困难时，表现出协助的诚意 ● 服务机构是可以信赖的 ● 准时提供所承诺的服务 ● 正确保存与服务相关的记录	● 准确提供用户各项服务的时间 ● 所提供的服务符合用户的期望 ● 服务人员总是乐于帮助用户 ● 服务人员不会因为忙碌而无法提供服务	● 服务人员是可以信任的 ● 提供使用户安心的服务 ● 服务人员总是很有礼貌 ● 服务人员能相互帮助，提供更好的服务	● 对不同的用户给予不同的关照 ● 服务人员应当关心用户 ● 了解用户的特殊需求 ● 重视用户的利益 ● 提供便利于用户的工作时间

（2）计算服务质量的分数。用户的实际感受与期望往往不同，因此，对同一个问题的打分存在差异，这一差异就形成了该用户在这个问题上服务质量的分数。用公式表示为

$$SQ = \sum_{i=1}^{22}(P_i - E_i)$$

式中：SQ——总的感知质量；

P_i——第 i 个问题在用户感受方面的分数；

E_i——第 i 个问题在用户期望方面的分数。

一些研究表明，SERVQUAL 适合于测量信息系统服务质量。如我国学者李纯青根据传统环境下的 SERVQUAL 模型、技术采用模型和自服务技术模型，通过实证研究发现，信任、易用性、反应性和可靠性是 e-服务质量的 4 个决定因素；e-服务质量与这 4 个因素之间均为正相关关系；同时，这 4 个因素对 e-服务质量的影响不同：信任的作用最显著，易用性对 e-服务质量的影响次之，然后是反应性，可靠性的影响作用最小[9]。

然而，SERVQUAL 模型作为一个普及工具也受到了理论上和实践上的批判。其中，一些学者认为该模型应用的一个关键问题是期望判定的模糊性。Cronin and Taylor（1992）提出用绩效（performance）来代替"感知—期望"，以此测量服务质量，即 SERVPERF（绩效感知服务质量度量）模型。在其实证研究中，SERVPERF 有很好的适用性。Dyke，Kappelrnan 和 Prybutok 也批判了信息系统质量研究中"期望"的有效性。由于客户对服务质量的感知是评价过程的结果，它的直接测量更能产生有效可靠的结果，因此 SERVPERF 已广泛应用在信息系统服务测量上。

2. 信息服务质量评价体系

由于信息服务属于社会服务的范畴，因此，世界标准化组织（ISO）将包括信息服务在内的社会化服务的质量评价要素归纳为 3 个方面：① 服务技术设施、服务能力、服务人员素质、服务条件和材料消耗；② 服务提供的过程、时效和作用；③ 服务的方便性、适用性、

可信性、准确性、完整性、服务信用和用户沟通渠道。ISO 关于信息服务的评价体系的基本思路具有普遍意义。我国胡昌平教授根据这一思路，结合我国的具体情况，采用目前普遍适用的层次分析法（AMP 法），将 ISO 基本内容在目标层中反映出来，形成详细的指标体系，并使用评价层次结构图形来表达（见图 12-6）。

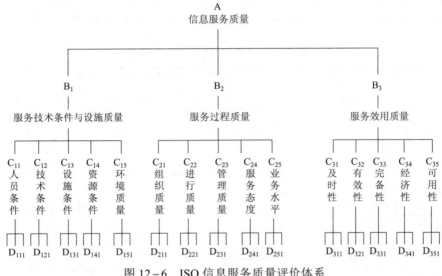

图 12-6　ISO 信息服务质量评价体系

由于网络的发展完全拓展了传统意义上服务的外延与内涵，不少学者对 SERVQUAL 在网络环境下的适应性进行了广泛的研究和探讨。如 Zeithaml，Parasuraman 和 Malhotra 最早对 e-SQ（electronic Service Quality）的研究领域进行了界定，并通过对目标客户群的调查，归纳精简出 11 个评估 e-SQ 的维度：可靠性、响应性、可获取性、灵活性、易导航性、效率、保证性、安全（隐私）性、价格信息、站点美学、个性化。Santos 通过目标客户群调查法提出电子商务环境下的 e-服务质量决定因素概念模型，由潜在维度和主动维度构成。其中，潜在维度包括易用性、外观、链接、网站布局组织和内容 5 项评测指标；主动维度包括可靠性、效率、帮助支持、交流、安全性和激励 6 项评测指标。

鉴于 SERVQUAL 在网络环境下应用的局限性，Parasuraman，Zeithaml 和 Malhotra 在 2002 年发展出适合衡量网络服务质量的量表——e-SERVQUAL，确认了 7 个会影响网络服务质量的指标：效率（efficiency）、可靠性（reliability）、完成性（fulfillment）、隐私性（privacy）、回应性（responsiveness）、补偿性（compensation）及接触性（contact）。前 4 个指标形成了核心量表，用来衡量顾客对于网络服务质量的最初评价，后面 3 个则是当顾客有疑问或是遇到麻烦时特别关心的部分。如前所述，因为互联网是个新生事物，客户在购买之前很难形成清晰的期望，所以更多的学者赞成用感知而不是用感知与期望的差值来测量服务质量。

3. 信息内容质量评价

现有信息服务质量感知的研究以服务过程质量为主，但其实信息服务质量的核心仍然是信息内容质量，因此，对信息内容质量的评价应当是信息服务质量评价的重要构成。

信息质量是信息对信息用户的适用性及满足程度。基于用户视角的质量认知范式已经构成了国内外学术界研究的主流，其强调用户所处的信息环境，参照用户预设的信息期望，对信息的内容和效用做出的主观判断[10]。如 Wang 等构建了具有影响力的面向用户的数据质量概念框架，即被后人广泛采纳的内在信息质量、情景信息质量、形式信息质量和可存取信息质量 4 个构念[11]，沈旺等提出了信息内容质量评价的 12 个评价指标：全面性/狭义信息、正确性/虚假信息、真实性/缺乏真实性、客观性/偏见、时效性/缺乏时效性、学术性/缺乏学术性、新颖性/缺乏新颖性、有用性/无用性、官方的/非官方的、可信性/不可信、有效性/无效性、具体性/不具体、多样性/缺乏多样性。每个指标的具体解释见表 12-2[12]。

表 12-2　网络信息内容评价指标

标准（积极/消极）	定义
全面性/狭义信息	信息涵盖事实和意见的广泛程度
正确性/虚假信息	信息对事实描述的真实程度
时效性/缺乏时效性	信息的及时性，或更新性
真实性/缺乏真实性	信息对事实描述的客观程度
新颖性/缺乏新颖性	信息的新旧程度
客观性/偏见	信息对事实描述的公正程度
官方的/非官方的	信息发布网站权威程度
可信性/不可信	信息可以被信赖的程度
学术性/缺乏学术性	信息是基于科学研究的成果
具体性/不具体	信息满足个人或群体的需求程度
有用性/无用性	信息对于个人或群体的有用程度
有效性/无效性	信息准确描述事实的程度
多样性/缺乏多样性	信息提供事实多方面描述的程度

资料来源：沈旺，国佳，李贺. 网络社区信息质量及可靠性评价研究：基于用户视角 [J]. 现代图书情报技术，2013（1）：69-74.

4. 用户满意度指数

用户满意度又称用户满意指数，是指用户对企业及企业产品或服务的满意程度，最早由设在美国密歇根大学商学院的国家质量研究中心和美国质量协会发起并提出。用户满意度也是用户对企业的一种感受状态，并且在这种感受状态下更容易激发交易行为的发生。研究表明，不满意的用户会把他们的不满意告诉 7～20 个人，而满意的用户只会把他们的满意告诉 3～5 个人。

相关研究认为，信息服务质量用户满意度模型是由 6 个潜变量构成的结构方程模型。6 个潜变量包括以下内容。

① 期望质量：用户在接受某项服务之前对服务质量的期望水平；

② 感知质量：用户在接受某项服务时实际感受到的质量水平；

③ 感知价值：用户综合了某项服务的质量和价格因素以后对所得利益的感受；

④ 用户满意度：用户接受某项服务的实际感受与期望值比较后的心理状态测度；

⑤ 用户抱怨：用户因服务质量问题向他人或有关组织表示不满；

⑥ 用户忠诚度：用户对服务质量感到满意而形成与该品牌或该企业的特殊关系，表现

为重复利用可能性高，价格敏感性低等。用户满意度模型可以用图 12-7 来表示。

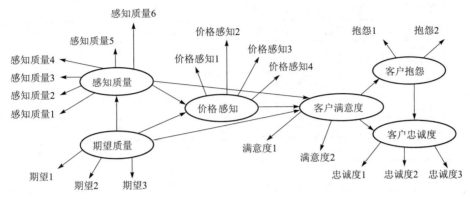

图 12-7　用户满意度模型

资料来源：胡昌平，辛春华，张立. 信息服务的社会监督：信息服务的技术质量监督 [J]. 情报学报，2001（1）：18-25.

潜变量是不可以直接测量的，需要有与之对应的观测变量。这 6 个潜变量都有与之对应的观测变量。而相关测量指标必须以用户为中心，且是能够控制的[13]。表 12-3 是信息服务的用户满意度测评指标体系。

表 12-3　信息服务的用户满意度测评指标体系

一级指标	二级指标	三级指标
用户满意度	用户期望质量	对信息服务质量的总体期望 对信息服务质量满足用户需求程度的期望 对信息服务质量稳定性的期望
	用户质量感知	用户对信息服务质量的总体感知 用户对信息服务质量满足需求程度的评价 用户对信息服务质量可靠性的评价 用户对信息服务质量的总体评价 用户对信息服务质量满足需求程度的评价 用户对信息服务质量可靠性的评价
	用户价值感知	给定服务价格时用户对信息服务质量的感知 给定信息服务质量时用户对服务价格的感知 用户对总成本的感知 用户对总价值的感知
	用户满意度	总体满意度 与期望的比较 与理想状态的比较
	用户抱怨	用户抱怨 用户投诉情况
	用户忠诚度	再次主动接受服务的可能性 能承受的服务价格涨价幅度 能抵制的服务竞争对手的服务价格降价幅度

我国学者焦玉英、雷雪则在社会调查的基础上提出并验证了专门针对信息资源类网站的用户满意度评价模型（见表 12-4）。

表 12-4　信息资源类网站的用户满意度评价模型

变量	评测指标
便捷性	导航功能；搜索引擎质量；分类目录质量；网页打开速度；资料下载速度
信息内容质量	信息内容的时效性；信息内容的可靠性；信息表述的准确性；影像信息的清晰性
个性化	页面根据用户需求特征定制服务的水平；网站根据用户的特定需求提供服务的方法与手段；网站具备的自学功能
站点美学	版面布局的合理性；色彩搭配的协调性；图文比例的恰当性
帮助支持	用户获得帮助的简易性；用户意见反馈的及时性；用户之间交流的便利性
用户整体满意度	对网络信息服务的总体满意度；与理想网络信息服务的差距大小

　　根据其研究，在网络信息服务中，便捷性、信息内容质量、站点美学、个性化和帮助支持是影响用户整体满意度的决定因素。这 5 个因素与用户整体满意度之间均存在正相关关系，但对其影响的显著性不同：便捷性、信息内容质量、个性化的影响最显著，其次是站点美学，帮助支持的影响作用最小。

　　在信息资源类网站提供的网络信息服务中，信息内容质量的优劣自然是影响用户满意度的重要因素。与此同时，用户对便捷性、个性化等的需求逐步增加，对网站设计的美观性及其所能提供的帮助支持功能也有一定的要求。便捷性是网络信息服务与传统信息服务相比所具有的明显优势，也是用户选择使用互联网服务的前提条件。个性化即针对用户的特定需求，主动向用户提供经过集成的相对完整的信息或知识，是网络信息服务质量提升的最终目标[14]。

 资料

在线健康平台信息服务质量评价指标

　　在 e-SERQUAL 评价模型的基础上，针对我国在线健康平台信息服务质量的主要特点，从信息服务效率，信息服务易用性，隐私信息保护性，信息服务全面性，可接触性和平台响应性 6 个维度构建起了针对我国在线健康平台信息服务质量的评价指标体系（见表 12-5）。

表 12-5　在线健康平台信息服务质量评价指标体系

一级指标	二级指标	指标解释
信息服务效率	平台是否提供医院信息搜索服务；平台是否提供医生信息搜索服务；平台是否提供药品信息搜索服务；平台是否提供疾病信息搜索服务；平台是否提供问答信息搜索服务	指平台是否提供专门的搜索渠道，使用户能够快速找到自身所需的信息服务
信息服务易用性	平台是否可按科室查找医院、医生等信息；平台是否可按医院查找科室、医生等信息；是否提供网站地图信息；是否有信息智能推荐	指用户使用平台时的难易程度，包括平台是否为用户提供相应的功能或服务来简化用户的使用过程
隐私信息保护性	平台是否有匿名发布功能；平台是否有隐藏用户性别功能；平台是否有隐藏用户年龄功能；平台是否提供隐私保护声明	指平台是否提供用户隐私保护的相关功能或服务

续表

一级指标	二级指标	指标解释
信息服务全面性	平台合作医院信息；平台注册医生信息；平台收录药品信息；平台收录疾病信息	指平台所提供的信息服务能否覆盖用户的基本需求
可接触性	平台是否有智能机器人；平台是否提供留言功能；平台是否提供评价功能	指平台是否向用户提供其与平台间的交流与互动功能
平台响应性	咨询平均回复时间；网页平均响应时间	指平台处理用户的需求和反馈的速度

（1）信息服务效率。网站服务质量有赖于良好的信息服务效率，除此之外选择此指标也是针对我国在线健康平台的第三方运营模式特点。在 e-SERQUAL 模型中，服务效率指的是用户能够在网站中迅速寻找到所需要信息。我国在线健康平台的运营模式是整合线下的医疗健康信息资源，包括医生、医院和疾病药品信息等，如此海量的信息直接呈现在用户面前会极大降低用户获取所需信息服务的效率。因此，平台是否通过有效的信息组织使得信息有序化，并向用户提供相应的信息检索功能成为衡量其平台效率的重要指标。根据在线健康平台的功能，将平台效率通过其是否具备医生信息搜索功能、医院信息搜索功能、药品信息搜索功能、疾病信息搜索功能、问答信息搜索功能等具体客观指标表现出来，以期对平台的信息服务效率进行测量。

（2）信息服务易用性。向用户提供方便易用的信息服务是网站服务质量的基础，另外，我国在线健康平台具有服务综合性特点。由于我国在线健康平台倾向于向用户提供综合性的一站式服务，其服务种类众多、覆盖面广泛，同时大量的服务类型也增加了平台的复杂程度，不利于用户的使用体验。平台易用性是用户对平台信息服务的直接感知，反映了用户获取在线健康信息的难易程度，对于用户最终满意度有直接的影响。在线健康平台的易用性测量直接体现在平台是否提供简化用户操作使用的功能，如平台是否可按医院和科室查询信息、是否提供网站地图信息和智能化推荐信息等功能。

（3）隐私信息保护性。重视用户隐私信息的保护是网站提供服务的前提。e-SERVQUAL 模型指出，保护用户隐私是提升平台服务质量的重要手段，另外，江彦等及剧晓红等学者对健康信息服务评价的研究中均强调用户隐私保护的重要性。尤其在医疗健康领域，患者信息的隐私和安全问题一直受到广泛的关注。对在线健康平台而言，隐私信息保护主要体现在其是否向用户提供隐匿个人信息功能及是否提供隐私保护声明。

（4）信息服务全面性。该指标的选取主要是针对我国在线健康平台的综合性特点，丰富而全面的服务种类和服务覆盖面在一定程度上可以避免用户在获取不同类型的信息咨询服务时在不同平台之间切换，在有效的功能组织前提下，全面的平台服务功能是平台增加用户黏性、维持用户数量、保持用户活跃度的重要手段，也是用户的需求能否充分满足的基础。在本研究中，全面性包括平台所收录的医生信息、医院信息、疾病信息和药品信息，代表平台的信息实力和咨询能力。

（5）可接触性。所谓接触性，是指用户与服务提供者之间的信息交互，平台向用户提供信息服务离不开二者之间的沟通和交流，良好的接触性是在线健康平台服务质量的重要保障。当传统服务电子化之后，接触性主要体现为用户和系统的信息交互。用户对平台信息服务质量的感知，接触性是最直观的表现。在线健康平台主要通过鼓励用户生成内容（UGC）和开发智能问答机器人等方式增强用户与系统的信息互动。

（6）平台响应性。包括 e-SERVQUAL 模型在内的多种服务质量评价方法都将平台响应能力作为衡量平台服务质量的核心指标，在线健康平台用户主要是通过平台获取相应的健康信息咨询服务，平台对用户咨询的及时响应可以显著提升其满意度和服务体验。在 Parasuraman 等的解释中，响应性是指网站处理用户需求和反馈的速度，其主要体现在两个方面，一是网站对用户咨询的回复速度，二是网页对用户即时指令的响应速度。

资料来源：钱明辉，徐志轩，王珊. 基于用户参与的在线健康平台信息服务质量研究［J］. 情报学报，2019，38（2）：132–142.

 资料

学术社交网络信息质量治理

学术社交网络所秉持的自由开放精神造成了内容质量控制的障碍，因此需要在用户感知信息质量的过程和特点中，通过关键要素的分析，实现信息质量的优化和提升。关于信息质量的影响因素研究表明，学术社交网络的信息质量受到社区、用户、平台和内容的影响，不同的社区因素、平台因素、内容因素和用户因素均会交叠作用于用户感知信息质量的优劣，也反映了学术社交网络平台上用户感知信息质量的复杂性。社区维度的影响因素主要依靠社区管控规则的有效治理；平台维度的影响因素离不开平台技术的支持作用；内容维度的影响因素包括内容的生产特征和效用特征；用户维度的影响因素涵盖了用户的个体特征和参与积极性，用户不仅作为信息的提供者，其动机和交互积极性也极大地影响信息质量。因此，可从管控规则、平台技术、信息内容和信息用户 4 个方面考虑学术社交网络信息质量治理的准则。

学术社交网络平台服务方出台的一系列信息质量管控规则，为研究人员的线上活动提供了规范和保障。精华帖置顶机制、奖励和激励机制、发布诚实担保机制、成员规范控制机制被认为是能够加强对平台上信息质量的管控、帮助区分社区环境信息质量水平高低的重要准则。

学术社交网络平台的技术体现于各个信息服务的环节，良好的交互性能降低用户辨识和检索信息的负担，这一过程中涵盖了用户对平台人机交互界面的各种体验。学术社交网络平台服务方主要通过数据异常监测、重复内容监测、垃圾信息的识别和监控这些细化的准则，实现安全防范和信息过滤，最终增强用户的信息质量体验。

信息内容是学术社交网络质量治理的主要对象，也是质量优劣的主要体现。学术社交网络平台信息内容的主要影响准则涉及文字拼写的规范、信息量的大小、参考来源的完整性和规范性、表达逻辑是否合理。

学术社交网络和许多社会化网络一样，也是用户生成内容的社区形态，用户生成内容可以看作是用户主导逻辑下的成员间价值共创过程，因此信息质量研究也逐渐由信息内容本身转向信息的使用者。个人信息的完整性和真实性准则有助于提供客观的来源权威性属性；用

户对他人贡献质量肯定的主动性准则，体现了用户的积极参与，能够产生更多的推荐参考；用户之间互动的积极性准则，能够有助于形成相似的研究圈。

管控规则、平台技术、信息内容和信息用户这 4 个维度相互交织影响，共同作用于学术社交网络中用户感知的信息质量，对其维度下的各个策略准则进行有效治理，能够显著提升用户的感知信息质量水平。

图 12-8 为学术社交网络信息质量治理及准则。

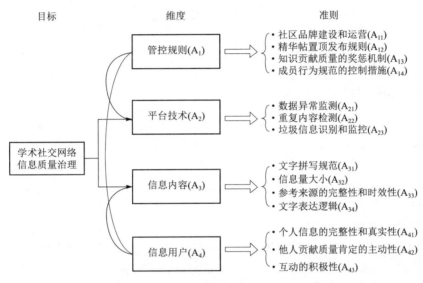

图 12-8　学术社交网络信息质量治理及准则

资料来源：张宁，袁勤俭. 学术社交网络信息质量的治理和提升 [J]. 图书情报工作，2019，63（23）：79-86.

12.3　信息服务品牌创立

创立品牌是品牌建设的基础性环节。这个环节通过给信息服务组织或服务产品冠以特定的符号，向顾客通过简约的信息传递组织或产品的承诺。用户可以利用品牌获取估算风险成本的信息，从而决定是否要牺牲自己的实践加以尝试。

根据凯文凯勒的观点，品牌建立过程主要包括 4 个步骤：第一步，进行品牌形象设计，确保用户对品牌形象的识别；第二步，把有形和无形的品牌联想与特定资产联系起来，在用户的脑海中建立稳固的、完整的品牌含义；第三步，引出对品牌识别和品牌含义适宜的用户反应；第四步，转变用户对品牌的反应，在用户和品牌间创造一个紧密的、积极的、忠实的联系。这四个步骤也正是构建品牌资产金字塔的过程：建立形象阶段将使品牌出现；而阐明含义阶段形成顾客对品牌性能和形象的认识；引出用户的反应将激发顾客具体品牌接触感受和对品牌的具体判断；创造联系阶段将建立用户与品牌的情感"共鸣"[5]。图 12-9 为基于用户的品牌资产金字塔。

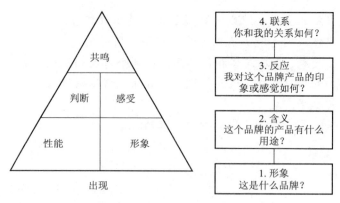

图 12-9　基于用户的品牌资产金字塔

12.3.1　品牌形象设计

品牌识别系统是形成品牌形象并塑造鲜明个性的基础,成功的品牌识别系统将固定品牌的精华,唤起用户对品牌的具体回忆,并联想到品牌的精华。一个品牌识别系统基本可以分为 3 个组成部分:理念识别(MI,包括服务宗旨、服务方针、服务哲学、传播定位等),视觉识别(VI,包括标准色、标准字、Logo、卡通形象、服务车辆、人员着装等基础要素、应用要素系统),行为识别(BI,包括服务语言、服务动作规范等)。品牌识别系统应具有经久性、一致性和现实性。

品牌识别理念认为,如果要让品牌认同具有广度和深度,必须看到品牌的 4 个不同层次,即品牌作为商品、品牌作为企业、品牌作为人、品牌作为标志。所谓品牌就是商品,即指品牌个性应该符合商品特性和属性;所谓品牌就是企业,即强调品牌的企业属性,如创新能力、对品质的追求等;所谓品牌就是人,即指品牌要人格化;所谓品牌就是标志,即指一个成功的标志能整合和强化品牌认同,增强顾客的品牌印象。

所以,将一种产品品牌化,必须告诉用户这个品牌是"谁",以及此产品是"做什么"的,用户"为什么"应该注意它。即必须向用户提供产品的一个标签,以及这个品牌的意义。因此,信息服务必须将服务有形化,所形成的标识将成为信息服务品牌的基础。品牌名称、标志、箴言能使用户识别信息服务并赋予其一定的意义,有助于将抽象的信息服务变得更加具体。

Chernatony 和 McDonald 于 1992 年提出了成功品牌名称具有的一些特征:它应该简单明了,与众不同,含义深刻,与产品和谐一致[15]。这些理论可以很容易地应用到信息服务品牌上来。如 Amazon、阿里巴巴、Facebook 等著名网上信息服务品牌都具备相应特征。对信息服务而言,最应该强调的命名选择如下。

(1)简单明了。容易识别,容易回想。

(2)能够暗示服务目标。强调描述性、说服性;特别是对于一个新品牌而言,用户只要听到其名字或定位宣传就能知道其服务内容或服务特点。

(3)独一无二。独特往往是吸引注意力的先决条件。

(4)易于发声。Google 即一个易于发声的品牌名称。

(5)具有可识记性。富有乐趣、视觉和听觉形象、美学乐趣。

（6）个性化。通过赋予产品一定的人物性格，使自己与众不同，引起共鸣，并给用户留下深刻的印象。

标志（Logo）是品牌的外形，是创造品牌知名度和品牌联想的关键。它可以是品牌名称的直接反映，也可以是品牌个性的外在形态。一般来说，视觉形象比文字描述更容易为人们所接受，但是，在网络环境下，由于网站名最好与其域名相一致，即应当易于输入，所以对很多网络信息服务会强化其服务名为标志，即选择文本描述为标志。同时，也有一些线上品牌乐于使用可爱的动物作为标志，正是因为其在突出品牌个性方面的独特作用。

品牌箴言（Slogan）也是理念识别的重要一环，当需要反映信息服务产品理念时，没有什么形式比一句简明的文字表达更直接和清楚了。例如，今日头条最早的 Slogan 是"你关心的，才是头条"，彰显其在推荐算法上的优势；2018 年其 Slogan 改为"信息创造价值"，开始强调信息的原创性和优质；2020 年其 Slogan 再次修改为"看见更大的世界"，启动将头条打造为通用信息平台的新战略，强调内容的丰富度和多样度。每一次修改都传递了产品的特征和能力，以及价值诉求。

对于信息服务的品牌建设而言，"行为识别"尤其重要。网络上用户在不同信息渠道中频繁转换，驻留在特定信息服务产品上的时间总是非常有限，这些接触时间能提供给用户的往往只是对某个品牌标志的惊鸿一瞥，而用户的使用过程才是彰显品牌的基础来源。因而，行为识别对信息服务产品而言有特殊意义。"行为识别"主要以一定的信息资源或信息技术作为支撑。与行为识别相关的要素包括设计风格、信息布局特色，或者是特殊的体验。除了要通过核心服务的效率和愉悦度来彰显服务文化外，信息服务产品还需要通过服务支持系统（如社交功能等）等引导用户主动参与服务过程，让用户感觉到自己在服务过程中有决策权，从而强化服务体验，逐步建立关于品牌的特殊"行为识别"的认识。

12.3.2　丰富品牌联想

1. 品牌联想的类型

品牌的内涵往往是多维立体的，不管是在理性上还是感性上都具有吸引力。因此，关于品牌的联想也往往会是丰富而多样的。

首先，品牌联想包括属性、利益、态度等。属性是用户对于产品是什么，以及使用过程中包含什么的想法；利益是用户对产品的属性对自己能带来什么个人价值的想法；态度则是用户对品牌的整体评价。

其次，品牌联想又可以分为产品相关和非产品相关两种。产品相关指实现消费者需求的产品功能的必要组成部分，非产品相关指与产品或服务相关的外部特征，包括价值信息、使用者形象、地域特征等。如果用户对抖音和快手短视频的用户类型有自己的偏见，这种偏见可能会影响其使用该产品的欲望。而一些电器会醒目地标出自己是某个特定地域生产的，因为通常认为那个地域生产的电气产品比较可靠。

最后，品牌联想既包括深植入用户心中并被其偏好的独特品牌联想，又包括同类品牌共享的联想。例如，Google 和 Baidu 都是搜索引擎品牌，它们的品牌联想中都有搜索引擎灵敏的、可靠的一面，又有区别，Google 的文化包容性和 Baidu 对中文信息完整性的联想。

2. 文化营销

为了提升品牌联想的赞誉度、独占性和强度，信息服务品牌通常需要构建自己的文化形象，即展开文化营销。

所谓文化营销，是指在组织营销活动中，有意识地通过发现、培养或创造某种核心价值观念，并且针对组织面临的目标市场的文化环境采取一系列的文化适应和沟通策略，以实现组织经营目标的一种营销方式[16]。文化营销的实质性内涵在于核心价值观念的培养和塑造，以文化为媒介，通过策略的调试达成与顾客即社会公众全新的利益共同体关系，进而达到顾客满意的目的。

对于信息服务而言，文化是其天然的一个营销变量，对文化的追求不但是用户利用信息服务的一种内在需求，而且可以通过信息内容外在化。因而，文化营销成为信息服务组织营销的又一个重要选择。

文化营销可以从几个层面渐次展开和推进：产品或服务层面、品牌文化层面、组织文化层面（见图12-10）。

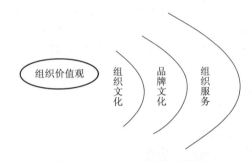

图 12-10　文化营销的层面

其中，产品或服务是文化价值观的实体化或载体。对信息服务而言，以用户为中心的信息服务设计（信息内容设计、用户体验设计、信息服务传递设计）本身就已经启动了一种文化营销，而对信息产品的供应可以根据用户自身的文化变量（如受教育水平、价值取向、知识含量等）进一步细化，把握文化差异，进行信息供应的文化选择，从而展开文化营销。

文化营销也可以通过组织文化塑造来构建。所谓组织文化，就是指导和约束组织整体行为、员工行为及企业风格的价值理念。组织文化层面的文化营销将组织产品或服务文化、组织及员工的行为文化、组织的机制和制度文化特别是组织的精神、价值观、伦理等理念文化通过整合，有效地传达给公众，诉诸受众的认知。文化是最具有亲和力的一种营销要素，通过信息服务机构内部文化的建立和扩散，较容易使组织与用户之间建立和分享一种共同愿景，从而起到对用户的导向、沟通、凝聚作用。

总之，品牌既承载着产品的技术物理差异，也承载了丰富的个性和文化内涵，其背后是用户的文化认同和价值选择。因此，品牌层次的文化营销具有更大的增值张力和增值空间。目前，信息服务领域已出现了越来越多的品牌，更多的信息服务组织需要通过自身努力来实现从服务到品牌的跨越。

12.3.3　引发用户反应

构建品牌的目的是影响用户的行为。对信息服务产品而言，就是要激发用户的使用行为、参与行为、传播行为等，而引发用户反应的常规步骤是要先建立品牌认知。

1. 建立品牌认知

用户的品牌认知过程分以下几个阶段。

第一个阶段是识别阶段，是用户从不知道该品牌到知道的过程；品牌知名度是品牌认知的直接反映，也是品牌管理的低级阶段，让用户知道品牌是建立品牌知名度的开始。

第二个阶段是回忆阶段，对品牌有一定的记忆，当提示相关产品时，会认识该品牌名或品牌标志物。这一步需要强化产品与品牌名之间的联系。例如，提及搜索引擎就会想到谷歌、百度，甚至人们直接用"百度一下"来表达"用搜索引擎搜索"，听者也不会有任何误解。

第三个阶段是深化阶段，当想到相关产品大类时，用户能够自主想起该品牌，甚至第一个会想起该品牌名。

第四个阶段是独占阶段，是当想到相关产品大类时，用户唯一能够想起的品牌只有该品牌。

第五个阶段是了解阶段，即用户不但知道该品牌，而且知道该品牌的历史、品牌的个性等信息。

第六个阶段是观念阶段，即用户对品牌产生了自己的观点和态度。

2. 形成品牌承诺

从改变品牌认知到改变用户行为，建立用户的品牌偏好甚至品牌忠诚非常重要。其实，品牌忠诚是品牌成为资产的前提，没有忠诚的用户，品牌也就失去了存在价值。而品牌承诺是影响品牌忠诚度的关键。虽然品牌的外在形态是一定的商标，但从本质上，品牌不是一种物理概念，而是心理概念，是存在于用户心里的一个对象，这个对象会给用户带来一定的利益，减少其某种成本，这才是品牌的关键所在。

品牌体验是形成品牌承诺的主要通道。Jevons 和 Gabbott 提出，在互联网"品牌的亲身体验是比品牌认知更值得信赖的标志"；Dayal 等则认为，在万维网上，品牌就是体验，体验就是品牌，要建立成功的网络品牌，组织应该建立以下承诺：便利的承诺、成就的承诺、娱乐和冒险的承诺、表现自我和认可的承诺、归属的承诺。例如，为了体现自己"向善"的承诺，360 搜索曾经一度将自己的名称改为"好搜"（Slogan 为"好搜，不做坏事"）。后来因为 so.com 这个域名比 haosou.com 更具识记性，又改回到了"360 搜索"（见图 12–11）。不过某种程度上显示，他们意识到更名并不是构建品牌承诺的主要方式，品牌承诺来自日积月累的服务体验。

图 12–11　360 搜索的标识变迁

3. 提高品牌转换成本

所谓提高品牌转换成本，是指通过采取有效措施，增加用户转换品牌的成本，从而达到增强品牌忠诚的目的。提高品牌转换成本可以从以下3个方面入手。

首先，采用利益捆绑的形式来"锁定"用户，使其在理性上难以放弃产品。如采取交叉营销方法和其他产品互相植入营销措施，使用户因为难以割舍捆绑起来的利益而放弃转换产品。虽然这经常是一种有效的方法，但又是较为消极的一种办法，也是易于被模仿和超越的一种策略。一旦竞争对手采用类似的方法，用户就很可能放弃该品牌，而转向其他品牌。

其次，创造解决用户问题的办法，进而形成伙伴关系。例如，支付宝最初推出是为了解决消费者网上购物过程中对卖家的不信任问题，而这一措施大大提高了用户使用网购渠道的信心，这也成了其迅速成长为中国电子商务最大品牌、快速占领市场的重要原因。这一策略也更易形成用户在情感上对产品的信任和依赖，成为品牌持续发展的护城河。

最后，对用户的忠诚度进行直接激励。例如，会员制就是对用户的忠诚度进行激励的一种常用措施。信息服务产品往往拥有详细的用户数据库，有助于对用户需求进行精细化分析，可以基于会员制，根据用户偏好为其提供个性化的激励方案，形成浓厚的情感氛围，也为用户提供难以割舍的利益。这一方式是兼顾理性和感性的用户"锁定"方法，也已成为信息服务行业的核心品牌建设策略之一。

12.3.4 创建用户–品牌联系

对用户而言，品牌就是一个信息块，用户通过使用品牌名回忆其质量、可及性、可靠性等其他大量属性。Fournier等学者提出了品牌关系发展动态模型，包括从品牌受到关注、消费者与品牌相互熟悉、共同成长、相互陪伴到关系解体和关系复合等6个阶段。这是一个生命周期性的认识。但从微观上看，消费者与品牌关系的建立有赖于一系列琐碎的品牌信息接触：看到有人提了一个漂亮的购物袋上面是某品牌的清晰印记；在办公室喝咖啡的时候，看到有某品牌标记的杯子等。因而，消费者–品牌关系最初建立的过程实际上是消费者品牌信息接触、理解和内化过程，或者说是一个消费者品牌信息行为过程。

总的来看，消费者品牌信息行为过程通常需要经过信息查找、信息接触与识别、信息加工、信息回忆、信息使用、信息交流各环节[17]。其中，主动品牌信息行为过程与被动品牌信息行为过程有以下不同之处：主动品牌信息行为者在信息接触前还有一个以该信息为目标的品牌信息查找环节；主动品牌信息行为过程比被动信息行为过程多一个选择环节——品牌信息接触前的信息渠道选择（前选择），这一选择导致特定信息被接触；更多主动品牌信息行为者会在品牌信息接触及加工后直接完成品牌信息使用；而更多被动品牌信息行为者在品牌信息接触和信息加工后会暂时储存品牌信息，适当的时候再回忆调取并付诸使用。

不管是哪一类品牌信息行为过程，消费者在其行为过程的末端环节——品牌信息回忆、品牌信息使用、品牌信息交流，经常会发现信息的不充分从而引起新一轮信息查找（见图12-12）。消费者品牌信息行为的循环过程正是消费者–品牌关系的成长轨迹，而各环节信息刺激效果效应直接作用于消费者–品牌关系质量。

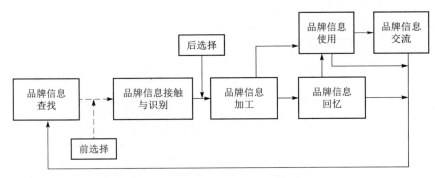

图 12-12 用户品牌信息行为过程

1. 品牌信息查找行为

在第 6 章阐述消费者信息搜寻行为时提到，消费者商品信息查找行为有 3 个维度：信息源维度、品牌维度、时间维度。也就是说，消费者的主动商品信息查找对象总是会不同程度地将品牌作为信息标志物之一。那么，消费者在购买前为什么要查找品牌信息？怎样查找品牌信息？相关研究成果如图 12-13 所示。

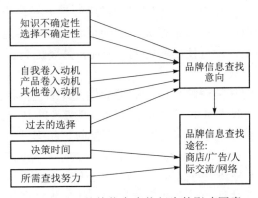

图 12-13 品牌信息查找行为的影响因素

引起消费者品牌信息查找行为的前因是两个不确定性——知识不确定性（替代方案信息的不确定）和选择不确定性（选择哪一个替代方案的不确定）。选择不确定越大，查找信息的可能性越大；知识不确定则对查找行为起弱的负面作用。而口碑信息查找往往出于 3 种动机：自我卷入动机（降低风险、减少查找时间）、产品卷入动机（了解怎样消费一种产品，以及市场上哪些产品是新的）、其他卷入动机（消费的社会功能）。同时，积极强化消费者过去的品牌选择将减少消费者购前信息查找的数量。

而消费者品牌信息查找策略随时间推移发生变化：过去品牌信息传递的理想渠道依次是商店、大众媒体、人际交流源，但今天包括网络在内的口碑传播渠道变得越来越重要。越来越多的消费者将其他消费者视为更客观的信息来源，从而使用网络工具来接触其他消费者以获得与自己决策相关的信息。

2. 品牌信息接触与识别行为

品牌信息接触环节的一个核心问题是：当顾客接触品牌信息时，他们是否能识别其中的正面信息？图 12-14 显示了目前对品牌接触环节品牌信息识别前导变量的认识。

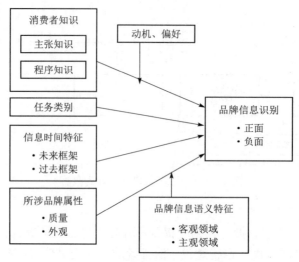

图 12-14　品牌信息识别的影响因素

消费者在接触信息时负价信息会产生更大影响，因为查找信息的消费者所本能地采取的加工程序。这是由关于两类知识（主张知识和程序知识）对信息识别的共同作用。其中，消费者识别信息的程序知识通常是基于相关程序的可行性和可接近性，而程序可接近性将受到该识别程序使用频率和是否最近使用的影响。因而，需要提高正价信息的可接近性，训练消费者的相关程序知识的养成。

信息内容特征也将影响其被理解和识别的可能性，其中包括信息内容的时间特征、语义特征等。当品牌信息发布采取未来框架加以描述时，消费者的品牌评价将更倾向于企业和市场状况的有利信息本身；而当信息发布采取过去框架时，品牌评价主要关注企业"倡导"发布有利信息的一面。同时，主观信息（如关于"我喜欢这个产品吗"的描述）和客观信息（如关于"这个产品好吗？"的描述）对品牌相关属性的认知作用不同，因为消费者对品牌不同属性的认知途径不同：质量往往通过客观领域推导，外观往往通过主观领域推导。因而，品牌信息提供者应积极使用未来框架描述品牌信息，并针对不同的属性设计不同的品牌信息语义内容。

除此之外，当人们发现一个新的服务供应者时，正面口碑是主要的信息源。也就是说，消费者任务影响其品牌信息识别。

3. 品牌信息加工行为

成功的信息沟通不仅需要信息被传递，还需要信息被理解。而信息加工行为即消费者理解信息和管理信息流的相关行为。

社会认知和认知心理学的许多研究者已提出了各种双向加工模型以理解认知加工的不同类型，如集中加工—精细加工、启发式加工—系统式加工、相关加工—单项加工等。那么什么时候消费者会采取哪一种信息加工方法来加工特定品牌信息呢？采纳不同品牌信息加工策略的前因变量可以被分为 3 类：刺激因素、任务因素、个体因素。

在刺激因素中，产品特性声明的数量影响消费者是采取相关加工策略还是单项加工策略；信息源的可信度和论点质量则影响加工策略的本质。同时，品牌广告信息研究发现，品牌信息类型和顾客所用的信息处理方式之间的一致性也被认为是信息理解的重要前因；如广告形式与顾客的信息加工过程模式相匹配会促进广告信息的可处理性。特别是品牌间的属性比较增进了消费者对涉及竞争者的产品利益评估，将鼓励消费者将品牌与另一个品牌联系评价。另外，当消费者使用分析加工模式时，比较性广告比之非比较性广告效果更佳；而当顾客使用意象加工过程时，非比较性广告效果更佳。也就是说，为了影响消费者品牌行为，必须使信息不但易于获取，而且便于加工（解释信息的容易性）。在任务因素中，目标、不同选择的可比性、任务重要性等因素分别被证明可用来预测顾客信息加工策略。个体因素（如性别、卷入水平、文化导向）等对品牌信息加工也有一定的影响。也有学者提出关系因素这一新前因变量，发现处于交易关系的人们比之处于社会关系的人们更加关注品牌细节及其他特征信息（见图 12－15）。

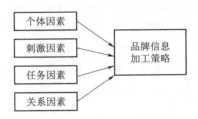

图 12－15　品牌信息加工行为的影响因素

4. 品牌信息使用行为

品牌信息使用行为即品牌信息效用发生过程。在这一环节，顾客可能使用相关品牌信息用于某个购买选择，也可能通过吸收该信息改变自己对品牌的认知，影响其后续品牌购买或选择行为。

具体来说，信息效果按照它发生的逻辑顺序可分为 3 个层面：① 认知层面上的效果。即外部信息作用于人们的知觉和记忆系统，引起人们知识量的增加和知识构成的变化。② 心理和态度层面上的效果。即作用于人们的价值观念和价值体系而引起情绪或感情上的变化。③ 行动层面上的效果。即情绪或感情变化通过人们的言行表现出来。有学者总结了广告信息的 3 种效应：告知效应，即告知顾客产品属性，形成其对品牌质量的评价；改造效应，即通过增进其对后续消费体验的评价来影响顾客对品牌质量的评估；说服效应，指即使没有提供任何明确的信息，也能直接影响顾客的利益。图 12－16 为品牌信息效用的影响因素。

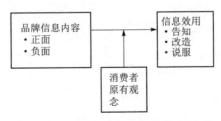

图 12－16　品牌信息效用的影响因素

同时，网络评论对抑制产品购买有强烈的作用：较多的阅读者在阅读一个负面评价后会"总是"或"多数情况下"抑制购买；但读了一个正面评价信息后仅较少的人会"总是"或"多数情况下"购买某产品。同时，品牌信息对原产品品牌认知的作用将受到现存观念的调节。当持强烈观念的个体面对新的冲突信息时,他们将会感受到更多的不和谐,并有更强的消除这一不和谐的压力。

5. 品牌信息交流行为

现代信息社会的主要标志之一是信息交流越来越频繁。早有研究证明,生活在一起的人,由于有更多的互动和交流的机会,会有更加一致的品牌选择。事实上,已有越来越多的顾客成为品牌信息的提供者。而越高的品牌口碑扩散与越高的品牌未来排序有关,但这种扩散的作用随时间衰减。

那么,人们为什么会向他人交流自己对品牌的看法?哪些人更愿意交流品牌信息,以及更愿意交流哪些品牌信息?有学者通过对网络观点平台的调查,提取出了 5 个动机因子:获取与购买有关的信息、社会取向、成为社区成员、获取报酬、学习产品的消费。研究表明,更少的人制造品牌的负面信息,但他们会经常做。而不满意的顾客比非常满意的顾客更倾向于发布对品牌的看法;且人们发布的关于品牌的正面信息通常是关于现行的、主流使用品牌,发布的负面信息通常是关于过去品牌和未拥有品牌的信息。图 12-17 为品牌信息交流行为的影响因素。

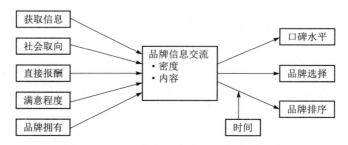

图 12-17　品牌信息交流行为的影响因素

6. 品牌信息回忆行为

消费者应用信息的过程依赖品牌信息在其记忆方面的可接近性。因为品牌信息是否容易进入回忆可能是品牌选择的基础。那么,哪些情况下品牌更容易被回忆?研究发现了包括检索容易性、信息内容、使用频率、最近使用情况等在内的几种品牌信息回忆影响因素(见图 12-18)。

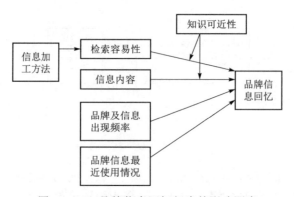

图 12-18　品牌信息回忆行为的影响因素

检索容易性和信息内容均作用于信息回忆，但哪一个将起主要影响作用则由知识可近性加以协调。当相关品牌的知识不易接近或高度可近时（两种端状态），消费者的品牌判断将基于信息内容产生。而当知识有一定的可接近性时（中间状态），检索容易性将对判断产生主导性影响，检索体验所造就的容易性感知会影响到品牌判断。因而，为降低消费者的品牌判断风险，要么应对品牌知识进行充分的传递，要么在品牌信息传递时干脆不涉及知识性内容。

人的记忆系统既集成事件信息，也集成关于事件重复的信息，因而品牌本身及信息出现的频率将被观察者无意识地加工。品牌信息被使用频率和最近使用情况将决定品牌信息可接近性。这也正是将品牌信息融入消费者生活以使品牌信息通过更多通道进入消费者视野的理由所在。

品牌建设是一个监控品牌与消费者之间关系的全位管理过程，根据以上规律性发现，信息服务组织必须在掌握用户品牌信息需求和认知特征基础上，对用户接触品牌信息全过程进行设计和控制。首先，用户在品牌信息行为各环节会对不同类型的品牌信息敏感，品牌设计工作应基于这些发现展开；其次，用户品牌信息行为不但依其个性特征而呈现差异，而且随其消费经验、任务、社会关系情境、观念而不同，对于信息传递方式越来越定制化的信息服务产品而言，这些用户品牌信息需求特征的对信息服务产品品牌信息传递效果控制格外重要；最后，用户品牌信息行为具有鲜明的时代特征，信息服务提供者需要对那些能够让营销人员与用户高效互动的工具进行投入。

资料

四川大学图书馆"摇一摇 2.0：与美好的句子不期而遇"

2016 年 5 月，四川大学图书馆微信公众号推出了"'摇一摇'给我一本好书"活动（见图 12−19），以"增加与数偶遇的概率"。该公众号上线仅 1 个月，使用人数就超过了 4.6 万人次，推广了超过 3 800 本图书。2016 年 6 月，四川大学图书馆又推出了"摇一摇 2.0"，精选了 150 本书，类型包括小说、传记、诗歌、散文等，活动方将每本书中的金句一一摘出，

图 12−19　四川大学图书馆推出了"'摇一摇'给我一本好书"活动

而且"深入到字里行间，从词句中，帮你找寻最戳中你内心的那一本"。在活动软文里，他们这样解释活动参与方式：第一步，当你心有不解，或者不知如何决断时，心里默念着这个问题，摇一摇，看看不经意间摇出的这句箴言，能否给予你一个简单的答案和方向；第二步，在摇一摇的界面中摇动手机，就会收到摇中的箴言；若这句话读来让你"心有戚戚焉"，你可以选择右下方"分享这句话"，转发到朋友圈，让更多的朋友都看到它；第三步，如果摇中的金句你觉得有兴趣，也可以点击右下角"去看全文"这个链接，跳转到该书的电子书全文，直接阅读；第四步，这一次没有看完的书，下一次可以在"摇一摇2.0"主界面选择"看过的书"，继续上次的阅读。

12.4　信息服务品牌传播

在网络时代，很难看到同一领域多个品牌共同生存的状况，也就是说，网络品牌只有在自己专注的领域内做到数一数二才能生存。因而，信息服务企业只有立足于品牌建设，才能在服务中实现价值并生存下去。而在信息服务品牌间的竞争中，随着对服务体验的追求，信息服务产品间同质化程度越来越高，各品牌如何在竞争中胜出，很大程度上决定于相关品牌的市场预期，而市场预期又与品牌曝光度密切相关。这种情况下，品牌传播就成为重要的一个竞争环节。

传播指通过信息的传递、思想的交流，使得信息发送方与接收方的思想统一或达成共识的过程。信息服务品牌传播与传统品牌传播有相似的规律性，传统的广告传播、公共关系传播、新闻报道等传播方式都是常用传播手段，而同时，因为信息服务品牌具有无形性、体验性等特点，而且越来越依赖线上渠道，品牌的传播也更为复杂，需要更多的创新性探索。本节主要围绕几种新兴信息服务品牌传播方法展开讨论。

12.4.1　信息服务品牌的社交传播

进入社交媒体时代，社交传播成为所有品牌传播的主流方式之一。Chernatony 在 2001年基于对互联网上的品牌概念的评估指出，互联网环境下品牌价值组成要素和品牌战略与现实中的一模一样，但是经典的品牌建设模型遇到了在线挑战，因为传统模型中顾客只是被动的接受者，而在互联网上，顾客是积极的价值共同创造者，顾客可以通过讨论组传递反馈，为品牌添加价值。信息服务品牌也概莫能外，而基于网络口碑的传播和基于虚拟社群的传播是信息服务品牌的常用社交传播方式。

1. 基于网络口碑的品牌传播

口碑是古已有之的传播渠道。基于香农–韦弗模式的信息传播理论，德弗勒提出"互动过程模式"，认为（见图12-20）信息传播总是双向的，在传播过程中，受传者既是信息的接收者，也是信息的传送者，而且信息噪声可以出现于传播过程中的各个环节。也就是说，"信源"与"信宿"具有互换和反馈特性。这正是口碑产生的基础。一个信息受传者会以各种方式将自己的信息传递下去，这种方式可能是反馈给信息传送者，也可能是传递给下一个对象，又或者吸收沉淀下去，以后用于自己的其他活动。这些其实也都是信息在持续传递的不同方式，人类文明就是这样不断发展着。

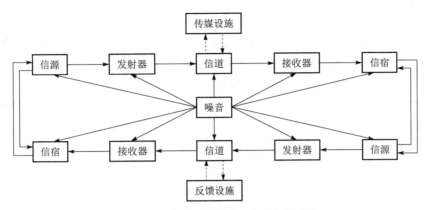

图 12-20　德弗勒的"互动过程模式"

在网络环境下，口碑就更容易传递，它可能以语言文字的形式（如评论、攻略等），也可能以行动的方式（如点击、下载、点赞等）。而且，口碑对信息服务而言比其他传播渠道有更多优势，具体如下。

首先，网络口碑可以沉淀下来，产生巨大的累积效应，引发信息服务品牌的"爆点时刻"。消费者可以通过互联网便捷地发布和查阅口碑信息，这使得网络口碑突破时间和空间的限制，其传播效果和影响范围远远超过了传统口碑，也使得传播速度和传播力度远超传统口碑。

其次，网络口碑更容易赢得信任，赢得用户参与优质内容生产的良性循环。信任感知可以分为两个维度：① 作为一种关于脆弱和不确定性的行为意图或行为依赖；② 作为一种对另一方诚信的信念、信心、态度或期望（Costante）[18]。而信息服务是一种认知较为复杂的无形产品，用户更容易产生因为不确定的行为意图和行为依赖，更加需要通过塑造信任来跨越"复杂"。如果网络口碑信息具有专家来源标志或群体认可标志，就很容易能够提升可信度和说服强度，赢得用户良好的服务期望。

最后，企业引发和管理网络口碑的成本相对较低，运用网络口碑可以帮助企业有效降低营销沟通成本。一旦产生正面口碑信息，其具有极强的生命力和延续性，会有新的用户加入，通过在生产行为对原有口碑补充、修正、周而复始，不断流动。所产生的效益远非其他品牌传播方式可比。

那么，怎样赢得用户的正面口碑，并引发其口碑传播行为？首先需要理解口碑行为的动因。Sundaram 等人的研究显示，人们传播正面口碑主要有 4 个动因：利他主义、产品涉入度、自我提升及帮助企业，同时，人们也可能因为这 4 个动因而传播负面口碑，即利他主义、降低焦虑、报复心理及寻求建议。信息服务品牌管理者需要尽量制造引发其传播正面口碑动因的环境，并尽量降低负面口碑传播的动因产生的可能性。

需要注意的是，单纯依赖网络口碑来"造势"是不科学也是不长久的，仍然需要以品牌体验为过渡。体验过程中用户能够形成对品牌的综合评价和判断，当用户感知体验内容符合预期，会产生与网络口碑传颂者的信息共鸣，不仅会验证网络口碑的真伪，还会增强对信息服务品牌吸引力和创新特征的认知程度，提升品牌印象和好感。

2. 基于虚拟社群的品牌传播

虚拟社群是网络环境下品牌-用户关系管理的重要环境。在市场营销领域人们常用营销组合来表达营销重点对象，营销组合即一套关于基本营销策略的组合性计划。这种组合策略中最受推崇的是 20 世纪初由 E. Jerome Mccarthy 提出的 4P 营销组合，即认为营销活动主要考虑 4 个可控因素：产品（product）、价格（price）、渠道（place）、促销（promotion）。后来，为了满足服务营销的需要，Booms 和 Bitner 将其予以修改和扩展，形成了所谓的 7P，即增加了人（people）、有形展示（physical evidence）、过程（process）。随着互联网的快速发展，靠广告来告知、说服和提醒客户的方式已经过时，取而代之的是参与、展示、让客户掌权。人们对传统营销模型的适用性提出了质疑，更多的新的营销模型也因而被提出，如两个 4C 模式。第一个是 20 世纪 90 年代初由 Robert Lauterborn 提出的 4C 营销组合理论，其营销要素主要包括顾客需要与欲望（customer needs and wants）、对顾客的成本（cost to the customer）、便利（convenience）和交流（communication）；第二个是我国学者唐兴通提出的新 4C 模型，包括场景（context）、社群（community）、内容（context）、连接（connections）4 个元素。这里的交流或社群其实背后都有虚拟社区这个新技术基础。

虚拟社群是网络环境下新兴的、也是重要的沟通平台。作为一种网民信任的信息沟通与交流渠道，虚拟社群不但日益成为口碑信息传播的在线活动场所，而且也成为孕育品牌的最好土壤。近年来，越来越多的信息服务产品通过构建虚拟品牌社群进行品牌–用户关系管理，甚至努力使产品本身具有社交属性。KANTAR 发布的报告《TikTok 的力量》认为，TikTok 产生了巨大的参与度，一些 Hashtag 的浏览量超过了大型体育和文化活动，如 River Island 的#GlowingOut 活动的浏览量与 Andy Murray 在 2013 年赢得温布尔登决赛的一样多。基于社交的品牌传播的潜能是惊人的。

当人们以品牌为基础聚集在互联网上某一特定的虚拟空间内进行信息交换和情感分享，并形成较为稳定的社会关系时，虚拟品牌社群就产生了。简而言之，虚拟品牌社群就是由于对特定品牌的兴趣在互联网上出现的消费者聚集。之所以会产生虚拟品牌社群，主要是网络连接的便利性使消费者将其他消费者视为客观的信息来源，试图通过一定的渠道获得相关品牌的信息。虚拟品牌社群不但能使消费者收集到高质量的品牌信息，而且还能使其生产、传播信息，因而成为品牌爱好者和潜在消费者共同青睐的信息交换场所。例如，各大品牌都在微博中设立了自己的官微并推出品牌相关"超话"，豆瓣中有各品牌的讨论组，微信中存在各种品牌粉丝群，这些都是品牌爱好者的聚集地，是虚拟品牌社群的不同存在方式。在各信息服务产品中通常也都设有"会员"空间，已成为产品功能的常规配置。

品牌社群是品牌与用户沟通的最短路径。这种沟通路径对品牌传播具有其特有价值，相关研究发现，对品牌的认知将影响对品牌社群的心理感受，而对品牌社群的认同反过来也能够影响用户的品牌认同，进而影响品牌购买行为。相关研究发现，用户能感知到品牌社群的多方面价值，包括功能价值、信息价值、社交价值、娱乐价值、财务价值等。

信息服务产品的虚拟品牌社群是品牌"粉丝"的汇聚地，需要将情感化营销作为重要营销策略。因为对用户数据的精准掌握，这种情感化营销可以进行精细化设计，并通过信息扩散、关系聚集、价值拓展等 3 个步骤展开。

信息扩散阶段，可以通过合理配置虚拟社区现有信息资源的情感线索，使更多的高值信息被用户注意和接触。一方面，通过推送高忠诚用户的发帖和精华帖给用户带来积极的社群感受，形成其良好的社群印象；另一方面，根据不同用户对社区信息情感成分的敏感度差异进行分类配置，使得高情感线索的信息发挥其最高效用并避免不良反应。

关系聚集阶段，可以通过良好的信息和服务给社区中用户丰富的附加价值，使其从低参与向高参与转化，进而达成社区社交价值的提升。一方面，给不同级别的用户赋予不同的权限，提升其情感凝聚力和群体优越感。另一方面，通过为核心用户提供更多增值服务来提升其意见领袖作用，促进社群的情感浓度，培育和维系用户的成长。

价值拓展阶段，将用户发展为品牌的合作者，通过与用户心灵的沟通和情感的交流来赢得用户信赖和品牌归属感。一方面，可通过构建深层次参与平台激励更多人参与信息评价，构建公平的、热烈的参与平台形象，凝练社群的品牌情感；另一方面，通过品牌知识专家介入社群的知识管理，帮助用户解决问题和引导互动，提升品牌社群的信息价值和服务价值，在巩固用户对社群的信任感的同时，提升社群的商业价值。图 12-21 为虚拟品牌社区精细化情感营销步骤。

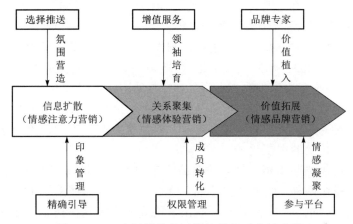

图 12-21　虚拟品牌社区精细化情感营销步骤

资料来源：李桂华. 虚拟品牌社区文本情感线索效用研究［M］. 北京：中国社会科学出版社，2019.

 资料 ➤➤

Bilibili 的内容战略

Bilibili（又称 B 站）有 91% 的视频播放量来源于专业用户创作的视频，其中泛知识内容视频播放量占比达 45%。而且，B 站有良好的教育条件和大学背景的用户占比很大。根据 2021 年第一季度的数据，新增用户的平均年龄是 20.2 岁。

UP 主和 UP 主创造的视频是 B 站最重要的竞争资源。B 站每个月活跃的 UP 主有 220 万个，他们每个月创作的视频达 770 万个，B 站 91% 的视频播放量来源于 UP 主原创和自制的内容。正是这些年轻的有才华的 UP 主们创作出大量的优秀的作品，撑起了 B 站生机勃勃的内容生态。

Bilibili 是一个全场景的综合性视频平台，是包括 OGV、专业内容、直播、短视频、UP 主创作的视频等。在播放场景上，包括手机、电视、PC、车载应用等场景。而且，视频的品类比较宽泛，有 7 000 多个内容分类。UP 主创作的视频中 45% 属于泛知识类的内容，就是与知识相关的一些内容。从 B 站 2021 年 5 月的数据看，超过 7 855 万的用户在 B 站学习。因为当它有 3D 的演示、有图文并茂的讲解之后，很多看起来比较深奥的知识就更容易理解了。

总之，Bilibili 的成长过程，其实就是不断寻找视频增量的过程。随着技术的进步、视频的普及，越来越多的内容和服务在未来将会被视频所承载。

12.4.2　基于搜索引擎的品牌传播

在信息量极大丰富、注意力稀缺的网络时代，当人们寻找服务、产品或资源时，相关内容在搜索引擎的排名对其使用率有最直接和最显著的影响。因为搜索引擎是人们寻找信息的默认通道，而且搜索引擎的基本市场规则也是帮助人们发现与其信息需求具高相关度的信息。人们会使用搜索引擎搜索所有信息，而这些信息通常来自信息服务产品，因此，搜索引擎也是信息服务品牌的必争之地。

1. 应用搜索引擎进行品牌传播的两种途径

搜索引擎是网站推广的重要手段，也是用户发现新网站的最普遍途径。根据 Global Web Index（GWI）发布的"2021 年 X 世代报告"，在被调查的 X 世代消费者（38～56 岁人群）中，36% 的受访者使用搜索引擎发现新品牌，35% 的受访者使用搜索引擎搜索电视广告。32% 的受访者通过口碑推荐发现新品牌。也就是说，搜索引擎是主力消费人群最热衷的发现新品牌渠道。当今主流的搜索引擎营销模式有两种，即付费搜索广告和搜索引擎优化。这也是基于搜索引擎进行品牌传播的主要途径。

付费搜索广告是需要购买相应搜索排名或特定位置的一种营销方式，根据其收费机制分为定价排名和竞价排名两种。所谓竞价排名，就是根据关键词搜索结果的位置拍卖。搜索引擎对某一个关键词进行拍卖，根据某一网站出价的高低排定其在搜索结果中的位置，出价高的网站会出现在搜索结果的前列。这样就极大地刺激了想要展示自身、吸引客户的市场竞争机制。目前，定价排名机制在业界已经基本上被竞价排名机制所替代，竞价排名机制成为主流方式。

搜索引擎优化（search engine optimization，SEO）是指为了从搜索引擎中获得更多的流量，从网站结构、内容建设方案、用户互动传播、页面等角度进行合理规划，使网站更适合搜索引擎的检索原则的行为。搜索引擎优化通常具有长期效力，而且成本较低，然而，由于每个搜索引擎都有自己的算法与要求，而且每个搜索引擎的算法也都在不断进化，因此，一个信息服务产品针对某一搜索引擎所做的优化并不适用于其他搜索引擎，而且也可能会过时。因此，信息服务产品在设计迭代过程中也要将搜索引擎优化作为一项目标纳入考虑。

2. 提高品牌的搜索引擎可见性

信息服务产品开展搜索引擎营销的本质是利用用户输入关键词检索信息的机会将信息服务产品的信息传达至目标用户，即提高自身的可见性。这种可见性，是指信息服务产品中所包含的信息内容被互联网用户准确、快捷地查找到的可能性。对搜索页面点击行为的研究发现，影响点击率的主要因素包括搜索请求的目的性、结果项排名和关联性等。因此。网站信息的可见性具有高度不稳定性，并且与网络环境结构、搜索引擎、信息所在网站的情况、信息格式及搜索的时间特征等相关。

付费搜索广告主要是通过关键词来提升可见性的一种方法。也就是说，关键词是付费搜索广告的核心元素。作为广告主的信息服务产品，希望用尽量低的价格获得用户搜索特定关键词出现在最好的位置，但这既涉及对搜索引擎拍卖机制的理解，也涉及与其他广告主的出价竞争，是需要展开深入研究的一项工作。对关键词的研究涉及以下 3 个基本步骤。

（1）需要建立关键词库，即需要生成一个与行业相关并适合于本产品的关键词库。词库中的词可能来自员工的头脑风暴，可能来自搜索词排行榜，可能来自用户调研，也可能来自竞争对手分析。词库越完整，越有利于提升关键词配置效果。

（2）进行关键词分类研究。关键词在内容、功能、用户使用率、与特定信息服务产品的关联度等各方面均存在差异，而且如果参与竞价排名，关键词的价位也有所不同。当前市场上有大量关键词研究工具，有助于展开关键词成本和效益分析。但是，关键词的分类工作也需要结合行业特点展开，不能单纯依赖工具，所以需要组织行业专家进行专门研究。

（3）根据关键词研究情况合理配置搜索引擎关键词，形成关键词使用计划。参与竞价排名需要根据总费用预算确定各类关键词的配比及各类关键词的选择标准。兼顾核心关键词和长尾关键词的配比，以达到最优效率。同时，转化率也是重要考虑的问题。如排名第一页的其他产品的优势，如果都在第一页，其他产品相关度、内容说服力更高，那么本产品的转化率相对就不会太理想。而如果搜索相关词汇的用户目的性很强，也会影响弱项相关信息的转化率，这就需要做出一定的内容设计。例如，Cutrell 和 Guan 研究发现，在搜索结果项的文本中，添加附加信息的相关性会显著提高目的性很强用户目光停留的时间，同时也会降低目的性不强用户目光的停留时间。

3. 开发搜索引擎友好的产品

搜索引擎优化就是开发对搜索引擎优化的产品。进行搜索优化可以通过多种途径展开。

（1）信息服务产品应建立可爬行的链接结构。爬行率是导致一定索引水平的关键[19]。搜索引擎遴选信息的过程是一个爬行的过程，没有清晰可见的链接结构会给爬行增加很多困难。因此，信息服务产品应当有较完整的导航系统，甚至创建网站地图，以提升各层级信息的可见性。

（2）信息服务产品也需要提升信息架构的逻辑性。信息服务产品的重要特点就是信息内容较繁杂。为此，有必要建立基于分类体系的扁平化层次性信息架构，对搜索引擎理解产品，提取更有价值的信息更为有利。

（3）提升内容的吸引力。内容是信息服务产品最重要的资产，也是信息服务产品搜索引擎优化的最基本对象。一个内容具有独特性和深度的信息服务产品相比其他产品会有更多的机会与长尾关键词精准匹配，也会带来更佳的转化率。而且，优质内容更有利于吸引外部链接，甚至用户在其他信息服务产品也会自觉发布本产品相关链接。

为了提升产品的搜索引擎友好度，还有 3 项基础工作需要完成。

第一项基础工作是，需要时刻关注本产品在行业核心关键词上的搜索引擎排名，确立排名基准。搜索引擎排名是用户品牌关注度的结果，也可能是原因。通过主动跟踪产品整体的索引水平，了解自己所处的正常位置，监测其异常情况。如果出现异常，通常是因为没有被完全索引，这就有必要针对其背后的问题，可能是因为链接不足、信息架构不良等。

第二项基础工作是，需要分析产品的搜索引擎效率来源。产品来自搜索引擎的流量可能是来自不同的关键词，不乏各种被忽略的长尾词。相关研究显示，长尾流量往往占到需求曲线的 70%～80%，在长尾词中获得排名及获得有价值的流量，比集中于需求曲线顶部的几个排名要容易得多。发现高效率的长尾词会大大节约营销成本。同时，还要注意流量落点分布。流量落点即用户关注的到底是哪一部分或哪一类信息，流量落点分布显示了产品各构成部分及各类信息资源不同的吸引力,这种分析会对信息服务产品合理配置关键词及设计关键词密度和位置提供重要依据。

第三项基础工作是,要建立丰富的内外部链接。链接是搜索引擎的关键排名依据,最早也是最基本的搜索引擎算法 PageRank 就是以被链接数量和质量作为基本依据的排名规则。其实,为了满足用户信息行为过程中的各类需要,信息服务产品往往需要更完备的链接体系,包括信息系统链接、检索界面链接、相关资源链接、参考资料链接、知识内容链接、知识工具链接等(见图 12-22)。这些链接关系同样也可以发生在与外部产品关联中。高质量的、丰富的链接将大大提升信息服务产品的搜索引擎排名。

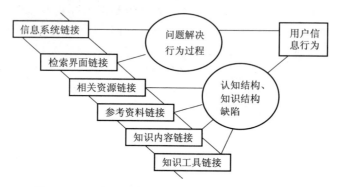

图 12-22　嵌入用户需求框架的信息服务链接类型

 资料

面向搜索引擎优化的图书馆 OPAC 系统关键词设计问题

图书馆的 OPAC(online public access catalog,联机公共目录检索)可以通过实施搜索引擎优化策略,从搜索引擎获取流量。得益于丰富、标准的文献信息与稳定的服务,许多 OPAC 被收录的网页数量多以十数万计,从搜索引擎获取的高质量流量已成为图书馆网站重要的访问来源之一。

搜索引擎是通过关键词来检索信息的,因此关键词的设计是最基本也是最重要的优化策略。关键词通常放置在网页的标题、标签及正文等处,包含在 Html 语句的 Title、Keywords 及 Description 等标签之中。关键词的设计应立足于用户,并对核心词进行必要的扩展和重复排列,但数量不宜过多,以 3~5 个为宜,切忌堆砌。很多 OPAC 网页在这方面都自觉或不自觉地陷入种种误区(见表 12-6)。

表 12-6　常见的 OPAC 关键词放置误区

误区	说明或词汇样例	弊端或正确设计
意义太宽泛	中国 研究 专著	毫无实际意义,搜索引擎的输出结果过多
与主题无关或过于热门	MP3 电影 免费	名不副实,而且竞争激烈,不易脱颖而出,还可能招致用户与搜索引擎的反感或惩罚
密度过大	网页的标题或内容的文本之间堆砌了大量的关键词	应限定于最多 3~5 个重要关键词,过多达不到应有的效果,对排名反而造成负面影响

续表

误区	说明或词汇样例	弊端或正确设计
过长或重复	红楼梦 红楼梦 红楼梦	在同一行不要连续使用某个关键词 2 次以上，长度不宜超过 30 个字符（15 个汉字）
字词错误	红楼猛 西游几 山国演义	影响 OPAC 的权威性、可用性及可信度，对网页浏览者造成困惑，不符合 UEO（user experience optimization，用户体验优化）原则
位置不当	在网页不合适的位置出现	应在标题、段落文本、文字内容的页头和页尾、mata 等标签内科学合理地放置关键词

资料来源：黎邦群. 基于搜索引擎与用户体验优化的 OPAC 研究［J］.中国图书馆学报，2013，39（4）：120－129.

12.4.3　基于人工智能的品牌传播

1956 年，John McCarthy 在美国达特茅斯学院举办的学术会议上首次提出人工智能概念。人工智能的发展，极大地提高了每个行业及细分领域的效率，包括运用于品牌管理环节。基于人工智能的品牌传播，即将人工智能和其他科学技术融合应用于品牌传播领域的新思维、新理念、新方法和新工具。

当前人工智能运用于品牌传播主要有 3 种途径：基于人工智能的用户深度理解、基于人工智能的用户服务、基于人工智能的整合传播。

1. 基于人工智能的用户深度理解

过去的品牌传播通常以多年累积的营销经验作为策略制定和方案执行的判断依据，这种基于经验累积的营销体系无法实现对用户的精准到达。而人工智能技术能够基于复杂数据整合的跨场景消费者理解，具体操作是通过分析消费者轨迹数据、可穿戴设备的实时身体数据及社交媒体的内容数据等，人工智能可捕捉到消费者行为、心理的内在需求，实现与消费者的深度匹配，并发现在事件域中哪些元素或属性是最具预测性的，从大量数据噪声中识别出最具有实际意义的特征。

Stuart 和 Peter 将过去关于人工智能的定义归纳为 4 类：类人思考、类人行为、理性思考和理性行为。将人工智能运用于用户的深度理解是一种基本的类人思考，但这种对用户的深度理解已经带来全新的使用体验。因为它不仅能针对品牌特性智能地甄选匹配目标消费者，还能准确识别出品牌的目标消费者，从而戏剧性地改变用户旅程，使信息服务产品的使用过程变成中间旅程消失的"心想事成"过程。

2. 基于人工智能的用户服务

2017 年，新技术趋势报告中 Forrester、埃森哲公司和德勤公司提出了"对话营销"的理念，即一种一对一的营销模式，形成会话式互动。事实上，随着用户对个性化体验的期望越来越高，越来越多的品牌和公司开始构建聊天机器人（或虚拟代理）进行用户服务。例如，Facebook 打造的虚拟助手"M"能够帮助用户购物、预订酒店、安排行程等；Netflix 利用 AI 应用"Layer 6 AI"，能够更精确地预测用户的兴趣，进行个性化推荐；字节跳动在 2016 年建立了人工智能实验室（AI Lab），为平台输出海量内容提供 AI 技术支持，并应用到抖音等产品中。

然而，无论机器人在与用户互动时采用的是口头、文字还是视觉的互动方式，都足以代表公司的组织和产品。在每一个触点的每一次交互都会留下一个对于这家组织的印象。这意味着公司的组织文化，组织价值都需要整合进所创建的与人工智能助理进行交谈的系统中[20]。因此，拟人化理论对社交机器人构建有较大指导意义。该理论认为，人们会用人类的特征来评价 AI，但人们对担任不同工作的 AI 的评价受拟人化程度的影响不同。例如，对于负责酒店登记入住的 AI 的评价比较容易受拟人化的影响，而对于负责客房递送的 AI 的评价则不容易受拟人化的影响。

面向个性化服务的社交机器人研究可以分为 3 类：第一类研究增加了交互系统的友好性或社交性，使交互具有社会性和私人性；第二类研究包括设计符合用户偏好的交互系统，并允许用户自定义这些系统；第三类研究通过重复的人机交互来达到交互个性化（Lee）。个性化社交 AI 会增强人机关系（消费者参与度、配合度、满意度）或交互结果（用户报告的准确性）。AI 所展现出的职业角色（Tay 等）、性别和个性（Belk）、可爱程度（Nenkov 和 Scott）可能会影响消费者的反应，而这些偏好可能取决于情境相关刻板印象。

3. 基于人工智能的整合传播

人工智能技术有助于为品牌传播提供综合的解决方案。当前的人工智能技术应用逐渐趋于整合化，即从小的数据分析需求出发，越来越成为包含尽可能多功能的集大成者，能够将用户在不同场景的行为轨迹数据跨越时间和平台维度重新连接，筛选出能够匹配品牌需求与用户画像双重要求的且与信息内容适合的高性价比投放渠道，以自动规划和精准定向等方式实现高效的流量配置。

这和营销领域的"整合营销"概念具有一致性。福尼尔认为，从广义面、多视角出发，可以将消费者–品牌关系分为 4 个层面：消费者–产品关联、消费者–品牌关联、消费者–消费者关联、消费者–公司关联。其实这些关联都会影响用户和品牌的关系。根据这些思维框架，人工智能技术可以通过充分采集多触点的品牌传播效果数据，在此基础上敏捷反应，配置资源服务于这 4 个层次的用户–品牌关系，并使之保持和投射一致的品牌价值。例如，通过对产品流量来源分布的研究，分析有助于发现更有潜力的流量池，进行更合理的资源配置。

与此同时，人工智能技术可以充分考虑各种网络营销沟通工具之间的相互影响，监测和优化营销沟通的总体效果，并形成整体最优、协调一致、成本更低的跨屏、跨渠道的整合式品牌传播方案。

资料

美国政府推进政府网站搜索引擎优化

2004 年，按照 2002 年颁布的《电子政府法》（e-Government Act of 2002）要求，美国政府信息机构间委员会（ICGI）成立了一个跨部门协同机构，即美国政府网站内容管理者工作组（后来改名为联邦政府网站管理者协会），主要负责为联邦政府网站建设提供指导和政策建议。该组织下设 9 个分会，其中搜索与可见性优化分会（Search/SEO Sub Council）的主要目标，就是提高美国政府网站所收录的各类信息资源在各大搜索引擎中的可见性

（visibility），并在全美政府网站中宣传和推广电子商务网站可见性优化中的最佳案例，从而达到不断提升美国政府网站在互联网中影响力的目的。

该组织的主要职责包括 5 个方面：一是分享提高联邦政府所拥有的各种网络资源，包括数据集合和多媒体信息在搜索引擎中表现的成功策略；二是帮助政府开发站内搜索工具，并总结推广最佳实践经验；三是为所有对政府网站可见性优化的相关技术感兴趣的政府职员提供在线讨论社区；四是调研各类对于提高美国政府网站可见性具有重要作用的商业和开源搜索引擎的技术与功能特征；五是通过招募志愿者等方式，帮助各类搜索引擎提高其在检索政府信息时的可用性。

为提高政府网站权威信息对于互联网舆论和用户网络使用行为的影响力，宣传美国政府的重要政策，美国联邦政府相关部门还会付费购买比较重要的搜索关键词，以在搜索结果的付费位置刊登政府网站的官方指导信息。如美国联邦司法部药品管理局下设的药物转移管制网站（www.deadiversion.usdoj.gov）曾专门在谷歌上购买了违禁药物维柯丁（Vicodin）的关键词。用户在谷歌检索"Vicodin"时，在谷歌搜索结果的付费位置上就会显示联邦司法部药品管理局的提示："在线购买药品可能涉及犯罪"（Purchasing drugs online may be a crime）。

资料来源：于施洋，王建冬，刘合翔. 基于用户体验的政府网站优化：提升搜索引擎可见性［J］. 电子政务，2012（8）：8-18.

　资料

网上阅读社区类型分析

基于价值网络理论，以阅读社区特点为基础，由 3 个一级要素和 9 个二级要素构成分析框架展开对网上阅读社区的分析。一级要素包括价值主张、价值创造和价值实现，其中价值主张是一个社区差异化的战略定位，包括目标用户和需求内容 2 个二级要素；价值创造是核心，是一个社区为实现其价值主张而采取的一系列措施，包括社区内容生产方式、社区内容涉及主题、社区交互形式和社区交流实时性等 4 个二级要素；价值实现是结果，是一个社区通过一系列价值创造活动获得的收益，包括运营成本、收入来源、社区目标等 3 个二级要素。并从近 50 个常用阅读社区中选择 6 个比较有代表性的社区作为研究样本（见表12-7）。

表 12-7　6 个典型阅读社区代表

案例社区	目标用户	需求内容
得到社区	白领为主的中产阶层	简单易懂的干货知识
豆瓣	在校大学生、白领	共同兴趣下的交流、讨论场所
微信阅读	学生、白领群体	和熟人一起阅读的场所
简书	读者、写作爱好者	既能阅读又能写作的场所
国家数字图书馆	国家图书馆访客	能简化借还书流程、线上获取该馆资源
三体社区官方幻迷群（QQ 群）	《三体》粉丝	和喜欢《三体》的人一起讨论书中内容

在价值主张上，得到社区拥有强大的知识服务团队，根据互联网时代碎片化阅读特点，

选择向白领为主的中产阶层提供稀缺的"干货知识"，降低用户的选择成本；微信阅读以庞大的用户规模和关系链为基础，推出熟人间的"阅读＋社交"模式。

在价值创造上，对阅读社区而言，价值创造主要包括社区内容生产和社区交流形式两方面，社区内容生产又可分为内容生产方式和内容涉及主题；社区交流形式可分为社区交互形式和社区交流实时性。以得到社区为例，为保证阅读资源质量，阅读内容由专业的读书团队提供，不对用户开放，属于 PGC 内容生产模式；由于提供的内容是各个行业和学科的"干货知识"，内容涉及的主题广泛，所以是综合型主题；重点是提供稀缺的"干货资源"，所以对社区交流要求不是很高，属于单向沟通，交流的实时性较弱。

在价值实现上，主要包括盈利方式和社区目标。得到社区、豆瓣、微信阅读、简书的运营成本主要是版税、技术、推广、物流等支出，收入主要是用户付费分成和流量广告收入，社区目标都是以盈利为目的。国家数字图书馆和三体社区官方迷幻群则呈现出较大差异，国家数字图书馆的运营成本是版税、技术、推广支出，收入主要来自机构专用资金，创建目的是方便读者、推广阅读；三体社区官方迷幻群运营成本较低，主要是管理者的时间成本，花费主要来自创建者，目标是为有相同兴趣爱好的读者提供表达、交流的机会。表 12-8 为网络阅读社区特征分析。

表 12-8　网络阅读社区特征分析

一级要素	二级要素（分类维度）	社区类型	案例归属
价值主张	目标用户		
	需求内容	资源导向型	得到社区、国家数字图书馆
		兴趣导向型	豆瓣、三体社区官方幻迷群
		关系导向型	微信阅读
		复合价值型	简书
价值创造	内容生产方式	PGC	得到社区、微信读书、国家数字图书馆
		UGC	豆瓣、三体社区官方幻迷群（QQ 群）
		复合生产型	简书
	内容涉及主题	综合型	得到社区、豆瓣、微信阅读、简书、国家数字图书馆
		专门型	三体社区官方幻迷群（QQ 群）
	社区交互形式	单向	得到社区、国家数字图书馆
		双向	豆瓣、简书、微信读书、三体社区官方幻迷群（00 群）
	社区交流实时性	同步	三体社区官方幻迷群（QQ 群）
		异步	得到社区、豆瓣、微信阅读、简书、国家数字图书馆
价值实现	社区运营成本		
	社区收入来源		
	社区目标	盈利	得到社区、豆瓣、微信阅读、简书
		非盈利	国家数字图书馆、三体社区官方幻迷群（QQ 群）

基于以上情况，可将网络阅读社区分为 4 种类型，具体如下。

第一种，资源导向型阅读社区，以得到社区为代表。得到社区以生产高质量的稀缺资源为主要竞争手段，它采取 PGC 模式，专业的读书团队能够把十几万字的抽象难懂的一本专业书籍浓缩为通俗易懂的几千字，不仅能够帮助读者快速理解一本书的精华，而且极大地降低了读者的选择成本。同时，得到社区采取定时推送少量知识新闻的方式，以迎合读者碎片化的阅读习惯。得到社区由专业人士每天精选 5 条知识新闻，大部分是和时事有关的评论或高质量文章，可以读文字，也可以听音频（每条 4 min 左右）。

第二种，兴趣导向型阅读社区，以豆瓣为代表。在豆瓣，每个用户都可以创建自己的兴趣小组，也可以在自己感兴趣的小组里随意发言，帖子是按照发言的时间顺序排列，最新的帖子出现在最前面，所以高质量的帖子也会下沉，每个人参与讨论的机会均等，于是形成去中心化的小众兴趣社区。良性循环的内容生产机制是豆瓣维持其社区黏度的重要原因。豆瓣的内容生产以 UGC 为主，用户可以在平台上写书评、影评、乐评，发起话题讨论，甚至是写书、出书；内容质量的评判主要由用户决定，用户通过"推荐""喜欢""回应"来评价其内容，高质量的文章不会被埋没。

第三种，关系导向型阅读社区，以微信读书社区为代表。微信读书是基于微信关系链的阅读应用，采用"社交+分享+想法"模式，强调圈子阅读，而不是阅读圈子。读者可查看微信好友的读书动态、与好友讨论正在阅读的书籍，以书为节点来强化微信好友之间的关系，同时好友圈子又反过来拓展阅读。同时，其专业的社区运营团队推崇"强社交""弱商业"，通过"节日红包""时长兑书币""赠一得一""限免""微信读书群"等活动来进行阅读推广，取得良好的效果。

第四种，复合导向型阅读社区，以简书社区为代表。简书是一个把写作和阅读结合起来的应用，定位明确——为写作者打造最优秀的写作软件，为阅读者打造最优雅的阅读社区。简书有非常明确的目标人群：写作者（写作爱好者、作家、专业领域作家等作者）和阅读者（以学习、休闲等为目的的读者）。明确的定位带来了差异化的竞争优势，在众多阅读应用中脱颖而出。科学的内容筛选机制是简书高质量服务的保障。简书对用户的投稿由专门的管理员进行筛选，文章通过审批后才会出现在各个专题，而专题文章排名根据独特的算法来决定，文章收到的喜欢数、评论数、阅读量都会影响文章的排名，从而保证简书内容的高质量。

资料来源：冯亚飞，李桂华. 网上阅读社区分类体系构建的多案例研究简［J］. 图书馆论坛，2017，37（7）：41-47.

◇ 本章小结

品牌是流量的最稳定来源。对信息服务产品而言，不仅应经营信息资源，也需要经营信息服务活动和经营信息用户。因而，需要通过市场营销工作，拓展用户群，提高社会影响力。品牌建设和管理是营销活动的核心。品牌包括属性、利益、价值、文化、个性、用户等 6 层含义。服务品牌是指品牌以无形的服务为载体，它高度概括了服务的质量、特征、性能和用途等。品牌的战略管理过程通常包括 4 个步骤：识别和确立品牌定位与价值；计划和执行品牌营销活动；评估和诠释品牌业绩；提升和保持品牌资产。

信息服务品牌的品牌资产很大程度上来自服务质量感知。根据信息服务质量的形成过程，信息服务质量形成的主要环节有：了解用户服务需要（包括信息需要和服务需要）、根据其需要形成服务设计、制定服务质量规范、管理服务提供过程、服务结果评价、服务业绩改善等。同时，做好服务质量差距分析工作，信息服务管理人员可以发现各类问题产生的原因，采取必要的措施，缩小并最终消除这些差距。信息服务质量评价方法多种多样，SERVQUAL 模式是早期的主流方法，当前形成多种类型的信息服务质量评价体系，尤其是信息内容质量评价是信息服务质量评价的重要构成，基于用户满意度指数的信息服务质量评价方法也较为常用。

创立品牌是品牌建设的基础性环节。这个环节通过给信息服务组织或服务产品冠以特定的符号，向顾客通过简约的信息传递组织或产品的承诺。品牌建立过程主要包括 4 个步骤：第一步，进行品牌形象设计，确保用户对品牌形象的识别；第二步，把有形和无形的品牌联想与特定资产联系起来，在用户的脑海中建立稳固的、完整的品牌含义；第三步，引出对品牌识别和品牌含义适宜的用户反应；第四步，转变用户对品牌的反应，在用户和品牌间创造一个紧密的、积极的、忠实的联系。

品牌传播是信息服务产品竞争的重要环节。因为信息服务品牌具有无形性、体验性等特点，而且越来越依赖线上渠道，品牌的传播也更为复杂，需要更多的创新性探索。其中，基于社交的品牌传播是移动互联网时代的高效方法。而基于网络口碑的传播和基于虚拟社群的传播是信息服务品牌的常用社交传播方式。基于搜索引擎的品牌传播对信息服务品牌的可见性有最直接的影响。付费搜索广告和搜索引擎优化是基于搜索引擎进行品牌传播的主要途径。基于人工智能的品牌传播为信息服务领域提供了新思维、新理念、新方法和新工具。当前人工智能运用于品牌传播主要有 3 种途径：基于人工智能的用户深度理解、基于人工智能的用户服务、基于人工智能的整合传播。

◇ 本章基本概念

品牌　服务品牌　品牌资产　服务质量差距分析模型　SERVQUAL e-SERVQUAL 用户满意度指数　品牌识别系统　文化营销　德弗勒"互动过程模式"　4C 营销组合理论　新4C 模型　虚拟品牌社群　竞价排名　搜索引擎优化　拟人化理论

◇ 练习与作业

1. 收集资料并整理某信息服务产品近年的品牌传播路径，总结其特点。
2. 你认为学术信息服务与公共信息服务在信息服务质量评价上应当有怎样的差异？
3. 请选择一个信息服务产品构建关键词库，帮助其提升在搜索引擎中的可见性。

◇ 本章参考文献

[1] 科特勒，凯勒. 营销管理 [M]. 王永贵，于洪彦，何佳讯，等译. 12 版. 上海：格致出版社，2012.
[2] 黄静. 品牌营销 [M]. 2 版. 北京：北京大学出版社，2014.
[3] CHERNATONY L D，MCDONALD M，WALLACE E. Creating powerful brands [M].

4th edition．London：Elsevier，2010.

[4]　凯勒．战略品牌管理［M］．4 版．北京：中国人民大学出版社，2014.

[5]　李桂华，张晓林，党跃武．论知识服务的营销战略问题［J］．中国图书馆学报，2001
　　　（4）.

[6]　阿克．管理品牌资产［M］．奚卫华，董春海，译．北京：机械工业出版社，2006.

[7]　PARASURAMAN A，ZEITHAML V A，BERRY L L．SERVQUAL：A multiple-item scale
　　　for measuring consumer perceptions of service quality［J］．Journal of Retailing，1988，64
　　　（1）：12−40.

[8]　李纯青，孙瑛，郭承运．e-服务质量决定因素与测量模型研究［J］．运筹与管理，2004
　　　（3）：132−136.

[9]　刘冰．基于用户体验视角的信息质量反思与阐释［J］．图书情报工作，2012，56（6）：
　　　74−78.

[10]　WANG R Y，STRONG D M．Beyond accuracy：What data quality means to data
　　　consumers［J］．Journal of Management Informatio Systems，1996，12（4）：5−33.

[11]　沈旺，国佳，李贺．网络社区信息质量及可靠性评价研究：基于用户视角．现代图书
　　　情报技术，2013（1）：69−74.

[12]　陈志祥，马士华，王一凡．用户满意度评价模型及实证分析［J］．系统工程，1999（3）：
　　　43−49.

[13]　焦玉英，雷雪．基于用户满意度的网络信息服务质量评价模型及调查分析［J］．图书
　　　情报工作，2008（2）：81−84.

[14]　CHERNATORY L D，MCDONALD M．Creating powerful brands：in consumer，industrial
　　　and service markets［M］．Oxford：Butterworth Heiinemann，1992.

[15]　郭国庆．市场营销学通论［M］．4 版．北京：中国人民大学出版社，2009.

[16]　李桂华，余伟萍．信息视角的消费者–品牌关系建立过程：SCPRUC 模型［J］．情报
　　　杂志，2011，30（7）：190−195.

[17]　COSTANTE，HARTOG，PETKOVIĆ．Understanding perceived trust to reduce regret［J］．
　　　Computational Intelligence，2015，31（2）：327−347.

[18]　ENGE，SPENCER，STRICCHIOLA，et al．SEO 的艺术［M］．姚军，译．北京：机
　　　械工业出版社，2013.

[19]　斯特恩．人工智能营销［M］．朱振欢，译．北京：清华大学出版社，2019.